广东农村统计年鉴

GUANGDONG STATISTICAL YEARBOOK ON AGRICULTURE

2019

广东农村统计年鉴编辑委员会编纂

中国统计出版社
China Statistics Press

图书在版编目（C I P）数据

广东农村统计年鉴. 2019 / 广东农村统计年鉴编辑委员会编. -- 北京 ： 中国统计出版社, 2019.10
ISBN 978-7-5037-8889-5

Ⅰ. ①广… Ⅱ. ①广… Ⅲ. ①农业统计－统计资料－广东－2019－年鉴 Ⅳ. ①F327.65-66

中国版本图书馆 CIP 数据核字(2019)第 170486 号

广东农村统计年鉴-2019

作　　者/ 广东农村统计年鉴编辑委员会
责任编辑/ 钟钰
责任校对/ 范英敏　怀博
装帧设计/ 广州九禾教育信息咨询有限公司
出版发行/ 中国统计出版社有限公司
地　　址/ 北京市丰台区西三环南路甲 6 号
邮政编码/ 100073
电　　话/ 邮购（010）63376909　书店（010）68783171
网　　址/ http://www.zgtjcbs.com
印　　刷/ 广州市汇杰印务发展有限公司
经　　销/ 新华书店
开　　本/ 890mm×1240mm　1/16
字　　数/ 1444 千字
印　　张/ 27.875
版　　别/ 2019 年 10 月第 1 版
版　　次/ 2019 年 10 月第 1 次印刷
定　　价/ 350.00 元

本书附同版本 CD-ROM 一张，光盘内容以书面文字为准。

如有印装差错，由本社发行部调换。

《广东农村统计年鉴—2019》编委会和编辑出版人员名单

编 者 说 明

《广东农村统计年鉴》是由广东省统计局、广东省农业农村厅、国家统计局广东调查总队、广东省自然资源厅、广东省水利厅、广东省应急管理厅、广东省林业局、广东省气象局、广东省农垦总局联合编辑出版的大型统计资料工具书。其宗旨是力求全面、系统、客观、翔实地向广大读者提供广东农村经济和社会发展的基本统计资料信息。

《广东农村统计年鉴—2019》(简称年鉴)，主要收录2018年全省、各市、县（区）涉农统计数据和建国以来各个主要时期主要涉农统计数据。全书共分十七个专题：农业主要指标与农村基本情况、国土资源、气候与自然灾害、农业技术装备、水利建设、国民经济概况、农村经济综合、种植业、林业、畜牧业与饲料工业、渔业、农垦、农产品进出口贸易、农村经济收入分配与效益、农村居民收入与消费、农村科技与教育、分区域主要经济指标等。

《年鉴》资料来源于政府统计部门、农业部门和各有关部门的年报表，部分资料采自抽样调查。由于有关业务部门的统计范围、口径不完全相同，资料中少数指标数据不完全一致，使用时敬请读者注意。

《年鉴》涉及珠江三角洲、东翼、西翼和山区的具体划分为：珠江三角洲指广州、深圳、珠海、佛山、江门、东莞、中山、惠州和肇庆；东翼指汕头、汕尾、潮州和揭阳；西翼指湛江、茂名和阳江；山区指韶关、河源、梅州、清远和云浮。

《年鉴》统计表中的符号说明："..."表示数据不足本表最小单位数；"#"表示其中主要项；空格表示该项统计指标数据不详或无该项数据。

根据《全国农业普查条例》,本书2007年及以后年份部分数据以第三次全国农业普查结果为基础做了调整。

目　　录

六、国民经济概况

七、农村经济综合

八、种植业

九、林　　业

2018 年全省农业农村工作情况

一、农业经济稳步增长

2018 年，广东省农林牧渔业总产值 6318.12 亿元，农林牧渔业增加值 3946.52 亿元，分别比上年增长 4.2% 和 4.4%，增幅自 2013 年以来最高。农村居民人均可支配收入 17168 元，名义增长 8.8%，实际增长 6.8%，城乡居民收入比进一步缩小至 2.58:1。农产品进出口贸易总额 1994 亿元，增长 6.7%，其中出口 678.6 亿元，增长 5.8%，增幅高于全省出口 4.6 个百分点。全省农作物种植面积 6419.04 万亩，比上年增长 1.2%。粮食作物播种面积 3226.56 万亩，比上年下降 0.9%；粮食总产量 1193.49 万吨，比上年下降 1.3%；蔬菜总产量 3330.24 万吨，增长 4.8%；油料作物产量 106.25 万吨，增长 4.9%；肉类总产量 449.9 万吨，增长 1.31%；奶类 13.9 万吨，增长 0.14%；禽蛋 39.24 万吨，增长 1.92%；饲料生产总量 3062 万吨，增长 3.8%。

二、农业结构调整优化

成立了荔枝、茶叶、丝苗米和花卉等产业联盟，扶持 90 个镇、360 个村发展“一村一品、一镇一业”，创建全国“一村一品”示范村镇 66 个，创建 4 个国家级特色农产品优势区、5 个现代渔业示范园区，划定永久基本农田 3214 万亩、粮食生产功能区 1380.5 万亩，117 个县（市、区）初步编制完成养殖水域滩涂规划，全省特色作物产值占种植业产值的 70% 以上，渔业特色养殖占 50% 以上，特色种养业走在全国前列。

三、农业产业发展新业态

国家现代农业产业园增至 4 个，首批 50 个省级现代农业产业园 25 亿财政补助资金全部到位，拉动各类投资 91.88 亿元，带动 123 万农民就业增收；建设省级农产品加工示范园区 3 个，全省规模以上农产品加工业主营业务收入 13288 亿元；休闲农业与乡村旅游营业收入达 130 亿元，第 9 届广东现代农业博览会签约额 21.8 亿元，农业对外交流合作不断深化，新产业新业态蓬勃发展。

四、培育产业主体新动能

全省农业龙头企业、农民合作社、家庭农场分别达 4260 家（其中省重点龙头企业 915 家）、4.7 万家、1.72 万家，新型职业农民增至 74 万人，各类新型经营主体带动 635 万农户户均增收 3500 元。培育国家级区域公用品牌 6 个，认定建设“三品一标”农产品 3571 个、名牌农产品 1400 个。创建国家质量安全县（市）14 个，蔬菜、水果、畜禽产品和水产品国家例行监测合格率分别达到 99.6%、97.3%、99.7%、96.9%，位居全国前列。

五、农业科技创新发展

启动创建广州国家现代农业产业科技创新中心，建立省级现代农业产业科技创新及转化平台 127 个。新育成优质绿色高效作物新品种 150 个，新增种苗繁育能力超过 1 亿株，示范推广优良新品种面积 250 多万亩；农作物种质资源库（圃）资源保存量增加到 7.3 万份，约占全国的15%；累计建设国家和省级畜禽遗传资源保种场保护区21个、国家生猪核心育种场12个、国家肉鸡核心育种场和良种扩繁推广基地14个，育成具有自主知识产权的畜禽新品种（配套系）31个，数量均位居全国第一；主推渔业新品种7个、新技术6项。全省农业科技贡献率提高到68%，居全国第二位。

六、农业绿色发展

全省农药使用总量减少3.4%，世行贷款农业面源污染治理项目区化肥、农药亩均使用量比非项目区分别减少21.9%、17.3%。新创建国家级标准化示范场4家，全省畜禽粪污综合利用率达到70%，规模养殖场处理设施装备配套率74.6%。农产品产地土壤重金属污染治理修复试验示范5000亩次。开展休耕轮作试点100万亩，推动建设8个国家级海洋牧场示范区，水生生物资源增殖放流3.7亿尾（粒），完成渔民减船转产3357艘。推广绿色养殖技术，建成集装箱循环水养殖示范点20多个。

七、农村人居环境改善

全域推进农村人居环境整治，投入161亿元实施“千村示范、万村整治”工程，初步遴选建设20个示范县、120个示范镇、1260个示范村。持续推进“厕所革命”，农村无害化卫生户厕普及率达到95.36%。省级新农村示范片建设成效明显，第1-4批54个示范片98.5%完成村庄规划编制，93.9%完成卫生改厕，68.9%实行雨污分流，93.6%完成村村通自来水，90%完成村道硬化，有力改善了农村环境。

八、深化农业农村改革

农村土地确权登记颁证任务基本完成，全省颁证率97.21%，128个确权单位的数据库成果全部通过农业农村部初检，如期向党中央、国务院报告。加快推进农村集体产权制度改革，清理核实资产6511亿元，量化集体资产总额3772.14亿元，确认成员身份1191.11万人，颁发股权证347.67万本，激发了农业农村发展活力。大力推进扶持村级集体经济发展、农村综合改革、田园综合体等试点试验改革，启动乡村振兴综合改革试点工作。深入推进“三农”领域放管服改革，印发广东省涉农资金统筹整合实施方案，启动农村项目投资项目管理审批制度改革试点。加强金融支农创新，农业供给侧结构性改革引导基金完成项目投资30.47亿元、拉动社会投资47.9亿元，省农业信贷担保公司累计担保放款26.02亿元，有力缓解了融资难、融资贵问题。政策性农业保险险种达到40个，年保费收入超过15亿元、增长30%，实现增品扩面提标。

九、打好脱贫攻坚战

着眼提高帮扶政策精准度，制定实施打赢脱贫攻坚战三年行动方案文件，全面推进精准扶贫政策落实不够到位问题专项整治，扶贫工作取得重大进展，实施产业扶贫项目33.27万个，带动在家有劳动能力相对贫困户19万户、70.4万人，产业项目收益14.8亿元；建档立卡贫困人员共有24.5万人实现就业，贫困户“三保障”总体实现，脱贫质量不断提高。

十、农业风险防控

全省没有发生重特大农业生产安全事故，没有发生区域性重大农产品质量安全事件和区域性重大动植物疫情流行。全省共发生珠海、广州、惠州等3起非洲猪瘟疫情，由于处置迅速有效，未发生次生疫情，为全国第23个发生疫情的省份（直辖市/自治区）。“大棚房”问题专项清理整治扎实有效，共清理排查各类农业设施131986个、面积215095.46亩，督促200宗违法违规建设开展整改复耕工作。渔业执法有力有效，查获违规捕捞渔船1300艘，没收涉渔“三无”船舶572艘，清理取缔违规网具13.5万米。

一、农业主要指标与农村基本情况

1-1 全省行政区划

(2018年)

单位：个

市　别	地级市	县级市	县	自治县	市辖区	市辖镇	乡	# 民族乡	街道
全省合计	21	20	34	3	65	1123	11	7	467
广　州	1				11	34			136
深　圳	1				9				74
珠　海	1				3	15			9
汕　头	1		1		6	32			37
佛　山	1				5	21			11
韶　关	1	2	4	1	3	93	1	1	10
河　源	1		5		1	94	1	1	6
梅　州	1	1	5		2	104			6
惠　州	1		3		2	48	1	1	22
汕　尾	1	1	2		1	44			10
东　莞	1					28			4
中　山	1					18			6
江　门	1	4			3	61			12
阳　江	1	1	1		2	38			10
湛　江	1	3	2		4	82	2		37
茂　名	1	3			2	86			23
肇　庆	1	1	4		3	91	1	1	12
清　远	1	2	2	2	2	77	3	3	5
潮　州	1		1		2	41			9
揭　阳	1	1	2		2	61	2		20
云　浮	1	1	2		2	55			8

注：本行政区划截止2018年底。

1–2 农业主要指标

指 标	单位	2000	2005	2010	2015	2017	2018
乡镇户数	万户	1419.91	1540.84	1686.62	1689.97	1677.57	1694.85
乡镇人口	万人	6046.62	6451.55	6805.44	6863.20	6830.62	6869.59
乡镇从业人员	万人	2789.89	3089.48	3425.28	3496.95	3480.72	3480.45
# 农、林、牧、渔业	万人	1572.07	1533.48	1468.25	1351.83	1342.80	1297.08
按性别分							
男	万人	1450.37	1615.99	1450.37	1854.11	1847.60	1847.63
女	万人	1339.52	1473.49	1339.52	1642.84	1633.12	1632.81
农业总产值	亿元	1701.18	2447.57	3697.18	5303.63	5969.87	6318.12
农业增加值	亿元	1000.06	1442.80	2254.49	3275.05	3712.71	3946.52
农作物总播种面积	万亩	7735.35	7223.06	6394.16	6291.83	6341.26	6419.04
粮食作物	万亩	4649.83	4179.75	3579.49	3289.94	3254.59	3226.56
经济作物	万亩	1093.04	1001.56	959.77	1024.33	1057.81	1093.44
其他作物	万亩	1847.01	2041.75	1854.90	1977.55	2028.86	2099.04
人工造林面积	万亩	25.76		142.72	177.69	121.11	127.77
主要产品产量							
粮食	万吨	1822.33	1394.97	1249.15	1211.66	1208.56	1193.49
糖蔗	万吨	1137.59	946.02	1064.09	1093.58	1144.14	1207.97
花生	万吨	77.68	75.86	81.59	94.48	98.42	104.40
蔬菜	万吨	2214.80	2596.02	2551.00	2994.70	3177.49	3330.24
水果	万吨	643.52	831.69	1049.21	1298.52	1421.23	1547.81
水产品	万吨	593.19	695.23	729.03	804.14	833.54	842.44
猪肉	万吨	206.85	256.28	285.14	296.31	277.96	281.52
化肥施用量(折纯)	万吨	176.20	204.62	233.42	238.17	237.94	231.32
农药施用量	万吨	8.47	8.70	9.10	9.23	9.46	9.37
农村用电量	亿千瓦时	405.45	766.43	1044.26	1326.20	1414.77	1443.10
效益指标							
农业中间消耗率	%	41.2	41.1	39.0	38.9	37.8	37.5
淡水养殖水面	元/亩	3643	4965	6930	10264	11092	13057
生猪出栏率	%	146	160	156	172	172	176

注：1.表中农业总产值、农业增加值按当年价格计算,增长速度按可比价格计算。

2.2004年起，粮食产量含大豆。

1-3 主要农产品产量与最高年份比较

(2018)

指　标	单位	2018	建国以来最高年		
			年份	产量	2018为建国以来最高年份%
粮食总产量	万吨	1193.49	1997	1966.75	60.7
#稻谷	万吨	1032.07	1998	1688.53	61.1
#早稻	万吨	499.99	1983	862.25	58.0
晚稻	万吨	532.08	1998	866.51	61.4
薯类	万吨	94.67	1998	238.28	39.7
经济作物					
甘蔗	万吨	1412.69	1992	2376.62	59.4
#糖蔗	万吨	1207.97	1992	2271.06	53.2
油料作物	万吨	106.25	2017	101.28	104.9
#花生	万吨	104.40	2017	98.42	106.1
烟叶	万吨	4.33	1992	8.62	50.3
其他作物					
#蔬菜	万吨	3330.24	2017	3177.49	104.8
水果	万吨	1547.81	2017	1421.23	108.9
水产品	万吨				
生猪年末存栏量	万头	2024.26	2009	2455.11	82.5
生猪出栏头数	万头	3757.40	2014	4062.02	92.5
猪肉产量	万吨	281.52	2014	302.86	93.0
家禽年末存栏	亿只	3.76	2010	4.09	91.9
出售和自宰的家禽	亿只	10.92	2012	11.87	92.0
禽肉产量	万吨	153.25	2012	161.11	95.1

1-4　主要年份农村基本情况

年　份	乡镇个数 (个)	乡镇户数 (万户)	乡镇人口 (万人)	乡镇从业人员 (万人)	第一产业从业人员 (万人)
1949		461.5	2206.0	974.0	925.3
1952		619.1	2426.4	1040.8	983.6
1957		659.3	2679.4	1285.6	1215.0
1962	1920	714.0	2909.6	1355.3	1280.8
1965	1310	719.2	3137.6	1317.5	1246.2
1970	1351	804.2	3811.3	1527.7	1489.3
1975	1459	833.6	4154.6	1718.2	1655.3
1978	1577	873.0	4305.9	1774.5	1662.5
1980	1629	889.2	4419.8	1817.6	1625.9
1985	1673	988.5	4778.3	2090.6	1597.6
1990	1654	1141.7	5241.9	2363.4	1600.8
1995	1655	1283.7	5622.3	2519.2	1432.0
2000	1708	1419.9	6046.6	2789.9	1572.1
2005	1311	1540.8	6451.5	3089.5	1533.5
2010	1297	1686.6	6805.4	3425.3	1468.3
2015	1139	1690.0	6863.2	3497.0	1351.8
2017	1135	1677.6	6830.6	3937.9	1342.8
2018	1135	1694.9	6869.6	3480.4	1297.1

1-5 各市农村基本情况

(2018年)

市 别	一 乡镇个数 (个)	二 乡镇户数 (户)	三 乡镇人口 (人)	四 乡镇劳动力资源总数(人)	五 乡镇从业人员 (人)	第一产业从业人员(人)
全 省	1135	16948548	68695931	39749071	34804466	12970790
广州市	34	1839391	6038660	4156474	3707365	607027
深圳市		584140	77332	37880	36131	15746
珠海市	15	18536	433277	258836	218894	59446
汕头市	32	118026	4362398	2135720	1900193	601619
佛山市	21	896942	3443529	1950992	1666762	192578
韶关市	94	871865	2133214	1316062	1083734	588207
河源市	95	866092	2996884	1643571	1473261	699827
梅州市	104	1524877	3305104	2082247	1833600	789518
惠州市	49	1326528	3314200	2106696	1880388	472528
汕尾市	44	790855	3391300	1627358	1465556	511655
东莞市	28	768749	2095348	1214645	1024103	56770
中山市	18	889714	2393599	1667916	1500325	95175
江门市	61	693532	3017388	1959663	1849599	777191
阳江市	38	738793	2473606	1449805	1232264	450649
湛江市	84	635956	6770657	3759730	3321738	1973094
茂名市	87	820355	5534332	3027025	2637072	1363664
肇庆市	92	603689	3066322	1966239	1460922	888281
清远市	80	619847	3319016	1931595	1660122	962769
潮州市	41	539884	2320578	1203411	1118031	385561
揭阳市	63	1191910	5818128	2808109	2435590	779485
云浮市	55	608867	2391059	1445097	1298816	700000

注：本表和1-4表的乡镇个数为广东省民政厅统计年报数。

1-6 各县（市、区）农村基本情况

(2018年)

市　　别	一、乡镇个数(个)	二、乡镇户数(户)	三、乡镇人口(人)	四、乡镇劳动力资源总数(人)	五、乡镇劳动力(人)	第一产业劳动力(人)
广州市	**34**	**1839391**	**6038660**	**4156474**	**3707365**	**607027**
荔湾区						
越秀区						
海珠区						
天河区						
白云区	4	210459	849586	562446	501919	**62409**
黄埔区	1	25429	118514	74698	71906	**21388**
花都区	6	255876	992885	675043	630365	**96163**
从化区	5	140272	542189	360446	310605	**133796**
增城区	7	356667	1146469	777485	662030	**161312**
番禺区	5	569761	1664967	1195356	1058780	**50957**
南沙区	6	280927	724050	511000	471760	**81002**
深圳市		**18536**	**77332**	**37880**	**36131**	**15746**
罗湖区						
福田区						
南山区						
宝安区						
龙岗区						
盐田区						
龙华区						
坪山区						
深汕合作区		**18536**	**77332**	**37880**	**36131**	**15746**
珠海市	**15**	**118026**	**433277**	**258836**	**218894**	**59446**
香洲区	6	15728	58249	39726	31181	1046
金湾区	4	43465	151861	71662	67112	16055
斗门区	5	58833	223167	147448	120601	42345
汕头市	**32**	**896942**	**4362398**	**2135720**	**1900193**	**601619**
金平区		32043	141721	78069	66873	21974
龙湖区	2	55303	250664	155025	140192	35410
澄海区	8	155096	679799	369610	343817	131564
濠江区		55928	246718	114231	93283	24085
潮阳区	9	312836	1557122	733493	662169	207087
潮南区	10	272633	1436687	655116	572363	168147
南澳县	3	13103	49687	30176	21496	13352
佛山市	**21**	**871865**	**3443529**	**1950992**	**1666762**	**192578**
禅城区	1	55062	186678	95829	60138	1219
南海区	6	351223	1471323	707663	639293	69135
顺德区	6	309526	1105046	697723	600142	53923
高明区	3	45613	185639	121077	64327	14382
三水区	5	110441	494843	328700	302862	53919
韶关市	**94**	**584140**	**2133214**	**1316062**	**1083734**	**588207**
浈江区	5	30749	125879	79020	64765	20840
武江区	5	26581	101980	60123	54178	20554
曲江区	9	44594	181211	112615	97353	53174
南雄市	17	90440	270909	223760	153197	91628
始兴县	10	56840	211138	117683	109588	58715
翁源县	7	91427	318932	174275	138807	88778

1-6 续表 1

(2018年)

市　　别	一、乡镇个数(个)	二、乡镇户数(户)	三、乡镇人口(人)	四、乡镇劳动力资源总数(人)	五、乡镇劳动力(人)	第一产业劳动力(人)
仁化县	10	56095	198450	121666	103227	52801
新丰县	6	51989	170498	115929	80405	41930
乳源自治县	9	43823	175087	104573	93521	47651
乐昌市	16	91602	379130	206418	188693	112136
河源市	**95**	**738793**	**2996884**	**1643571**	**1473261**	**699827**
源城区	2	23322	106372	57500	50781	10316
东源县	21	130528	490182	294211	262832	111664
和平县	17	114604	423196	267856	233896	97756
龙川县	24	215984	809941	402354	398559	177717
紫金县	18	161665	777887	392437	334421	200419
连平县	13	92690	389306	229213	192772	101955
梅州市	**104**	**889714**	**3305104**	**2082247**	**1833600**	**789518**
梅江区	4	55244	192343	114764	87898	16753
梅县区	17	127242	414675	219777	212340	131187
蕉岭县	8	57012	178610	92351	83014	44704
大埔县	14	104222	383741	232058	204858	97585
丰顺县	16	112405	424302	256540	229365	122212
五华县	16	169796	707636	592273	475590	199433
兴宁市	17	201713	783527	451170	441977	126303
平远县	12	62080	220270	123314	98558	51341
惠州市	**49**	**768749**	**3314200**	**2106696**	**1880388**	**472528**
惠城区	8	166780	798205	556433	503498	79672
惠东县	12	162895	754108	376175	320757	124754
惠阳区	6	129808	499412	355649	315067	37805
博罗县	15	228968	981827	632790	581474	139282
龙门县	8	80298	280648	185649	159592	91015
汕尾市	**44**	**693532**	**3391300**	**1627358**	**1465556**	**511655**
汕尾城区	3	104669	525650	250467	242771	55755
海丰县	16	149686	647872	404714	385133	124894
陆河县	8	52111	292820	158387	146197	50114
陆丰市	17	387066	1924958	813790	691455	280892
东莞市	**28**	**603689**	**2095348**	**1214645**	**1024103**	**56770**
中山市	**18**	**619847**	**2393599**	**1667916**	**1500325**	**95175**
江门市	**61**	**866092**	**3017388**	**1959663**	**1849599**	**777191**
蓬江区	3	43856	158519	104454	91896	22313
江海区		25630	89244	57240	40704	8189
新会区	10	159041	564927	345435	310440	103448
台山市	16	236137	818388	517769	537986	292900
开平市	13	197746	694383	519168	463088	181687
恩平市	10	95188	319791	198156	188910	99535
鹤山市	9	108494	372136	217441	216575	69119
阳江市	**38**	**635956**	**2473606**	**1449805**	**1232264**	**450649**
江城区	4	91829	305633	197521	181219	78819
阳东县	11	123491	488060	308808	255990	91954
阳西县	8	118953	505784	315225	258762	97806
阳春市	15	301683	1174129	628251	536293	182070
湛江市	**84**	**1524877**	**6770657**	**3759730**	**3321738**	**1973094**
赤坎区		9414	30857	27855	25266	6240

1-6 续表 2

(2018年)

市　别	一、乡镇个数(个)	二、乡镇户数(户)	三、乡镇人口(人)	四、乡镇劳动力资源总数(人)	五、乡镇劳动力(人)	第一产业劳动力(人)
霞山区		11560	43503	11300	11000	5900
坡头区	5	89631	364920	215139	197941	97604
麻章区	4	101054	434024	256207	231033	146557
吴川市	10	244878	1106725	667544	583747	274944
徐闻县	14	135071	620204	356954	316812	276222
雷州市	18	346742	1618107	829503	718969	478613
遂溪县	15	220196	910328	520404	478446	355271
廉江市	18	366331	1641989	874824	758524	331743
茂名市	**87**	**1326528**	**5534332**	**3027025**	**2637072**	**1363664**
茂南区	9	139356	591146	291517	249111	103848
电白区	20	348121	1466623	743577	694812	331344
信宜市	18	268159	990231	554069	482562	234290
高州市	23	304250	1290781	711990	625947	370122
化州市	17	266642	1195551	725872	584640	324060
肇庆市	**92**	**790855**	**3066322**	**1966239**	**1460922**	**888281**
端州区		13857	52510	23827	11577	280
鼎湖区	4	42721	132412	81983	71325	39197
高要市	16	187929	692234	467097	369614	238937
广宁县	15	114349	409963	281930	204168	160031
四会市	10	84119	286654	184866	187019	81822
德庆县	12	91217	297434	197229	154970	146397
封开县	16	90939	366489	220633	183384	114580
怀集县	19	165724	828626	508674	278865	107037
清远市	**80**	**820355**	**3319016**	**1931595**	**1660122**	**962769**
清城区	4	124937	553568	302645	258576	122042
英德市	23	227396	962531	526778	475088	314621
佛冈县	6	70504	281703	164230	136641	73358
连山自治县	7	22146	98451	65886	35636	34596
连南自治县	7	47786	175757	90744	81872	50079
连州市	12	101072	376777	212082	171686	103574
阳山县	13	90278	328928	208241	170903	101492
清新区	8	136236	541301	360989	329720	163007
潮州市	**41**	**539884**	**2320578**	**1203411**	**1118031**	**385561**
湘桥区	4	84848	333273	169523	152335	45725
饶平县	21	191988	828879	447483	425473	207117
潮安区	16	263158	1142391	577307	530858	131916
揭阳市	**63**	**1191910**	**5818128**	**2808109**	**2435590**	**779485**
榕城区	5	138970	647998	423143	400435	92502
揭东区	10	159101	721078	361199	251295	91947
惠来县	14	264132	1474747	531969	472372	177188
普宁市	18	392542	1987121	983630	838728	286305
揭西县	16	237165	987184	508168	472760	131543
云浮市	**55**	**608867**	**2391059**	**1445097**	**1298816**	**700000**
云城区	4	28652	111798	68184	58843	47908
新兴县	12	82947	350812	228567	198925	112198
郁南县	15	108652	423595	249910	220850	138174
罗定市	17	305671	1160187	700822	644264	308584
云安区	7	82945	344667	197614	175934	93136

二、国土资源

2018 年 7 月 25 日，省政府召开全省土地管理工作电视电话会议，省长马兴瑞出席会议并讲话。

2018 年 11 月 22 日，省长马兴瑞在省自然资源厅厅长陈光荣等陪同下，前往湛江雷州市垦造水田项目进行调研。

2018 年 10 月 25 日，副省长许瑞生出席广东省自然资源厅挂牌仪式。

2018 年 9 月 15 日，超强台风“山竹”来临前夕，原省国土资源厅厅长陈光荣在省地环总站召开紧急视频会议，部署全省国土资源系统台风期间地质灾害防治工作。

2018 年 11 月 22 日至 25 日，由自然资源部和广东省政府共同主办的 2018 中国海洋经济博览会在广东湛江举行。图为省长马兴瑞与国家海洋局局长王宏在巡馆过程中亲切交谈。

2018 年 12 月 22 日至 23 日，南粤古驿道推广展示活动在广州市天河区体育中心举行，图为副省长许瑞生、省自然资源厅厅长陈光荣在活动现场参观红色文化线路展。

自然资源管理

2018年，广东省自然资源厅以习近平新时代中国特色社会主义思想为指导，在省委省政府和自然资源部的正确领导下，扎实推进自然资源各项工作，为我省经济社会改革发展提供了有力支撑和保障。

聚焦主责主业助推高质量发展。全面完成我省土地利用总体规划调整完善工作，扎实推进全国第三次国土调查，认真做好国土规划、粤北生态保护区、粤港澳大湾区海洋经济发展等有关专项规划编制，启动全省城镇开发边界划定工作，从源头上落细落小落实省委“一核一带一区”区域协调发展战略。倾斜安排沿海经济带土地计划指标12.49万亩（占全省指标的60%），争取国家支持追加3.3万亩林地定额指标用于13个省级以上重点项目，开辟湛江巴斯夫、惠州埃克森美孚、揭阳中委广东石化等重大战略项目用地用海用林服务保障绿色通道，做好深圳机场三跑道、深中通道等重点项目海砂使用保障工作，出台重大产业项目计划指标奖励办法，推动资源要素向最好最优最先进的区域领域集聚。认真贯彻落实“实体经济十条”“外资经济十条”，共为企业节省初始用地成本近280.6亿元。深挖无效低效用地潜力，完成“三旧”改造面积6.84万亩，盘活批而未供和闲置土地23.1万亩，超额完成省政府确定的年度任务，拓宽了建设用地空间。支持湛江、东莞、汕头开展海岸带综合示范区建设试点，支持深圳、湛江推进全国海洋经济发展示范区建设，扎实开展珠海等市无居民海岛使用权市场出让试点工作。

统筹系统治理做好生态保护修复。完成300万亩高标准农田建设任务和50万亩永久基本农田整备区划定工作，连续18年实现耕地占补平衡。推进国土绿化和生态修复，全年建成绿色矿山100个，完成矿山石场治理复绿面积537公顷，造林更新380万亩，建设生态景观林带646公里，积极推进海岸线和海岛生态修复。严格规范自然资源开发利用秩序，严控新增围填海造地，查处违法用地5.94万亩，摸排自然资源领域涉黑涉恶线索1987条，排查“大棚房”违法违规问题348宗，完成17个环保督察矿业权问题的整改任务，推进54项海洋督察问题的整改工作，扎实开展土地例行督察问题整改工作。

运用资源的资本功能惠民利民。安排4164亩省级新增建设用地计划指标支持农村新产业新业态发展，预留7.5万亩城乡建设用地规模重点用于乡村振兴和脱贫攻坚。创造性运用资源的资本功能，推进农村拆旧复垦1.46万亩，完成垦造水田16.32万亩，为农村农业建设筹集到位资金81亿元。超额完成城乡建设用地增减挂钩节余指标跨省域调节任务，为国家筹集扶贫资金164.5亿元。完成11条总长740多公里的南粤古驿道重点线路活化利用工作，务实推进以道兴村。加强灾害防治工作，共排查地质隐患点1万处，转移受地质灾害威胁人员13.6万人，成功预报地质灾害34起，避免人员伤亡696人，全省未发生重大以上森林火灾，森林防火形势总体平稳。

深化“放管服”改革优化营商环境。

委托下放18项省级国土资源行政职权事项，用地审批效率提速30%以上，“三旧”改造实现省级“零审批”。全面推行“一个取消、两个下放、三个委托、四个服务、五项管理”，省管项目用海审核审批耗时缩减50%以上。南海区农村土地改革三项试点工作取得阶段性进展，集体建设用地建设租赁住房试点工作顺利推进，建设用地使用权二级市场试点成果通过自然资源部验收。全面部署推进不动产登记“最多跑一次”改革，出台加快处理不动产登记历史遗留问题的指导意见，基本实现一般登记5个工作日和抵押登记3个工作日办结，比法定办理时限压缩80%。

2-1 自然资源

项　　目	单 位	2018年	项　　目	单 位	2018年
一、土地资源和海洋			**二、气候**		
土地面积	平方公里	179725.07	年平均降雨量	毫米	1801.8
耕　地	万公顷	259.41	年平均气温	摄氏度	22.3
林　地	万公顷	1001.13	年日照时数	小时	1705.6
园　地	万公顷	125.72	**三、森林**		
牧草地	万公顷	0.31	活立木蓄积量	亿立方米	
海域总面积	万平方公里	41.9	森林覆盖率	%	
海洋滩涂面积	万公顷	18.02	**四、矿产**		
海岛面积	平方公里	1513.17	煤保有资源储量	万吨	59859.01
大陆海岸线长度	公里	4114.40	铁矿石保有资源储量	万吨	62866.76
岛屿岸线长度	公里	2378.71	硫铁矿保有资源储量	万吨	32495.14
岛屿个数	个	1963			

注：土地面积、耕地、林地、园地、牧草地面积是2018年土地利用现状初步数据，不包含2018年当年批而未用建设用地数据，未经自然资源部确认。

2-2 各市耕地面积情况

(2018年)　　单位：公顷

市　别	年初实有耕地面　积	年末耕地保有量面积						年内增加耕地面　积	年内减少耕地面　积
		合　计	实有耕地面积				可调整地类面积		
			小　计	水　田	水浇地	旱　地			
广东省	2599650.26	3147374.62	2594139.98	1645390.67	113059.72	835689.59	553234.64	116.97	5627.25
广州市	79979.99	128272.39	79211.18	51248.68	26251.94	1710.56	49061.21		768.81
韶关市	220028.19	228708.18	219743.09	145777.98	4307.18	69657.93	8965.09	4.33	289.43
深圳市	3714.92	3635.12	3635.12	7.40	3519.13	108.59			79.80
珠海市	17661.36	32992.73	17511.05	11575.29	1944.50	3991.26	15481.68		150.31
汕头市	36755.72	59020.08	36536.46	27389.77	4633.43	4513.26	22483.62	0.66	219.92
佛山市	36323.70	75590.11	36120.32	22006.53	9106.48	5007.31	39469.79	0.75	204.13
江门市	155987.56	210219.09	155715.10	125065.39	3584.78	27064.93	54503.99	0.01	272.47
湛江市	466478.43	507212.75	466046.64	190305.66	12001.71	263739.27	41166.11	76.32	508.11
茂名市	226682.80	251215.91	226355.62	161308.28	851.08	64196.26	24860.29	0.32	327.50
肇庆市	148072.37	187682.34	147852.62	102138.75	4788.41	40925.46	39829.72	0.57	220.32
惠州市	139027.08	149123.14	138647.21	82077.46	11988.23	44581.52	10475.93		379.87
梅州市	162575.09	175927.88	162253.14	125417.01	4255.58	32580.55	13674.74	3.68	325.63
汕尾市	96773.12	108754.94	96618.63	68448.36	2607.05	25563.22	12136.31	0.91	155.40
河源市	143763.07	143867.82	143493.66	108571.73	722.48	34199.45	374.16	0.01	269.42
阳江市	149054.33	211775.68	148829.50	101182.19	294.81	47352.50	62946.18		224.83
清远市	268065.17	296041.34	267748.88	156557.34	3903.85	107287.69	28292.46	22.41	338.70
东莞市	12989.22	35642.81	12853.12	891.99	10580.83	1380.30	22789.69		136.10
中山市	11622.93	48406.86	11570.78	6127.55	5143.03	300.20	36836.08		52.15
潮州市	35200.50	48469.02	35017.74	25339.27	1312.40	8366.07	13451.28	0.05	182.81
揭阳市	86689.39	121134.99	86337.06	66318.60	1167.87	18850.59	34797.93	0.54	352.87
云浮市	102205.32	123681.44	102043.06	67635.44	94.95	34312.67	21638.38	6.41	168.67

注：本表数据为2018年度土地变更调查初步数据，不包含2018年当年批而未用建设用地数据，未经自然资源部确认。

2–3 各市建设占用耕地情况表

(2018年) 单位：公顷

市　别	合计	城镇村及工矿用地	交通运输用地	水利设施用地
广东省	5527.92	4072.17	1390.82	64.93
广州市	765.59	588.23	176.51	0.85
韶关市	286.21	230.88	54.55	0.78
深圳市	79.54	70.68	5.91	2.95
珠海市	149.72	116.75	32.97	
汕头市	215.63	163.10	51.67	0.86
佛山市	202.25	199.90	2.35	
江门市	270.44	162.69	106.78	0.97
湛江市	488.43	227.55	259.29	1.59
茂名市	317.65	216.08	101.54	0.03
肇庆市	218.83	130.48	86.43	1.92
惠州市	376.41	329.97	46.43	0.01
梅州市	320.14	139.67	146.63	33.84
汕尾市	150.27	129.05	19.82	1.40
河源市	257.85	218.10	39.75	
阳江市	217.30	186.32	29.35	1.63
清远市	331.11	270.29	48.83	11.99
东莞市	132.82	114.94	17.81	0.07
中山市	52.02	52.02		
潮州市	178.41	118.88	58.17	1.36
揭阳市	348.63	280.52	63.45	4.66
云浮市	168.67	126.07	42.58	0.02

注：本表数据为2018年度土地变更调查初步数据，不包含2018年当年批而未用建设用地数据，未经自然资源部确认。

2-4 各县(市、区)耕地面积情况

(2018年)　　单位：公顷

行政区	年初实有耕地面积	年末耕地保有量面积						耕地变动情况	
		合计	实有耕地面积				可调整地类面积	年内增加耕地面积	年内减少耕地面积
			小计	水田	水浇地	旱地			
全省	**2599650.26**	**3147374.62**	**2594139.98**	**1645390.67**	**113059.72**	**835689.59**	**553234.64**	**116.97**	**5627.25**
广州市	**79979.99**	**128272.39**	**79211.18**	**51248.68**	**26251.94**	**1710.56**	**49061.21**		**768.81**
荔湾区	421.27	542.27	416.02	8.80	386.16	21.06	126.25		5.25
越秀区	1.55	1.55	1.55		0.72	0.83			
海珠区	284.57	609.46	280.95	59.41	184.28	37.26	328.51		3.62
天河区	483.67	472.76	472.76	59.63	384.06	29.07			10.91
白云区	8934.78	16699.20	8796.36	3198.93	5520.08	77.35	7902.84		138.42
黄埔区	2900.73	4461.57	2839.83	1498.93	1293.41	47.49	1621.74		60.90
番禺区	7228.31	10505.92	7094.38	4162.98	2833.04	98.36	3411.54		133.93
花都区	9871.90	16693.53	9832.65	7044.83	2694.22	93.60	6860.88		39.25
南沙区	14508.12	17779.91	14277.09	9438.56	4779.21	59.32	3502.82		231.03
增城区	21932.30	37646.62	21806.87	14003.16	7147.61	656.10	15839.75		125.43
从化区	13412.79	22859.60	13392.72	11773.45	1029.15	590.12	9466.88		20.07
韶关市	**220028.19**	**228708.18**	**219743.09**	**145777.98**	**4307.18**	**69657.93**	**8965.09**	**4.33**	**289.43**
武江区	6845.87	7285.25	6826.35	3987.84	495.66	2342.85	458.90	0.13	19.65
浈江区	6511.51	7877.50	6504.14	4332.89	629.36	1541.89	1373.36		7.37
曲江区	19081.67	20281.28	18996.57	12959.27	398.38	5638.92	1284.71		85.10
始兴县	21046.37	21642.80	21034.09	15322.10	453.33	5258.66	608.71		12.28
仁化县	21331.57	21960.72	21325.78	17645.34	205.82	3474.62	634.94		5.79
翁源县	31320.39	32795.00	31235.28	19374.91	391.63	11468.74	1559.72		85.11
乳源县	19631.68	19877.37	19620.29	12714.88	644.76	6260.65	257.08		11.39
新丰县	16185.94	17320.62	16145.98	8081.08	676.97	7387.93	1174.64		39.96
乐昌市	34704.37	36226.71	34697.57	22025.85	335.22	12336.50	1529.14		6.80
南雄市	43368.82	43440.93	43357.04	29333.82	76.05	13947.17	83.89	4.20	15.98
深圳市	**3714.92**	**3635.12**	**3635.12**	**7.40**	**3519.13**	**108.59**			**79.80**
罗湖区	21.01	20.79	20.79		16.25	4.54			0.22
福田区	7.80	7.76	7.76		7.76				0.04
南山区	83.93	82.95	82.95		79.49	3.46			0.98
宝安区	2186.73	2145.42	2145.42	1.30	2098.37	45.75			41.31
龙岗区	1407.08	1369.85	1369.85	6.10	1310.40	53.35			37.23
盐田区	8.37	8.35	8.35		6.86	1.49			0.02
珠海市	**17661.36**	**32992.73**	**17511.05**	**11575.29**	**1944.50**	**3991.26**	**15481.68**		**150.31**
香洲区	559.89	530.42	530.42	113.38	176.04	241.00			29.47
斗门区	9491.39	20923.07	9442.08	7019.02	1181.50	1241.56	11480.99		49.31
金湾区	7610.08	11539.24	7538.55	4442.89	586.96	2508.70	4000.69		71.53
汕头市	**36755.72**	**59020.08**	**36536.46**	**27389.77**	**4633.43**	**4513.26**	**22483.62**	**0.66**	**219.92**
龙湖区	2155.94	2396.08	2140.12	1013.98	982.90	143.24	255.96		15.82
金平区	932.14	1807.58	922.93	680.61	200.40	41.92	884.65	0.66	9.87
濠江区	1860.71	2272.57	1846.69	540.08	563.31	743.30	425.88		14.02
潮阳区	13787.53	22081.50	13701.06	12469.61	140.21	1091.24	8380.44		86.47
潮南区	11228.40	16952.53	11180.60	9311.81	139.86	1728.93	5771.93		47.80
澄海区	6348.48	12850.21	6303.49	3371.61	2518.73	413.15	6546.72		44.99
南澳县	442.52	659.61	441.57	2.07	88.02	351.48	218.04		0.95
佛山市	**36323.70**	**64555.92**	**36120.32**	**22006.53**	**9106.48**	**5007.31**	**28435.60**	**0.75**	**204.13**
禅城区	200.10	635.22	193.83		171.41	22.42	441.39		6.27
南海区	11891.28	18207.10	11853.16	4107.17	6732.18	1013.81	6353.94		38.12
三水区	11145.01	19513.78	11069.74	7725.09	1106.24	2238.41	8444.04	0.14	75.41
高明区	12024.52	14116.75	11954.71	10173.95	114.05	1666.71	2162.04	0.60	70.41

2-4 续表 1

(2018年) 单位：公顷

行政区	年初实有耕地面积	年末耕地保有量面积						耕地变动情况	
		合计	实有耕地面积				可调整地类面积	年内增加耕地面积	年内减少耕地面积
			小计	水田	水浇地	旱地			
顺德区	1062.79	12083.07	1048.88	0.32	982.60	65.96	11034.19	0.01	13.92
江门市	**155987.56**	**210219.09**	**155715.10**	**125065.39**	**3584.78**	**27064.93**	**54503.99**	**0.01**	**272.47**
蓬江区	1214.80	2259.91	1210.65	903.42	152.80	154.43	1049.26		4.15
江海区	1832.84	2623.60	1824.51	1520.67	303.54	0.30	799.09		8.33
新会区	17374.28	29647.11	17344.63	16066.63	226.07	1051.93	12302.48		29.65
台山市	56863.56	71926.30	56821.84	49897.70	27.72	6896.42	15104.46		41.72
开平市	31075.36	43486.18	31003.29	24623.29	169.29	6210.71	12482.89		72.07
鹤山市	12919.27	21414.58	12909.12	9912.07	117.67	2879.38	8505.46		10.15
恩平市	34707.45	38861.41	34601.06	22141.61	2587.69	9871.76	4260.35	0.01	106.40
湛江市	**466478.43**	**507212.75**	**466046.64**	**190305.66**	**12001.71**	**263739.27**	**41166.11**	**76.32**	**508.11**
赤坎区	542.10	540.31	540.31	263.00	0.72	276.59			1.79
霞山区	1399.94	1398.91	1398.91	949.18		449.73			1.03
坡头区	14782.13	14757.31	14757.31	7987.62	15.94	6753.75		0.43	25.25
麻章区	23596.05	23520.47	23520.47	11503.95	28.11	11988.41		0.15	75.73
遂溪县	99590.81	100816.16	99463.79	24825.54	3872.20	70766.05	1352.37		127.02
徐闻县	72264.80	78155.79	72204.50	14169.47	7259.28	50775.75	5951.29		60.30
廉江市	83030.83	91595.96	82916.81	52769.73	329.06	29818.02	8679.15	0.36	114.38
雷州市	141960.70	161402.09	142012.16	55664.68	429.60	85917.88	19389.93	75.08	23.62
吴川市	29311.07	35025.75	29232.38	22172.49	66.80	6993.09	5793.37	0.30	78.99
茂名市	**226682.80**	**251215.91**	**226355.62**	**161308.28**	**851.08**	**64196.26**	**24860.29**	**0.32**	**327.50**
茂南区	15703.68	17105.05	15657.54	13576.50	641.89	1439.15	1447.51		46.14
电白区	51010.76	65081.68	50971.09	38010.39	184.89	12775.81	14110.59		39.67
高州市	60112.70	60312.02	60083.57	32882.10	10.28	27191.19	228.45	0.05	29.18
化州市	59515.48	68487.87	59427.54	45789.68	1.91	13635.95	9060.33	0.26	88.20
信宜市	40340.18	40229.29	40215.88	31049.61	12.11	9154.16	13.41	0.01	124.31
肇庆市	**148072.37**	**187682.34**	**147852.62**	**102138.75**	**4788.41**	**40925.46**	**39829.72**	**0.57**	**220.32**
端州区	199.86	198.95	198.95	143.59	11.43	43.93			0.91
鼎湖区	4768.11	9081.86	4697.65	3706.27	15.72	975.66	4384.21		70.46
广宁县	17292.21	20655.92	17284.55	13023.94	3.74	4256.87	3371.37	0.11	7.77
怀集县	42673.44	43136.93	42643.43	24300.61	2077.10	16265.72	493.50	0.40	30.41
封开县	30349.91	33605.25	30308.64	22035.42	79.39	8193.83	3296.61		41.27
德庆县	10982.48	22581.37	10973.72	7830.77		3142.95	11607.65		8.76
高要市	28866.48	35525.61	28823.29	22641.18	2538.37	3643.74	6702.32		43.19
四会市	12939.88	22896.45	12922.39	8456.97	62.66	4402.76	9974.06	0.06	17.55
惠州市	**139027.08**	**149123.14**	**138647.21**	**82077.46**	**11988.23**	**44581.52**	**10475.93**		**379.87**
惠城区	21666.02	23903.52	21589.19	11120.96	6121.17	4347.06	2314.33		76.83
惠阳区	14305.83	16138.02	14223.75	6115.31	1365.88	6742.56	1914.27		82.08
博罗县	49966.96	51993.81	49820.70	27480.13	3679.60	18660.97	2173.11		146.26
惠东县	33747.09	34589.73	33691.18	26064.42	336.31	7290.45	898.55		55.91
龙门县	19341.18	22498.06	19322.39	11296.64	485.27	7540.48	3175.67		18.79
梅州市	**162575.09**	**175927.88**	**162253.14**	**125417.01**	**4255.58**	**32580.55**	**13674.74**	**3.68**	**325.63**
梅江区	3989.43	4744.04	3982.09	2712.63	211.54	1057.92	761.95		7.34
梅县区	20990.05	24479.69	20969.42	16496.16	185.09	4288.17	3510.27		20.63
大埔县	17439.16	17472.16	17357.43	13601.78	40.41	3715.24	114.73		81.73
丰顺县	21943.61	25021.63	21897.27	15329.56	722.46	5845.25	3124.36		46.34
五华县	41092.37	41628.98	40968.96	31542.11	171.27	9255.58	660.02		123.41
平远县	16527.92	17063.00	16508.86	11604.81	2909.49	1994.56	554.14		19.06
蕉岭县	8875.23	9892.73	8866.39	7249.95	1.33	1615.11	1026.34	3.68	12.52

2-4 续表 2

(2018年) 单位：公顷

行政区	年初实有耕地面积	年末耕地保有量面积						耕地变动情况	
		合计	实有耕地面积				可调整地类面积	年内增加耕地面积	年内减少耕地面积
			小计	水田	水浇地	旱地			
兴宁市	31717.32	35625.65	31702.72	26880.01	13.99	4808.72	3922.93		14.60
汕尾市	**96773.12**	**108754.94**	**96618.63**	**68448.36**	**2607.05**	**25563.22**	**12136.31**	**0.91**	**155.40**
城　区	4817.57	4828.38	4797.21	3165.94	601.65	1029.62	31.17	0.14	20.50
海丰县	33891.45	38230.44	33839.70	27310.15	361.46	6168.09	4390.74	0.48	52.23
陆河县	12438.50	12818.69	12414.47	5952.06	613.50	5848.91	404.22	0.05	24.08
陆丰市	45625.60	52877.43	45567.25	32020.21	1030.44	12516.60	7310.18	0.24	58.59
河源市	**143763.07**	**143867.82**	**143493.66**	**108571.73**	**722.48**	**34199.45**	**374.16**	**0.01**	**269.42**
源城区	2373.95	2427.19	2356.20	1327.57	411.86	616.77	70.99		17.75
紫金县	30301.08	30214.94	30213.26	26624.88	95.61	3492.77	1.68		87.82
龙川县	39306.93	39466.06	39264.80	31878.29	58.03	7328.48	201.26	0.01	42.14
连平县	20290.16	20273.40	20271.69	12347.32	119.61	7804.76	1.71		18.47
和平县	23247.37	23239.32	23183.51	16494.04	25.60	6663.87	55.81		63.86
东源县	28243.58	28246.91	28204.20	19899.63	11.77	8292.80	42.71		39.38
阳江市	**149054.33**	**211775.68**	**148829.50**	**101182.19**	**294.81**	**47352.50**	**62946.18**		**224.83**
江城区	21530.72	24605.04	21423.94	14309.91	142.27	6971.76	3181.10		106.78
阳东区	34284.42	47770.63	34246.91	20929.38	2.29	13315.24	13523.72		37.51
阳西县	33945.99	51576.73	33905.78	24847.90	132.75	8925.13	17670.95		40.21
阳春市	59293.20	87823.28	59252.87	41095.00	17.50	18140.37	28570.41		40.33
清远市	**268065.17**	**296041.34**	**267748.88**	**156557.34**	**3903.85**	**107287.69**	**28292.46**	**22.41**	**338.70**
清城区	24121.67	27256.47	24011.42	14492.52	1709.82	7809.08	3245.05	1.02	111.27
清新区	11646.35	18751.29	11638.47	9600.75	134.59	1903.13	7112.82		7.88
佛冈县	42030.31	45946.73	42020.18	17480.43	119.42	24420.33	3926.55	20.52	30.65
阳山县	9965.00	10194.76	9955.06	9369.84		585.22	239.70		9.94
连山县	11029.35	11206.46	11012.41	6384.87	88.03	4539.51	194.05		16.94
连南县	38160.91	42715.58	38108.84	22180.43	1733.43	14194.98	4606.74		52.07
英德市	91094.38	99818.98	91013.64	52832.84	11.11	38169.69	8805.34	0.87	81.61
连州市	40017.20	40151.07	39988.86	24215.66	107.45	15665.75	162.21		28.34
东莞市	**12989.22**	**35642.81**	**12853.12**	**891.99**	**10580.83**	**1380.30**	**22789.69**		**136.10**
中山市	**11622.93**	**48406.86**	**11570.78**	**6127.55**	**5143.03**	**300.20**	**36836.08**		**52.15**
潮州市	**35200.50**	**48469.02**	**35017.74**	**25339.27**	**1312.40**	**8366.07**	**13451.28**	**0.05**	**182.81**
湘桥区	3674.16	5696.05	3649.92	2500.58	239.49	909.85	2046.13		24.24
潮安区	11807.42	18799.86	11724.95	9136.56	702.66	1885.73	7074.91		82.47
饶平县	19718.92	23973.11	19642.87	13702.13	370.25	5570.49	4330.24	0.05	76.10
揭阳市	**86689.39**	**121134.99**	**86337.06**	**66318.60**	**1167.87**	**18850.59**	**34797.93**	**0.54**	**352.87**
榕城区	5041.24	7819.89	4987.59	4527.64	111.91	348.04	2832.30		53.65
揭东区	12661.85	24410.02	12583.97	9263.07	107.12	3213.78	11826.05		77.88
揭西县	19431.83	26996.26	19380.42	15031.54	53.92	4294.96	7615.84	0.17	51.58
惠来县	24908.27	28917.85	24835.55	16709.76	207.97	7917.82	4082.30	0.09	72.81
普宁市	24646.20	32990.97	24549.53	20786.59	686.95	3075.99	8441.44	0.28	96.95
云浮市	**102205.32**	**123681.44**	**102043.06**	**67635.44**	**94.95**	**34312.67**	**21638.38**	**6.41**	**168.67**
云城区	8314.33	8801.15	8289.36	6234.10	31.76	2023.50	511.79	0.04	25.01
云安区	18903.80	22676.89	18881.54	16168.23	22.10	2691.21	3795.35	0.03	22.29
新兴县	13808.30	22449.65	13792.38	8999.79	6.77	4785.82	8657.27		15.92
郁南县	15634.75	15783.20	15589.73	8631.81	24.30	6933.62	193.47	0.01	45.03
罗定市	45544.14	53970.55	45490.05	27601.51	10.02	17878.52	8480.50	6.33	60.42

注：本表数据为2018年度土地变更调查初步数据，不包含2018年当年批而未用建设用地数据，未经自然资源部确认。

三、气候与自然灾害

3-1 主要年份各地年平均气温(℃)

年 份	粤 北	粤东北	粤西北	粤 东	粤 中	粤 西
1952	20.6			21.9	22.6	23.7
1957	19.9	21.0	21.7	21.0	21.5	22.9
1962	20.1	20.9	21.8	21.0	21.6	22.8
1965	20.6	21.4	22.1	21.3	21.9	23.4
1970	19.8	21.1	21.6	21.0	21.4	22.7
1975	20.3	21.1	21.9	21.3	21.7	23.0
1980	20.7	21.5	22.5	21.2	22.2	23.4
1985	20.2	20.9	22.0	21.1	21.6	22.6
1990	21.1	21.5	22.8	21.8	22.6	23.4
1995	20.0	21.0	22.2	21.6	22.3	23.0
2000	20.4	21.9	22.6	22.5	22.5	23.8
2005	20.5	21.6	22.5	22.2	22.8	23.0
2010	20.0	21.8	22.4	22.3	22.5	23.3
2015	20.8	22.0	23.4	23.5	22.2	24.3
2016	20.7	21.7	22.5	23.3	22.0	23.6
2017	20.8	22.0	22.6	23.5	22.1	23.7
2018	20.7	22.0	22.6	23.4	22.2	23.5

3-2 主要年份各地年极端最高气温(℃)

年 份	粤 北	粤东北	粤西北	粤 东	粤 中	粤 西
1952	40.1			35.6	37.1	35.9
1957	38.7	38.6	36.7	35.0	36.1	36.0
1962	38.6	38.7	36.9	37.9	36.5	36.2
1965	38.1	37.3	37.1	34.5	36.1	37.3
1970	38.3	38.9	36.0	35.9	36.4	36.8
1975	36.8	36.5	36.4	35.1	34.9	35.1
1980	39.2	38.4	38.1	34.9	38.1	36.1
1985	38.5	38.4	36.1	34.9	35.3	35.5
1990	38.3	38.6	38.7	35.8	38.0	38.1
1995	38.3	37.6	36.9	36.5	36.9	36.1
2000	37.0	38.0	36.7	36.9	36.6	35.4
2005	39.5	39.0	38.4	37.6	39.0	36.8
2015	37.5	38.1	37.2	37.6	37.6	38.4
2016	38.9	38.3	37.7	38.3	38.0	36.2
2017	39.3	38.1	38.0	36.9	38.3	36.0
2018	37.6	37.7	36.5	37.4	37.0	35.7

3-3 主要年份各地年极端最低气温(℃)

年 份	粤 北	粤东北	粤西北	粤 东	粤 中	粤 西
1952	-1.6			3.3	1.6	4.4
1957	-2.0	-2.3	-0.5	1.1		3.3
1962	-1.4	-1.6	2.7	2.1	2.1	7.6
1965	0.4	-0.1	4.2	4.5	4.7	6.4
1970	-0.6	-1.0	3.0	2.5	2.6	6.4
1975	-1.5	-2.7	1.0	1.8	0.9	2.8
1980	-1.0	-0.2	3.5	3.6	2.6	4.3
1985	0.8	-1.4	4.6	2.1	2.9	7.5
1990		1.9	3.9	4.7	3.4	5.7
1995	-0.8	0.4	4.7	5.4	6.4	7.8
2000	0.9	1.1	5.2	5.5	4.0	8.2
2005	-1.2	-2.0	3.1	2.4	2.1	4.8
2010	-1.5	-0.6	2.7	2.5	1.8	4.2
2015	1.6	1.3	7.7	7.7	4.8	8.1
2016	-1.3	-1.4	2.4	1.7	1.2	2.7
2017	-0.3	2.3	5.5	7.9	4.5	7.3
2018	-2.2	0.0	2.5	5.3	1.4	4.3

3-4 主要年份各地年平均地面温度(℃)

年 份	粤 北	粤东北	粤西北	粤 东	粤 中	粤 西
1952						
1957	22.3		23.2	23.6	23.9	25.9
1962	23.3	24.2	24.8	24.3	24.1	26.0
1965	23.8	25.0	24.7	24.9	24.3	26.6
1970	22.4	24.0	23.9	24.5	23.4	
1975	22.6	23.7	24.1	24.3	23.3	25.7
1980	23.4	24.2	25.4	24.7	25.3	26.8
1985	22.9	24.5	24.2	24.1	24.2	25.6
1990	23.7	25.2	24.7	24.4	24.9	26.2
1995	22.0	24.6	23.7	24.6	23.6	25.7
2000	23.0	25.4	24.4	26.3	23.8	26.9
2005	23.3	24.9	23.6	25.3	23.8	26.4
2010	22.5	25.1	23.8	25.4	24.0	26.6
2015	22.9	24.4	24.7	27.1	24.6	28.1
2016	22.9	23.9	24.1	26.1	24.2	27.3
2017	23.9	24.9	23.9	27.1	25.1	27.3
2018	23.7	24.6	24.3	27.3	24.9	27.6

3-5 主要年份各地年降雨量(毫米)

年 份	粤 北	粤东北	粤西北	粤 东	粤 中	粤 西
1952	1564.1			1424.5	1737.4	1752.4
1957	1641.2	1745.5	1914.3	1860.3	1988.5	1327.2
1962	1735.4	1348.0	1516.8	1053.4	1521.6	1377.1
1965	1189.4	1221.8	2066.1	1270.2	2332.5	1695.2
1970	1708.8	1352.0	1482.0	1267.8	1470.4	1618.6
1975	2120.8	2039.8	1910.9	1570.0	2516.7	1683.0
1980	1459.4	1461.7	1586.1	1369.1	1492.2	2274.0
1985	1360.2	1607.8	1726.9	1481.3	1706.0	2411.3
1990	1436.6	1709.0	1284.8	2236.9	1239.5	1510.2
1995	1506.9	1171.0	1766.4	1512.2	1752.4	2082.9
2000	1565.8	1850.9	1318.2	1486.7	1798.9	1762.7
2005	1772.2	1647.3	1905.2	1631.3	1986.2	1387.3
2010	2104.4	1416.1	1419.6	1350.3	2353.6	1952.3
2015	2128.7	1696.3	1848.1	1446.6	2471.9	1328.9
2016	2428.9	2410.3	2132.5	2174.7	2939.7	1820.0
2017	1397.2	1396.3	1275.8	1419.0	2067.4	1760.7
2018	1695.9	1481.7	1798.7	1484.1	1870.8	2031.7

3-6 主要年份各地年降雨日数(日雨量≥0.1毫米)

年 份	粤 北	粤东北	粤西北	粤 东	粤 中	粤 西
1952	171			155	164	146
1957	166	160	166	132	169	153
1962	139	132	148	118	150	126
1965	150	138	170	139	165	147
1970	191	167	177	132	171	160
1975	184	182	188	171	189	171
1980	148	121	142	118	126	124
1985	170	165	168	134	169	171
1990	153	144	159	131	149	158
1995	157	147	153	116	148	154
2000	153	147	151	115	148	134
2005	152	126	148	128	142	132
2010	158	157	157	123	160	143
2011	130	117	117	87	113	132
2012	185	161	173	144	171	161
2015	168	148	146	102	147	122
2016	164	163	151	159	172	143
2017	171	144	124	113	149	145
2018	167	142	144	109	151	148

3-7 主要年份各地年平均相对湿度(%)

年 份	粤 北	粤东北	粤西北	粤 东	粤 中	粤 西
1952	78				79	83
1957	77	79	81	84	80	82
1962	76	77	79	82	76	80
1965	76	80	82	81	81	84
1970	78	79	81	83	82	84
1975	79	82	81	84	81	83
1980	73	77	77	83	77	82
1985	75	78	77	82	78	83
1990	76	80	77	82	77	83
1995	78	77	76	81	73	82
2000	78	77	76	77	77	80
2005	73	73	74	69	71	80
2010	79	74	76	77	73	83
2015	82	79	77	77	78	83
2016	82	81	84	80	82	84
2017	81	77	84	75	80	86
2018	81	75	83	74	82	86

3-8 主要年份各地年日照时数(小时)

年 份	粤 北	粤东北	粤西北	粤 东	粤 中	粤 西
1952				2175.2	1957.0	
1957	1704.1	2009.9	1580.7	2166.2	1752.9	1861.6
1962	2181.5	2161.7	2009.8	2401.2	2126.4	1979.3
1965	1975.2	2147.2	1857.3	1985.9	1895.6	1991.4
1970	1685.4	1908.1	1756.0	1932.5	1772.8	1738.8
1975	1516.9	1898.6	1741.2	1650.5	1643.1	1900.3
1980	1754.1	1811.1	1945.8	1989.2	1921.8	2036.5
1985	1701.6	1926.7	1613.3	1900.6	1406.0	1868.4
1990	1613.9	1893.1	1542.8	1921.3	1648.7	1877.4
1995	1420.6	1868.7	1704.6	2038.3	1559.6	1828.3
2000	1497.2	1672.6	1714.1	2126.3	1609.2	1855.3
2005	1491.2	1736.4	1345.6	1849.5	1288.5	1784.4
2010	1631.0	1676.9	1356.5	1855.5	1484.0	1878.4
2015	1540.8	1740.4	1583.0	2010.7	1594.3	2008.1
2016	1629.2	1553.6	1466.2	1701.0	1451.8	1963.9
2017	1738.9	1831.4	1605.4	1994.6	1671.5	1891.9
2018	1632.2	1738.2	1607.7	2031.5	1544.3	1980.2

3-9 各地平均气温(℃)

(2018年)

月 份	粤 北 (韶关)	粤东北 (梅县)	粤西北 (高要)	粤 东 (汕头)	粤 中 (广州)	粤 西 (湛江)
1	10.1	12.9	14.2	14.9	13.4	16.0
2	12.3	13.6	14.8	14.7	14.1	16.0
3	17.9	19.2	20.4	19.5	19.4	20.9
4	20.9	22.2	22.4	23.4	21.8	23.2
5	27.1	28.1	27.4	28.3	27.6	28.4
6	26.6	27.2	27.8	28.1	27.4	28.5
7	28.9	28.9	28.3	30.0	28.5	28.2
8	27.8	27.9	27.8	28.9	27.9	27.9
9	26.5	26.6	27.3	28.3	27.0	27.1
10	20.2	22.2	23.1	24.5	22.4	24.7
11	17.3	19.9	20.5	21.8	20.2	22.8
12	12.1	14.7	16.2	18.5	15.7	18.1
全年	20.6	22.0	22.5	23.4	22.1	23.5

3-10 各地极端最高气温(℃)

(2018年)

月 份	粤北	粤东北	粤西北	粤东	粤中	粤西
1	26.1	26.4	25.3	24.2	26.0	25.4
2	27.4	29.3	29.1	28.5	27.9	25.9
3	29.7	31.5	30.5	30.7	29.2	30.1
4	31.1	32.4	31.5	31.6	30.1	31.3
5	36.0	37.7	36.1	36.5	36.9	35.7
6	34.9	36.3	35.8	34.9	35.6	34.2
7	37.6	37.1	36.5	37.4	37.0	35.6
8	36.7	36.9	35.2	36.6	36.3	33.9
9	35.6	36.2	35.7	35.1	36.2	34.8
10	31.5	31.6	32.1	31.8	31.6	31.2
11	29.8	30.7	30.1	29.8	30.1	29.3
12	28.5	29.8	28.7	30.0	29.0	27.7
全年	37.6	37.7	36.5	37.4	37.0	35.7

3-11 各地极端最低气温(℃)

(2018年)

月 份	粤 北	粤东北	粤西北	粤 东	粤 中	粤 西
1	0.2	2.0	4.4	6.9	2.5	5.7
2	-2.2	0.0	2.5	5.3	1.4	4.3
3	3.2	5.2	8.0	9.3	4.9	10.1
4	6.5	6.6	11.1	13.6	8.0	12.1
5	19.1	20.0	20.6	21.8	20.4	22.0
6	19.8	19.8	23.8	23.7	21.5	22.6
7	23.3	22.5	24.4	24.9	23.8	24.4
8	23.2	23.4	23.9	24.3	23.4	23.6
9	17.4	18.0	21.0	24.0	19.7	21.6
10	10.7	11.1	15.5	17.0	14.7	18.6
11	8.1	11.2	13.0	15.4	12.7	14.8
12	2.0	4.6	5.5	10.5	5.0	7.0
全年	-2.2	0.0	2.5	5.3	1.4	4.3

3-12 各地平均地面温度(℃)

(2018年)

月 份	粤 北 (韶关)	粤东北 (梅县)	粤西北 (高要)	粤 东 (汕头)	粤 中 (广州)	粤 西 (湛江)
1	11.9	14.5	14.8	17.4	15.5	19.1
2	14.8	15.7	15.6	17.8	16.7	20.1
3	20.2	21.8	21.9	24.7	22.0	26.6
4	23.4	25.8	24.2	28.5	23.9	27.5
5	31.9	33.1	29.3	35.3	31.0	33.4
6	29.3	29.1	30.0	31.1	30.2	32.2
7	35.2	32.1	30.2	34.7	31.0	31.6
8	31.3	30.5	29.8	32.2	31.6	31.1
9	29.4	28.6	29.0	31.6	30.1	30.9
10	23.5	25.4	25.1	28.6	25.8	29.8
11	19.7	21.7	22.5	23.9	22.4	26.5
12	13.0	16.1	18.0	21.1	18.2	21.5
全年	23.6	24.5	24.2	27.2	24.9	27.5

3-13　各地降雨量(毫米)

(2018年)

月　份	粤　北	粤东北	粤西北	粤　东	粤　中	粤　西
1	196.0	173.1	70.4	118.7	131.6	23.7
2	44.0	18.2	7.6	19.1	12.6	8.6
3	94.8	92.8	40.2	20.2	56.0	11.4
4	106.0	46.3	98.6	18.5	137.2	105.3
5	187.9	161.2	192.6	69.2	260.2	136.8
6	359.8	316.9	457.5	178.6	488.9	417.8
7	62.5	92.5	301.1	145.8	270.7	461.1
8	275.8	179.6	275.8	576.7	217.7	463.2
9	129.7	253.5	290.4	152.6	154.9	308.4
10	96.4	30.3	37.9	20.5	82.3	22.5
11	87.4	88.6	12.7	144.2	40.0	64.9
12	55.6	28.7	13.9	20.0	18.7	8.0
全年	1695.9	1481.7	1798.7	1484.1	1870.8	2031.7

3-14　各地降雨日数(日雨量≥0.1毫米)

(2018年)

月　份	粤　北	粤东北	粤西北	粤　东	粤　中	粤　西
1	10	9	8	10	8	10
2	6	6	1	7	5	4
3	12	8	6	4	9	3
4	15	10	15	6	11	11
5	13	10	16	4	15	16
6	22	19	19	16	17	15
7	14	15	19	13	18	20
8	25	21	23	17	21	23
9	11	16	12	12	14	16
10	15	8	7	6	10	7
11	10	10	8	10	14	14
12	14	10	10	4	9	9
全年	167	142	144	109	151	148

3-15 各地平均相对湿度(%)

(2018年)

月 份	粤 北	粤东北	粤西北	粤 东	粤 中	粤 西
1	81	75	81	74	80	86
2	72	70	75	69	71	81
3	80	70	81	69	80	87
4	82	73	82	71	83	88
5	79	71	84	71	81	86
6	87	78	86	79	85	86
7	81	73	88	75	84	89
8	86	79	91	81	87	90
9	81	80	84	78	84	88
10	80	73	79	67	79	82
11	83	81	85	81	85	86
12	84	80	83	76	81	88
全年	81	75	83	74	82	86

3-16 各地日照时数(小时)

(2018年)

月 份	粤 北	粤东北	粤西北	粤 东	粤 中	粤 西
1	78.9	117.9	85.0	134.5	97.4	111.4
2	119.1	100.9	109.9	112.7	108.3	93.5
3	134.8	171.1	125.0	215.7	134.6	174.1
4	94.7	128.6	78.2	150.6	72.9	137.9
5	200.9	201.6	221.3	241.3	199.2	262.9
6	124.3	128.6	176.9	131.5	133.7	193.7
7	233.1	220.6	165.5	251.7	169.2	205.7
8	157.4	155.1	141.5	159.8	129.4	154.8
9	165.4	169.2	171.2	198.8	163.9	197.5
10	154.7	169.2	161.1	199.8	148.5	223.2
11	125.5	106.7	109.9	125.7	108.5	144.7
12	43.4	68.7	62.2	109.4	78.7	80.8
全年	1632.2	1738.2	1607.7	2031.5	1544.3	1980.2

3-17 自然灾害损失情况

(2018年)

市 别	受灾人口(人)	因灾死亡人口(人)	因灾失踪人口(人)	因灾伤病人口(人)	紧急转移安置人 口(人)	需紧急生活救助人口(人)	需过渡性生活救助人口(人)	因旱需生活救助人口(人)	其中：因旱饮水困难需救助人口(人)
全省	6765422	26	5	30	1617411	187073	10092	36	36
广州市	469793	5		8	129721	357			
韶关市	57803	2			85	29	1		
深圳市	201505		2	1	201503				
珠海市	183026				166246				
汕头市	940287				5841	39836	44		
佛山市	472878				103518				
江门市	599404	1			159156	10397			
湛江市	354153	1			150601	173	74		
茂名市	418260	3	2		126792	53278	7579		
肇庆市	130196	2			32507	1612			
惠州市	667279				119540				
梅州市	4658	1			18			36	36
汕尾市	280447	2			81750	11845	826		
河源市	33116				2257	103	68		
阳江市	296209	1	1		118922	54284	1495		
清远市	51659				3233				
东莞市	121434	1		2	98596	3			
中山市	146580			19	46887				
潮州市	225942				9905				
揭阳市	702914	1			30925	9630	2		
云浮市	407879	6			29408	5526	3		

3-17 续表 1

(2018年)

市 别	农作物受灾面积(公顷)	其中：农作物成灾面积(公顷)	其中：农作物绝收面积(公顷)	草场受灾面积(公顷)	因灾死亡大牲畜(只)	因灾死亡羊只(只)	倒塌房屋间数(间)	其中：倒塌农房间数(间)	倒塌房屋户数(户)	其中：倒塌农房户数(户)
全省	548935.64	170506.18	27197.99	28.7	31343	109	3593	3333	1540	1417
广州市	40916.05	16483.24	4933.40		28610		72	71	55	51
韶关市	2452.20	1575.53			1		45	45	20	20
深圳市										
珠海市	5954.30						1		1	
汕头市	13986.56	2714.27	790.50				9	9	9	9
佛山市	7869.05	4983.35					29		19	
江门市	78787.16	43473.07	3066.64				41	41	39	39
湛江市	149152.53	11782.64	1485.13				141	141	53	53
茂名市	26583.44	10307.47	2682.40		12		1305	1291	402	398
肇庆市	12104.74	1557.74	458.43				499	346	209	124
惠州市	28409.14	2463.53	114.67				25	25	11	11
梅州市	138.18	45.40					28	28	10	10
汕尾市	55852.46	31947.81	3085.09				36	36	20	20
河源市	5471.16	1774.73	715.43				52	52	22	22
阳江市	41260.30	15540.50	5851.53		1162		1018	1018	545	545
清远市	5103.97	2499.37	228.03			109	28	11	15	5
东莞市	4829.43	2897.32	1770.91							
中山市	14460.76	1898.34		28.7	1504					
潮州市	5115.90	2757.54					2	2	2	2
揭阳市	35356.63	7917.10	791.40				51	6	4	4
云浮市	15131.67	7887.23	1224.43		54		211	211	104	104

3-17 续表 2

(2018年)

市 别	严重损坏房屋间数(间)	其中：严重损坏农房间数(间)	严重损坏房屋户数(户)	其中：严重损坏农房户数(户)	一般损坏房屋间数(间)	其中：一般损坏农房间数(间)	一般损坏房屋户数(户)	其中：一般损坏农房户数(户)
全省	2795	2706	2069	2015	4286	2734	2631	2147
广州市	3	3	2	2				
韶关市	15	15			1	1	1	1
深圳市	1		1		7	7	6	5
珠海市					55		55	
汕头市	18	14	14	11	5	5	5	5
佛山市								
江门市	307	307	300	300	209	182	201	174
湛江市	63	63	27	21	5	3	1	1
茂名市	806	805	677	677	47	47	17	17
肇庆市	152	77	74	36	591	458	275	199
惠州市	1	1	1	1	1	1	1	1
梅州市					35	35	12	12
汕尾市	380	376	286	282	298	191	274	107
河源市	45	45	28	28	97	97	63	63
阳江市	743	743	476	476				
清远市					709	108	76	75
东莞市								
中山市					714	119	244	119
潮州市	2	2	1	1	11	11	5	5
揭阳市	4		2		477	445	421	389
云浮市	255	255	180	180	1024	1024	974	974

3-17 续表 3

(2018年)

市 别	直接经济损失(万元)	其中:农业损失(万元)	工矿企业损失(万元)	基础设施损失(万元)	公益设施损失(万元)	家庭财产损失(万元)
全省	2586090.87	1002555.54	251520.63	498733.25	84780.82	116314.96
广州市	227634.80	128366.45	15343.95	16367.15	5030.55	7437.30
韶关市	6061.16	5356.80		518.80	13.00	52.00
深圳市						
珠海市	54834.30	8831.03	6828.00	19248.00	2713.00	15248.30
汕头市	430203.55	25341.05	324.00	13147.70		11155.56
佛山市	66029.68	49870.15	1497.00	11886.69	192.50	585.00
江门市	423288.28	201833.19	76655.00	43597.30		23.60
湛江市	80275.03	56249.03	5338.00	17719.10	181.90	781.00
茂名市	128243.41	18901.41	13590.00	66833.40	12828.00	14665.60
肇庆市	66398.68	36097.96	1025.75	6939.50	511.25	9713.70
惠州市	208511.09	90817.71	34008.00	42692.30		26411.60
梅州市	122.98	48.80			38.00	33.40
汕尾市	152470.50	58247.00	1303.50	60586.00	11600.00	19188.00
河源市	10867.40	6274.60	885.00	1664.00	397.00	690.00
阳江市	288756.00	111415.42	36938.53	104294.45	28813.60	7292.00
清远市	11957.16	4764.85	42.00	1153.80	100.00	89.70
东莞市	48014.36	23654.36	120.00	24190.00		50.00
中山市	152081.49	99260.56	2579.80	321.55		
潮州市	15266.70	10332.40	3614.50	877.00	222.00	10.80
揭阳市	76351.30	26763.77	16740.60	23700.61	2686.02	1430.30
云浮市	138723.00	40129.00	34687.00	42995.90	19454.00	1457.10

3-18 救灾工作情况

(2018年)

市 别	启动响应次数(次)	已救助人 口(人)	已重建住房户数(户)	已重建住房间数(间)	已维修住房户数(户)	已维修住房间数(间)
全省	8	700635	1331	3173	2167	2860
广州市	74	46560				
韶关市		6929	17	40	3	3
深圳市	1	201503				
珠海市		19979	1	2		
汕头市	1	39859	9	9	11	15
佛山市		14138				
江门市	4	24034	39	41	362	377
湛江市	1	92643	53	142	27	63
茂名市	1	89019	390	1266	676	806
肇庆市	4		99	262	19	38
惠州市	2	39404	14	28	27	52
梅州市		54	10	28		
汕尾市	4	4515	20	36	357	453
河源市		11489	22	79	28	53
阳江市	1	60800	545	1018	476	743
清远市			4	4		
东莞市						
中山市						
潮州市		26024			1	2
揭阳市		23685	4	5		
云浮市			104	213	180	255

3-18 续表 1

(2018年)

市别	本级支出自然灾害生活补助资金总数(万元)	其中：已支出应急生活补助资金(万元)	已支出遇难人员家属抚慰金(万元)	已支出过渡性生活救助资金(万元)	已支出恢复重建补助资金(万元)	已支出旱灾救助资金(万元)
全省	19000.00		62.00		3551.92	
广州市						
韶关市	17.75				17.75	
深圳市						
珠海市	3.00				3.00	
汕头市	9.25				9.25	
佛山市						
江门市	40.00				40.00	
湛江市	58.25				58.25	
茂名市	395.75				395.75	
肇庆市	99.00				99.00	
惠州市	272.00	230.00			42.00	
梅州市	273.36	225.43	2.00		31.50	14.43
汕尾市	880.00	860.00			20.00	
河源市	26.50				26.50	
阳江市	18.75				18.75	
清远市	4.00				4.00	
东莞市	2.50		2.50			
中山市						
潮州市	38.00	28.00		10.00		
揭阳市						
云浮市	122.00		10.00		112.00	

3-18 续表 2

(2018年)

市 别	上级财政安排的自然灾害生活补助资金(万元)	本级接收的捐赠资金自然灾害生活补助支出(万元)	下级接收的捐赠资金自然灾害生活补助支出(万元)	本级生活类救灾物资投入折款(万元)	下级生活类救灾物资投入折款(万元)
全省	22926.00			1500.00	
广州市	300.00			57.75	256.64
韶关市	659.70			12.59	45.47
深圳市					15.00
珠海市	300.00			338.00	549.25
汕头市	2454.80		1116.68		1186.98
佛山市	300.00				0.65
江门市	3222.50		3.00		131.85
湛江市	3908.90		33.56		335.81
茂名市	5475.40				193.08
肇庆市	2244.30				
惠州市	2340.00				323.00
梅州市	629.00				
汕尾市	4074.60			120.00	200.00
河源市	1304.10				71.00
阳江市	6319.20			40.00	373.75
清远市	1055.50			30.00	
东莞市	300.00				
中山市	300.00				
潮州市	1114.00			122.05	24.00
揭阳市	2509.00		127.13		109.10
云浮市	3115.00				224.09

3-18 续表 3

(2018年)

市 别	下级支出自然灾害生活补助资金(万元)	其中：已支出应急生活补助资金(万元)	已支出遇难人员家属抚慰金(万元)	已支出过渡期生活救助资金(万元)	已支出恢复重建补助资金(万元)	已支出旱灾救助资金(万元)
全省	2260.11	1343.43	14.50	10.00	877.75	14.43
广州市	147.98	139.98	8.00			
韶关市	10.00	12.35	2.00		20.00	
深圳市	5.50	5.50				
珠海市	3.00				3.00	
汕头市	1073.70	1064.00			9.70	
佛山市	7.00	7.00				
江门市	113.65	12.00			101.65	
湛江市	1673.42	1386.03	2.00	38.99	246.40	
茂名市	403.75		12.50		391.25	
肇庆市	193.50				193.50	
惠州市	539.28	504.35		6.93	28.00	
梅州市	63.97	5.54	2.00		42.00	14.43
汕尾市						
河源市	25.50				25.50	
阳江市	898.55	125.05			773.50	
清远市	57.24	40.24			17.00	
东莞市	3.05	0.55	2.50			
中山市						
潮州市	14.42	14.00				
揭阳市	271.24	250.00	2.00	1.24	18.00	
云浮市	195.63	1855.01	27.00	30.22	470.40	

四、农业技术装备

11 月 30 日　广东省农业农村厅在广州市召开广东省农机化高质量发展推进大会。省委常委、原副省长叶贞琴出席广东省农机化高质量发展推进大会并做重要讲话。大会由省农业农村厅党组书记、厅长顾幸伟主持。

11 月 30 日　省委常委、原副省长叶贞琴在广东省农机化高质量发展推进大会上为“广东省农机化科研创新专家组”组长颁发聘书。

11 月 30 日　广东省农业农村厅在广州市举办广东省农机化高质量发展论坛。中国工程院院士汪懋华、罗锡文等出席论坛并做报告，省农业农村厅党组成员、副厅长黄斌民出席论坛并做重要讲话。

3 月 9 日　广东省农业厅在江门台山市召开 2018 年全省春耕备耕暨农业“三下乡”现场会议，副省长叶贞琴出席会议并做重要讲话。

5 月 3—5 日　广东省农业厅在广州市举办 2018 年全省农机质量投诉处理暨质量跟踪调查工作培训班，培训农机质量调查工作人员 100 多人。

6 月 22 日　广东省农业厅在廉江市举办“2018 年广东省农机安全生产、农机购置补贴政策和农机技术推广宣传咨询日活动”。

7 月 29-31 日　广东省农业厅在广州市举办 2018 年广东省农机购置补贴政策、廉政风险防控暨辅助管理系统操作人员培训班，培训农机购置补贴软件系统操作人员 150 多人。

8 月 8-10 日　省农业厅在英德市举办区域性农机维修技能人才培训班。厅农机化办梁晓明副调研员、英德市农机事业管理局吴曹带局长出席培训班开班仪式培训农机维修技术人员 70 多人。

9 月 28 日　广东省农业厅在广州市召开全省农业机械化工作会议。

11 月 20 日　广东省农业农村厅在广州市召开全省农机化统计暨农机质量投诉工作会议。

12 月 14 日　广东省农业农村厅和湛江市人民政府在湛江市联合举办 2018 年广东省甘蔗生产全程机械化推广现场会。

4-1 农机化服务组织及人员

（2018年）

市 别	农机服务组织		农机户		农机维修厂及维修点		乡村农机从业人员年末人数（人）
	机构数（个）	人数（人）	机构数（个）	人数（人）	机构数（个）	人数（人）	
全 省	2246	25744	1062618	1292090	7405	19397	1033911
广 州	36	274	38416	46206	134	402	11153
珠 海	9	181	9365	20740	111	210	2157
汕 头	128	826	3352	4098	42	141	3827
佛 山	9	79	67631	88854	107	256	57275
韶 关	51	1632	148328	152824	380	710	94221
河 源	33	260	27112	27262	318	764	24849
梅 州	114	3781	32228	39550	768	1883	45353
惠 州	74	1020	47312	49309	251	840	50541
汕 尾	37	680	19933	20890	438	1180	29099
东 莞	1		7726	9212	10	35	10875
中 山	9	45	26631	27135	55	181	33872
江 门	200	2729	35703	54853	1164	2899	80108
阳 江	20	432	38445	44206	267	760	30962
湛 江	940	5958	194310	300549	874	2602	254829
茂 名	53	1154	131514	141448	677	1570	62753
肇 庆	212	1995	85879	92980	439	1129	90859
清 远	119	1778	64633	76958	429	938	58217
潮 州	40	552	14328	16051	216	723	5492
揭 阳	83	755	14276	16658	447	1378	24564
云 浮	78	1613	55496	62307	278	796	62905

4-2 农业机械作业情况

(2018年) 单位：千公顷

市 别	农机化作业总体情况				
	机耕面积	机播面积	机电灌溉面积	机械植保面积	机收面积
全 省	3614.85	368.28	1697.40	1496.97	1747.70
广 州	188.91	3.91	98.13	33.94	30.21
珠 海	11.70	3.33	1.23	1.68	3.88
汕 头	70.82	6.69	34.40	48.30	43.86
佛 山	67.49	1.88	39.64	34.56	5.13
韶 关	194.39	14.76	30.93	66.07	111.59
河 源	140.33	10.66	15.35	23.66	83.19
梅 州	255.27	19.50	90.63	57.43	141.19
惠 州	241.13	21.57	104.03	187.50	95.75
汕 尾	139.17	13.85	22.33	45.81	67.70
东 莞	21.67	0.82	14.62	15.76	3.21
中 山	22.63	0.90	18.60	19.70	1.88
江 门	234.97	87.64	144.30	90.69	167.82
阳 江	186.41	17.00	79.68	51.69	100.26
湛 江	602.27	41.18	450.85	219.32	243.95
茂 名	351.17	27.37	160.72	229.49	202.12
肇 庆	246.13	25.91	170.00	158.52	154.62
清 远	285.22	14.68	20.93	83.52	130.51
潮 州	52.00	9.07	30.87	11.53	30.89
揭 阳	171.44	16.11	98.85	7.96	65.58
云 浮	131.73	15.25	71.31	109.84	64.36

4-2 续表 1

(2018年)　　单位：千公顷

市别	主要农作物农机化作业情况					
	水稻机耕面积	水稻机械种植面积	水稻机收面积	玉米机耕面积	大豆机耕面积	花生机耕面积
全省	1745.89	336.79	1609.84	95.64	24.61	248.13
广州	21.34	3.44	21.13	4.66	0.43	2.21
珠海	3.89	3.35	3.87	0.09		0.09
汕头	44.83	6.69	43.83	2.04		0.24
佛山	5.70	1.04	4.85	1.14	0.03	0.55
韶关	97.39	12.68	92.04	3.35	2.82	33.19
河源	112.10	7.96	77.62	1.84	1.66	10.74
梅州	158.31	19.46	136.34	5.74	4.77	8.91
惠州	82.86	20.81	79.81	16.43	1.44	20.03
汕尾	67.50	13.85	67.49	1.80	1.06	9.99
东莞	0.56	0.21	0.55	0.03	0.19	0.05
中山	1.65	0.80	1.66	2.85		0.05
江门	163.19	86.35	160.42	1.96	1.66	8.71
阳江	101.15	16.99	100.21	5.13	3.18	18.32
湛江	219.50	37.26	218.63	19.54	1.38	53.38
茂名	199.84	27.00	186.06	5.13	0.91	26.80
肇庆	159.63	25.74	148.64	4.94	0.11	11.75
清远	114.54	13.00	106.67	10.04	1.54	23.90
潮州	30.87	9.00	30.72	1.20		
揭阳	78.94	16.11	65.58	3.00	2.68	6.53
云浮	82.09	15.05	63.70	4.72	0.77	12.70
农垦						

4-2 续表 2

(2018年)　　单位：千公顷

市别	单项农机化作业情况						
	机械深耕面积	机械深松面积	机械深施化肥面积	机械铺膜面积	农田机械节水灌溉面积	机械化秸秆还田面积	机械脱出粮食数量(万吨)
全　省	462.61	5.46	11.54	2.12	263.11	576.91	1255.07
广　州					28.34	0.13	11.23
珠　海							2.24
汕　头					4.90	43.82	64.30
佛　山	1.10	0.07	2.06		10.53		9.11
韶　关	0.09	0.09			13.37	24.14	62.01
河　源					0.01	18.00	119.06
梅　州	35.54		6.80		9.94	84.11	111.79
惠　州	128.20				8.71	31.43	43.55
汕　尾	2.08	0.29			8.30	41.43	30.35
东　莞	1.67				2.34		1.32
中　山	6.51		1.58		10.31	6.12	3.20
江　门					1.93	107.97	83.09
阳　江	0.01	0.01			0.97	95.54	70.94
湛　江	197.59	2.09	1.10	2.12	92.41	5.12	127.24
茂　名	29.64	2.33			11.12	1.37	153.00
肇　庆	20.33				14.85	38.93	113.88
清　远	0.58	0.58			7.41	25.77	126.63
潮　州					4.99	18.23	22.83
揭　阳	0.42				17.71	2.62	43.91
云　浮	38.85				15.01	32.18	55.40
农　垦							

4-2 续表 3

(2018年)

市别	机械化饲草料加工数量(万吨)	农田基本建设作业量(万立方米)	农机跨区作业面积(千公顷)
全省	475.30	6458.38	368.32
广州	2.44	165.35	3.93
珠海			0.54
汕头	9.50	0.04	38.05
佛山	1.18	246.40	1.46
韶关	2.84	1086.90	7.78
河源	1.96	0.30	2.04
梅州	8.67	73.42	29.56
惠州	21.69	838.86	20.97
汕尾	10.06	37.41	1.89
东莞		93.40	
中山		105.12	0.16
江门	2.03	93.79	13.37
阳江	41.42	1764.66	17.90
湛江	22.69	91.00	42.35
茂名	193.29	115.12	9.44
肇庆	32.06	1661.31	17.05
清远	1.10	21.64	39.16
潮州	4.32		11.87
揭阳	0.68	23.47	84.91
云浮	119.39	40.18	25.90
农垦			

4-3 农业机械年末拥有量

（2018年）

项　　目	计算单位	数　量	项　　目	计算单位	数　量
农业机械总动力合计	**万千瓦**	**2429.94**	1.水泵	台	770577
1.柴油发动机动力	万千瓦	1550.36	2.节水灌溉机械	套	138781
2.汽油发动机动力	万千瓦	206.30	**三、收获机械**		
3.电动机动力	万千瓦	663.56	1.谷物联合收割机	台	28025
4.其他机械动力	万千瓦	9.71	2.机动脱粒机	台	545768
一、耕整地机械			3.秸秆粉碎还田机	台	6386
1.耕整机	(万台（套))	13.56	**四、水产机械**		
	万千瓦	61.49	1.增氧机	台	1039983
2.微耕机	(万台（套))	24.82	2.投饵机	台	111686
	万千瓦	112.81	**五、农业航空器**		
二、农用排灌机械			1.植保无人机	台	379

4-4 各市农业机械年末拥有量

(2018年)

市 别	农业机械总动力（万千瓦）	1.柴油发动机动力（万千瓦）	2.汽油发动机动力（万千瓦）	3.电动机动力（万千瓦）	4、其他机械动力（万千瓦）	耕整地机械	
						耕整机（万台（套））	微耕机（万台(套)）
全 省	2429.94	1550.36	206.30	663.56	9.71	13.56	24.82
广州市	126.59	63.50	19.77	43.32		0.11	0.61
珠海市	27.12	4.85	1.40	20.88		0.02	0.01
汕头市	30.99	20.18	2.70	7.38	0.73	0.03	0.05
佛山市	91.46	41.98	6.15	42.51	0.82	0.17	0.13
韶关市	167.02	131.39	6.30	28.79	0.54	2.77	2.08
河源市	77.89	53.35	10.23	12.98	1.34	1.09	1.75
梅州市	130.68	74.73	19.55	34.21	2.19	1.94	1.71
惠州市	110.99	75.14	12.56	23.28		0.33	0.39
汕尾市	107.11	88.82	5.27	12.78	0.23	0.07	0.21
东莞市	47.80	29.01	2.01	16.78		0.36	
中山市	80.15	32.88	8.14	39.14			0.05
江门市	174.34	96.90	9.22	67.61	0.60	0.16	0.09
阳江市	108.17	83.18	4.79	20.20		0.03	1.63
湛江市	421.36	320.67	5.76	94.14	0.80	1.10	1.03
茂名市	204.20	119.23	40.84	44.14		0.43	5.93
肇庆市	172.19	73.56	24.29	74.34		1.07	4.60
清远市	108.88	73.64	7.80	27.14	0.30	1.16	2.32
潮州市	41.91	25.87	4.66	9.86	1.52	0.27	0.04
揭阳市	54.81	41.86	1.26	11.68		0.07	0.02
云浮市	101.47	74.54	8.12	18.81		2.39	2.17
农 垦	44.80	25.07	5.50	13.59	0.64		

4-4 续表 1

市 别	排灌机械		秸秆粉碎还田机（万台）	植保无人机（架）	收获机械		水产机械	
	水泵（万台）	节水灌溉机械（万台（套））			谷物联合收割机（万台）	机动脱粒机（万台）	增氧机（万台）	投饵机（万台）
全 省	77.06	13.88	6386	379	2.80	54.58	104.00	11.17
广州市	4.53	2.14	159	51	0.02	1.39	9.37	2.77
珠海市	5.18	0.02		15	0.01		12.89	0.40
汕头市	0.54	0.11	2	11	0.01	0.01	2.99	0.04
佛山市	3.95	0.20	3	2	0.00	1.23	17.10	1.03
韶关市	2.53	0.05	3	4	0.48	6.50	0.78	0.53
河源市	1.41	0.36	1	19	0.24	4.11	0.54	0.03
梅州市	3.57	0.81	2001	50	0.20	5.49	1.13	0.27
惠州市	3.74	0.54	210	7	0.15	2.22	2.70	0.43
汕尾市	2.19	0.42	2	3	0.15	0.59	2.81	0.02
东莞市	0.70	0.13			0.00	0.15	0.70	0.10
中山市	3.51	1.01		2	0.01	0.07	8.00	0.50
江门市	6.96	0.21	588	89	0.49	1.73	6.72	0.48
阳江市	2.47	0.07	125	2	0.15	2.33	5.93	0.13
湛江市	19.40	6.88	3175	63	0.40	0.57	15.83	2.20
茂名市	7.94	0.04	9	33	0.12	9.99	8.00	1.11
肇庆市	3.19	0.29	100	7	0.09	5.44	3.69	0.67
清远市	1.30	0.14	4	16	0.18	3.07	1.82	0.34
潮州市	1.07	0.03		1	0.00	0.06	2.09	0.07
揭阳市	1.81	0.32		2	0.01	0.12	0.14	
云浮市	1.07	0.10	4	2	0.07	9.51	0.78	0.05
农 垦								

4-5 主要年份农村用电和农业化学化情况

(2018年)

项　目	单位	1985	1990	1995	2000	2005	2010	2015	2017	2018
一、化肥施用量										
折纯量	万吨	102.67	162.41	195.71	176.20	204.62	233.42	238.17	237.94	231.32
氮肥	万吨	69.37	95.82	99.49	95.89	93.78	94.93	90.78	90.98	88.64
磷肥	万吨	14.62	20.08	27.16	18.36	18.96	24.75	29.03	28.60	27.05
钾肥	万吨	13.97	27.57	34.14	35.84	41.54	46.74	47.00	46.77	44.86
复合肥	万吨	4.71	18.94	34.92	26.11	50.34	67.16	71.47	71.58	70.77
二、农药施用量	**万吨**	**7.27**	**7.95**	**8.05**	**8.47**	**8.50**	**9.10**	**9.23**	**9.46**	**9.37**
三、农村用电量	**万千瓦时**	**266399**	**581030**	**1862658**	**4054461**	**7682272**	**10442606**	**13261980**	**14147748**	**14430988**

4-6 农村用电和农业化学化情况

(2018年)

项　目	单　位	数　量	项　目	单　位	数　量
一、农村用电量	**万千瓦时**	**14430988**	复合肥	吨	707712
二、农用化肥施用量			**三、农用塑料薄膜使用量**	**吨**	**44814**
按折纯量计算	吨	2313195	其中：地膜使用量	吨	25050
氮肥	吨	886385	地膜覆盖面积	公顷	2064275
磷肥	吨	270464	**四、农药使用量**	**吨**	**93684**
钾肥	吨	448634	**五、农用柴油使用量**	**吨**	**885212**

4-7 各市农村用电和农业化学化情况

(2018年)

市别	农村用电量(万千瓦时)	农用化肥施用量					农用塑料薄膜使用量(吨)		农药使用量(吨)
		按折纯量计算(吨)	氮肥	磷肥	钾肥	复合肥		地膜使用量	
广州市	1504095	105922	16492	3957	8785	76688	2658	1934	3100
深圳市	1431	10950	1581	2336	1135	5898	253	40	244
珠海市	185593	5937	2999	505	700	1733	2060	126	217
汕头市	304605	50361	22963	3980	8384	15034	1138	327	2886
佛山市	2127659	27829	9722	2450	3022	12635	1165	714	1231
韶关市	96041	96756	34900	9930	17945	33981	5228	3154	4167
河源市	75375	122529	54978	28682	15534	23335	1426	1126	2417
梅州市	126462	148486	73526	10434	24257	40269	3434	2154	4619
惠州市	354177	88808	34961	11001	21611	21235	2631	1739	4620
汕尾市	140999	59989	27119	6751	13142	12977	1752	697	3641
东莞市	5620836	3449	1638	332	541	938	537	285	542
中山市	711788	12252	3621	1166	1759	5706	1395	661	615
江门市	1650757	125097	40361	8687	25939	50110	5982	2904	6056
阳江市	53630	96234	30856	16301	18198	30879	1423	789	4093
湛江市	224480	445720	170782	67656	105953	101329	2634	2102	16923
茂名市	134576	349470	118591	26621	84455	119803	2333	562	12859
肇庆市	176866	173461	79273	26650	30162	37376	2193	1328	5727
清远市	75509	171242	61928	17320	29035	62959	2554	1859	7157
潮州市	491014	46015	18653	5617	7213	14532	1081	711	3299
揭阳市	194239	103865	55718	8597	20740	18810	987	577	4729
云浮市	180856	68823	25723	11491	10124	21485	1950	1261	4542

4-8 各县（市、区）农村用电和农业化学化情况

(2018年)

市别	农村用电量(万千瓦时)	农用化肥施用量					农用塑料薄膜使用量(吨)		农药使用量(吨)
		按折纯量计算(吨)	氮肥	磷肥	钾肥	复合肥		地膜使用量	
广州市	**1504095**	**105922**	**16492**	**3957**	**8785**	**76688**	**2658**	**1934**	**3100**
海珠区	48829	119	36	14	33	36	5	5	
天河区	23990	42	25	2	12	3	3	3	5
白云区	264819	15829	990	115	455	14269	101	95	345
黄埔区	109514	2950	951	152	366	1481	54	31	290
荔湾区	25260	65				65	201		6
花都区	237583	10656	3233	371	603	6449	512	418	481
从化区	20620	19101	6227	1299	3572	8003	280	217	471
增城区	54354	34330	2746	1373	2403	27808	678	643	710
番禺区	404088	4346	930	387	482	2547	245	122	319
南沙区	315038	18484	1354	244	859	16027	579	400	473
深圳市	**1431**	**10950**	**1581**	**2336**	**1135**	**5898**	**253**	**40**	**244**
福田区									
罗湖区	13						1	1	
盐田区	5	7	3	1	1	2	1		2
南山区		1181	110	224	375	472	8	3	15
宝安区		1610	51	46	6	1507	59		
龙岗区	6	2256	313	293	350	1300	142	12	28
龙华区		968	94	149		725			
坪山区	64	1006	312	51	208	435	23	23	69
深汕合作区	1343	3922	698	1572	195	1457	19	1	130
珠海市	**185593**	**5937**	**2999**	**505**	**700**	**1733**	**2060**	**126**	**217**
香洲区	53	123	32	15	31	45	18	1	8
金湾区	88169	2029	470	70	32	140	650	5	23
斗门区	97371	3785	1768	420	637	960	1392	120	128
汕头市	**304605**	**50361**	**22963**	**3980**	**8384**	**15034**	**1138**	**327**	**2886**
金平区	28435	867	586	87	63	131	8	8	65
龙湖区	17273	2686	790	586	253	1057	118	49	120
澄海区	54130	15411	4591	716	2061	8043	632	128	958
濠江区	12519	2441	1043	339	391	668	22	20	96
潮阳区	87432	16648	8088	1194	3009	4357	251	61	702
潮南区	104656	12068	7764	1032	2551	721	100	61	935
南澳县	160	240	101	26	56	57	7		10
佛山市	**2127659**	**27829**	**9722**	**2450**	**3022**	**12635**	**1165**	**714**	**1231**
禅城区	373593	53	20	3	10	20			
南海区	647690	5510	1347	269	496	3398	334	127	289
顺德区	873778	8099	3119	371	362	4247	450	271	302
高明区	19413	8241	2896	1674	1455	2216	139	138	234
三水区	213185	5926	2340	133	699	2754	242	178	406
韶关市	**96041**	**96756**	**34900**	**9930**	**17945**	**33981**	**5228**	**3154**	**4167**
浈江区	4178	4231	1346	907	513	1465	331	69	178
武江区	4238	5129	2197	983	556	1393	81	79	224
曲江区	6934	8698	4031	749	1436	2482	317	118	320
南雄市	13491	16227	5647	1334	2888	6358	906	620	787
始兴县	10261	8323	2725	1088	2010	2500	449	341	268
翁源县	9957	16735	8252	1028	2798	4657	683	425	685
仁化县	9802	11082	2417	1343	3132	4190	659	407	804
新丰县	10254	3381	1959	209	281	932	50	48	51
乳源自治县	7926	3927	1261	240	653	1773	314	260	61
乐昌市	19000	19023	5065	2049	3678	8231	1438	787	789

4-8 续表 1

(2018年)

市 别	农村用电量(万千瓦时)	农用化肥施用量					农用塑料薄膜使用量(吨)	地膜使用量	农药使用量(吨)
		按折纯量计算(吨)	氮肥	磷肥	钾肥	复合肥			
河源市	**75375**	**122529**	**54978**	**28682**	**15534**	**23335**	**1426**	**1126**	**2417**
源城区	4231	2376	907	586	336	547	8	8	54
东源县	11769	21467	9501	4809	2648	4509	187	160	462
和平县	6923	16173	6281	3982	2205	3705	283	164	390
龙川县	17611	28319	13062	6030	3485	5742	503	503	595
紫金县	23839	30772	15569	6089	3442	5672	57	46	600
连平县	11002	23422	9658	7186	3418	3160	388	245	316
梅州市	**126462**	**148486**	**73526**	**10434**	**24257**	**40269**	**3434**	**2154**	**4619**
梅江区	6577	8978	4521	472	1235	2750	230	131	254
梅县区	34352	37452	18933	1792	6880	9847	405	69	1388
蕉岭县	6547	6073	2468	583	1621	1401	571	210	220
大埔县	5702	20874	10001	1371	3075	6427	496	378	527
丰顺县	17118	19628	6861	1834	2834	8099	110	66	369
五华县	26704	23476	13704	1772	3222	4778	652	621	354
兴宁市	22288	22808	12051	1595	4042	5120	562	285	1210
平远县	7174	9197	4987	1015	1348	1847	408	394	297
惠州市	**354177**	**88808**	**34961**	**11001**	**21611**	**21235**	**2631**	**1739**	**4620**
惠城区	25604	12461	5310	1285	2376	3490	272	161	318
惠东县	97357	20782	8841	3638	5564	2739	685	242	471
惠阳区	94001	7934	3040	702	1936	2256	247	242	277
博罗县	76946	31703	12517	3671	7528	7987	1058	938	2663
龙门县	9786	13286	4055	1347	3467	4417	297	84	710
汕尾市	**140999**	**59989**	**27119**	**6751**	**13142**	**12977**	**1752**	**697**	**3641**
汕尾城区	21103	2374	854	168	46	1306	46	46	85
红海湾区	12583	930	312	287	202	129			80
海丰县	37247	16219	9594	1574	3932	1119	557	341	955
陆河县	7957	5810	1460	392	1416	2542	29	29	158
陆丰市	74657	34056	14619	4251	7336	7850	1120	281	2279
东莞市	**5620836**	**3449**	**1638**	**332**	**541**	**938**	**537**	**285**	**542**
中山市	**711788**	**12252**	**3621**	**1166**	**1759**	**5706**	**1395**	**661**	**615**
江门市	**1650757**	**125097**	**40361**	**8687**	**25939**	**50110**	**5982**	**2904**	**6056**
蓬江区	297666	2636	908	538	329	861	244	58	102
江海区	15982	4944	1256	450	963	2275	1103	357	604
新会区	427008	14033	4745	762	2331	6195	2332	988	1135
台山市	355981	46540	16620	3030	12750	14140	935	430	2015
开平市	65024	26037	7777	1869	4843	11548	680	463	1140
恩平市	214532	16630	3232	1306	3225	8867	323	323	620
鹤山市	274564	14277	5823	732	1498	6224	365	285	440
阳江市	**53630**	**96234**	**30856**	**16301**	**18198**	**30879**	**1423**	**789**	**4093**
江城区	11629	7546	2443	1484	1328	2291	218	117	701
阳东县	12444	20777	4924	5785	3275	6793	381	214	1009
阳西县	16094	19892	7402	4987	2801	4702	331	95	795
阳春市	13463	48019	16087	4045	10794	17093	493	363	1588
湛江市	**224480**	**445720**	**170782**	**67656**	**105953**	**101329**	**2634**	**2102**	**16923**
赤坎区	1059	621	129	65	148	279			12
霞山区	710	817	272	64	191	290			8
坡头区	8988	7914	2596	465	2586	2267	24		300
麻章区	21173	33047	10881	6344	7777	8045	503	256	779

4-8 续表 2

(2018年)

市　别	农　村 用电量 (万千瓦时)	农用化肥施用量					农用塑料薄膜使用量(吨)	地　膜 使用量	农　药 使用量 (吨)
		按折纯量计算(吨)	氮肥	磷肥	钾肥	复合肥			
吴川市	53681	13767	4121	2072	3768	3806	34	14	1111
徐闻县	11199	93592	40643	12371	23132	17446	265	253	2007
雷州市	29398	102949	32189	21855	24484	24421	911	898	4180
遂溪县	32273	95200	34041	16097	23208	21854	570	499	5836
廉江市	65999	97812	45909	8323	20659	22921	326	182	2690
茂名市	**134576**	**349470**	**118591**	**26621**	**84455**	**119803**	**2333**	**562**	**12859**
茂南区	11376	16435	5852	1109	3349	6125	133	115	777
电白区	43578	51948	15876	1738	11467	22867	604	91	2735
信宜市	21168	76359	20006	5235	19986	31132	187	53	1382
高州市	24747	117781	43150	10084	29293	35254	1270	222	4431
化州市	33707	86947	33707	8455	20360	24425	139	81	3534
肇庆市	**176866**	**173461**	**79273**	**26650**	**30162**	**37376**	**2193**	**1328**	**5727**
端州区		15	8	3	2	2			
鼎湖区	12696	5703	2132	1426	802	1343	114	79	269
高要市	28135	31896	13495	3373	8474	6554	1164	791	1314
广宁县	9814	17979	11653	1392	1593	3341	21	15	709
四会市	106702	26121	12331	2050	4967	6773	129	51	1114
德庆县	773	25752	7706	7392	4285	6369	567	205	612
封开县	8159	36280	17034	2255	5017	11974	244	187	1307
怀集县	11312	31834	15713	9389	5357	1375			498
清远市	**75509**	**171242**	**61928**	**17320**	**29035**	**62959**	**2554**	**1859**	**7157**
清城区	17047	13372	2954	1720	2012	6686	114	79	547
英德市	10954	61236	30612	4061	10859	15704	290	253	2591
佛冈县	6895	15546	4596	3145	1751	6054	206	95	594
连山自治县	1881	5646	2701	282	1064	1599	171	86	215
连南自治县	2240	4192	2141	438	771	842	213	172	187
连州市	7126	20653	5021	2312	4327	8993	558	520	923
阳山县	12958	19430	7156	2029	3374	6871	342	197	880
清新区	16408	31167	6747	3333	4877	16210	660	457	1220
潮州市	**491014**	**46015**	**18653**	**5617**	**7213**	**14532**	**1081**	**711**	**3299**
湘桥区	38560	5912	2477	504	1000	1931	156	128	210
饶平县	55584	34244	13331	4501	5112	11300	697	428	2711
潮安区	396870	5859	2845	612	1101	1301	228	155	378
揭阳市	**194239**	**103865**	**55718**	**8597**	**20740**	**18810**	**987**	**577**	**4729**
榕城区	58932	6512	3458	430	643	1981	74	65	234
揭东区	16953	15350	8645	1521	3884	1300	221	186	576
惠来县	17371	27318	12140	2359	5696	7123	273	175	1419
普宁市	73685	28379	17503	2527	5867	2482	267	64	1880
揭西县	27298	26306	13972	1760	4650	5924	152	87	620
云浮市	**180856**	**68823**	**25723**	**11491**	**10124**	**21485**	**1950**	**1261**	**4542**
云城区	14160	6250	2365	1550	900	1435	214	145	290
新兴县	114986	13554	3325	2994	2634	4601	752	601	341
郁南县	11547	19443	7730	3915	2308	5490	662	225	1572
罗定市	32389	23440	10758	2623	3804	6255	301	273	2101
云安区	7774	6136	1545	409	478	3704	21	17	238

五、水利建设

东莞生态园

东莞市同沙雨季溢流治理工程

佛山市丰收涌整治后

惠州市博罗县石湾中心排渠整治后(曝气增氧加种植水生植物)

惠州市望江河整治后

茂名市高州新垌河治理效果

梅州市整治后的白宫河

清远市金坑河治理后

水利建设概述

【水利投资及主要效益】2018年，广东省水利建设投资超过320亿元，创历史新高。其中，中央投资34.8亿元，省级投资47.0亿元，市县投资238.5亿元。主要效益：新建堤防27.56公里；新增发展高效节水灌溉面积19.54万亩；新增水土流失治理面积1191.98平方公里。农村自来水普及率达到91.45%，行政村自来水覆盖率达到94.01%。完成年度治理河长2088公里。

【防汛防旱防风】2018年，广东省先后遭遇18场强降雨、133场中小河流超警洪水、7个台风登陆或严重影响，造成严重的灾害损失。经科学决策，周密部署，有效处置突发险情，全省大江大河堤围无一决口、大中小型水库无一垮坝，因灾死亡人口与近五年平均值相比下降了49%。

【农村水利水电】116宗农村水电“十三五”增效扩容改造项目中，已基本完成主机组改造94宗、完成总投资7.43亿元，改造和投资完成率分别为81%、86%，均超年度完成80%的计划目标。全年新增绿色小水电站7宗，安全达标电站37宗。《中小河流水能资源规划》通过技术审查。联合原广东省林业厅对52个省级以上自然保护区进行调查摸底，编制完成《广东省国家级及省级以上自然保护区内小水电整改工作方案（初稿）》。全力推进“互联网+绿色小水电”建设，先行启动移动监管平台建设，并具备试运行条件。印发《广东省农村水利治理规划（2018—2027年）》。

【农村饮水安全】村村通自来水工程建设顺利收官，水源地至行政村累计完成投资181.5亿元，规划投资完成率100%，农村自来水普及率达到91.5%，行政村自来水覆盖率达到94.01%。2277个省定贫困村，已有1960个行政村村实现通自来水，占86.1%；18996个20户以上自然村，已有12383个实现集中供水，占65.2%。2018年累计发展高效节水灌溉面积19.54万亩，超额完成国家下达的年度指标任务；粤东灌区续建配套与节水改造项目完成年度中央投资计划1亿元；列入雷州半岛水利建设“十三五”规划的三阳桥水库、长青水库等灌区节水改造工程，有序推进，完成投资0.76亿元；重点涝区治理工程完成投资5.56亿元，年度计划完成率111%。

【河湖长制工作】2018年6月全面建立湖长制，较中央要求提前半年完成。共设立省、市、县、镇、村五级河长37871名，加上村民小组设立的河段长兼巡河员，总人数超过15万名；设立湖长476名，涵盖全省159个湖泊。2018年，省领导先后作出批示86次（每周平均1.7次），召开相关会议31场。全省五级河长（包括自然村河段长）累计巡河检查超过517万人次，省、市、县三级河长落实整改巡河发现问题13344个。

2018年9月17日，李希书记、马兴瑞省长以省第一总河长、省总河长名义共同签发广东省第1号总河长令，结合全国河湖“清四乱”（清理乱占、乱采、乱堆、乱建）专项行动的要求，在全省江河湖库部署开展“五清”（清理非法排污口、清理水面漂浮物、清理底泥污染物、清理河湖障碍物、清理涉河湖违法违建）专项行动，共调查统计入河排污口15782个，清理水面漂浮物602万吨，清淤疏竣河道4365条、河长9020公里，排查并认定“四乱”问题7512宗，集中整治工作加快推进。全年新建城市（县城）污水管网近8000公里，累计建成运行城镇污水处理设施784座，各地上报的243个城市黑臭水体累计完成整治184个，建成湿地公园232个，全省江河湖库水质总体趋好，流域水质明显改善。9月26日，省河长制工作领导小组印发《让广东河更美大行动方案（2018—2020年）》，系统推进防治水污染、改善水环境、修复水生态、保护水资源、保障水安全、管控水空间、提升水景观、弘扬水文化八项重点任务。研究谋划万里碧道建设，省河长办与省委政研室、省水科院共同组织对碧道的内涵、建设思路、重点任务和实施步骤等进行了深入研究，并形成研究报告。

【水利重点项目建设】韩江高陂水利枢纽工程船闸通航、1-10#泄水闸过流，工程胜利实现大江截流，全面进入了第二期实施阶段。该工程完成年度投资7.28亿元，占年度投资计划104%，累计完成投资30.98亿元，占概算投资52.4%。鉴江高岭拦河闸重建工程完成所有主体建设任务，按期具备灌溉、供水功能，已完成年度投资1.46亿元，累计完成2.99亿元。珠江三角洲水资源配置工程可研报告于2018年8月2日通过国家发改委批复，初步设计报告已于11月19日报送水利部，项目法人组建完成，339米结构试验段项目于10月24日实现盾构贯通。韩江榕江练江水系连通工程的鹿湖隧洞引水工程于6月28日开工建设，盾构始发井、接收井、钻爆法隧洞、进水口等工作面均已展开，其他3个子项目勘察设计招标工作已组织完成。

【民生水利建设】在继续推进山区五市中小河流治理基础上，实施《广东省中小河流治理（二期）实施方案》，全面启动中小河流治理二期工程。完成年度治理河长2088km。至年底全省累计完成治理河长10706km，其中山区五市累计完成治理河长7363km，完成了规划任务89%。

推进水库（闸）除险加固等灾后水利薄弱环节建设。德建水库工程完成了主体工程建设。吴川市吴阳拦河坝重建工程、高要区杨梅水库除险加固工程等5宗项目实现全部开工目标。11宗大中型病险水库（闸）除险加固完成了年度投资计划的93%，其中9宗已完成建设。千里海堤规划项目2018年完成建设堤长79km，累计完成达标加固堤长720km。

【水生态文明建设】第二批全国水生态文明城市建设试点珠海、惠州市以高分通过水利部和省政府组织的联合验收。试点期间，珠海、惠州两市围绕水环境、水生态、水安全、水管理、水文化五大体系统筹开展试点工作，全面完成了试点各项任务，珠海市构建了“陆海统筹、水为脉络、望山见水、人水和谐、山海相拥、陆岛相望”的滨海山水城市，惠州市打造了“一湖两江十四涌，一海三山八湿地”的惠民之州。

【水土保持管理】出台《广东省水土保持目标责任制考核办法（试行）》，

完成了对各市人民政府水土保持目标责任考核工作，向水利部报送了广东省水土保持规划实施情况考核评估自评报告。2018年全省生产建设项目水土保持方案审批数量共计2405宗，其中省审批38宗，市审批641宗，县（市、区）审批1726宗。新开工且已编制水土保持方案的生产建设项目共计1726宗，新开工项目防治面积为316.53平方公里。全年对在建生产建设项目开展水土保持监督检查11094次，其中现场检查10354次、书面检查740次。2018年，全省省级以上水土保持投入资金23.97亿元，新增水土流失治理面积1191.98平方公里。其中完成国家重点工程水土流失面积271平方公里。

【水利扶贫开发】出台基层水利人员培训工作的意见和干部培养锻炼管理办法，截至11月底，已累计组织市（县）水利局长和乡镇水利站（所）长培训21人次、基层农村供水工程建设管理人员技术培训400人次，选派4名干部到对口扶贫点雷州市茂莲村驻村扶贫，并制定脱贫规划和产业扶贫长效机制，多方筹措帮扶资金1170万元，大力推动茂莲村基础设施、农田水利项目和美丽乡村建设。组织厅直系统10个基层党组织与茂莲村党支部结对帮扶，指导帮助村党支部自身建设。

【信息化建设】1. **水利视频监控智能应用系统** 系统依托云计算、人工智能与大数据分析等技术，实现了“省级部署，多级应用”，主要有八大功能：水面漂浮物识别、堤坝杂草识别、周界范围分析、水位线分析、水体水质分析、汛情视频智能联动、雨情视频智能联动、台风视频智能联动。在全省河流交汇处、险工险段、重点区域及重要水利工程建设676个视频监控点，整合接入725个已建监控点。并开发了该系统移动终端APP和微信小程序应用。

2. **广东智慧河长平台** 基于微信公众号开发了移动设备端和电脑端应用，按照不同用户群体分为公众服务、河长服务和监督管理三个应用平台，平台全面覆盖省、市、县、镇、村五级，既能引导公众参与河湖监督管理，又能满足各级河长、河长办工作人员及成员单位移动办公需求，实现河湖问题上报、受理、处理、反馈全流程全留痕，建立阳光透明的工作模式。平台入选《企业微信与政务微信行业发展白皮书》政府应用案例和广东省电子政务优秀案例。2018年，全省共有52679人加入平台，上线用户39638人，全省使用平台巡河16万次；巡河发现问题12484项，已办结10075项；接收公众投诉建议1102条，已办结900条。

3. **广东省水资源管理系统** 已建成包括信息服务、业务管理、水文水资源移动巡查、对外公共信息门户、微信、移动APP等子系统。全省共建立取水户账号1.5万个，覆盖省、流域、市、县、取水户等，实现了取水许可、计划用水、水资源统计、水质评价等业务的在线处理。

5-1 各市灌溉面积、节水灌溉面积

（2018年） 单位：千公顷

市 别	灌溉面积				节水灌溉面积				
		耕地灌溉面积(有效灌溉面积)	林地灌溉面积	园地灌溉面积		喷灌面积	微灌面积	低压管灌面积	其他
全 省	2070.47	1775.21	57.56	237.70	418.22	21.61	12.99	38.30	345.32
广州市	96.60	73.18	3.29	20.13	29.28	0.12		0.12	29.04
深圳市	18.28	2.13	15.86	0.29	0.47	0.12	0.03	0.32	
珠海市	12.82	9.43	0.21	3.18					
汕头市	47.83	41.66	0.23	5.94	24.51	0.54	0.44	3.00	20.53
佛山市	45.23	32.73	7.31	5.19	15.80	3.33	0.07	2.94	9.46
韶关市	130.21	125.39	0.48	4.34	64.18	0.97	1.42	0.45	61.34
河源市	115.37	106.51	0.35	8.51	4.69	3.58	0.13	0.26	0.72
梅州市	145.78	127.64	3.73	14.41	8.15			0.10	8.05
惠州市	120.05	109.18	1.71	9.16	30.38	0.86	0.60	0.07	28.85
汕尾市	80.29	72.24	3.25	4.80	10.36			10.36	
东莞市	15.01	13.13		1.88	0.88	0.54	0.15	0.19	
中山市	24.33	15.54	0.73	8.06	2.41	0.82	0.02	1.57	
江门市	139.29	127.02	4.07	8.20	34.72	0.04		0.11	34.57
阳江市	94.44	85.68	1.88	6.88	3.92	0.46	0.13	0.58	2.75
湛江市	277.89	231.74	4.33	41.82	48.17	4.64	4.33	13.51	25.69
茂名市	187.41	154.13		33.28	57.58	0.13	1.28	0.57	55.60
肇庆市	132.63	116.76		15.87	11.38	0.93	1.34	1.50	7.60
清远市	149.32	140.45	2.39	6.48	25.98	0.75	0.37	0.98	23.88
潮州市	53.15	35.82	5.47	11.86	18.03	3.68	2.62	0.02	11.71
揭阳市	94.03	81.28	2.27	10.48	7.40			0.39	7.01
云浮市	89.75	73.57		16.18	19.18	0.10	0.06	0.50	18.52
省 属	0.76			0.76	0.76			0.76	

5-2 各市2000亩以上灌区

2018年

市别	灌区数量（处）						
	合计	50万亩以上	30～50万亩	10～30万亩	5～10万亩	1～5万亩	0.2～1万亩
全　省	1867	2	1	27	54	403	1380
广州市	105		1		2	13	89
深圳市	1						1
珠海市	14					4	10
汕头市	37				6	15	16
佛山市	38				1	10	27
韶关市	171			1	2	25	143
河源市	136					21	115
梅州市	113			1	2	20	90
惠州市	98			3	2	24	69
汕尾市	72			2	2	19	49
东莞市	18					2	16
中山市	1					1	
江门市	152			4	4	34	110
阳江市	97			2	3	31	61
湛江市	150	1		5	4	36	104
茂名市	94	1		2	11	31	49
肇庆市	171				4	21	146
清远市	172				2	36	134
潮州市	42			3	1	15	23
揭阳市	84			4	3	31	46
云浮市	101				5	14	82

5-2 续表

市 别	灌区耕地有效灌溉面积（千公顷）						
	合计	50万亩以上	30～50万亩	10～30万亩	5～10万亩	1～5万亩	0.2～1万亩
全 省	1063.67	112.92	6.87	162.40	142.69	344.71	294.08
广州市	41.75		6.87		1.53	12.36	20.99
深圳市							
珠海市	5.93					3.93	2.00
汕头市	36.40				14.26	18.15	4.00
佛山市	17.23				3.01	8.64	5.58
韶关市	73.90			8.51	5.56	29.31	30.52
河源市	45.61					18.36	27.26
梅州市	47.30			9.11	5.01	16.85	16.33
惠州市	50.22			11.01	7.16	18.87	13.18
汕尾市	58.38			19.47	6.87	20.98	11.07
东莞市	5.69					2.07	3.62
中山市	0.41					0.41	
江门市	106.08			24.22	13.32	35.39	33.15
阳江市	53.73			14.47	8.41	19.38	11.47
湛江市	166.50	71.99		36.76	9.07	28.87	19.81
茂名市	90.05	40.93		7.22	21.66	13.25	7.00
肇庆市	57.63				9.40	18.12	30.11
清远市	67.07				9.26	28.58	29.23
潮州市	30.34			8.63	4.67	12.86	4.18
揭阳市	68.79			23.00	7.14	28.24	10.41
云浮市	40.64				16.37	10.10	14.18

5-3 各市已建堤防长度

2018年

市 别	堤防长度（公里）						
	合计	1级堤防	2级堤防	3级堤防	4级堤防	5级堤防	5级以下堤防
全 省	28500.50	622.39	1931.39	4732.60	8085.40	6407.53	6721.19
广州市	3308.66	351.21	512.46	268.40	1612.14	276.31	288.14
深圳市	55.03	51.44	3.59				
珠海市	389.04	44.15	176.65	91.89	51.90	24.45	
汕头市	912.46	72.28	108.65	291.10	140.98	95.93	203.52
佛山市	1152.50	45.17	293.34	205.94	546.69	58.21	3.15
韶关市	933.67		122.09	113.84	230.83	163.44	303.47
河源市	1695.93		15.75	168.51	282.00	812.74	416.93
梅州市	2563.89		34.57	73.07	687.63	705.40	1063.22
惠州市	1329.87		18.93	272.05	325.81	250.15	462.93
汕尾市	1655.99			620.96	579.61	174.02	281.40
东莞市	1136.06	19.27	113.64	527.30	241.14	234.47	0.24
中山市	383.50	11.48	93.04	236.24	42.74		
江门市	2560.52		116.81	277.19	632.93	284.40	1249.19
阳江市	689.18			229.07	154.89	204.21	101.01
湛江市	1336.42			211.03	644.64	307.88	172.87
茂名市	3052.30		55.00	396.38	245.19	1189.57	1166.16
肇庆市	1399.47	8.21	105.93	107.54	265.43	462.67	449.69
清远市	1016.07	19.18	75.02	191.17	184.02	422.47	124.21
潮州市	890.66		38.43	169.71	354.90	273.39	54.23
揭阳市	1377.78		39.49	178.65	664.09	306.56	188.99
云浮市	661.50		8.00	102.56	197.84	161.26	191.84

5-3 续表

市 别	达标堤防长度（公里）					
	合计	1级堤防	2级堤防	3级堤防	4级堤防	5级堤防
全 省	12639.26	566.13	1699.33	3337.89	5018.62	2017.29
广州市	2496.50	332.46	363.60	256.42	1407.64	136.38
深圳市	32.80	32.80				
珠海市	268.07	44.15	139.94	7.63	51.90	24.45
汕头市	545.57	72.28	90.39	270.66	71.27	40.97
佛山市	1104.30	45.17	291.34	201.98	532.86	32.95
韶关市	630.20		122.09	113.84	230.83	163.44
河源市	392.10		15.75	130.56	58.01	187.78
梅州市	663.70		34.57	47.94	356.92	224.27
惠州市	334.83		18.55	128.91	154.40	32.97
汕尾市	214.70			118.27	94.40	2.03
东莞市	721.36	11.88	108.78	393.56	190.56	16.58
中山市	351.66		89.14	221.57	40.95	
江门市	901.95		116.81	276.24	345.67	163.23
阳江市	393.74			198.27	33.14	162.33
湛江市	509.10			136.20	300.77	72.13
茂名市	319.52		55.00	194.30	19.90	50.32
肇庆市	740.97	8.21	104.93	106.60	229.71	291.52
清远市	657.49	19.18	75.02	181.07	138.81	243.41
潮州市	323.38		38.43	94.31	117.56	73.08
揭阳市	804.58		26.99	162.00	537.74	77.85
云浮市	232.74		8.00	97.56	105.58	21.60

5-4 各市河道治理及除涝面积

2018年

市 别	河道治理（公里）			除涝面积（千公顷）			
	有防洪任务河段长度	已治理河段长度	治理达标河段长度		3～5年一遇标准	5～10年一遇标准	10年以上一遇标准
全 省	19274.83	8338.01	4953.40	541.24	62.01	98.21	381.02
广州市	1037.39	655.04	477.79	54.82	3.44	5.82	45.56
深圳市	152.55	150.65	135.84	7.36	1.49		5.87
珠海市	154.92	128.50	108.62	16.10	1.00	15.10	
汕头市	206.59	158.46	141.50	36.88	3.72	4.40	28.76
佛山市	531.93	531.93	525.10	59.98		8.90	51.08
韶关市	2360.54	685.23	478.20	19.77	3.83	10.54	5.40
河源市	1518.59	544.94	168.01	0.84	0.15	0.52	0.17
梅州市	1691.47	891.40	427.47	10.58	1.93	2.01	6.64
惠州市	862.66	339.31	143.49	35.03	3.97	1.22	29.84
汕尾市	259.51	21.10	21.10	21.44	3.72	1.86	15.86
东莞市	477.33	387.99	306.48	17.89			17.89
中山市	197.01	197.01	197.01	30.73			30.73
江门市	1134.24	993.59	302.59	48.93	14.01	7.44	27.48
阳江市	860.93	205.73	196.21	8.52	0.20	1.87	6.45
湛江市	986.59	379.35	264.57	31.77	5.69	11.82	14.26
茂名市	1550.45	418.60	75.14	15.74	7.82	7.59	0.33
肇庆市	663.83	306.94	104.14	45.01	1.52	6.83	36.66
清远市	2259.89	951.42	530.50	27.38	5.25	2.62	19.51
潮州市	458.30	167.23	167.23	22.50	3.07	4.45	14.98
揭阳市	712.53	124.91	95.39	26.70	0.90	4.49	21.31
云浮市	1197.58	98.68	87.02	3.27	0.30	0.73	2.24

5-5 各市本年新增水土流失综合治理面积

2018年　　单位：千公顷

市　别	合计	梯田	水土保持林	经济林	种草	封禁治理	其他措施
全　省	119.19	3.14	26.41	0.86	6.32	39.80	42.66
广州市	6.73		1.88		0.05	3.12	1.68
深圳市	1.08		0.19		0.30		0.59
珠海市	4.23						4.23
汕头市	1.06		0.45		0.61		
佛山市	2.63		0.34			2.29	
韶关市	7.23		0.55			2.08	4.60
河源市	11.20		1.64		0.14	8.64	0.78
梅州市	18.00	0.35	1.77	0.13	0.66	13.28	1.81
惠州市	12.28		1.65			0.85	9.78
汕尾市	0.31		0.12				0.19
东莞市	3.64	2.63	0.04		0.94		0.03
中山市	3.24						3.24
江门市	10.65		3.55			4.02	3.08
阳江市	2.00		1.76			0.24	
湛江市	0.38	0.04	0.24	0.10			
茂名市	3.07		2.07	0.37	0.33		0.30
肇庆市	16.01		3.20	0.23		0.63	11.95
清远市	5.54		4.51	0.03		0.81	0.19
潮州市	0.28	0.12				0.12	0.04
揭阳市	0.37		0.20			0.13	0.04
云浮市	9.26		2.25		3.29	3.59	0.13

5-6 各市已建水库、水电站数量

2018年

市别	水库数量（座）						水库总库容（万立方米）		
	合计	大（1）型	大（2）型	中型	小（1）型	小（2）型	合计	大（1）型	大（2）型
全省	8394	7	30	343	1565	6449	4495850.39	2253450.00	641717.00
广州市	360		1	16	72	271	105168.99		37820.00
深圳市	162			12	63	87	60411.54		
珠海市	64			4	22	38	15197.52		
汕头市	206			8	33	165	31387.29		
佛山市	128			3	19	106	12396.21		
韶关市	638	1	5	32	94	506	371116.46	128050.00	103159.00
河源市	781	2		19	93	667	1657319.67	1583600.00	
梅州市	716		3	18	140	555	150632.74		45312.00
惠州市	516	1	3	25	121	366	295559.47	122000.00	50005.00
汕尾市	436		2	18	61	355	125979.03		43659.00
东莞市	122			8	48	66	41884.88		
中山市	39			1	17	21	9106.61		
江门市	602		4	30	162	406	251714.47		108210.00
阳江市	224		2	19	73	130	122408.86		45920.00
湛江市	770	1	2	23	112	632	259968.58	114400.00	27335.00
茂名市	627	1	1	12	76	537	191286.56	115000.00	11375.00
肇庆市	561			24	79	458	117350.78		
清远市	521	1	4	32	101	383	422061.38	190400.00	104480.00
潮州市	202		1	8	30	163	78541.22		38100.00
揭阳市	477		2	19	96	360	114551.42		26342.00
云浮市	242			12	53	177	61806.71		

5-6 续表

2018年

市 别	水库总库容（万立方米）			水电站数量（座）					
	中型	小（1）型	小（2）型	合计	大（1）型	大（2）型	中型	小（1）型	小（2）型
全 省	955628.40	458930.77	186124.22	9779	2	1	12	78	9686
广州市	37969.91	21603.54	7775.54	185	1			1	183
深圳市	37423.94	19563.77	3423.83	7					7
珠海市	8126.00	5902.25	1169.27						
汕头市	18913.00	7760.50	4713.79	19					19
佛山市	3603.00	4813.61	3979.60	15					15
韶关市	98728.76	27007.01	14171.69	2083			3	14	2066
河源市	36228.40	22905.54	14585.73	812		1	1	8	802
梅州市	55984.00	32562.61	16774.13	1627			4	15	1608
惠州市	74686.99	36449.27	12418.21	320	1			3	316
汕尾市	54333.60	18697.20	9289.23	145			1		144
东莞市	21922.14	16759.56	3203.18	2					2
中山市	5040.00	3431.20	635.41	6					6
江门市	77171.00	51370.81	14962.66	256				1	255
阳江市	49235.50	23062.50	4190.86	493				3	490
湛江市	63331.00	38685.63	16216.95	82					82
茂名市	29395.50	22169.64	13346.42	563				2	561
肇庆市	85048.00	20672.22	11630.56	695				16	679
清远市	79003.66	35051.92	13125.80	1475			3	7	1465
潮州市	26695.00	9432.20	4314.02	202				3	199
揭阳市	50170.00	27689.83	10349.59	348				5	343
云浮市	42619.00	13339.96	5847.75	444					444

5-7 各市已建泵站、水闸数量

2018年

市别	泵站数量（处）						水闸数量（座）					
	合计	大(1)型	大(2)型	中型	小(1)型	小(2)型	合计	大(1)型	大(2)型	中型	小(1)型	小(2)型
全　省	15807	3	34	475	2370	12925	16019	13	131	729	2733	12413
广州市	1445		3	37	360	1045	1255	1	10	63	365	816
深圳市	163			34	87	42	189			25	59	105
珠海市	258		2	9	68	179	233		1	27	185	20
汕头市	409			8	119	282	1004	2	6	38	177	781
佛山市	1501		8	133	303	1057	574		5	39	206	324
韶关市	845				11	834	122	3	13	12	18	76
河源市	492				18	474	42	1		1	1	39
梅州市	434		1	10	122	301	1057			17	35	1005
惠州市	719		6	33	91	589	682	2	8	40	120	512
汕尾市	402			1	47	354	1488		5	67	259	1157
东莞市	372	2	2	95	190	83	474		3	57	228	186
中山市	460	1	2	24	109	324	388		4	20	114	250
江门市	2008		1	13	269	1725	1993		10	39	276	1668
阳江市	374			2	46	326	640		2	30	78	530
湛江市	1106			1	25	1080	1494		11	55	118	1310
茂名市	1660		1	12	79	1568	1236		27	66	157	986
肇庆市	739		5	27	209	498	532		3	14	74	441
清远市	896		1	19	60	816	680	2	6	29	54	589
潮州市	467			3	36	428	519	1	6	15	43	454
揭阳市	635		1	11	91	532	1055	1	8	40	156	850
云浮市	422		1	3	30	388	362		3	35	10	314

5-8 各市已建农村集中式供水工程、机电井数量

2018年

市别	农村集中式供水工程数量（处）				机电井数量（眼）					
	合计	千吨万人以上	千人以上	其他	合计	规模以上机电井	浅层地下水机电井	深层承压水机电井	规模以下机电井	浅层地下水机电井
全省	45078	915	4968	39195	1233634	12414	10695	1719	1221220	1221220
广州市	411	48	170	193	31736	1292	1285	7	30444	30444
深圳市					3126	2247	2247		879	879
珠海市					753	46	46		707	707
汕头市	167	54	83	30	2197	48	48		2149	2149
佛山市	298	21	75	202	1137	68	64	4	1069	1069
韶关市	3639	21	286	3332	38891	118	118		38773	38773
河源市	6549	40	566	5943	40788	80	74	6	40708	40708
梅州市	4632	46	504	4082	26336	112	112		26224	26224
惠州市	1197	88	312	797	84502	314	314		84188	84188
汕尾市	170	40	63	67	45969	51	51		45918	45918
东莞市	81	79	2		1886	56	56		1830	1830
中山市	13	10	3		2705	24	24		2681	2681
江门市	786	55	138	593	11787	230	218	12	11557	11557
阳江市	327	54	126	147	93143	54	54		93089	93089
湛江市	2240	34	952	1254	238508	6051	4366	1685	232457	232457
茂名市	10969	75	205	10689	353123	940	940		352183	352183
肇庆市	6601	45	472	6084	29376	353	351	2	29023	29023
清远市	3639	56	493	3090	109641	207	206	1	109434	109434
潮州市	417	33	149	235	20686	19	18	1	20667	20667
揭阳市	180	70	96	14	61898	27	27		61871	61871
云浮市	2762	46	273	2443	35446	77	76	1	35369	35369

5-9 各县（市、区）灌溉面积、节水灌溉面积

2018年　　　　单位：千公顷

市　别	灌溉面积	耕地灌溉面积（有效灌溉面积）	林地灌溉面积	园地灌溉面积	节水灌溉面积	喷灌面积	微灌面积	低压管灌面积	其他
全　省	**2070.47**	**1775.21**	**57.56**	**237.70**	**418.22**	**21.61**	**12.99**	**38.30**	**345.32**
广州市	**96.60**	**73.18**	**3.29**	**20.13**	**29.28**	**0.12**		**0.12**	**29.04**
荔湾区	0.28	0.28							
越秀区									
海珠区	1.17	0.88	0.29						
天河区	0.32	0.22		0.10					
白云区	9.84	9.79	0.01	0.04	8.53	0.02		0.03	8.48
黄埔区	2.76	2.29	0.10	0.37					
番禺区	9.66	2.07	1.85	5.74					
花都区	14.19	10.77	0.87	2.55	0.33				0.33
南沙区	18.09	17.70	0.17	0.22	0.03	0.03			
增城市	25.33	19.81		5.52	11.86	0.06		0.09	11.71
从化市	14.96	9.37		5.59	8.53	0.01			8.52
深圳市	**18.28**	**2.13**	**15.86**	**0.29**	**0.47**	**0.12**	**0.03**	**0.32**	
罗湖区	0.31	0.02	0.29						
福田区	0.15			0.15					
南山区	2.73	0.10	2.63						
宝安区	9.95	1.11	8.70	0.14	0.20	0.04	0.01	0.15	
龙岗区	4.94	0.89	4.05		0.27	0.08	0.02	0.17	
盐田区	0.20	0.01	0.19						
珠海市	**12.82**	**9.43**	**0.21**	**3.18**					
香洲区	0.93	0.51		0.42					
斗门区	7.30	5.80		1.50					
金湾区	4.59	3.12	0.21	1.26					
汕头市	**47.83**	**41.66**	**0.23**	**5.94**	**24.51**	**0.54**	**0.44**	**3.00**	**20.53**
龙湖区	2.54	2.54			0.40				0.40
金平区	1.16	1.03	0.06	0.07					
濠江区	1.72	1.53	0.04	0.15	0.08	0.05	0.01	0.01	0.01
潮阳区	15.83	12.84		2.99	12.04				12.04
潮南区	13.99	13.49		0.50	7.81	0.49	0.26	2.98	4.08
澄海区	11.95	9.85		2.10	4.18		0.17	0.01	4.00
南澳县	0.64	0.38	0.13	0.13					
佛山市	**45.23**	**32.73**	**7.31**	**5.19**	**15.80**	**3.33**	**0.07**	**2.94**	**9.46**
禅城区	1.36	0.47		0.89					
南海区	16.30	11.73	3.49	1.08	4.09	0.09	0.05	0.32	3.63
顺德区	4.70	1.21	2.02	1.47	0.51	0.27	0.02	0.22	
三水区	10.66	8.86	1.80		5.08	1.29		2.40	1.39
高明区	12.21	10.46		1.75	6.12	1.68			4.44

5-9 续表 1

2018年　　　　　　　　　　　　　　　　　　　单位：千公顷

市　别	灌溉面积	耕地灌溉面积（有效灌溉面积）	林地灌溉面积	园地灌溉面积	节水灌溉面积	喷灌面积	微灌面积	低压管灌面积	其他
韶关市	**130.21**	**125.39**	**0.48**	**4.34**	**64.18**	**0.97**	**1.42**	**0.45**	**61.34**
武江区	4.57	3.54		1.03	3.53				3.53
浈江区	6.47	5.49		0.98	3.56				3.56
曲江区	9.41	9.38		0.03	2.30				2.30
始兴县	14.66	13.55		1.11	9.21		0.02	0.12	9.07
仁化县	12.63	12.20		0.43	7.71	0.35	1.40	0.25	5.71
翁源县	17.96	17.44		0.52	11.51				11.51
乳源自治县	10.83	10.54	0.29		8.62	0.60			8.02
新丰县	7.11	7.11			6.62	0.02			6.60
乐昌市	23.81	23.81			6.42			0.07	6.35
南雄市	22.76	22.33	0.19	0.24	4.70			0.01	4.69
河源市	**115.37**	**106.51**	**0.35**	**8.51**	**4.69**	**3.58**	**0.13**	**0.26**	**0.72**
源城区	2.40	2.31		0.09	0.43	0.33			0.10
紫金县	30.96	27.09		3.87	1.21	1.21			
龙川县	29.53	28.03		1.50	0.12			0.12	
连平县	15.54	14.15	0.35	1.04	0.93	0.17		0.14	0.62
和平县	17.08	15.07		2.01	0.43	0.30	0.13		
东源县	19.86	19.86			1.57	1.57			
梅州市	**145.78**	**127.64**	**3.73**	**14.41**	**8.15**			**0.10**	**8.05**
梅江区	5.98	5.25	0.27	0.46	0.02			0.02	
梅县区	30.34	23.09	1.64	5.61	6.62				6.62
大埔县	13.39	11.32	0.83	1.24					
丰顺县	18.15	14.77	0.77	2.61					
五华县	26.80	24.30		2.50	0.08			0.08	
平远县	10.43	8.94	0.22	1.27	0.93				0.93
蕉岭县	8.51	7.79		0.72	0.50				0.50
兴宁市	32.18	32.18							
惠州市	**120.05**	**109.18**	**1.71**	**9.16**	**30.38**	**0.86**	**0.60**	**0.07**	**28.85**
惠城区	19.36	18.03	1.33		0.24	0.12	0.10	0.02	
惠阳区	11.36	10.79		0.57	1.52	0.52			1.00
博罗县	37.01	32.20		4.81	24.51	0.16	0.30		24.05
惠东县	33.35	32.97	0.38		4.04	0.04	0.20		3.80
龙门县	18.97	15.19		3.78	0.07	0.02		0.05	
汕尾市	**80.29**	**72.24**	**3.25**	**4.80**	**10.36**			**10.36**	
城区	5.12	4.84	0.13	0.15					
海丰县	32.72	26.46	2.73	3.53	1.29			1.29	
陆河县	9.17	8.68		0.49	4.64			4.64	
陆丰市	33.28	32.26	0.39	0.63	4.43			4.43	

5-9 续表 2

2018年　　单位：千公顷

市别	灌溉面积	耕地灌溉面积（有效灌溉面积）	林地灌溉面积	园地灌溉面积	节水灌溉面积	喷灌面积	微灌面积	低压管灌面积	其他
东莞市	**15.01**	**13.13**		**1.88**	**0.88**	**0.54**	**0.15**	**0.19**	
中山市	**24.33**	**15.54**	**0.73**	**8.06**	**2.41**	**0.82**	**0.02**	**1.57**	
江门市	**139.29**	**127.02**	**4.07**	**8.20**	**34.72**	**0.04**		**0.11**	**34.57**
蓬江区	1.83	1.78		0.05	0.03			0.03	
江海区	1.86	1.60		0.26	0.05			0.05	
新会区	19.78	16.20	1.53	2.05	4.76				4.76
台山市	49.06	45.35	0.83	2.88	9.60				9.60
开平市	26.57	24.54	0.68	1.35	4.07	0.02			4.05
鹤山市	14.96	12.62	1.03	1.31	2.74	0.02		0.03	2.69
恩平市	25.23	24.93		0.30	13.47				13.47
阳江市	**94.44**	**85.68**	**1.88**	**6.88**	**3.92**	**0.46**	**0.13**	**0.58**	**2.75**
江城区	12.19	11.19		1.00	0.40	0.33		0.07	
阳西县	15.69	13.34	1.88	0.47	0.42		0.06	0.36	
阳东县	16.70	16.70			0.35	0.13	0.07	0.15	
阳春市	49.86	44.45		5.41	2.75				2.75
湛江市	**277.89**	**231.74**	**4.33**	**41.82**	**48.17**	**4.64**	**4.33**	**13.51**	**25.69**
赤坎区	0.36	0.33	0.01	0.02	0.36			0.31	0.05
霞山区	1.48	1.35	0.05	0.08					
坡头区	8.79	8.34	0.45		0.53		0.36	0.16	0.01
麻章区	17.18	12.95	1.21	3.02	3.93	0.29	0.07	0.82	2.75
遂溪县	46.95	45.69	0.76	0.50	5.72	2.11	1.13	1.76	0.72
徐闻县	44.41	41.37	0.49	2.55	18.21	1.25	2.67	8.15	6.14
廉江市	55.54	53.37	1.36	0.81	4.34			0.11	4.23
雷州市	78.28	45.74		32.54	14.80	0.99	0.10	2.20	11.51
吴川市	24.90	22.60		2.30	0.28				0.28
茂名市	**187.41**	**154.13**		**33.28**	**57.58**	**0.13**	**1.28**	**0.57**	**55.60**
茂南区	13.68	13.22		0.46	5.08			0.33	4.75
电白县	38.48	38.48			14.44		0.43	0.02	13.99
高州市	61.86	36.44		25.42	18.31		0.32		17.99
化州市	45.50	39.48		6.02	16.21	0.13	0.53	0.22	15.33
信宜市	27.89	26.51		1.38	3.54				3.54
肇庆市	**132.63**	**116.76**		**15.87**	**11.38**	**0.93**	**1.34**	**1.50**	**7.60**
端州区	0.48	0.37		0.11	0.14	0.08		0.06	
鼎湖区	4.86	4.26		0.60	0.01				0.01
广宁县	14.38	13.33		1.05	1.31	0.85		0.20	0.26
怀集县	27.24	24.00		3.24	7.63			0.30	7.33
封开县	18.90	16.54		2.36	0.14			0.14	
德庆县	17.07	13.86		3.21	1.34		1.34		
高要区	31.24	28.62		2.62	0.80			0.80	
四会市	18.46	15.78		2.68					

5-9 续表 3

2018年　　　　单位：千公顷

市　别	灌溉面积	耕地灌溉面积（有效灌溉面积）	林地灌溉面积	园地灌溉面积	节水灌溉面积	喷灌面积	微灌面积	低压管灌面积	其他
清远市	**149.32**	**140.45**	**2.39**	**6.48**	**25.98**	**0.75**	**0.37**	**0.98**	**23.88**
清城区	18.68	17.95		0.73					
佛冈县	10.71	9.68	0.99	0.04	0.30	0.19	0.09	0.02	
阳山县	19.22	18.28	0.55	0.39	0.06			0.06	
连山自治县	6.79	6.68	0.10	0.01	0.17	0.17			
连南自治县	5.11	5.06	0.05		0.04	0.04			
清新县	23.48	20.48		3.00	18.99	0.01			18.98
英德市	47.96	45.53	0.12	2.31	0.79	0.29		0.50	
连州市	17.37	16.79	0.58		5.63	0.05	0.28	0.40	4.90
潮州市	**53.15**	**35.82**	**5.47**	**11.86**	**18.03**	**3.68**	**2.62**	**0.02**	**11.71**
湘桥区	4.93	3.85	0.04	1.04	3.08	3.08			
潮安县	17.66	12.12	3.66	1.88	8.24	0.60	0.08	0.02	7.54
饶平县	30.56	19.85	1.77	8.94	6.71		2.54		4.17
揭阳市	**94.03**	**81.28**	**2.27**	**10.48**	**7.40**			**0.39**	**7.01**
榕城区	1.78	1.46		0.32	0.19			0.08	0.11
揭东区	10.49	8.74		1.75	2.42				2.42
揭西县	17.47	15.53	0.66	1.28	0.97				0.97
惠来县	19.60	15.68	1.61	2.31	0.27			0.25	0.02
普宁市	30.50	27.26		3.24	3.11				3.11
蓝城区	6.49	5.44		1.05					
空港经济区	6.80	6.61		0.19	0.44			0.06	0.38
普侨区	0.14	0.12		0.02					
大南山区	0.76	0.44		0.32					
大南海工业区									
云浮市	**89.75**	**73.57**		**16.18**	**19.18**	**0.10**	**0.06**	**0.50**	**18.52**
云城区	6.56	5.85		0.71	1.01	0.03	0.01	0.10	0.87
新兴县	16.70	15.90		0.80	6.11	0.07	0.05	0.18	5.81
郁南县	18.95	15.64		3.31	2.50			0.22	2.28
云安县	18.82	8.09		10.73	3.27				3.27
罗定市	28.72	28.09		0.63	6.29				6.29
省　属	**0.76**			**0.76**	**0.76**			**0.76**	

5-10 各县（市、区）2000亩以上灌区

2018年

市别	灌区数量（处）						
	合计	50万亩以上	30～50万亩	10～30万亩	5～10万亩	1～5万亩	0.2～1万亩
全　省	**1867**	**2**	**1**	**27**	**54**	**403**	**1380**
广州市	**105**		**1**		**2**	**13**	**89**
荔湾区							
越秀区							
海珠区							
天河区							
白云区	8					1	7
黄埔区	6						6
番禺区							
花都区	18					6	12
南沙区							
增城市	52					3	49
从化市	21		1		2	3	15
深圳市	**1**						**1**
罗湖区							
福田区							
南山区	1						1
宝安区							
龙岗区							
盐田区							
珠海市	**14**					**4**	**10**
香洲区							
斗门区	12					4	8
金湾区	2						2
汕头市	**37**				**6**	**15**	**16**
龙湖区	2					1	1
金平区	2					1	1
濠江区	3						3
潮阳区	12				2	8	2
潮南区	13				2	2	9
澄海区	5				2	3	
南澳县							
佛山市	**38**				**1**	**10**	**27**
禅城区							
南海区	12					3	9
顺德区							
三水区	12				1	2	9
高明区	14					5	9

5-10 续表 1

2018年

市　别	灌区数量（处）						
	合计	50万亩以上	30～50万亩	10～30万亩	5～10万亩	1～5万亩	0.2～1万亩
韶关市	**171**			**1**	**2**	**25**	**143**
武江区	6					3	3
浈江区	11					1	10
曲江区	6				1	2	3
始兴县	10				1	2	7
仁化县	26					4	22
翁源县	15					4	11
乳源自治县	22					2	20
新丰县	4						4
乐昌市	56					2	54
南雄市	15			1		5	9
河源市	**136**					**21**	**115**
源城区	3					2	1
紫金县	74					4	70
龙川县	9					5	4
连平县	16					4	12
和平县	15					3	12
东源县	19					3	16
梅州市	**113**			**1**	**2**	**20**	**90**
梅江区	14					1	13
梅县区	36					5	31
大埔县	2						2
丰顺县	7					3	4
五华县	8				1	3	4
平远县	4					2	2
蕉岭县	7				1	2	4
兴宁市	35			1		4	30
惠州市	**98**			**3**	**2**	**24**	**69**
惠城区	27					8	19
惠阳区	9					3	6
博罗县	31			2		8	21
惠东县	16			1	1	2	12
龙门县	15				1	3	11
汕尾市	**72**			**2**	**2**	**19**	**49**
城区	8					2	6
海丰县	33			1	1	7	24
陆河县	9					2	7
陆丰市	22			1	1	8	12
东莞市	**18**					**2**	**16**
中山市	**1**					**1**	

5-10 续表 2

2018年

市别	灌区数量（处）						
	合计	50万亩以上	30～50万亩	10～30万亩	5～10万亩	1～5万亩	0.2～1万亩
江门市	**152**			**4**	**4**	**34**	**110**
蓬江区	4						4
江海区							
新会区	22					12	10
台山市	65			2	1	8	54
开平市	22			1	1	3	17
鹤山市	15					6	9
恩平市	24			1	2	5	16
阳江市	**97**			**2**	**3**	**31**	**61**
江城区	14			1		6	7
阳西县	20				1	9	10
阳东县	17			1		9	7
阳春市	46				2	7	37
湛江市	**150**	**1**		**5**	**4**	**36**	**104**
赤坎区							
霞山区							
坡头区	2					1	1
麻章区	27					2	25
遂溪县	37	1				8	28
徐闻县	26			1	1	7	17
廉江市	12			2	2	5	3
雷州市	33			2	1	9	21
吴川市	13					4	9
茂名市	**94**	**1**		**2**	**11**	**31**	**49**
茂南区	4					1	3
电白县	24			1	3	18	2
高州市	43	1		1	2	7	32
化州市	19				5	3	11
信宜市	4				1	2	1
肇庆市	**171**				**4**	**21**	**146**
端州区	1						1
鼎湖区	5				1	1	3
广宁县							
怀集县	29				2	4	23
封开县	20					4	16
德庆县	29					5	24
高要区	57					3	54
四会市	30				1	4	25

5-10 续表 3

2018年

市　别	灌区数量（处）						
	合计	50万亩以上	30～50万亩	10～30万亩	5～10万亩	1～5万亩	0.2～1万亩
清远市	**172**				**2**	**36**	**134**
清城区	20				1	2	17
佛冈县	28					2	26
阳山县	20					5	15
连山自治县	3						3
连南自治县	8					3	5
清新县	18				1	3	14
英德市	56					13	43
连州市	19					8	11
潮州市	**42**			**3**	**1**	**15**	**23**
湘桥区	7					4	3
潮安县	13			3		3	7
饶平县	22				1	8	13
揭阳市	**84**			**4**	**3**	**31**	**46**
榕城区	1			1			
揭东区	7				1	4	2
揭西县	18				1	8	9
惠来县	22			1		9	12
普宁市	31			1		9	21
蓝城区	4			1	1		2
空港经济区	1					1	
普侨区							
大南山区							
大南海工业区							
云浮市	**101**				**5**	**14**	**82**
云城区	25					4	21
新兴县	18				1	3	14
郁南县	11					2	9
云安县	20					3	17
罗定市	27				4	2	21

5-10 续表 4

2018年

市 别	灌区耕地有效灌溉面积（千公顷）						
	合计	50万亩以上	30~50万亩	10~30万亩	5~10万亩	1~5万亩	0.2~1万亩
全　省	**1063.67**	**112.92**	**6.87**	**162.40**	**142.69**	**344.71**	**294.08**
广州市	**41.75**		**6.87**		**1.53**	**12.36**	**20.99**
荔湾区							
越秀区							
海珠区							
天河区							
白云区	5.39		4.07			0.13	1.19
黄埔区	1.20						1.20
番禺区							
花都区	10.75		2.27			6.13	2.35
南沙区							
增城市	16.43					3.77	12.66
从化市	7.98		0.53		1.53	2.33	3.59
深圳市							
罗湖区							
福田区							
南山区							
宝安区							
龙岗区							
盐田区							
珠海市	**5.93**					**3.93**	**2.00**
香洲区							
斗门区	5.76					3.93	1.83
金湾区	0.17						0.17
汕头市	**36.40**				**14.26**	**18.15**	**4.00**
龙湖区	2.54					2.04	0.50
金平区	0.95					0.76	0.19
濠江区	1.17						1.17
潮阳区	12.80				3.65	8.72	0.43
潮南区	9.26				5.00	2.55	1.72
澄海区	9.68				5.61	4.07	
南澳县							
佛山市	**17.23**				**3.01**	**8.64**	**5.58**
禅城区							
南海区	3.82					2.06	1.76
顺德区							
三水区	7.43				3.01	2.48	1.94
高明区	5.98					4.10	1.88

5-10 续表 5

2018年

市　别	灌区耕地有效灌溉面积（千公顷）						
	合计	50万亩以上	30～50万亩	10～30万亩	5～10万亩	1～5万亩	0.2～1万亩
韶关市	**73.90**			**8.51**	**5.56**	**29.31**	**30.52**
武江区	3.24					1.99	1.25
浈江区	3.12					1.43	1.69
曲江区	3.95				1.73	1.56	0.66
始兴县	6.63				3.83	1.83	0.97
仁化县	9.00					3.90	5.10
翁源县	4.82					3.00	1.82
乳源自治县	6.26					2.67	3.59
新丰县	2.01						2.01
乐昌市	15.82					4.16	11.66
南雄市	19.05			8.51		8.77	1.77
河源市	**45.61**					**18.36**	**27.26**
源城区	2.06					1.91	0.15
紫金县	22.01					4.01	18.00
龙川县	4.86					3.99	0.87
连平县	5.68					2.56	3.12
和平县	4.00					2.02	1.98
东源县	7.00					3.87	3.14
梅州市	**47.30**			**9.11**	**5.01**	**16.85**	**16.33**
梅江区	2.74					0.63	2.11
梅县区	8.66					4.44	4.22
大埔县	0.35						0.35
丰顺县	3.13					2.18	0.95
五华县	4.16				1.80	1.05	1.32
平远县	3.42					2.77	0.65
蕉岭县	5.63				3.21	1.42	1.01
兴宁市	19.21			9.11		4.37	5.73
惠州市	**50.22**			**11.01**	**7.16**	**18.87**	**13.18**
惠城区	7.95					4.57	3.38
惠阳区	5.33				1.00	2.18	2.16
博罗县	18.77			7.01		7.64	4.13
惠东县	9.40			4.00	2.20	1.34	1.86
龙门县	8.77				3.96	3.15	1.66
汕尾市	**58.38**			**19.47**	**6.87**	**20.98**	**11.07**
城区	3.79					2.85	0.95
海丰县	26.35			8.47	3.00	9.40	5.48
陆河县	3.04					1.15	1.89
陆丰市	25.20			11.00	3.87	7.58	2.75
东莞市	**5.69**					**2.07**	**3.62**
中山市	**0.41**					**0.41**	

5-10 续表 6

2018年

市别	灌区耕地有效灌溉面积（千公顷）						
	合计	50万亩以上	30～50万亩	10～30万亩	5～10万亩	1～5万亩	0.2～1万亩
江门市	**106.08**			**24.22**	**13.32**	**35.39**	**33.15**
蓬江区	0.92						0.92
江海区							
新会区	15.83					12.41	3.42
台山市	44.77			13.00	2.90	9.51	19.36
开平市	19.89			8.24	3.40	4.35	3.89
鹤山市	6.75					4.55	2.21
恩平市	17.92			2.98	7.02	4.57	3.35
阳江市	**53.73**			**14.47**	**8.41**	**19.38**	**11.47**
江城区	10.74			5.53		4.11	1.10
阳西县	5.26				0.41	3.27	1.58
阳东县	16.60			8.94		6.57	1.09
阳春市	21.14				8.00	5.43	7.71
湛江市	**166.50**	**71.99**		**36.76**	**9.07**	**28.87**	**19.81**
赤坎区	0.10	0.10					
霞山区	0.30	0.30					
坡头区	2.97	0.90				1.87	0.20
麻章区	6.37	2.01				0.65	3.71
遂溪县	31.74	22.13				4.77	4.84
徐闻县	19.03			8.27	1.00	5.46	4.30
廉江市	42.74	16.20		17.73	5.27	2.75	0.79
雷州市	44.29	17.42		10.76	2.80	9.07	4.24
吴川市	18.96	12.93				4.30	1.73
茂名市	**90.05**	**40.93**		**7.22**	**21.66**	**13.25**	**7.00**
茂南区	10.89	9.87				0.39	0.63
电白县	28.25	7.56		6.67	7.58	5.85	0.59
高州市	22.10	11.93		0.55	2.98	2.73	3.91
化州市	24.03	11.57			8.31	2.43	1.73
信宜市	4.78				2.79	1.86	0.13
肇庆市	**57.63**				**9.40**	**18.12**	**30.11**
端州区	0.08						0.08
鼎湖区	2.80				1.64	0.99	0.17
广宁县							
怀集县	12.94				5.81	2.06	5.07
封开县	7.71					3.99	3.72
德庆县	9.27					4.30	4.97
高要区	14.81					3.70	11.11
四会市	10.02				1.95	3.08	4.99

5-10 续表 7

2018年

市 别	灌区耕地有效灌溉面积（千公顷）						
	合计	50万亩以上	30～50万亩	10～30万亩	5～10万亩	1～5万亩	0.2～1万亩
清远市	**67.07**				**9.26**	**28.58**	**29.23**
清城区	8.58				3.73	1.70	3.15
佛冈县	5.90					1.55	4.36
阳山县	8.14					4.97	3.17
连山自治县	0.48						0.48
连南自治县	3.16					1.82	1.34
清新县	13.75				5.54	4.36	3.86
英德市	20.76					9.64	11.12
连州市	6.30					4.55	1.75
潮州市	**30.34**			**8.63**	**4.67**	**12.86**	**4.18**
湘桥区	3.55			0.10		2.85	0.60
潮安县	11.86			8.53		2.26	1.07
饶平县	14.93				4.67	7.75	2.51
揭阳市	**68.79**			**23.00**	**7.14**	**28.24**	**10.41**
榕城区	1.12			1.12			
揭东区	5.58			1.47	1.77	2.01	0.33
揭西县	11.44				3.35	6.71	1.38
惠来县	16.12			4.60		8.67	2.85
普宁市	22.21			6.60		10.36	5.25
蓝城区	5.41			2.79	2.02		0.60
空港经济区	6.91			6.42		0.49	
普侨区							
大南山区							
大南海工业区							
云浮市	**40.64**				**16.37**	**10.10**	**14.18**
云城区	4.80					2.75	2.06
新兴县	8.45				2.49	2.47	3.49
郁南县	3.72					2.17	1.55
云安县	4.66					1.32	3.34
罗定市	19.01				13.88	1.39	3.74

5-11 各县（市、区）已建堤防长度

2018年

市　别	堤防长度（公里）						
	合计	1级堤防	2级堤防	3级堤防	4级堤防	5级堤防	5级以下堤防
全　省	**28500.50**	**622.39**	**1931.39**	**4732.60**	**8085.40**	**6407.53**	**6721.19**
广州市	**3308.66**	**351.21**	**512.46**	**268.40**	**1612.14**	**276.31**	**288.14**
荔湾区	186.01	31.33	29.14		124.19		1.35
越秀区	31.57	12.44			19.13		
海珠区	263.02	43.08			219.94		
天河区	146.59	12.97			128.31		5.31
白云区	227.32	24.55		85.89	116.88		
黄埔区	341.26	46.55			247.01		47.70
番禺区	549.25	106.94	159.32		259.46	23.53	
花都区	456.08			60.29	179.09	65.98	150.72
南沙区	624.71	73.35	286.44	15.60	138.39	110.93	
增城市	338.88		37.56	30.46	149.31	38.49	83.06
从化市	143.97			76.16	30.43	37.38	
深圳市	**55.03**	**51.44**	**3.59**				
罗湖区							
福田区							
南山区							
宝安区	48.88	48.88					
龙岗区	6.15	2.56	3.59				
盐田区							
珠海市	**389.04**	**44.15**	**176.65**	**91.89**	**51.90**	**24.45**	
香洲区	75.44	44.15	6.62	7.63	17.04		
斗门区	209.44		125.18	84.26			
金湾区	104.16		44.85		34.86	24.45	
汕头市	**912.46**	**72.28**	**108.65**	**291.10**	**140.98**	**95.93**	**203.52**
龙湖区	67.77	8.04	23.09	36.64			
金平区	74.63	64.24		8.19		2.20	
濠江区	39.17			36.37	2.80		
潮阳区	258.38		60.89	78.37	50.01	69.11	
潮南区	311.42			33.92	70.87	4.21	202.42
澄海区	154.21		24.67	94.88	16.10	18.56	
南澳县	6.88			2.73	1.20	1.85	1.10
佛山市	**1152.50**	**45.17**	**293.34**	**205.94**	**546.69**	**58.21**	**3.15**
禅城区	87.28		16.60	67.68	3.00		
南海区	337.14	6.11	82.34		248.34		0.35
顺德区	353.43		163.62	138.26	51.55		
三水区	271.99	39.06	30.78		144.99	57.16	
高明区	102.66				98.81	1.05	2.80

5-11 续表 1

2018年

市别	堤防长度（公里）						
	合计	1级堤防	2级堤防	3级堤防	4级堤防	5级堤防	5级以下堤防
韶关市	**933.67**		**122.09**	**113.84**	**230.83**	**163.44**	**303.47**
武江区	24.01		13.92	2.33	1.50	6.26	
浈江区	51.45		51.45				
曲江区	66.22		42.62			23.60	
始兴县	91.98		14.10		56.80	21.08	
仁化县	245.17				62.26	55.71	127.20
翁源县	232.05			22.02	22.93	10.83	176.27
乳源自治县	27.50			18.31	2.25	6.94	
新丰县	38.63			23.05	6.44	9.14	
乐昌市	75.35			19.24	54.76	1.35	
南雄市	81.31			28.89	23.89	28.53	
河源市	**1695.93**		**15.75**	**168.51**	**282.00**	**812.74**	**416.93**
源城区	86.74			72.33		3.93	10.48
紫金县	300.03				45.63	156.67	97.73
龙川县	437.78			40.25	187.10	94.33	116.10
连平县	57.42			31.54	13.42	0.8	11.66
和平县	593.12			24.39	21.32	547.41	
东源县	220.84		15.75		14.53	9.60	180.96
梅州市	**2563.89**		**34.57**	**73.07**	**687.63**	**705.40**	**1063.22**
梅江区	100.35		28.57	20.00	6.22	7.52	38.04
梅县区	235.25		6.00		62.71	149.34	17.20
大埔县	47.65			17.47	25.83	4.35	
丰顺县	183.96			12.93	131.10	39.93	
五华县	519.60				241.49	278.11	
平远县	57.53			13.63	38.50	5.40	
蕉岭县	113.55			9.04	66.38	6.75	31.38
兴宁市	1306.00				115.40	214.00	976.60
惠州市	**1329.87**		**18.93**	**272.05**	**325.81**	**250.15**	**462.93**
惠城区	331.67		18.93	124.60	117.34	30.50	40.30
惠阳区	73.66			29.56	9.08	22.48	12.54
博罗县	248.04			88.54	138.50	19.72	1.28
惠东县	521.50				38.40	90.84	392.26
龙门县	155.00			29.35	22.49	86.61	16.55
汕尾市	**1655.99**			**620.96**	**579.61**	**174.02**	**281.40**
城区	203.30			18.40	184.90		
海丰县	734.04			356.00	222.73	155.31	
陆河县	317.02			23.00	26.72		267.30
陆丰市	401.63			223.56	145.26	18.71	14.10
东莞市	**1136.06**	**19.27**	**113.64**	**527.30**	**241.14**	**234.47**	**0.24**
中山市	**383.50**	**11.48**	**93.04**	**236.24**	**42.74**		

5-11 续表 2

2018年

市别	堤防长度（公里）						
	合计	1级堤防	2级堤防	3级堤防	4级堤防	5级堤防	5级以下堤防
江门市	**2560.52**		**116.81**	**277.19**	**632.93**	**284.40**	**1249.19**
蓬江区	126.10		21.56	36.88		67.66	
江海区	43.02		13.68	29.34			
新会区	975.31		59.17	171.14	213.56	83.97	447.47
台山市	787.92				72.38	44.48	671.06
开平市	338.07			39.83	167.58		130.66
鹤山市	133.02		22.40		99.23	11.39	
恩平市	157.08				80.18	76.90	
阳江市	**689.18**			**229.07**	**154.89**	**204.21**	**101.01**
江城区	111.82			72.50	12.21	27.11	
阳西县	184.52			112.90	61.62	10	
阳东县	210.77			43.67		167.10	
阳春市	182.07				81.06		101.01
湛江市	**1336.42**			**211.03**	**644.64**	**307.88**	**172.87**
赤坎区	2.16					2.16	
霞山区	33.53				23.33		10.20
坡头区	128.13			66.45	1.80		59.88
麻章区	117.92				93.92	24.00	
遂溪县	217.05			26.53	98.94	70.72	20.86
徐闻县	94.39				19.63	74.76	
廉江市	294.82				220.16	74.66	
雷州市	188.49			30.25	102.04	56.20	
吴川市	259.93			87.80	84.82	5.38	81.93
茂名市	**3052.30**		**55.00**	**396.38**	**245.19**	**1189.57**	**1166.16**
茂南区	253.23			75.74			177.49
电白县	845.93			28.97		769.16	47.8
高州市	252.80			220.95	31.85		
化州市	1504.74		55.00		210.84	367.75	871.15
信宜市	195.60			70.72	2.50	52.66	69.72
肇庆市	**1399.47**	**8.21**	**105.93**	**107.54**	**265.43**	**462.67**	**449.69**
端州区	16.70		16.70				
鼎湖区	107.20		32.80	18.20	40.20	16.00	
广宁县	23.07			23.07			
怀集县	355.80					247.80	108.00
封开县	80.80	8.21		20.93	18.37	23.79	9.50
德庆县	426.25			7.80	41.96	44.30	332.19
高要区	115.45		23.73		46.28	45.44	
四会市	274.20		32.70	37.54	118.62	85.34	

5-11 续表 3

2018年

市别	堤防长度（公里）						
	合计	1级堤防	2级堤防	3级堤防	4级堤防	5级堤防	5级以下堤防
清远市	**1016.07**	**19.18**	**75.02**	**191.17**	**184.02**	**422.47**	**124.21**
清城区	188.75	19.18	37.77	38.62	52.55	30.23	10.40
佛冈县	99.71				9.94	3.44	86.33
阳山县	212.30			36.43	7.59	156.48	11.80
连山自治县	49.41			14.95	6.44	17.71	10.31
连南自治县	61.88			17.50	17.58	26.80	
清新县	127.01		37.25		19.73	70.03	
英德市	102.36			34.64	21.75	45.97	
连州市	174.65			49.03	48.44	71.81	5.37
潮州市	**890.66**		**38.43**	**169.71**	**354.90**	**273.39**	**54.23**
湘桥区	102.79		8.07	26.99	48.54	5.39	13.80
潮安县	132.94		30.36	9.50	43.64	9.01	40.43
饶平县	654.93			133.22	262.72	258.99	
揭阳市	**1377.78**		**39.49**	**178.65**	**664.09**	**306.56**	**188.99**
榕城区	30.20		12.50		13.70	4.00	
揭东区	24.60				16.60	8.00	
揭西县	393.85			50.80	257.17	85.50	0.38
惠来县	398.87			17.65		197.06	184.16
普宁市	442.95		15.00	110.20	305.75	12.00	
蓝城区	23.46		11.99		11.47		
空港经济区	59.40				59.40		
普侨区							
大南山区	4.45						4.45
大南海工业区							
云浮市	**661.50**		**8.00**	**102.56**	**197.84**	**161.26**	**191.84**
云城区	94.78			47.16	8.47		39.15
新兴县	358.92			37.80	77.21	161.26	82.65
郁南县	91.36			7.80	83.56		
云安县	108.44			9.80	28.60		70.04
罗定市	8.00		8.00				

5-11 续表 4

2018年

市别	达标堤防长度（公里）					
	合计	1级堤防	2级堤防	3级堤防	4级堤防	5级堤防
全　省	**12639.26**	**566.13**	**1699.33**	**3337.89**	**5018.62**	**2017.29**
广州市	**2496.50**	**332.46**	**363.60**	**256.42**	**1407.64**	**136.38**
荔湾区	184.66	31.33	29.14		124.19	
越秀区	31.57	12.44			19.13	
海珠区	263.02	43.08			219.94	
天河区	136.03	12.70			123.33	
白云区	166.22	18.40		73.91	73.91	
黄埔区	281.78	45.32			236.46	
番禺区	437.62	95.84	142.97		175.28	23.53
花都区	236.40			60.29	170.59	5.52
南沙区	387.80	73.35	153.93	15.60	88.06	56.86
增城市	246.18		37.56	30.46	146.66	31.50
从化市	125.22			76.16	30.09	18.97
深圳市	**32.80**	**32.80**				
罗湖区						
福田区						
南山区						
宝安区	30.24	30.24				
龙岗区	2.56	2.56				
盐田区						
珠海市	**268.07**	**44.15**	**139.94**	**7.63**	**51.90**	**24.45**
香洲区	74.48	44.15	5.66	7.63	17.04	
斗门区	95.60		95.60			
金湾区	97.99		38.68		34.86	24.45
汕头市	**545.57**	**72.28**	**90.39**	**270.66**	**71.27**	**40.97**
龙湖区	51.78	8.04	7.10	36.64		
金平区	64.24	64.24				
濠江区	32.07			32.07		
潮阳区	146.80		58.62	71.18		17.00
潮南区	108.69			33.61	70.87	4.21
澄海区	138.11		24.67	94.88		18.56
南澳县	3.88			2.28	0.40	1.20
佛山市	**1104.30**	**45.17**	**291.34**	**201.98**	**532.86**	**32.95**
禅城区	84.78		16.60	65.18	3.00	
南海区	336.79	6.11	82.34		248.34	
顺德区	349.97		161.62	136.80	51.55	
三水区	246.73	39.06	30.78		144.99	31.90
高明区	86.03				84.98	1.05

5-11 续表 5

2018年

市　别	达标堤防长度（公里）					
	合计	1级堤防	2级堤防	3级堤防	4级堤防	5级堤防
韶关市	**630.20**		**122.09**	**113.84**	**230.83**	**163.44**
武江区	24.01		13.92	2.33	1.50	6.26
浈江区	51.45		51.45			
曲江区	66.22		42.62			23.60
始兴县	91.98		14.10		56.80	21.08
仁化县	117.97				62.26	55.71
翁源县	55.78			22.02	22.93	10.83
乳源自治县	27.50			18.31	2.25	6.94
新丰县	38.63			23.05	6.44	9.14
乐昌市	75.35			19.24	54.76	1.35
南雄市	81.31			28.89	23.89	28.53
河源市	**392.10**		**15.75**	**130.56**	**58.01**	**187.78**
源城区	76.26			72.33		3.93
紫金县	131.78				15.70	116.08
龙川县	39.64			4.30	16.85	18.49
连平县	35.60			31.54	3.26	0.8
和平县	68.94			22.39	7.67	38.88
东源县	39.88		15.75		14.53	9.60
梅州市	**663.70**		**34.57**	**47.94**	**356.92**	**224.27**
梅江区	34.79		28.57		6.22	
梅县区	199.64		6.00		56.41	137.23
大埔县	47.65			17.47	25.83	4.35
丰顺县	47.36			12.93	34.43	
五华县	183.69				109.56	74.13
平远县	17.31			8.50	8.40	0.41
蕉岭县	82.17			9.04	66.38	6.75
兴宁市	51.09				49.69	1.40
惠州市	**334.83**		**18.55**	**128.91**	**154.40**	**32.97**
惠城区	201.73		18.55	72.55	85.16	25.47
惠阳区	9.08				9.08	
博罗县	75.15			39.65	35.50	
惠东县	31.76				24.66	7.10
龙门县	17.11			16.71		0.40
汕尾市	**214.70**			**118.27**	**94.40**	**2.03**
城区	74.54			10.72	63.82	
海丰县	34.16			29.77	2.51	1.88
陆河县	49.72			23.00	26.72	
陆丰市	56.28			54.78	1.35	0.15
东莞市	**721.36**	**11.88**	**108.78**	**393.56**	**190.56**	**16.58**
中山市	**351.66**		**89.14**	**221.57**	**40.95**	

5-11 续表 6

2018年

市　别	达标堤防长度（公里）					
	合计	1级堤防	2级堤防	3级堤防	4级堤防	5级堤防
江门市	**901.95**		**116.81**	**276.24**	**345.67**	**163.23**
蓬江区	123.72		21.56	35.93		66.23
江海区	43.02		13.68	29.34		
新会区	438.09		59.17	171.14	125.54	82.24
台山市	54.70				54.70	
开平市	109.65			39.83	69.82	
鹤山市	127.98		22.40		94.19	11.39
恩平市	4.79				1.42	3.37
阳江市	**393.74**			**198.27**	**33.14**	**162.33**
江城区	81.57			54.15	12.21	15.21
阳西县	130.75			103.15	17.60	10
阳东县	178.09			40.97		137.12
阳春市	3.33				3.33	
湛江市	**509.10**			**136.20**	**300.77**	**72.13**
赤坎区	1.22					1.22
霞山区	22.40				22.40	
坡头区	59.95			58.15	1.80	
麻章区	28.82				28.10	0.72
遂溪县	38.23			5.60	32.14	0.49
徐闻县	80.78				19.63	61.15
廉江市	136.80				134.25	2.55
雷州市	93.45			30.25	57.65	5.55
吴川市	47.45			42.20	4.80	0.45
茂名市	**319.52**		**55.00**	**194.30**	**19.90**	**50.32**
茂南区	15.41			15.41		
电白县	65.57			28.89		36.68
高州市	97.68			79.28	18.40	
化州市	56.50		55.00		1.50	
信宜市	84.36			70.72		13.64
肇庆市	**740.97**	**8.21**	**104.93**	**106.60**	**229.71**	**291.52**
端州区	16.70		16.70			
鼎湖区	107.20		32.80	18.20	40.20	16.00
广宁县	23.05			23.05		
怀集县	139.30					139.30
封开县	51.95	8.21		20.01	13.08	10.65
德庆县	66.81			7.80	32.62	26.39
高要区	115.45		23.73		46.28	45.44
四会市	220.51		31.70	37.54	97.53	53.74

5-11 续表 7

2018年

市　别	达标堤防长度（公里）					
	合计	1级堤防	2级堤防	3级堤防	4级堤防	5级堤防
清远市	**657.49**	**19.18**	**75.02**	**181.07**	**138.81**	**243.41**
清城区	178.35	19.18	37.77	38.62	52.55	30.23
佛冈县	13.38				9.94	3.44
阳山县	184.66			28.49	7.59	148.58
连山自治县	35.51			14.70	6.44	14.37
连南自治县	22.13			17.50	4.00	0.63
清新县	47.59		37.25		6.65	3.69
英德市	77.11			34.57	8.37	34.17
连州市	98.76			47.19	43.27	8.30
潮州市	**323.38**		**38.43**	**94.31**	**117.56**	**73.08**
湘桥区	88.12		8.07	26.99	47.67	5.39
潮安县	92.51		30.36	9.50	43.64	9.01
饶平县	142.75			57.82	26.25	58.68
揭阳市	**804.58**		**26.99**	**162.00**	**537.74**	**77.85**
榕城区						
揭东区	3.35					3.35
揭西县	266.22			50.80	161.12	54.30
惠来县	16.00			1.00		15.00
普宁市	436.15		15.00	110.20	305.75	5.20
蓝城区	23.46		11.99		11.47	
空港经济区	59.40				59.40	
普侨区						
大南山区						
大南海工业区						
云浮市	**232.74**		**8.00**	**97.56**	**105.58**	**21.60**
云城区	55.62			47.16	8.46	
新兴县	69.81			34.80	13.41	21.60
郁南县	86.31			7.80	78.51	
云安县	13.00			7.80	5.20	
罗定市	8.00		8.00			

5-12 各县（市、区）河道治理及除涝面积

2018年

市　别	河道治理（公里）			除涝面积（千公顷）			
	有防洪任务河段长度	已治理河段长度	治理达标河段长度		3~5年一遇标准	5~10年一遇标准	10年以上一遇标准
全　省	**19274.83**	**8338.01**	**4953.40**	**541.24**	**62.01**	**98.21**	**381.02**
广州市	**1037.39**	**655.04**	**477.79**	**54.82**	**3.44**	**5.82**	**45.56**
荔湾区	24.87	24.87	24.87	1.46		0.43	1.03
越秀区							
海珠区	18.49	18.49	18.49	0.80		0.13	0.67
天河区				0.75		0.07	0.68
白云区	57.78	52.22	52.22	6.81			6.81
黄埔区	70.41	70.41	66.54	0.64			0.64
番禺区	192.33	192.33	192.33	22.29	2.2	1.82	18.27
花都区	66.35	63.84	63.84	5.49			5.49
南沙区	111.00	111.00		0.98	0.39	0.06	0.53
增城市	283.27	61.74	2.50	13.25	0.10	2.86	10.29
从化市	212.89	60.14	57.00	2.35	0.75	0.45	1.15
深圳市	**152.55**	**150.65**	**135.84**	**7.36**	**1.49**		**5.87**
罗湖区	9.76	9.76	4.35				
福田区	9.40	9.40		0.01	0.01		
南山区							
宝安区	59.44	59.44	59.44	6.23	1.02		5.21
龙岗区	73.95	72.05	72.05	1.12	0.46		0.66
盐田区							
珠海市	**154.92**	**128.5**	**108.62**	**16.10**	**1.00**	**15.10**	
香洲区	27.20	27.20	27.20	0.50	0.33	0.17	
斗门区	107.34	80.92	61.04	13.45		13.45	
金湾区	20.38	20.38	20.38	2.15	0.67	1.48	
汕头市	**206.59**	**158.46**	**141.50**	**36.88**	**3.72**	**4.40**	**28.76**
龙湖区	30.84	30.84	30.84	4.23	0.08	0.38	3.77
金平区	17.45	17.45	17.45	2.56	0.49	0.70	1.37
濠江区	23.34	15.50	15.50	0.67	0.39	0.08	0.20
潮阳区	27.03			10.80	1.73	2.10	6.97
潮南区	54.75	54.75	47.31	7.03	1.03	0.51	5.49
澄海区	53.18	39.92	30.40	11.52		0.63	10.89
南澳县				0.07			0.07
佛山市	**531.93**	**531.93**	**525.10**	**59.98**		**8.90**	**51.08**
禅城区	34.44	34.44	34.44	2.20			2.20
南海区	159.97	159.97	159.97	27.59		3.25	24.34
顺德区	176.17	176.17	176.17	12.15			12.15
三水区	103.28	103.28	96.45	10.01		2.80	7.21
高明区	58.07	58.07	58.07	8.03		2.85	5.18

5-12 续表 1

2018年

市别	河道治理（公里）			除涝面积（千公顷）			
	有防洪任务河段长度	已治理河段长度	治理达标河段长度		3～5年一遇标准	5～10年一遇标准	10年以上一遇标准
韶关市	**2360.54**	**685.23**	**478.20**	**19.77**	**3.83**	**10.54**	**5.40**
武江区	104.53	40.27	14.63	0.17	0.17		
浈江区	92.20	44.82	44.82	0.65	0.62	0.03	
曲江区	192.17	51.28	48.78	2.26	1.53	0.73	
始兴县	192.41	52.38	52.38	0.12		0.12	
仁化县	420.40	77.98	71.82				
翁源县	145.00	172.73		1.76		1.76	
乳源自治县	153.91	112.70	112.70	10.45		5.57	4.88
新丰县	295.50	28.03	28.03	0.93	0.41		0.52
乐昌市	441.63	55.45	55.45				
南雄市	322.79	49.59	49.59	3.43	1.10	2.33	
河源市	**1518.59**	**544.94**	**168.01**	**0.84**	**0.15**	**0.52**	**0.17**
源城区	36.99	40.90	24.40				
紫金县	315.30	220.18	58.88				
龙川县	344.56	59.40	28.60	0.46	0.04	0.28	0.14
连平县	314.96	83.84	10.38				
和平县	387.91	70.44	19.54	0.38	0.11	0.24	0.03
东源县	118.87	70.18	26.21				
梅州市	**1691.47**	**891.40**	**427.47**	**10.58**	**1.93**	**2.01**	**6.64**
梅江区	50.26	69.26	27.23	0.12			0.12
梅县区	201.27	126.59	84.80	1.23	0.06	0.73	0.44
大埔县	85.59	65.85	65.85	0.62	0.12		0.50
丰顺县	482.01	182.57	62.56	0.95	0.22	0.13	0.60
五华县	384.18	152.20	38.00	3.37	0.14	0.40	2.83
平远县	268.98	82.14	82.14	1.31	1.03	0.28	
蕉岭县	62.87	89.98	41.34	1.05	0.01	0.19	0.85
兴宁市	156.31	122.81	25.55	1.93	0.35	0.28	1.30
惠州市	**862.66**	**339.31**	**143.49**	**35.03**	**3.97**	**1.22**	**29.84**
惠城区	156.81	168.52	28.71	14.13			14.13
惠阳区	137.56	26.98	26.98	2.13	1.93	0.20	
博罗县	357.12	103.11	53.80	13.91		0.08	13.83
惠东县	50.34	15.00	9.00	3.24	2.04	0.49	0.71
龙门县	160.83	25.70	25.00	1.62		0.45	1.17
汕尾市	**259.51**	**21.10**	**21.10**	**21.44**	**3.72**	**1.86**	**15.86**
城区				1.05	0.27	0.17	0.61
海丰县	221.05	8.10	8.10	16.33	1.80	1.69	12.84
陆河县				0.05	0.05		
陆丰市	38.46	13.00	13.00	4.01	1.60		2.41
东莞市	**477.33**	**387.99**	**306.48**	**17.89**			**17.89**
中山市	**197.01**	**197.01**	**197.01**	**30.73**			**30.73**

5-12 续表 2

2018年

市　别	河道治理（公里）			除涝面积（千公顷）			
	有防洪任务河段长度	已治理河段长度	治理达标河段长度		3～5年一遇标准	5～10年一遇标准	10年以上一遇标准
江门市	**1134.24**	**993.59**	**302.59**	**48.93**	**14.01**	**7.44**	**27.48**
蓬江区	61.24	57.22	49.22	1.91			1.91
江海区	19.34	19.34	17.35	2.49			2.49
新会区	204.67	116.27	92.80	15.46			15.46
台山市	342.66	389.12	5.50	14.14	9.47	4.67	
开平市	258.37	224.26		6.61	4.54	2.07	
鹤山市	163.68	127.70	127.70	3.75			3.75
恩平市	84.28	59.68	10.02	4.57		0.70	3.87
阳江市	**860.93**	**205.73**	**196.21**	**8.52**	**0.20**	**1.87**	**6.45**
江城区	40.12	39.02	29.50	1.66		0.33	1.33
阳西县	116.53	22.50	22.50				
阳东县	122.93	122.93	122.93	3.59	0.20	0.62	2.77
阳春市	581.35	21.28	21.28	3.27		0.92	2.35
湛江市	**986.59**	**379.35**	**264.57**	**31.77**	**5.69**	**11.82**	**14.26**
赤坎区	27.53	15.82	15.82	0.08	0.04	0.04	
霞山区							
坡头区	11.00	11.00	2.80	0.67		0.67	
麻章区				2.01	0.01	1.14	0.86
遂溪县	271.89	87.29	23.90	1.16	0.35	0.38	0.43
徐闻县	26.50	26.08	21.40	1.87	0.17	0.77	0.93
廉江市	425.81	138.10	138.10	8.47	0.33	4.95	3.19
雷州市	68.00	41.40	26.40	6.38	2.72	2.16	1.50
吴川市	155.86	59.66	36.15	11.13	2.07	1.71	7.35
茂名市	**1550.45**	**418.60**	**75.14**	**15.74**	**7.82**	**7.59**	**0.33**
茂南区	81.54	14.32	0.52	3.63		3.63	
电白县	243.76	213.26	16.9	4.36	1.33	3.03	
高州市	519.33	59.57	6.58	2.87	2.58	0.29	
化州市	291.73	23.54	23.54	3.91	3.91		
信宜市	414.09	107.91	27.60	0.97		0.64	0.33
肇庆市	**663.83**	**306.94**	**104.14**	**45.01**	**1.52**	**6.83**	**36.66**
端州区				2.29		0.32	1.97
鼎湖区	32.80	32.80	32.80	10.80		0.01	10.79
广宁县	26.47	23.05		2.00		0.90	1.10
怀集县	181.60	58.50	31.50				
封开县	156.31	16.11	16.11	1.24	0.33	0.67	0.24
德庆县	59.30	59.30		1.81	1.19	0.27	0.35
高要区	53.68	23.73	23.73	16.84		4.33	12.51
四会市	153.67	93.45		10.03		0.33	9.70

5-12 续表 3

2018年

市　别	河道治理（公里）			除涝面积（千公顷）			
	有防洪任务河段长度	已治理河段长度	治理达标河段长度		3～5年一遇标准	5～10年一遇标准	10年以上一遇标准
清远市	**2259.89**	**951.42**	**530.50**	**27.38**	**5.25**	**2.62**	**19.51**
清城区	168.71	107.57	105.40	7.27		0.43	6.84
佛冈县	203.44	131.55	100.95	1.71		0.69	1.02
阳山县	350.32	30.31	15.30	1.40	1.00	0.40	
连山自治县	104.62	94.26	88.14				
连南自治县	132.84	86.00	86.00				
清新县	380.83	380.83	42.11	11.96		0.54	11.42
英德市	411.95	9.48	9.48	3.83	3.60		0.23
连州市	507.18	111.42	83.12	1.21	0.65	0.56	
潮州市	**458.30**	**167.23**	**167.23**	**22.50**	**3.07**	**4.45**	**14.98**
湘桥区	62.13	42.27	42.27	3.71	2.94	0.77	
潮安县	146.04	69.06	69.06	13.80	0.13	2.26	11.41
饶平县	250.13	55.90	55.90	4.99		1.42	3.57
揭阳市	**712.53**	**124.91**	**95.39**	**26.70**	**0.90**	**4.49**	**21.31**
榕城区	48.89	45.87	23.31	0.87		0.09	0.78
揭东区	75.39	6.96		6.10	0.16	0.76	5.18
揭西县	210.07	72.08	72.08	2.64	0.30	0.37	1.97
惠来县	146.06			6.13	0.34	0.06	5.73
普宁市	232.12			5.92		2.70	3.22
蓝城区				3.69	0.07	0.34	3.28
空港经济区				1.35	0.03	0.17	1.15
普侨区							
大南山区							
大南海工业区							
云浮市	**1197.58**	**98.68**	**87.02**	**3.27**	**0.30**	**0.73**	**2.24**
云城区	76.51	31.21	31.21	0.62		0.07	0.55
新兴县	115.11	12.10	12.10	0.60			0.60
郁南县	365.36	20.00	20.00	1.15	0.30	0.55	0.30
云安县	199.20	15.16	8.16	0.90		0.11	0.79
罗定市	441.40	20.21	15.55				

5-13 各县（市、区）本年新增水土流失综合治理面积

2018年　　　　单位：千公顷

市　别	合计	梯田	水土保持林	经济林	种草	封禁治理	其他
全　省	**119.19**	**3.14**	**26.41**	**0.86**	**6.32**	**39.80**	**42.66**
广州市	**6.73**		**1.88**		**0.05**	**3.12**	**1.68**
市辖区							
荔湾区	0.04				0.04		
越秀区							
海珠区	0.01						0.01
天河区	0.01				0.01		
白云区	0.32		0.2			0.12	
黄埔区	0.87		0.1			0.77	
番禺区	1.52						1.52
花都区	1.15		0.2			0.8	0.15
南沙区	0.09					0.09	
增城市	1.67		1			0.67	
从化市	1.05		0.38			0.67	
深圳市	**1.08**		**0.19**		**0.30**		**0.59**
市辖区							
罗湖区	0.02						0.02
福田区	0.08				0.01		0.07
南山区							
宝安区							
龙岗区	0.96		0.19		0.29		0.48
盐田区	0.02						0.02
珠海市	**4.23**						**4.23**
市辖区							
香洲区	1.78						1.78
斗门区	2.13						2.13
金湾区	0.32						0.32
汕头市	**1.06**		**0.45**		**0.61**		
市辖区							
龙湖区							
金平区							
濠江区	0.09		0.09				
潮阳区	0.2		0.2				
潮南区	0.61				0.61		
澄海区							
南澳县	0.16		0.16				
佛山市	**2.63**		**0.34**			**2.29**	
市辖区							
禅城区							
南海区	0.07					0.07	
顺德区							
三水区	0.65					0.65	
高明区	1.91		0.34			1.57	

5-13 续表 1

2018年 单位：千公顷

市　别	合计	梯田	水土保持林	经济林	种草	封禁治理	其他
韶关市	**7.23**		**0.55**			**2.08**	**4.6**
市辖区							
武江区	0.1						0.1
浈江区	0.12		0.04				0.08
曲江区	0.45		0.05				0.4
始兴县							
仁化县	0.46		0.46				
翁源县	0.53					0.53	
乳源自治县	0.58					0.58	
新丰县	1.49						1.49
乐昌市	2.53						2.53
南雄市	0.97					0.97	
河源市	**11.20**		**1.64**		**0.14**	**8.64**	**0.78**
市辖区							
源城区							
紫金县							
龙川县	6.77		1.64		0.14	4.21	0.78
连平县							
和平县							
东源县	4.43					4.43	
梅州市	**18.00**	**0.35**	**1.77**	**0.13**	**0.66**	**13.28**	**1.81**
市辖区							
梅江区	0.2					0.2	
梅县区	4.10		0.02		0.01	2.93	1.14
大埔县	2.20		0.01	0.05	0.03	2.11	
丰顺县	2.5		0.01		0.01	2.48	
五华县	3.19		0.06		0.25	2.88	
平远县	1.31				0.01	1.3	
蕉岭县	0.70			0.05		0.58	0.07
兴宁市	3.80	0.35	1.67	0.03	0.35	0.80	0.60
惠州市	**12.28**		**1.65**			**0.85**	**9.78**
市辖区							
惠城区	1.2						1.2
惠阳区	2.51		1.5			0.85	0.16
博罗县	3.39		0.15				3.24
惠东县	4.32						4.32
龙门县	0.86						0.86
汕尾市	**0.31**		**0.12**				**0.19**
市辖区							
城区							
海丰县							
陆河县	0.31		0.12				0.19
陆丰市							

5-13 续表 2

2018年 单位：千公顷

市 别	合计	梯田	水土保持林	经济林	种草	封禁治理	其他
东莞市	**3.64**	**2.63**	**0.04**		**0.94**		**0.03**
中山市	**3.24**						**3.24**
江门市	**10.65**		**3.55**			**4.02**	**3.08**
市辖区							
蓬江区	0.15		0.01			0.13	0.01
江海区	0.13						0.13
新会区	1.75		0.66			0.69	0.4
台山市	3.02		0.94			2.08	
开平市	2.3		0.67			1.12	0.51
鹤山市	1.85		1.27				0.58
恩平市	1.45						1.45
阳江市	**2**		**1.76**			**0.24**	
市辖区							
江城区	0.4		0.4				
阳西县	0.4		0.4				
阳东县	0.4		0.4				
阳春市	0.8		0.56			0.24	
湛江市	**0.38**	**0.04**	**0.24**	**0.1**			
市辖区							
赤坎区							
霞山区							
坡头区	0.13	0.03		0.1			
麻章区							
遂溪县	0.21	0.01	0.2				
徐闻县							
廉江市							
雷州市							
吴川市	0.04		0.04				
茂名市	**3.07**		**2.07**	**0.37**	**0.33**		**0.3**
市辖区							
茂南区							
电白县	0.4		0.35	0.05			
高州市	1.41		0.91		0.2		0.3
化州市	0.45			0.32	0.13		
信宜市	0.81		0.81				
肇庆市	**16.01**		**3.2**	**0.23**		**0.63**	**11.95**
市辖区							
端州区	0.09						0.09
鼎湖区	0.31			0.2			0.11
广宁县	0.45					0.09	0.36
怀集县	3.27		1.51			0.31	1.45
封开县	3.14					0.08	3.06
德庆县	2.83			0.03		0.15	2.65
高要区	1.91		1.69				0.22
四会市	4.01						4.01

5-13 续表 3

2018年　　　　单位：千公顷

市　别	合计	梯田	水土保持林	经济林	种草	封禁治理	其他
清远市	**5.54**		**4.51**	**0.03**		**0.81**	**0.19**
市辖区							
清城区	0.24		0.24				
佛冈县	3.53		3.53				
阳山县							
连山自治县							
连南自治县	0.33		0.33				
清新县							
英德市	1.04		0.04			0.81	0.19
连州市	0.4		0.37	0.03			
潮州市	**0.28**	**0.12**				**0.12**	**0.04**
市辖区							
湘桥区	0.04						0.04
潮安县	0.12					0.12	
饶平县	0.12	0.12					
揭阳市	**0.37**		**0.2**			**0.13**	**0.04**
市辖区							
榕城区							
揭东区	0.13		0.13				
揭西县	0.13					0.13	
惠来县							
普宁市	0.11		0.07				0.04
蓝城区							
空港经济区							
普侨区							
大南山区							
大南海工业区							
云浮市	**9.26**		**2.25**		**3.29**	**3.59**	**0.13**
市辖区							
云城区	1.17		1.17				
新兴县	1.53		0.32		1.21		
郁南县	0.73				0.73		
云安县	1.84		0.75		1.09		
罗定市	3.99		0.01		0.26	3.59	0.13

5-14 各县（市、区）已建水库、水电站数量

2018年

市别	水库数量（座）						水库总库容（万立方米）		
	合计	大(1)型	大(2)型	中型	小(1)型	小(2)型	合计	大(1)型	大(2)型
全　省	**8394**	**7**	**30**	**343**	**1565**	**6449**	**4495850.39**	**2253450.00**	**641717.00**
广州市	**360**		**1**	**16**	**72**	**271**	**105168.99**		**37820.00**
荔湾区									
越秀区									
海珠区									
天河区	5				1	4	365.33		
白云区	40			1	9	30	5197.35		
黄埔区	25			2	8	15	5907.83		
番禺区	16				1	15	459.15		
花都区	73			4	13	56	16152.69		
南沙区	7					7	238.59		
增城市	107			4	17	86	14340.91		
从化市	87		1	5	23	58	62507.14		37820.00
深圳市	**162**			**12**	**63**	**87**	**60411.54**		
罗湖区	8			1		7	4762.95		
福田区	4			1	1	2	1536.11		
南山区	3			2		1	5004.01		
宝安区	50			4	26	20	26505.49		
龙岗区	88			4	33	51	21176.27		
盐田区	9				3	6	1426.71		
珠海市	**64**			**4**	**22**	**38**	**15197.52**		
香洲区	20			2	9	9	5090.00		
斗门区	27			2	7	18	8115.51		
金湾区	17				6	11	1992.01		
汕头市	**206**			**8**	**33**	**165**	**31387.29**		
龙湖区									
金平区	3					3	188.00		
濠江区	25				5	20	1358.10		
潮阳区	89			1	15	73	8142.07		
潮南区	72			7	9	56	20693.00		
澄海区	7					7	142.00		
南澳县	10				4	6	864.12		
佛山市	**128**			**3**	**19**	**106**	**12396.21**		
禅城区									
南海区	30			1	6	23	3392.82		
顺德区									
三水区	30				6	24	2936.10		
高明区	68			2	7	59	6067.29		

5-14 续表 1

2018年

市别	水库总库容（万立方米）			水电站数量（座）					
	中型	小(1)型	小(2)型	合计	大(1)型	大(2)型	中型	小(1)型	小(2)型
全　省	**955628.40**	**458930.77**	**186124.22**	**9779**	**2**	**1**	**12**	**78**	**9686**
广州市	**37969.91**	**21603.54**	**7775.54**	**185**	**1**			**1**	**183**
荔湾区									
越秀区									
海珠区									
天河区		251.00	114.33						
白云区	1753.31	2569.27	874.77	2					2
黄埔区	2940.92	2487.48	479.43						
番禺区		124.10	335.05						
花都区	10200.59	4453.11	1498.99	15					15
南沙区			238.59						
增城市	6260.09	5818.62	2262.20	16					16
从化市	16815.00	5899.96	1972.18	152	1			1	150
深圳市	**37423.94**	**19563.77**	**3423.83**	**7**					**7**
罗湖区	4496.00		266.95	2					2
福田区	1309.62	172.58	53.91						
南山区	4992.81		11.20						
宝安区	17910.80	7474.94	1119.75						
龙岗区	8714.71	10753.12	1708.44	5					5
盐田区		1163.13	263.58						
珠海市	**8126.00**	**5902.25**	**1169.27**						
香洲区	2720.00	2087.00	283.00						
斗门区	5406.00	2170.53	538.98						
金湾区		1644.72	347.29						
汕头市	**18913.00**	**7760.50**	**4713.79**	**19**					**19**
龙湖区				1					1
金平区			188.00						
濠江区		873.30	484.80						
潮阳区	1793.00	4076.20	2272.87	1					1
潮南区	17120.00	2276.00	1297.00	11					11
澄海区			142.00	3					3
南澳县		535.00	329.12	3					3
佛山市	**3603.00**	**4813.61**	**3979.60**	**15**					**15**
禅城区									
南海区	1024.00	1314.51	1054.31						
顺德区				1					1
三水区		1935.00	1001.10	1					1
高明区	2579.00	1564.10	1924.19	13					13

5-14 续表 2

2018年

市别	水库数量（座）						水库总库容（万立方米）		
	合计	大(1)型	大(2)型	中型	小(1)型	小(2)型	合计	大(1)型	大(2)型
韶关市	**638**	**1**	**5**	**32**	**94**	**506**	**371116.46**	**128050.00**	**103159.00**
武江区	28		1	1	2	24	22851.28		20400.00
浈江区	68			2	2	64	10081.14		
曲江区	46		2	2	3	39	45121.79		29416.00
始兴县	42			3	12	27	12401.14		
仁化县	55		1	5	6	43	42812.20		18943.00
翁源县	95			5	14	76	13602.73		
乳源自治县	51	1		4	12	34	147548.57	128050.00	
新丰县	35			1	15	19	6915.81		
乐昌市	69		1	3	14	51	46611.31		34400.00
南雄市	149			6	14	129	23170.49		
河源市	**781**	**2**		**19**	**93**	**667**	**1657319.67**	**1583600.00**	
源城区	26	1		1	5	19	1393119.11	1389600.00	
紫金县	75			3	11	61	9471.73		
龙川县	154	1		5	11	137	205319.60	194000.00	
连平县	177			1	19	157	12393.75		
和平县	166			2	8	156	8420.60		
东源县	183			7	39	137	28594.88		
梅州市	**716**		**3**	**18**	**140**	**555**	**150632.74**		**45312.00**
梅江区	36			2	7	27	7946.50		
梅县区	140			1	30	109	15736.36		
大埔县	48			3	8	37	21765.40		
丰顺县	65			2	9	54	8479.50		
五华县	193		1	3	31	158	33574.66		16500.00
平远县	41			2	9	30	10858.77		
蕉岭县	50		1	2	7	40	23039.75		17200.00
兴宁市	143		1	3	39	100	29231.80		11612.00
惠州市	**516**	**1**	**3**	**25**	**121**	**366**	**295559.47**	**122000.00**	**50005.00**
惠城区	91			7	19	65	25749.33		
惠阳区	70			4	18	48	14994.60		
博罗县	177		2	8	29	138	70052.50		25705.00
惠东县	107	1		3	32	71	138698.60	122000.00	
龙门县	71		1	3	23	44	46064.44		24300.00
汕尾市	**436**		**2**	**18**	**61**	**355**	**125979.03**		**43659.00**
城区	59			1	16	42	7029.60		
海丰县	95		1	10	13	71	69855.18		33070.00
陆河县	134			2	7	125	14413.65		
陆丰市	148		1	5	25	117	34680.60		10589.00
东莞市	**122**			**8**	**48**	**66**	**41884.88**		
中山市	**39**			**1**	**17**	**21**	**9106.61**		

5-14 续表 3

2018年

市别	水库总库容（万立方米）			水电站数量（座）					
	中型	小(1)型	小(2)型	合计	大(1)型	大(2)型	中型	小(1)型	小(2)型
韶关市	**98728.76**	**27007.01**	**14171.69**	**2083**			**3**	**14**	**2066**
武江区	1086.00	454.00	911.28	90				1	89
浈江区	7989.00	556.28	1535.86	14				1	13
曲江区	13733.00	805.00	1167.79	151			1		150
始兴县	7247.00	4378.30	775.84	223				1	222
仁化县	20728.20	1907.00	1234.00	256				3	253
翁源县	8301.00	2870.71	2431.02	190					190
乳源自治县	16708.56	1923.71	866.30	414			2	6	406
新丰县	1250.00	5061.71	604.10	293					293
乐昌市	5088.00	5244.30	1879.01	263				2	261
南雄市	16598.00	3806.00	2766.49	189					189
河源市	**36228.40**	**22905.54**	**14585.73**	**812**		**1**	**1**	**8**	**802**
源城区	1798.00	1202.38	518.73	13		1			12
紫金县	4854.00	3107.90	1509.83	154					154
龙川县	5849.00	2795.20	2675.40	188			1	3	184
连平县	3173.00	5804.00	3416.75	242					242
和平县	3885.00	2363.20	2172.40	69				1	68
东源县	16669.40	7632.86	4292.62	146				4	142
梅州市	**55984.00**	**32562.61**	**16774.13**	**1627**			**4**	**15**	**1608**
梅江区	5964.00	1264.50	718.00	42				2	40
梅县区	5100.00	7410.20	3226.16	185				5	180
大埔县	19162.00	1548.30	1055.10	256			1	5	250
丰顺县	5362.00	1658.00	1459.50	290			2	3	285
五华县	4640.00	7046.70	5387.96	339					339
平远县	7618.00	2346.50	894.27	154					154
蕉岭县	3371.00	1604.31	864.44	186			1		185
兴宁市	4767.00	9684.10	3168.70	175					175
惠州市	**74686.99**	**36449.27**	**12418.21**	**320**	**1**			**3**	**316**
惠城区	17653.00	6040.00	2056.33	8					8
惠阳区	7300.00	6205.80	1488.80	1					1
博罗县	29513.99	10284.50	4549.01	63	1			1	61
惠东县	6815.00	7180.00	2703.60	144				1	143
龙门县	13405.00	6738.97	1620.47	104				1	103
汕尾市	**54333.60**	**18697.20**	**9289.23**	**145**			**1**		**144**
城区	1075.00	4233.90	1720.70						
海丰县	29274.60	5289.00	2221.58	40					40
陆河县	9657.00	2487.00	2269.65	87			1		86
陆丰市	14327.00	6687.30	3077.30	18					18
东莞市	**21922.14**	**16759.56**	**3203.18**	**2**					**2**
中山市	**5040.00**	**3431.20**	**635.41**	**6**					**6**

5-14 续表 4

2018年

市别	水库数量（座）					水库总库容（万立方米）		
	合计	大(1)型	大(2)型	中型	小(1)型	小(2)型	合计	大(1)型	大(2)型
江门市	**602**		**4**	**30**	**162**	**406**	**251714.47**		**108210.00**
蓬江区	16			1	5	10	3767.09		
江海区									
新会区	82			7	24	51	19506.86		
台山市	200		1	11	59	129	89030.19		29640.00
开平市	144		2	3	37	102	54832.59		36770.00
鹤山市	74			2	18	54	11799.53		
恩平市	86		1	6	19	60	72778.21		41800.00
阳江市	**224**		**2**	**19**	**73**	**130**	**122408.86**		**45920.00**
江城区	21			2	6	13	7208.86		
阳西县	48			4	17	27	17679.42		
阳东县	41		1	7	14	19	38066.58		12700.00
阳春市	114		1	6	36	71	59454.00		33220.00
湛江市	**770**	**1**	**2**	**23**	**112**	**632**	**259968.58**	**114400.00**	**27335.00**
赤坎区	1				1		575.00		
霞山区	2				1	1	330.00		
坡头区	44				1	43	1311.50		
麻章区	91			1	9	81	6529.46		
遂溪县	82			1	21	60	10654.59		
徐闻县	119		1	5	32	81	37377.03		12700.00
廉江市	250	1	1	2	11	235	149146.48	114400.00	14635.00
雷州市	144			14	32	98	51767.13		
吴川市	37				4	33	2277.39		
茂名市	**627**	**1**	**1**	**12**	**76**	**537**	**191286.56**	**115000.00**	**11375.00**
茂南区	25			1	6	18	3049.26		
电白县	157		1	4	15	137	32210.80		11375.00
高州市	254	1		2	28	223	130851.19	115000.00	
化州市	79			2	19	58	13211.22		
信宜市	112			3	8	101	11964.09		
肇庆市	**561**			**24**	**79**	**458**	**117350.78**		
端州区	1				1		174.97		
鼎湖区	14			1	1	12	4519.20		
广宁县	53			1	4	48	7808.48		
怀集县	144			6	15	123	37603.52		
封开县	96			6	17	73	27292.30		
德庆县	59			4	11	44	12399.60		
高要区	130			3	19	108	13764.94		
四会市	64			3	11	50	13787.77		

5-14 续表 5

2018年

市别	水库总库容（万立方米）			水电站数量（座）					
	中型	小(1)型	小(2)型	合计	大(1)型	大(2)型	中型	小(1)型	小(2)型
江门市	**77171.00**	**51370.81**	**14962.66**	**256**				**1**	**255**
蓬江区	1427.00	1840.00	500.09						
江海区									
新会区	11452.00	6143.90	1910.96	32					32
台山市	32281.00	21459.00	5650.19	60					60
开平市	7240.00	7750.61	3071.98	42					42
鹤山市	4493.00	5763.00	1543.53	19					19
恩平市	20278.00	8414.30	2285.91	103				1	102
阳江市	**49235.50**	**23062.50**	**4190.86**	**493**				**3**	**490**
江城区	4616.10	2196.20	396.56	2					2
阳西县	12042.00	4640.00	997.42	50					50
阳东县	18844.40	5978.30	543.88	57					57
阳春市	13733.00	10248.00	2253.00	384				3	381
湛江市	**63331.00**	**38685.63**	**16216.95**	**82**					**82**
赤坎区		575.00							
霞山区		307.00	23.00						
坡头区		675.00	636.50						
麻章区	1559.00	2811.60	2158.86						
遂溪县	1626.00	7547.74	1480.85	5					5
徐闻县	11793.00	10598.72	2285.31	11					11
廉江市	11048.00	3247.23	5816.25	28					28
雷州市	37305.00	11944.74	2517.39	34					34
吴川市		978.60	1298.79	4					4
茂名市	**29395.50**	**22169.64**	**13346.42**	**563**				**2**	**561**
茂南区	1192.50	1262.70	594.06	2					2
电白县	14164.00	3010.00	3661.80	40					40
高州市	2238.00	8454.58	5158.61	213				1	212
化州市	4379.00	7062.36	1769.86	22					22
信宜市	7422.00	2380.00	2162.09	286				1	285
肇庆市	**85048.00**	**20672.22**	**11630.56**	**695**				**16**	**679**
端州区		174.97		3					3
鼎湖区	3964.00	120.00	435.20	7					7
广宁县	6300.00	691.00	817.48	175				4	171
怀集县	29888.00	4341.00	3374.52	262				6	256
封开县	21107.00	4409.60	1775.70	113				3	110
德庆县	8738.00	2683.00	978.60	81					81
高要区	5155.00	5807.65	2802.29	29					29
四会市	9896.00	2445.00	1446.77	25				3	22

5-14 续表 6

2018年

市别	水库数量（座）						水库总库容（万立方米）		
	合计	大(1)型	大(2)型	中型	小(1)型	小(2)型	合计	大(1)型	大(2)型
清远市	**521**	**1**	**4**	**32**	**101**	**383**	**422061.38**	**190400.00**	**104480.00**
清城区	67	1		3	17	46	208070.75	190400.00	
佛冈县	29			1	9	19	5429.39		
阳山县	58			10	12	36	35325.81		
连山自治县	26			1	4	21	5431.22		
连南自治县	15			1	7	7	6024.89		
清新县	63			4	7	52	15580.40		
英德市	211		3	11	34	163	120729.22		86800.00
连州市	52		1	1	11	39	25469.70		17680.00
潮州市	**202**		**1**	**8**	**30**	**163**	**78541.22**		**38100.00**
湘桥区	18			1	2	15	5413.00		
潮安县	27			3	9	15	19795.75		
饶平县	157		1	4	19	133	53332.47		38100.00
揭阳市	**477**		**2**	**19**	**96**	**360**	**114551.42**		**26342.00**
榕城区	15					15	466.50		
揭东区	45			2	8	35	11973.25		
揭西县	102		1	4	16	81	39253.83		15400.00
惠来县	135		1	7	33	94	39100.87		10942.00
普宁市	143			5	36	102	21037.67		
蓝城区	9				1	8	323.50		
空港经济区	10			1		9	1368.50		
普侨区	4					4	67.50		
大南山区	14				2	12	959.80		
大南海工业区									
云浮市	**242**			**12**	**53**	**177**	**61806.71**		
云城区	22			1	7	14	4253.36		
新兴县	44			3	12	29	19923.04		
郁南县	43			3	7	33	15265.60		
云安县	26			1	4	21	3407.00		
罗定市	107			4	23	80	18957.71		

5-14 续表 7

2018年

市别	水库总库容（万立方米）			水电站数量（座）					
	中型	小(1)型	小(2)型	合计	大(1)型	大(2)型	中型	小(1)型	小(2)型
清远市	**79003.66**	**35051.92**	**13125.80**	**1475**			**3**	**7**	**1465**
清城区	11974.00	3787.83	1908.92	22			1		21
佛冈县	1724.00	2929.00	776.39	67					67
阳山县	29997.00	4067.24	1261.57	242				2	240
连山自治县	2135.00	2545.62	750.60	255					255
连南自治县	3640.00	2040.09	344.80	238					238
清新县	12234.80	1996.00	1349.60	140				1	139
英德市	15448.86	12771.94	5708.42	314			2	3	309
连州市	1850.00	4914.20	1025.50	197				1	196
潮州市	**26695.00**	**9432.20**	**4314.02**	**202**				**3**	**199**
湘桥区	4505.90	473.00	434.10	10					10
潮安县	16365.10	2830.80	599.85	67				3	64
饶平县	5824.00	6128.40	3280.07	125					125
揭阳市	**50170.00**	**27689.83**	**10349.59**	**348**				**5**	**343**
榕城区			466.50						
揭东区	7246.00	3569.00	1158.25	36					36
揭西县	17045.00	5017.25	1791.58	124				5	119
惠来县	14999.00	10715.90	2443.97	40					40
普宁市	9742.00	7651.58	3644.09	147					147
蓝城区		144.00	179.50						
空港经济区	1138.00		230.50	1					1
普侨区			67.50						
大南山区		592.10	367.70						
大南海工业区									
云浮市	**42619.00**	**13339.96**	**5847.75**	**444**					**444**
云城区	2398.00	1396.00	459.36	44					44
新兴县	15728.00	3180.76	1014.28	104					104
郁南县	13251.00	994.00	1020.60	82					82
云安县	1401.00	1458.00	548.00	84					84
罗定市	9841.00	6311.20	2805.51	130					130

5-15 各县（市、区）已建泵站、水闸数量

2018年

市 别	泵站数量（处）						水闸数量（座）					
	合计	大(1)型	大(2)型	中型	小(1)型	小(2)型	合计	大(1)型	大(2)型	中型	小(1)型	小(2)型
全 省	**15807**	**3**	**34**	**475**	**2370**	**12925**	**16019**	**13**	**131**	**729**	**2733**	**12413**
广州市	**1445**		**3**	**37**	**360**	**1045**	**1255**	**1**	**10**	**63**	**365**	**816**
荔湾区	43			2	35	6	49			3	10	36
越秀区	18		1		4	13	14			1	2	11
海珠区	17			1	13	3	61			6	24	31
天河区	19			1	8	10	9			3	3	3
白云区	351			6	65	280	162		1	5	26	130
黄埔区	6				4	2	31			2	14	15
番禺区	129			6	39	84	194		2	14	72	106
花都区	129			1	28	100	239		1	4	10	224
南沙区	350		2	11	88	249	252			18	139	95
增城市	367			9	67	291	163	1	1	7	55	99
从化市	16				9	7	81		5		10	66
深圳市	**163**			**34**	**87**	**42**	**189**			**25**	**59**	**105**
罗湖区	20			7	9	4	6			4	1	1
福田区	6				5	1	3			2	1	
南山区	6			4	2		8			1	2	5
宝安区	115			18	63	34	155			15	50	90
龙岗区	14			5	8	1	17			3	5	9
盐田区	2					2						
珠海市	**258**		**2**	**9**	**68**	**179**	**233**		**1**	**27**	**185**	**20**
香洲区	11			3	3	5	25			7	16	2
斗门区	226		2	4	52	168	117		1	9	96	11
金湾区	21			2	13	6	91			11	73	7
汕头市	**409**			**8**	**119**	**282**	**1004**	**2**	**6**	**38**	**177**	**781**
龙湖区	3				2	1	25		1	1	3	20
金平区	14				9	5	116		1	2	13	100
濠江区	5				3	2	100			2	7	91
潮阳区	174			3	74	97	218		2	15	80	121
潮南区	116			4	17	95	213			17	59	137
澄海区	97			1	14	82	324	2	2	1	14	305
南澳县							8				1	7
佛山市	**1501**		**8**	**133**	**303**	**1057**	**574**		**5**	**39**	**206**	**324**
禅城区	54			20	19	15	47			5	28	14
南海区	616		1	51	131	433	208		1	23	86	98
顺德区	164		5	46	78	35	202		1	8	75	118
三水区	615		1	11	51	552	62		2	2	15	43
高明区	52		1	5	24	22	55		1	1	2	51

5-15 续表 1

2018年

市别	泵站数量（处）						水闸数量（座）					
	合计	大(1)型	大(2)型	中型	小(1)型	小(2)型	合计	大(1)型	大(2)型	中型	小(1)型	小(2)型
韶关市	**845**				**11**	**834**	**122**	**3**	**13**	**12**	**18**	**76**
武江区	24					24	2	1	1			
浈江区	54				1	53	1			1		
曲江区	12				1	11	5	1				4
始兴县	92				1	91	12		3			9
仁化县	81				5	76	5	1	4			
翁源县	36					36	3		1	1		1
乳源自治县	6				1	5	52				17	35
新丰县	12					12	1		1			
乐昌市	222				2	220	26		1			25
南雄市	306					306	15		2	10	1	2
河源市	**492**				**18**	**474**	**42**	**1**		**1**	**1**	**39**
源城区	17				2	15						
紫金县	157					157	20					20
龙川县	151					151	2	1				1
连平县	14				2	12	7			1		6
和平县	33				1	32	5					5
东源县	120				13	107	8				1	7
梅州市	**434**		**1**	**10**	**122**	**301**	**1057**			**17**	**35**	**1005**
梅江区	31		1	2	13	15	22			1	4	17
梅县区	113			2	17	94	79			2	3	74
大埔县	25			1	9	15	15					15
丰顺县	27				12	15	111				1	110
五华县	123			2	47	74	161				13	148
平远县	13					13	12			2		10
蕉岭县	38			1	16	21	137			7	6	124
兴宁市	64			2	8	54	520			5	8	507
惠州市	**719**		**6**	**33**	**91**	**589**	**682**	**2**	**8**	**40**	**120**	**512**
惠城区	236		5	18	36	177	147			10	41	96
惠阳区	68		1	3	9	55	53				10	43
博罗县	268			10	36	222	176	1	2	12	35	126
惠东县	77			2	5	70	141	1	1	16	24	99
龙门县	70				5	65	165		5	2	10	148
汕尾市	**402**			**1**	**47**	**354**	**1488**		**5**	**67**	**259**	**1157**
城区	13				3	10	307			30	99	178
海丰县	167			1	4	162	561		3	15	47	496
陆河县	30				1	29	214			6	70	138
陆丰市	192				39	153	406		2	16	43	345
东莞市	**372**	**2**	**2**	**95**	**190**	**83**	**474**		**3**	**57**	**228**	**186**
中山市	**460**	**1**	**2**	**24**	**109**	**324**	**388**		**4**	**20**	**114**	**250**

5-15 续表 2

2018年

市别	泵站数量（处）						水闸数量（座）					
	合计	大(1)型	大(2)型	中型	小(1)型	小(2)型	合计	大(1)型	大(2)型	中型	小(1)型	小(2)型
江门市	**2008**		**1**	**13**	**269**	**1725**	**1993**		**10**	**39**	**276**	**1668**
蓬江区	116			5	57	54	80			3	7	70
江海区	30			3	9	18	35			1	20	14
新会区	390			1	64	325	559			5	100	454
台山市	416			1	37	378	1000		1	19	117	863
开平市	733			2	49	682	260		1	4	19	236
鹤山市	206		1	1	34	170	13			2	1	10
恩平市	117				19	98	46		8	5	12	21
阳江市	**374**			**2**	**46**	**326**	**640**		**2**	**30**	**78**	**530**
江城区	119			1	6	112	156		1	16	32	107
阳西县	10				2	8	170			5	29	136
阳东县	22				3	19	169		1	7	10	151
阳春市	223			1	35	187	145			2	7	136
湛江市	**1106**			**1**	**25**	**1080**	**1494**		**11**	**55**	**118**	**1310**
赤坎区	2					2	2					2
霞山区	65					65	17			1		16
坡头区	88				1	87	186			3	7	176
麻章区	19				1	18	300			6	25	269
遂溪县	23			1	5	17	90			2	24	64
徐闻县	15					15	216			3	13	200
廉江市	449					449	279		5	22	13	239
雷州市	129				14	115	120		1	14	9	96
吴川市	316				4	312	284		5	4	27	248
茂名市	**1660**		**1**	**12**	**79**	**1568**	**1236**		**27**	**66**	**157**	**986**
茂南区	271		1	4	21	245	141		3	5	4	129
电白县	299				3	296	390		3	9	84	294
高州市	417			8	16	393	329		5	13	32	279
化州市	615				39	576	148		6	17	30	95
信宜市	58					58	228		10	22	7	189
肇庆市	**739**		**5**	**27**	**209**	**498**	**532**		**3**	**14**	**74**	**441**
端州区	7		1	2	1	3	2				2	
鼎湖区	94			9	22	63	29			2	12	15
广宁县	48				27	21	40			2	11	27
怀集县	46					46	60					60
封开县	17			1	3	13	24			2	3	19
德庆县	49		1		17	31	102			2	6	94
高要区	322		2	11	85	224	238			3	38	197
四会市	156		1	4	54	97	37		3	3	2	29

5-15 续表 3

2018年

市别	泵站数量（处）						水闸数量（座）					
	合计	大(1)型	大(2)型	中型	小(1)型	小(2)型	合计	大(1)型	大(2)型	中型	小(1)型	小(2)型
清远市	**896**		**1**	**19**	**60**	**816**	**680**	**2**	**6**	**29**	**54**	**589**
清城区	278			9	33	236	133				25	108
佛冈县	13				2	11	9				1	8
阳山县	44					44	57			1	6	50
连山自治县	7					7	5			5		
连南自治县	10				2	8	17			4		13
清新县	364		1	5	11	347	191		2	1	6	182
英德市	85			5	10	70	169	2	4	17	7	139
连州市	95				2	93	99			1	9	89
潮州市	**467**			**3**	**36**	**428**	**519**	**1**	**6**	**15**	**43**	**454**
湘桥区	83			1	12	70	123		2	4	10	107
潮安县	276			2	19	255	182	1		1	14	166
饶平县	108				5	103	214		4	10	19	181
揭阳市	**635**		**1**	**11**	**91**	**532**	**1055**	**1**	**8**	**40**	**156**	**850**
榕城区	44			1	4	39	48			3	5	40
揭东区	46			3	4	39	49		1	4	6	38
揭西县	176			5	10	161	303		4	4	31	264
惠来县	178				40	138	223		2	11	52	158
普宁市	121			1	28	92	305		1	14	48	242
蓝城区	5		1	1	2	1	41	1		2	1	37
空港经济区	57				1	56	78			2	11	65
普侨区												
大南山区	8				2	6	8				2	6
大南海工业区												
云浮市	**422**		**1**	**3**	**30**	**388**	**362**		**3**	**35**	**10**	**314**
云城区	19				2	17	18				4	14
新兴县	119				1	118	214			30	3	181
郁南县	72			2	17	53	47			3		44
云安县	35		1	1	9	24	10			2	3	5
罗定市	177				1	176	73		3			70

5-16 各县（市、区）已建农村集中式供水工程、机电井数量

2018年

市　别	农村集中式供水工程数量（处）				机电井数量（眼）					
	合计	千吨万人以上	千人以上	其他	合计	规模以上机电井			规模以下机电井	
							浅层地下水机电井	深层承压水机电井		浅层地下水机电井
全　省	**45078**	**915**	**4968**	**39195**	**1233634**	**12414**	**10695**	**1719**	**1221220**	**1221220**
广州市	**411**	**48**	**170**	**193**	**31736**	**1292**	**1285**	**7**	**30444**	**30444**
荔湾区					409				409	409
越秀区					1	1	1			
海珠区										
天河区	2	2			426	16	16		410	410
白云区	32	6	8	18	21798	129	126	3	21669	21669
黄埔区	16		16		67	27	27		40	40
番禺区					1444	6	6		1438	1438
花都区	87	11	67	9	6502	154	154		6348	6348
南沙区	7	7			8				8	8
增城市	102	10	59	33	263	167	167		96	96
从化市	165	12	20	133	818	792	788	4	26	26
深圳市					**3126**	**2247**	**2247**		**879**	**879**
罗湖区					22	13	13		9	9
福田区					6	5	5		1	1
南山区					232	206	206		26	26
宝安区					2302	1758	1758		544	544
龙岗区					560	262	262		298	298
盐田区					4	3	3		1	1
珠海市					**753**	**46**	**46**		**707**	**707**
香洲区					662	19	19		643	643
斗门区					80	16	16		64	64
金湾区					11	11	11			
汕头市	**167**	**54**	**83**	**30**	**2197**	**48**	**48**		**2149**	**2149**
龙湖区	2	2			2	2	2			
金平区					88				88	88
濠江区					15	5	5		10	10
潮阳区	75	27	42	6						
潮南区	56	10	32	14	2090	39	39		2051	2051
澄海区	9	8	1		2	2	2			
南澳县	25	7	8	10						
佛山市	**298**	**21**	**75**	**202**	**1137**	**68**	**64**	**4**	**1069**	**1069**
禅城区										
南海区	141	11	6	124	398	3	2	1	395	395
顺德区	10	7	1	2	612	16	16		596	596
三水区	2	1	1		95	43	40	3	52	52
高明区	145	2	67	76	32	6	6		26	26

5-16 续表 1

2018年

市别	农村集中式供水工程数量（处）				机电井数量（眼）					
	合计	千吨万人以上	千人以上	其他	合计	规模以上机电井	浅层地下水机电井	深层承压水机电井	规模以下机电井	浅层地下水机电井
韶关市	**3639**	**21**	**286**	**3332**	**38891**	**118**	**118**		**38773**	**38773**
武江区	73		20	53	1499	32	32		1467	1467
浈江区	90		14	76	7515	11	11		7504	7504
曲江区	410	1	44	365	2570	33	33		2537	2537
始兴县	141	2	21	118	10885				10885	10885
仁化县	555	2	13	540	439	2	2		437	437
翁源县	377	3	42	332	1263	13	13		1250	1250
乳源自治县	523	3	24	496	220	3	3		217	217
新丰县	555	3	46	506	3958	24	24		3934	3934
乐昌市	795	1	27	767	3005				3005	3005
南雄市	120	6	35	79	7537				7537	7537
河源市	**6549**	**40**	**566**	**5943**	**40788**	**80**	**74**	**6**	**40708**	**40708**
源城区	3	1	2		1	1	1			
紫金县	2196	9	74	2113	24718	33	31	2	24685	24685
龙川县	3059	6	182	2871	6800	15	11	4	6785	6785
连平县	574	6	67	501	2	2	2			
和平县	318	1	150	167	2135	24	24		2111	2111
东源县	399	17	91	291	7132	5	5		7127	7127
梅州市	**4632**	**46**	**504**	**4082**	**26336**	**112**	**112**		**26224**	**26224**
梅江区	78		3	75	564	1	1		563	563
梅县区	228	9	64	155	4025	40	40		3985	3985
大埔县	415		66	349	446	11	11		435	435
丰顺县	1728	7	62	1659	740	12	12		728	728
五华县	961	11	193	757	3022	11	11		3011	3011
平远县	194	3	19	172	282	12	12		270	270
蕉岭县	415	6	24	385	3349	6	6		3343	3343
兴宁市	613	10	73	530	13908	19	19		13889	13889
惠州市	**1197**	**88**	**312**	**797**	**84502**	**314**	**314**		**84188**	**84188**
惠城区	183	14	54	115	23523	42	42		23481	23481
惠阳区	59	13	20	26	11378	26	26		11352	11352
博罗县	121	29	39	53	24509	91	91		24418	24418
惠东县	345	26	139	180	15419	93	93		15326	15326
龙门县	489	6	60	423	9673	62	62		9611	9611
汕尾市	**170**	**40**	**63**	**67**	**45969**	**51**	**51**		**45918**	**45918**
城区	6	5	1							
海丰县	35	15	13	7	11341	9	9		11332	11332
陆河县	110	4	46	60	1751	37	37		1714	1714
陆丰市	19	16	3		32877	5	5		32872	32872

5-16 续表 2

2018年

市别	农村集中式供水工程数量（处）				机电井数量（眼）					
	合计	千吨万人以上	千人以上	其他	合计	规模以上机电井	浅层地下水机电井	深层承压水机电井	规模以下机电井	浅层地下水机电井
东莞市	**81**	**79**	**2**		**1886**	**56**	**56**		**1830**	**1830**
中山市	**13**	**10**	**3**		**2705**	**24**	**24**		**2681**	**2681**
江门市	**786**	**55**	**138**	**593**	**11787**	**230**	**218**	**12**	**11557**	**11557**
蓬江区					460	2	2		458	458
江海区										
新会区	44	13	16	15	503	22	19	3	481	481
台山市	141	19	60	62	60	15	12	3	45	45
开平市	176	13	29	134	5023	80	80		4943	4943
鹤山市	102	7	17	78	5403	48	42	6	5355	5355
恩平市	323	3	16	304	338	63	63		275	275
阳江市	**327**	**54**	**126**	**147**	**93143**	**54**	**54**		**93089**	**93089**
江城区	44	10	34		15714	17	17		15697	15697
阳西县	187	9	50	128	13806	9	9		13797	13797
阳东县	80	25	36	19	24930	26	26		24904	24904
阳春市	16	10	6		38693	2	2		38691	38691
湛江市	**2240**	**34**	**952**	**1254**	**238508**	**6051**	**4366**	**1685**	**232457**	**232457**
赤坎区	6		4	2	1270	51	16	35	1219	1219
霞山区	7	2	5		3404	133	71	62	3271	3271
坡头区	149	3	47	99	16566	415	394	21	16151	16151
麻章区	144	3	111	30	30697	1524	638	886	29173	29173
遂溪县	732	1	163	568	33150	1648	1627	21	31502	31502
徐闻县	401	4	191	206	76930	654	250	404	76276	76276
廉江市	243	13	63	167	17050	385	385		16665	16665
雷州市	341		279	62	40415	1067	811	256	39348	39348
吴川市	217	8	89	120	19026	174	174		18852	18852
茂名市	**10969**	**75**	**205**	**10689**	**353123**	**940**	**940**		**352183**	**352183**
茂南区	10	7	3		27623	17	17		27606	27606
电白县	69	33	25	11	87677	162	162		87515	87515
高州市	1336	9	39	1288	113630	188	188		113442	113442
化州市	129	24	14	91	88955	552	552		88403	88403
信宜市	9425	2	124	9299	35238	21	21		35217	35217
肇庆市	**6601**	**45**	**472**	**6084**	**29376**	**353**	**351**	**2**	**29023**	**29023**
端州区	27	1	4	22	22	22	22			
鼎湖区	352	1	43	308	2214	64	64		2150	2150
广宁县	2425	8	35	2382	2054	26	26		2028	2028
怀集县	350	15	24	311	8899	14	13	1	8885	8885
封开县	1093	3	48	1042	2207	4	3	1	2203	2203
德庆县	677	10	139	528	92	92	92			
高要区	1240	1	157	1082	284	112	112		172	172
四会市	437	6	22	409	13604	19	19		13585	13585

5-16 续表 3

2018年

市　别	农村集中式供水工程数量（处）				机电井数量（眼）					
	合计	千吨万人以上	千人以上	其他	合计	规模以上机电井	浅层地下水机电井	深层承压水机电井	规模以下机电井	浅层地下水机电井
清远市	**3639**	**56**	**493**	**3090**	**109641**	**207**	**206**	**1**	**109434**	**109434**
清城区	30	11	11	8	61085	43	43		61042	61042
佛冈县	52	4	34	14	18108	33	33		18075	18075
阳山县	663	2	78	583	4507	7	7		4500	4500
连山自治县	423		15	408						
连南自治县	252		21	231	23	2	2		21	21
清新县	694	11	92	591	19482	14	13	1	19468	19468
英德市	996	22	141	833	5452	108	108		5344	5344
连州市	529	6	101	422	984				984	984
潮州市	**417**	**33**	**149**	**235**	**20686**	**19**	**18**	**1**	**20667**	**20667**
湘桥区	11	3	5	3	4268				4268	4268
潮安县	242	17	26	199	11167	5	5		11162	11162
饶平县	164	13	118	33	5251	14	13	1	5237	5237
揭阳市	**180**	**70**	**96**	**14**	**61898**	**27**	**27**		**61871**	**61871**
榕城区	7	6	1							
揭东区	6	4	2		34729				34729	34729
揭西县	58	12	39	7	38				38	38
惠来县	62	25	37		10725	12	12		10713	10713
普宁市	39	15	17	7	13584	15	15		13569	13569
蓝城区	4	4			2170				2170	2170
空港经济区	4	4								
普侨区										
大南山区					652				652	652
大南海工业区										
云浮市	**2762**	**46**	**273**	**2443**	**35446**	**77**	**76**	**1**	**35369**	**35369**
云城区	292		60	232	401	13	13		388	388
新兴县	566	6	55	505	6528	36	36		6492	6492
郁南县	354	2	66	286	5704	5	5		5699	5699
云安县	420	4	25	391	39	7	7		32	32
罗定市	1130	34	67	1029	22774	16	15	1	22758	22758

六、国民经济概况

6-1 国民经济核算主要指标

指　　标	单　位	2000	2015	2016	2017	2018
地区生产总值	亿元	10810.21	73876.37	80666.72	89705.23	97277.77
第一产业	亿元	986.32	3189.76	3500.49	3611.44	3831.44
第二产业	亿元	5055.71	33642.00	35109.66	38008.06	40695.15
第三产业	亿元	4768.18	37044.61	42056.57	48085.73	52751.18
地区生产总值增长速度	%	11.7	8.0	7.5	7.5	6.8
第一产业	%	2.3	3.4	3.1	3.6	4.2
第二产业	%	12.3	6.9	6.1	6.5	5.9
第三产业	%	13.4	9.5	9.2	8.7	7.8
地区生产总值构成	%	100.0	100.0	100.0	100.0	100.0
第一产业	%	9.1	4.3	4.4	4.0	4.0
第二产业	%	46.8	45.5	43.5	42.4	41.8
第三产业	%	44.1	50.2	52.1	53.6	54.2
地区生产总值贡献率	%	100.0	100.0	100.0	100.0	100.0
第一产业	%	1.9	1.6	1.8	2.0	2.5
第二产业	%	60.2	42.8	36.8	39.0	38.6
第三产业	%	37.9	55.5	61.4	59.1	58.9
地区生产总值拉动率	%	11.7	8.0	7.5	7.5	6.8
第一产业	%	0.2	0.1	0.1	0.1	0.2
第二产业	%	7.1	3.4	2.8	2.9	2.6
第三产业	%	4.4	4.4	4.6	4.5	4.0

注：国民经济核算数据绝对数按当年价格计算，速度和指数按不变价格计算。

6-2 地区生产总值

单位：亿元

年份	地区生产总值	第一产业	第二产业	第三产业
1978	185.85	55.31	86.62	43.92
1979	209.34	66.62	91.65	51.06
1980	249.65	82.97	102.53	64.14
1981	290.36	94.30	120.34	75.71
1982	339.92	118.17	135.37	86.39
1983	368.75	121.24	152.27	95.24
1984	458.74	145.25	187.55	125.93
1985	577.38	171.87	229.82	175.69
1986	667.53	188.37	255.88	223.28
1987	846.69	232.14	330.35	284.20
1988	1155.37	306.50	460.17	388.70
1989	1381.39	351.73	554.13	475.53
1990	1559.03	384.59	615.86	558.58
1991	1893.30	416.00	782.67	694.63
1992	2447.54	465.83	1100.32	881.39
1993	3469.28	558.70	1704.88	1205.70
1994	4619.02	692.25	2253.25	1673.52
1995	5940.34	864.49	2906.27	2169.58
1996	6848.23	935.24	3318.51	2594.48
1997	7792.97	978.32	3719.69	3094.96
1998	8555.33	994.55	4087.41	3473.37
1999	9289.64	1009.01	4391.33	3889.30
2000	10810.21	986.32	5055.71	4768.18
2001	12126.59	988.84	5577.91	5559.84
2002	13601.89	1015.08	6224.73	6362.08
2003	15959.25	1072.91	7687.81	7198.53
2004	19005.61	1248.59	9398.61	8358.41
2005	22723.29	1428.27	11497.85	9797.17
2006	26800.32	1532.17	13655.80	11612.35
2007	32063.91	1705.69	16252.47	14105.75
2008	37138.85	1969.46	18813.11	16356.28
2009	39923.24	1996.38	19718.72	18208.14
2010	46544.63	2254.49	23296.73	20993.41
2011	53908.59	2614.59	26733.70	24560.30
2012	57924.76	2778.48	27981.32	27164.96
2013	63357.92	2876.42	29837.46	30644.04
2014	68777.25	3038.71	32357.19	33381.35
2015	73876.37	3189.76	33642.00	37044.61
2016	80666.72	3500.49	35109.66	42056.57
2017	89705.23	3611.44	38008.06	48085.73
2018	97277.77	3831.44	40695.15	52751.18

注：1.2004年及以前年份第一产业不包括农林牧渔服务业，交通运输仓储和邮政业包括电信业，但不包括城市公共交通业，批发与零售业包括餐饮业（以下相关表同）。

2.2013年起，三次产业分类依据国家统计局2012年制定的《三次产业划分规定》执行（以下相关表同）。

6-3　地区生产总值指数

年份	地区生产总值(上年=100)	第一产业	第二产业	第三产业	地区生产总值(1978年=100)	第一产业	第二产业	第三产业
1978	101.0	104.3	97.1	101.2	100.0	100.0	100.0	100.0
1979	108.5	106.1	104.3	117.6	108.5	106.1	104.3	117.6
1980	116.6	112.7	116.9	122.1	126.5	119.6	121.9	143.5
1981	109.0	105.1	112.9	110.0	137.9	125.8	137.6	157.8
1982	112.0	111.9	111.5	112.5	154.4	140.8	153.4	177.5
1983	107.3	103.6	110.1	108.9	165.6	145.9	168.8	193.3
1984	115.6	112.5	118.8	115.7	191.4	164.1	200.6	223.7
1985	118.0	106.2	120.7	128.7	225.7	174.2	242.1	287.9
1986	112.7	105.6	108.1	124.7	254.5	184.0	261.6	359.0
1987	119.6	109.6	127.5	120.6	304.5	201.7	333.4	433.0
1988	115.8	106.6	124.9	113.7	352.6	215.0	416.5	492.6
1989	107.2	107.2	108.6	105.7	377.9	230.6	452.1	520.5
1990	111.6	107.3	112.7	113.4	421.6	247.4	509.3	590.1
1991	117.7	105.4	123.6	119.4	496.1	260.9	629.7	704.6
1992	122.1	105.6	133.4	119.0	605.8	275.4	840.2	838.6
1993	123.0	102.5	136.3	116.7	745.1	282.4	1145.2	979.1
1994	119.7	103.1	125.7	118.4	891.9	291.2	1439.6	1159.6
1995	115.7	105.4	118.9	114.7	1031.9	306.9	1712.2	1330.2
1996	111.3	104.9	112.7	111.5	1149.0	321.9	1929.8	1483.4
1997	111.2	104.7	112.9	110.7	1278.1	336.9	2179.7	1642.1
1998	110.9	103.8	112.5	110.4	1416.9	349.6	2452.0	1813.2
1999	110.3	103.9	110.8	111.3	1562.5	363.3	2717.2	2018.3
2000	111.7	102.3	112.3	113.4	1745.5	371.7	3052.5	2288.0
2001	110.5	102.2	110.7	112.0	1929.3	379.9	3380.5	2563.0
2002	112.4	104.3	113.7	112.5	2167.9	396.3	3843.3	2883.6
2003	114.8	102.2	120.2	111.3	2488.8	405.1	4618.8	3209.5
2004	114.7	104.1	118.6	112.0	2855.3	421.7	5478.9	3595.0
2005	114.2	104.9	115.3	114.2	3259.9	442.5	6315.8	4106.9
2006	114.9	104.2	117.2	113.7	3744.8	461.0	7401.0	4670.7
2007	115.0	103.2	117.3	113.7	4306.0	476.0	8682.2	5312.5
2008	110.5	103.9	111.6	109.8	4756.8	494.6	9690.5	5835.1
2009	109.9	105.1	109.1	111.5	5227.2	520.0	10567.5	6506.1
2010	112.5	104.5	114.6	110.8	5881.1	543.7	12106.1	7210.6
2011	110.2	104.4	110.5	110.4	6479.0	567.4	13378.0	7961.2
2012	108.3	103.9	107.3	109.8	7015.2	589.5	14355.9	8740.8
2013	108.5	102.4	107.6	110.0	7610.9	603.8	15452.3	9613.2
2014	107.8	103.3	107.9	108.0	8202.6	623.8	16678.2	10381.8
2015	108.0	103.4	106.9	109.5	8858.7	644.9	17835.7	11367.8
2016	107.5	103.1	106.1	109.2	9524.2	665.0	18917.6	12414.2
2017	107.5	103.6	106.5	108.7	10242.7	689.1	20155.2	13500.0
2018	106.8	104.2	105.9	107.8	10938.3	718.0	21343.0	14548.5

6-4 地区生产总值产业构成

单位：%

年份	地区生产总值	第一产业	第二产业	第三产业
1978	100.0	29.8	46.6	23.6
1979	100.0	31.8	43.8	24.4
1980	100.0	33.2	41.1	25.7
1981	100.0	32.5	41.4	26.1
1982	100.0	34.8	39.8	25.4
1983	100.0	32.9	41.3	25.8
1984	100.0	31.7	40.9	27.4
1985	100.0	29.8	39.8	30.4
1986	100.0	28.2	38.3	33.5
1987	100.0	27.4	39.0	33.6
1988	100.0	26.5	39.8	33.7
1989	100.0	25.5	40.1	34.4
1990	100.0	24.7	39.5	35.8
1991	100.0	22.0	41.3	36.7
1992	100.0	19.0	45.0	36.0
1993	100.0	16.1	49.1	34.8
1994	100.0	15.0	48.8	36.2
1995	100.0	14.6	48.9	36.5
1996	100.0	13.6	48.5	37.9
1997	100.0	12.6	47.7	39.7
1998	100.0	11.6	47.8	40.6
1999	100.0	10.8	47.3	41.9
2000	100.0	9.1	46.8	44.1
2001	100.0	8.2	46.0	45.8
2002	100.0	7.4	45.8	46.8
2003	100.0	6.7	48.2	45.1
2004	100.0	6.6	49.4	44.0
2005	100.0	6.3	50.6	43.1
2006	100.0	5.7	51.0	43.3
2007	100.0	5.3	50.7	44.0
2008	100.0	5.3	50.7	44.0
2009	100.0	5.0	49.4	45.6
2010	100.0	4.8	50.1	45.1
2011	100.0	4.8	49.6	45.6
2012	100.0	4.8	48.3	46.9
2013	100.0	4.5	47.1	48.4
2014	100.0	4.4	47.1	48.5
2015	100.0	4.3	45.5	50.2
2016	100.0	4.4	43.5	52.1
2017	100.0	4.0	42.4	53.6
2018	100.0	4.0	41.8	54.2

6-5 三次产业贡献率及三次产业对地区生产总值增长的拉动

年 份	三次产业贡献率(%)				三次产业对地区生产总值增长的拉动(百分点)			
	地区生产总值	第一产业	第二产业	第三产业	地区生产总值	第一产业	第二产业	第三产业
1979	100.0	30.0	16.6	53.4	8.5	2.6	1.4	4.5
1980	100.0	31.0	32.1	36.9	16.6	5.2	5.3	6.1
1981	100.0	22.4	45.4	32.2	9.0	2.0	4.1	2.9
1982	100.0	37.8	31.5	30.7	12.0	4.5	3.8	3.7
1983	100.0	18.7	45.1	36.2	7.3	1.4	3.3	2.6
1984	100.0	29.2	40.5	30.3	15.6	4.6	6.3	4.7
1985	100.0	12.2	39.8	48.0	18.0	2.2	7.2	8.6
1986	100.0	14.1	22.3	63.6	12.7	1.8	2.8	8.1
1987	100.0	14.7	47.3	38.0	19.6	2.9	9.3	7.4
1988	100.0	11.4	56.8	31.8	15.8	1.8	9.0	5.0
1989	100.0	25.5	46.2	28.3	7.2	1.8	3.3	2.1
1990	100.0	16.0	43.1	40.9	11.6	1.9	5.0	4.7
1991	100.0	7.5	53.1	39.4	17.7	1.3	9.4	7.0
1992	100.0	5.5	63.1	31.4	22.1	1.2	14.0	6.9
1993	100.0	2.1	72.0	25.9	23.0	0.5	16.5	6.0
1994	100.0	2.5	65.9	31.6	19.7	0.5	13.0	6.2
1995	100.0	4.7	64.0	31.3	15.7	0.7	10.0	4.9
1996	100.0	5.3	61.1	33.6	11.3	0.6	6.9	3.8
1997	100.0	4.8	63.6	31.6	11.2	0.5	7.2	3.5
1998	100.0	3.8	64.5	31.7	10.9	0.4	7.0	3.4
1999	100.0	3.9	59.9	36.2	10.3	0.4	6.2	3.7
2000	100.0	1.9	60.2	37.9	11.7	0.2	7.1	4.4
2001	100.0	1.9	47.7	50.4	10.5	0.2	5.0	5.3
2002	100.0	2.9	51.9	45.2	12.4	0.4	6.4	5.6
2003	100.0	1.2	64.6	34.2	14.8	0.2	9.6	5.1
2004	100.0	2.0	62.8	35.3	14.7	0.3	9.2	5.2
2005	100.0	2.2	55.3	42.4	14.2	0.3	7.8	6.0
2006	100.0	1.8	58.4	39.8	14.9	0.3	8.7	5.9
2007	100.0	1.2	59.6	39.1	15.0	0.2	8.9	5.9
2008	100.0	1.9	58.4	39.7	10.5	0.2	6.1	4.2
2009	100.0	2.5	48.7	48.8	9.9	0.2	4.8	4.8
2010	100.0	1.7	61.5	36.9	12.5	0.2	7.7	4.6
2011	100.0	2.1	51.7	46.2	10.2	0.2	5.3	4.7
2012	100.0	2.2	44.3	53.5	8.3	0.2	3.7	4.4
2013	100.0	1.2	44.7	54.1	8.5	0.1	3.8	4.6
2014	100.0	1.7	50.3	48.0	7.8	0.1	3.9	3.7
2015	100.0	1.6	42.8	55.5	8.0	0.1	3.4	4.4
2016	100.0	1.8	36.8	61.4	7.5	0.1	2.8	4.6
2017	100.0	2.0	39.0	59.1	7.5	0.1	2.9	4.5
2018	100.0	2.5	38.6	58.9	6.8	0.2	2.6	4.0

注：1.三次产业贡献率指各产业增加值增量与GDP增量之比。
2.三次产业拉动指GDP增长速度与各产业贡献率之乘积。

6-6 人均地区生产总值及人均消费水平

年 份	人均地区生产总值		人均消费水平					
			全体居民		农村居民		城镇居民	
	绝对数(元)	增长速度(%)	绝对数(元)	增长速度(%)	绝对数(元)	增长速度(%)	绝对数(元)	增长速度(%)
1978	370		222		171		466	
1979	410	6.9	252	8.3	196	9.8	507	2.6
1980	481	14.8	302	14.9	228	14.1	620	12.7
1981	550	7.1	332	7.9	260	13.3	627	-1.9
1982	633	10.0	377	10.3	298	10.4	696	8.3
1983	675	5.6	403	7.2	310	5.1	764	8.5
1984	827	13.8	453	10.3	334	7.8	878	9.7
1985	1026	16.2	529	5.7	372	-2.6	1038	10.2
1986	1164	10.6	609	9.5	430	6.3	1146	8.4
1987	1443	17.0	754	6.4	515	4.9	1382	1.1
1988	1926	13.2	944	-3.5	651	0.5	1716	-6.8
1989	2251	4.8	1212	19.7	831	23.1	2188	15.0
1990	2484	9.1	1287	9.3	896	12.9	2263	4.7
1991	2941	14.7	1434	8.3	906	0.2	2712	14.8
1992	3699	18.8	1690	14.7	1023	9.7	3210	15.7
1993	5085	19.3	2308	20.5	1347	17.6	4280	17.0
1994	6530	15.5	3234	17.8	1831	14.3	5870	15.7
1995	8139	12.1	3991	10.1	2206	8.4	7091	7.6
1996	9157	8.7	4470	6.9	2547	11.6	7660	2.3
1997	10154	8.4	4612	-2.1	2597	-0.4	7807	-4.8
1998	10850	7.9	4796	4.2	2681	5.8	8054	2.2
1999	11463	7.3	5025	4.5	2661	0.8	8598	5.9
2000	12817	7.3	5305	0.2	2680	-1.3	9189	0.2
2001	13952	7.3	5445	1.9	2759	3.0	9312	0.3
2002	15478	11.1	6199	13.2	2904	5.7	10358	10.2
2003	17927	13.3	7342	17.0	3032	3.4	11136	6.4
2004	21032	13.0	8800	15.9	3386	8.2	12409	7.9
2005	24828	12.7	9799	10.0	3915	13.2	13609	8.5
2006	28762	12.8	10619	7.4	4010	2.2	14695	6.9
2007	33572	12.2	12336	12.9	4401	5.0	16982	12.6
2008	37988	7.9	13911	7.1	4975	5.6	19101	7.1
2009	39876	7.3	15243	10.9	5533	6.9	20852	11.3
2010	45252	9.5	17211	9.3	6255	9.4	23159	7.5
2011	51474	8.2	19578	7.9	7854	14.1	25527	5.3
2012	54908	7.5	21823	8.3	8898	7.7	28269	7.9
2013	59665	7.8	22083	6.4	10841	8.0	27531	5.5
2014	64374	7.1	24582	8.3	12674	13.4	30216	6.9
2015	68490	7.0	26365	6.8	13344	7.5	32393	6.2
2016	73844	6.2	28495	5.7	14784	7.0	34667	4.9
2017	80932	6.0	30762	5.2	15943	7.6	37257	4.3
2018	86412	5.1						

注：2006—2009 年根据2010年全国人口普查快速汇总数据进行平滑调整，本表人均地区生产总值是人口平滑后的数据(以下相关表同)。

6-7 人均地区生产总值及人均消费水平指数

年 份	人均地区生产总值		人均消费水平					
			全体居民		农村居民		城镇居民	
	绝对数(元)	1978年为100(%)	绝对数(元)	1978年为100(%)	绝对数(元)	1978年为100(%)	绝对数(元)	1978年为100(%)
1978	370	100.0	222	100.0	171	100.0	466	100.0
1979	410	106.9	252	108.3	196	109.8	507	102.6
1980	481	122.6	302	124.4	228	125.2	620	115.6
1981	550	131.3	332	134.2	260	141.9	627	113.4
1982	633	144.4	377	148.1	298	156.7	696	122.8
1983	675	152.5	403	158.7	310	164.8	764	133.3
1984	827	173.5	453	175.0	334	177.6	878	146.3
1985	1026	201.6	529	184.9	372	172.9	1038	161.2
1986	1164	223.1	609	202.5	430	183.7	1146	174.7
1987	1443	260.9	754	215.6	515	192.6	1382	176.6
1988	1926	295.4	944	208.1	651	193.6	1716	164.6
1989	2251	309.6	1212	249.0	831	238.2	2188	189.3
1990	2484	337.7	1287	272.1	896	269.0	2263	198.2
1991	2941	387.5	1434	294.7	906	269.5	2712	227.5
1992	3699	460.3	1690	338.1	1023	295.7	3210	263.2
1993	5085	549.0	2308	407.5	1347	347.8	4280	308.1
1994	6530	633.9	3234	480.2	1831	397.6	5870	356.5
1995	8139	710.7	3991	528.9	2206	430.8	7091	383.5
1996	9157	772.3	4470	565.4	2547	480.6	7660	392.3
1997	10154	837.1	4612	553.4	2597	478.6	7807	373.4
1998	10850	903.2	4796	576.9	2681	506.5	8054	381.6
1999	11463	969.2	5025	602.6	2661	510.6	8598	404.2
2000	12817	1040.2	5305	603.5	2680	503.8	9189	405.0
2001	13952	1115.7	5445	615.2	2759	519.0	9312	406.3
2002	15478	1240.1	6199	696.1	2904	548.8	10358	447.6
2003	17927	1405.2	7342	814.5	3032	567.2	11136	476.2
2004	21032	1588.2	8800	944.4	3386	613.6	12409	513.8
2005	24828	1790.3	9799	1039.2	3915	694.5	13609	557.8
2006	28762	2020.1	10619	1116.5	4010	709.8	14695	596.5
2007	33572	2266.2	12336	1260.3	4401	745.1	16982	671.5
2008	37988	2445.7	13911	1350.1	4975	787.1	19101	719.3
2009	39876	2624.3	15243	1496.8	5533	841.2	20852	800.5
2010	45252	2874.1	17211	1636.4	6255	920.5	23159	860.4
2011	51474	3109.6	19578	1766.2	7854	1050.7	25527	905.7
2012	54908	3342.5	21823	1912.2	8898	1131.9	28269	977.3
2013	59665	3602.6	22083	2035.2	10841	1222.5	27531	1031.1
2014	64374	3859.1	24582	2205.0	12674	1385.9	30216	1102.6
2015	68490	4128.2	26365	2355.2	13344	1489.4	32393	1171.4
2016	73844	4382.4	28495	2488.4	14784	1593.9	34667	1228.3
2017	80932	4645.0	30762	2618.2	15943	1715.2	37257	1280.9
2018	86412	4883.9						

6-8 各市地区生产总值及增长速度

(2018年)

市别	地区生产总值(亿元)	第一产业	第二产业	第三产业	地区生产总值增长速度(%)	第一产业	第二产业	第三产业
广州	22859.35	223.44	6234.07	16401.84	6.2	2.5	5.4	6.6
深圳	24221.98	22.09	9961.95	14237.94	7.6	3.9	9.3	6.4
珠海	2914.74	50.09	1433.82	1430.83	8.0	1.2	12.6	3.5
汕头	2512.05	110.45	1276.19	1125.41	6.9	4.1	8.7	5.0
佛山	9935.88	144.45	5614.00	4177.43	6.3	5.8	6.1	6.6
韶关	1343.91	156.00	450.28	737.64	4.3	5.0	1.6	5.7
河源	1006.00	107.74	385.61	512.66	6.3	4.7	7.2	5.8
梅州	1110.21	196.17	356.72	557.32	2.4	4.9	1.5	2.1
惠州	4103.05	175.98	2161.58	1765.50	6.0	3.6	6.0	6.2
汕尾	920.32	134.03	406.58	379.71	8.0	5.1	10.3	6.4
东莞	8278.59	25.04	4027.21	4226.34	7.4	7.4	6.9	7.9
中山	3632.70	61.59	1780.23	1790.88	5.9	2.2	4.5	7.6
江门	2900.41	201.69	1408.15	1290.57	7.8	4.1	8.4	7.7
阳江	1350.31	219.29	463.91	667.12	4.1	3.2	2.9	5.7
湛江	3008.39	533.61	1086.61	1388.16	6.0	4.5	5.2	7.2
茂名	3092.18	495.32	1178.63	1418.22	5.5	4.7	3.0	8.0
肇庆	2201.80	347.86	774.65	1079.29	6.6	4.8	7.0	6.9
清远	1565.19	231.29	542.87	791.04	4.0	4.6	6.5	1.9
潮州	1067.28	76.17	518.43	472.67	5.3	5.1	3.8	7.3
揭阳	2152.47	164.36	1123.04	865.06	5.3	4.0	4.4	7.1
云浮	849.13	154.79	320.77	373.57	3.9	5.9	0.3	6.6
按经济区域分								
珠三角	81048.50	1252.23	33395.65	46400.62	6.9	4.0	7.2	6.6
东翼	6652.12	485.02	3324.24	2842.85	6.3	4.5	6.5	6.2
西翼	7450.88	1248.22	2729.16	3473.51	5.4	4.4	3.8	7.3
山区	5874.45	845.98	2056.25	2972.22	4.1	5.0	3.6	4.1

6-9 各市地区生产总值产业构成

(2018年) 单位：%

市　别	地区生产总值	第一产业	第二产业	第三产业
广　州	100.0	1.0	27.3	71.7
深　圳	100.0	0.1	41.1	58.8
珠　海	100.0	1.7	49.2	49.1
汕　头	100.0	4.4	50.8	44.8
佛　山	100.0	1.5	56.5	42.0
韶　关	100.0	11.6	33.5	54.9
河　源	100.0	10.7	38.3	51.0
梅　州	100.0	17.7	32.1	50.2
惠　州	100.0	4.3	52.7	43.0
汕　尾	100.0	14.5	44.2	41.3
东　莞	100.0	0.3	48.6	51.1
中　山	100.0	1.7	49.0	49.3
江　门	100.0	7.0	48.5	44.5
阳　江	100.0	16.2	34.4	49.4
湛　江	100.0	17.7	36.1	46.2
茂　名	100.0	16.0	38.1	45.9
肇　庆	100.0	15.8	35.2	49.0
清　远	100.0	14.8	34.7	50.5
潮　州	100.0	7.1	48.6	44.3
揭　阳	100.0	7.6	52.2	40.2
云　浮	100.0	18.2	37.8	44.0
按经济区域分				
珠 三 角	100.0	1.5	41.2	57.3
东　翼	100.0	7.3	50.0	42.7
西　翼	100.0	16.8	36.6	46.6
山　区	100.0	14.4	35.0	50.6

6-10 各县（市、区）三次产业地区生产总值

单位：万元

县（市、区）	第一产业		第二产业		第三产业	
	2017	2018	2017	2018	2017	2018
广州市						
越秀区			581654	595925	30963189	32220200
海珠区	6335	14384	2473571	2834783	14899356	15965630
荔湾区	48068	46065	2704368	2678809	8840221	9508564
天河区	2969	2207	3405869	3245498	39447335	42840473
白云区	278883	303265	3121162	3367592	14754676	15953022
黄埔区	55928	56734	19544876	20587086	12821502	14007980
花都区	339006	368614	6736282	7114146	5823961	6100900
番禺区	273202	259722	7418599	7249340	12030629	13280549
南沙区	525398	508235	8277076	8583102	4984776	5492753
从化区	216929	211360	1671272	1841970	2112845	2113428
增城区	457799	463790	4175350	4242457	6038430	6534888
深圳市						
福田区	17809	16324	2171179	2385585	36016704	37780683
罗湖区	9894	13121	828707	816455	20778368	21707369
盐田区	899	1440	879351	858292	4979725	5267899
南山区	17048	10686	20783129	20457042	25377816	29715918
宝安区	26002	13643	23518385	18408725	19509998	17699446
龙岗区	16997	13218	28187227	31627464	13819680	14654507
龙华区	2705	3011	12321771	14387581	9069767	9627559
坪山区	8528	7343	4219754	4509491	1851113	2499750
光明区		17412		5885134		3303354
珠海市						
香洲区	29388	39201	6871723	7658548	10663118	11322805
金湾区	75854	78901	4107003	4555553	1444176	1608482
斗门区	383000	382813	1893132	2124084	1284401	1376963
汕头市						
金平区	30571	31382	1668270	1834797	3132056	3375320
龙湖区	66810	70438	1360984	1523748	2145755	2295593
澄海区	328397	351930	2673807	2950713	1781560	1887016
濠江区	81516	87080	637580	743021	323190	369430
潮阳区	241602	248657	2636760	2811957	1249556	1371198
潮南区	200886	214814	2372549	2608240	1349567	1454866
南澳县	78607	88064	59444	65431	86040	93101
佛山市						
禅城区	2667	2665	7488358	7546804	9733936	11001144
南海区	447007	462403	14850837	15443777	11381077	12184716
顺德区	440186	465496	16969464	17744071	12749412	13429775
高明区	160459	201105	6448444	6588131	1804236	2005663
三水区	286155	309269	8489350	8817232	2733586	3153090
韶关市						
浈江区	62240	64933	355643	446002	1870542	1957563
武江区	57193	59591	951626	938418	1293273	1386281
曲江区	132316	138828	1039168	1111647	621210	687730
乐昌市	217145	227228	208275	223708	721142	795259
南雄市	259954	279315	209784	238145	616689	684759
仁化县	173073	184877	425857	466045	491002	536962
始兴县	183313	192032	224287	236862	350547	375954
翁源县	220114	226156	215294	251194	482243	554545
新丰县	108202	113237	232345	234694	354626	401090
乳源县	65750	69443	398150	443095	362642	393954

6-10 续表 1

单位：万元

县（市、区）	第一产业		第二产业		第三产业	
	2017	2018	2017	2018	2017	2018
河源市						
源城区	27558	28691	2074447	2097805	1688672	1826645
东源县	172622	183041	389947	423583	622886	716805
和平县	167588	177428	369484	409019	488833	541242
龙川县	252012	264178	381892	390722	808954	902010
紫金县	260744	275041	354417	368885	652970	702331
连平县	144023	147513	195033	165567	409516	455730
梅州市						
梅江区	89463	89587	1125634	1139666	1098606	1097356
梅县区	439564	453956	671724	676643	766347	779163
兴宁市	413116	435769	351378	336821	927356	946826
平远县	114050	122169	255077	245008	431790	453843
蕉岭县	114556	119599	227839	270155	430067	439703
大埔县	200220	210360	225155	227538	379356	408975
丰顺县	214720	222686	405264	408174	411132	460819
五华县	290532	302967	338676	338410	832630	891618
惠州市						
惠城区	264398	283036	6487575	6755705	6643226	7208648
惠阳区	178803	188146	7201323	8649975	3302938	3460009
惠东县	441767	466315	2578590	2294934	3183481	3478087
博罗县	520083	548468	3396840	3234578	2483164	2718799
龙门县	250610	272949	575778	590180	812195	884923
汕尾市						
市城区	221524	239676	797800	809779	829239	936886
陆丰市	548143	598010	1184174	1273803	955925	1098532
海丰县	302806	327773	1184521	1078154	1184060	1329964
陆河县	105455	110862	121289	309480	359199	382026
东莞市	228500	250380	36632267	40272122	38960113	42263418
中山市	556391	615859	17249686	17802315	16497053	17908839
江门市						
蓬江区	45348	47630	2639466	2595689	3802709	4074169
江海区	43572	49108	1048257	1196694	637171	669008
新会区	392540	442448	3376662	3842783	2207038	2485061
台山市	649235	661704	2117329	2363014	1212032	1301148
开平市	298190	337388	1658345	1848525	1459139	1551997
鹤山市	203270	222774	1663087	1839719	1323131	1492692
恩平市	187775	205353	569004	592933	1054356	1184985
阳江市						
江城区	225808	232982	1189348	1099522	1444110	1568192
阳东区	489155	509771	1436149	1354309	879446	956883
阳春市	603595	613605	1209819	1138681	1979916	2161800
阳西县	539531	569673	755001	745704	932010	1037829

6-10 续表 2

单位：万元

县（市、区）	第一产业		第二产业		第三产业	
	2017	2018	2017	2018	2017	2018
湛江市						
赤坎区	15575	15219	513652	556066	2567680	2860980
霞山区	21849	23045	1816227	1911999	2430922	2747573
麻章区	233941	238763	932562	1044192	345657	382729
坡头区	166872	174407	1790619	2219700	651410	685677
雷州市	1103989	1216685	289841	299046	1478878	1580993
廉江市	985707	1095806	2372761	2682292	1704464	1847303
吴川市	288039	310462	1218400	1190053	1190378	1319507
遂溪县	1070753	1187126	821873	841112	1082014	1224786
徐闻县	777642	835573	125897	170428	817489	899967
茂名市						
茂南区	277206	289779	1070117	1168743	1708336	1827061
电白区	1209491	1266524	2438181	2575608	2489250	2672297
信宜市	978255	994141	1323075	1402304	2223767	2371756
高州市	1209224	1337041	1870641	1880468	2581321	2810369
化州市	1016617	1072427	1563958	1596063	2294132	2501966
肇庆市						
端州区	2337	1814	502805	543253	1474637	1531395
鼎湖区	144814	129059	583982	576452	355618	426262
高要区	749705	803295	1709391	1768917	1545287	1736168
四会市	508859	538142	2449153	2757487	2327733	2427943
广宁县	386221	421374	455049	482266	625197	689464
德庆县	279338	302589	409460	460156	647974	704417
封开县	435324	468753	487584	522188	584850	646182
怀集县	747368	803183	412454	451462	1073735	1192254
清远市						
清城区	229557	239616	1899581	2141468	2915540	2908369
清新区	417138	444747	953573	1015817	1339535	1423529
英德市	520398	542131	885400	971686	1314465	1433827
连州市	359742	375530	323115	342254	777798	851136
佛冈县	137347	144353	584417	644485	574257	603508
阳山县	343027	359999	189271	197836	437176	482642
连山县	78995	84481	82950	89294	152558	169802
连南县	89479	95816	109056	110663	242295	250182
潮州市						
湘桥区	40381	44233	853228	864540	1275428	1422686
潮安区	178938	204304	3393959	3426686	2303582	2551110
饶平县	442921	490881	964084	1048107	1098591	1122286
揭阳市						
榕城区	116107	114767	2934910	3050823	2062287	2319191
揭东区	329325	350784	2685583	2799640	1275495	1528053
普宁市	312324	325740	4274291	4458093	2115838	2277493
揭西县	330447	349607	1258485	1343940	772064	821789
惠来县	469481	482077	1490099	1629577	685554	726175
云浮市						
云城区	117949	127928	462307	489579	521232	562241
云安区	120736	129766	448285	473950	253624	283956
罗定市	450891	489322	755394	813197	836777	934473
新兴县	527331	572731	787705	801285	1140353	1269997
郁南县	209583	224143	337581	351838	489063	523956

6-11 各县（市、区）三次产业地区生产总值指数

（上年=100）

县（市、区）	第一产业		第二产业		第三产业	
	2017	2018	2017	2018	2017	2018
广州市						
越秀区			100.3	100.7	106.2	103.9
海珠区	75.2	103.9	139.2	115.9	102.5	104.6
荔湾区	106.6	94.2	104.4	101.3	105.3	105.7
天河区	88.3	110.6	103.3	101.8	110.4	110.2
白云区	100.6	108.6	105.7	107.4	106.0	106.6
黄埔区	100.0	92.4	105.4	108.0	109.0	106.8
花都区	117.7	102.5	110.0	108.8	106.0	102.8
番禺区	95.1	103.3	113.1	99.5	105.2	107.0
南沙区	103.6	103.1	108.4	105.9	116.2	108.2
从化区	95.5	103.6	103.4	111.9	106.5	100.4
增城区	100.5	103.6	93.2	103.7	109.1	104.5
深圳市						
福田区	90.9	99.2	104.9	110.8	108.4	107.1
罗湖区	87.8	72.7	102.5	102.2	108.6	107.5
盐田区	112.4	80.6	103.1	101.7	109.6	108.0
南山区	272.7	108.7	107.3	100.2	111.0	109.1
宝安区	101.5	130.9	109.9	108.3	108.6	109.0
龙岗区	149.5	94.2	110.3	114.8	107.8	102.1
龙华区	100.6	93.9	109.9	116.2	107.2	102.1
坪山区	111.7	80.1	113.4	106.1	108.7	120.6
光明区		123.9		107.7		106.3
珠海市						
香洲区	107.3	101.0	110.3	112.9	110.9	103.6
金湾区	107.6	90.0	110.2	111.7	115.5	105.5
斗门区	109.1	103.3	114.9	113.1	105.3	101.1
汕头市						
金平区	98.2	102.0	106.2	109.5	112.4	105.3
龙湖区	96.0	103.1	109.2	109.8	111.3	105.1
澄海区	105.2	104.9	110.0	109.2	110.2	103.4
濠江区	102.1	103.7	109.8	112.2	119.6	110.3
潮阳区	103.5	102.0	109.6	108.3	107.5	107.0
潮南区	102.7	103.2	110.3	108.8	107.3	104.7
南澳县	104.5	104.0	105.9	105.1	107.7	105.7
佛山市						
禅城区	89.9	96.9	105.8	101.8	109.6	109.9
南海区	102.0	100.9	108.4	106.6	108.8	105.8
顺德区	101.3	103.2	108.8	108.0	107.7	103.5
高明区	102.9	131.5	107.9	104.0	110.1	108.9
三水区	103.0	106.0	108.9	106.4	107.5	111.3
韶关市						
浈江区	103.7	103.8	104.6	121.0	106.5	101.4
武江区	103.2	103.8	103.6	96.2	108.1	104.4
曲江区	104.0	104.3	116.6	99.8	109.8	106.6
乐昌市	103.9	104.7	95.2	102.4	108.5	106.8
南雄市	104.1	106.3	95.3	109.0	109.5	107.5
仁化县	105.9	106.0	102.9	103.6	102.7	106.2
始兴县	104.8	104.5	105.3	103.8	109.0	103.3
翁源县	104.9	104.7	104.4	111.9	107.6	111.0
新丰县	105.0	104.3	105.0	95.3	110.5	109.5
乳源县	103.8	103.4	108.2	107.6	112.4	104.8

6-11 续表 1

（上年=100）

县（市、区）	第一产业		第二产业		第三产业	
	2017	2018	2017	2018	2017	2018
河源市						
源城区	105.4	104.3	102.3	108.2	108.2	104.9
东源县	102.8	104.7	87.0	105.5	128.5	110.5
和平县	104.4	105.0	101.0	106.6	110.5	106.7
龙川县	102.7	104.5	111.2	105.9	106.4	107.1
紫金县	104.3	104.5	100.8	101.3	105.1	103.5
连平县	108.8	104.4	94.3	107.5	104.9	107.0
梅州市						
梅江区	102.3	104.5	103.3	101.8	110.2	97.2
梅县区	102.1	105.0	103.9	101.2	108.4	99.9
兴宁市	103.1	105.1	101.0	98.6	109.6	98.7
平远县	102.4	104.9	104.9	97.7	108.7	102.4
蕉岭县	102.4	104.8	106.8	105.1	109.3	104.5
大埔县	103.8	105.1	107.1	97.6	109.4	104.1
丰顺县	103.4	104.6	99.3	98.8	108.7	107.8
五华县	102.6	104.8	106.1	101.3	108.0	103.5
惠州市						
惠城区	104.5	104.6	99.5	100.9	110.6	105.3
惠阳区	103.2	104.3	109.6	116.2	112.3	102.4
惠东县	105.5	107.0	105.1	102.7	111.6	105.9
博罗县	98.9	104.4	106.5	104.2	109.4	106.4
龙门县	107.8	103.4	67.0	99.3	103.8	105.9
汕尾市						
市城区	104.0	104.7	84.9	101.3	110.5	108.4
陆丰市	104.6	105.3	110.9	107.0	106.7	111.0
海丰县	107.8	105.5	110.8	109.2	106.4	107.9
陆河县	103.0	103.5	114.3	167.8	108.2	103.4
东莞市	**102.1**	**107.4**	**110.7**	**106.9**	**105.7**	**107.9**
中山市	**93.6**	**102.2**	**104.8**	**104.5**	**109.3**	**107.6**
江门市						
蓬江区	71.3	102.2	98.5	102.0	115.8	111.5
江海区	89.4	103.3	111.2	111.5	106.6	100.9
新会区	103.4	105.3	110.1	110.6	106.7	108.5
台山市	103.8	103.9	108.8	110.1	108.7	104.6
开平市	106.0	102.9	107.6	108.8	107.7	106.6
鹤山市	96.4	104.5	109.0	107.8	110.7	110.0
恩平市	105.9	100.2	108.0	106.7	108.7	110.3
阳江市						
江城区	102.4	102.5	106.1	98.2	106.7	105.8
阳东区	103.5	103.4	106.9	101.8	106.6	105.4
阳春市	101.4	104.0	106.0	101.4	107.3	106.3
阳西县	102.8	102.3	107.7	106.4	105.9	108.0

6-11 续表 2

(上年=100)

县（市、区）	第一产业		第二产业		第三产业	
	2017	2018	2017	2018	2017	2018
湛江市						
赤坎区	97.9	98.8	106.5	104.3	106.6	108.8
霞山区	98.7	98.9	95.5	101.3	114.0	109.6
麻章区	105.5	104.8	108.6	108.3	118.2	107.3
坡头区	96.7	105.2	99.9	107.2	118.8	102.0
雷州市	105.3	105.7	99.4	101.7	104.5	103.7
廉江市	103.0	105.3	107.9	108.7	105.8	105.6
吴川市	102.0	104.5	106.1	106.5	111.1	108.2
遂溪县	104.3	105.5	105.4	109.0	108.8	108.2
徐闻县	106.7	105.4	108.9	126.5	108.0	107.5
茂名市						
茂南区	102.5	103.1	105.5	110.4	109.8	104.3
电白区	105.1	104.9	108.4	102.7	108.8	108.6
信宜市	104.7	104.3	109.0	105.5	111.0	104.9
高州市	105.9	105.1	113.6	103.7	108.6	107.8
化州市	106.1	104.7	110.8	100.3	107.1	108.7
肇庆市						
端州区	80.9	82.3	101.7	105.1	105.6	103.6
鼎湖区	97.5	89.9	110.3	101.5	108.1	116.5
高要区	103.4	104.5	98.2	107.0	114.9	109.8
四会市	99.3	105.7	105.0	110.0	107.6	101.4
广宁县	105.6	106.8	106.1	104.0	105.7	106.9
德庆县	103.9	108.8	107.7	109.6	105.9	104.9
封开县	105.7	105.9	102.4	103.3	98.7	106.9
怀集县	105.4	107.5	109.7	106.7	106.1	107.6
清远市						
清城区	101.0	101.5	93.0	107.6	115.2	96.8
清新区	103.2	105.5	92.3	104.7	116.2	102.2
英德市	106.7	104.6	104.8	109.1	105.6	105.3
连州市	106.0	106.7	101.2	103.6	106.0	105.3
佛冈县	108.3	105.2	99.3	108.6	110.1	101.1
阳山县	103.1	105.1	96.7	100.9	106.0	106.1
连山县	105.1	104.7	87.3	103.7	106.5	106.5
连南县	103.4	106.3	91.3	99.2	110.6	99.1
潮州市						
湘桥区	104.7	107.8	104.6	104.8	108.4	108.3
潮安区	101.8	104.0	105.6	103.1	110.6	109.7
饶平县	102.0	106.1	106.6	106.6	109.3	106.0
揭阳市						
榕城区	96.8	96.4	102.1	102.9	109.3	110.1
揭东区	105.8	105.7	102.3	105.0	111.3	105.8
普宁市	104.2	102.8	103.6	105.3	108.9	105.0
揭西县	103.7	103.8	103.7	103.6	106.7	103.8
惠来县	103.0	105.3	103.3	101.4	108.4	103.1
云浮市						
云城区	106.2	104.7	95.9	102.0	113.0	104.7
云安区	104.7	106.2	98.1	102.2	117.1	108.6
罗定市	105.1	106.3	98.8	103.7	110.2	108.1
新兴县	102.8	105.8	91.2	98.4	112.9	107.9
郁南县	101.4	106.4	113.8	101.9	96.7	103.1

七、农村经济综合

7-1 历年农林牧渔业总产值

单位：亿元

年份	合计	农业	林业	牧业	渔业	农林牧渔服务业
1978	85.94	59.56	4.98	15.98	5.42	
1979	91.53	67.19	7.67	13.58	3.09	
1980	126.25	97.15	6.83	17.75	4.52	
1981	133.85	99.33	7.81	21.62	5.09	
1982	135.52	98.33	8.33	21.73	7.13	
1983	169.96	120.06	10.72	28.57	10.61	
1984	200.07	141.22	12.13	33.81	12.91	
1985	245.21	149.09	21.09	54.68	20.35	
1986	279.15	168.68	24.38	60.74	25.35	
1987	348.61	214.47	16.74	78.26	39.14	
1988	473.78	277.38	27.66	114.28	54.46	
1989	548.60	323.15	28.00	134.60	62.85	
1990	600.71	359.39	28.46	143.68	69.18	
1991	654.82	388.90	29.64	156.08	80.20	
1992	737.11	428.99	32.86	175.36	99.90	
1993	899.03	486.46	35.51	223.16	153.90	
1994	1151.38	628.17	41.07	279.98	202.16	
1995	1445.48	777.72	46.12	349.11	272.53	
1996	1577.89	825.60	49.64	398.12	304.53	
1997	1656.46	851.35	52.10	425.67	327.34	
1998	1705.44	861.97	54.65	441.61	347.21	
1999	1745.02	859.66	58.77	457.51	369.08	
2000	1701.18	807.94	59.64	450.18	383.42	
2001	1722.35	817.95	56.78	457.56	390.06	
2002	1781.06	841.77	57.09	465.91	416.29	
2003	1908.66	851.72	55.72	482.83	432.74	85.65
2004	2154.79	959.97	61.72	571.09	466.45	95.56
2005	2447.57	1109.18	66.25	638.61	523.79	109.74
2006	2536.27	1235.40	67.60	623.34	519.03	90.90
2007	2810.45	1268.70	116.96	781.97	540.58	102.24
2008	3276.02	1398.82	125.23	983.84	650.23	117.89
2009	3301.86	1442.40	139.95	939.67	657.65	122.18
2010	3697.18	1668.66	180.20	978.33	737.01	132.97
2011	4301.86	1910.21	213.71	1193.73	835.41	148.80
2012	4550.29	2060.91	228.75	1189.80	908.12	162.71
2013	4802.01	2229.64	256.99	1168.73	968.42	178.23
2014	5053.72	2357.16	289.66	1145.87	1068.00	193.03
2015	5303.63	2490.20	308.72	1195.97	1102.12	206.62
2016	5817.55	2763.79	330.04	1318.89	1179.15	225.68
2017	5969.87	2889.97	356.14	1202.30	1276.11	245.34
2018	6318.12	3089.57	390.62	1184.72	1383.81	269.39

注：1．本表按当年价格计算。

2．从2010年起，农业产值、林业产值统计范围作了调整，原农业中的野生植物采集归入林业，原林业中板栗、桂皮等归入农业。

7-2 主要年份农林牧渔业总产值指数(1949年=100)

年份	合计	农业	林业	牧业	渔业	服务业
1949	100.0	100.0	100.0	100.0	100.0	
2005	1554.5	1046.3	16475.0	2630.0	6748.0	120.5
2006	1616.7	1083.5	15652.7	2710.7	7153.1	132.3
2007	1669.8	1113.2	16116.9	2792.4	7446.1	143.1
2008	1736.7	1133.3	16160.1	2990.0	7796.6	155.0
2009	1823.4	1196.3	17312.7	3103.4	8195.6	163.2
2010	1901.2	1253.8	18089.6	3201.4	8562.8	171.4
2011	1975.7	1324.3	19569.0	3168.4	9017.2	180.8
2012	2049.5	1375.5	20792.7	3230.9	9463.6	191.1
2013	2095.6	1417.6	21943.9	3173.1	9857.1	203.1
2014	2158.6	1481.0	23032.7	3140.0	10214.1	213.5
2015	2225.5	1542.1	24391.5	3128.5	10560.5	224.6
2016	2290.6	1601.6	26038.2	3097.1	10923.1	238.3
2017	2367.1	1675.9	27318.7	3073.2	11328.8	255.2
2018	2465.6	1761.1	29088.2	3108.4	11742.5	274.2

注：指数按可比价格计算。

7-3 农林牧渔业总产值指数（上年=100）

年份	合计	农业	林业	牧业	渔业	农林牧渔服务业
1979	99.2	99.4	85.1	104.6	93.7	
1980	111.1	112.5	127.3	99.8	109.7	
1981	102.4	98.7	110.4	117.6	108.9	
1982	116.3	115.5	111.5	120.9	120.6	
1983	102.6	99.9	105.2	107.6	121.7	
1984	109.3	109.2	105.1	109.8	112.9	
1985	107.3	104.8	104.9	115.2	116.5	
1986	106.1	103.8	112.0	108.6	118.9	
1987	109.6	109.8	96.3	108.2	121.9	
1988	107.7	104.6	133.7	109.0	111.8	
1989	107.8	107.8	104.1	107.8	111.3	
1990	107.4	107.8	92.9	109.6	110.1	
1991	106.2	105.1	99.1	108.6	109.5	
1992	106.0	103.9	102.4	107.6	114.1	
1993	103.8	97.0	101.7	111.5	120.1	
1994	104.4	102.7	102.2	104.1	111.1	
1995	108.3	108.0	105.3	106.8	111.7	
1996	106.0	103.3	102.9	109.6	110.3	
1997	106.8	107.6	101.1	104.8	108.0	
1998	104.8	103.4	103.6	105.2	108.4	
1999	105.5	105.2	105.3	105.2	106.6	
2000	102.7	100.6	103.5	102.8	107.5	
2001	102.8	102.4	104.5	102.2	103.8	
2002	106.5	109.4	97.2	101.5	106.5	
2003	102.8	102.5	97.2	102.2	104.3	
2004	104.5	105.7	103.4	101.8	104.8	107.8
2005	104.8	103.4	102.9	105.5	105.7	111.8
2006	104.0	103.6	95.0	103.1	106.0	109.8
2007	103.3	102.7	103.0	103.0	104.1	108.2
2008	104.0	101.8	100.3	107.1	104.7	108.3
2009	105.0	105.6	107.1	103.8	105.1	105.3
2010	104.3	104.8	104.5	103.2	104.5	105.0
2011	103.9	105.6	108.2	99.0	105.3	105.5
2012	103.7	103.9	106.3	102.0	105.0	105.7
2013	102.3	103.1	105.5	98.2	104.2	106.3
2014	103.0	104.5	105.0	99.0	103.6	105.1
2015	103.1	104.1	105.9	99.6	103.4	105.2
2016	102.9	103.9	106.8	99.0	103.4	106.1
2017	103.3	104.6	104.9	99.2	103.7	107.1
2018	104.2	105.1	106.5	101.1	103.7	107.4

注：本表按可比价格计算。

7-4 农林牧渔业总产值

项　　目	按现行价格计算(亿元)		2018比2017
	2018年	2017年	增长(%)
甲	1	2	3
农林牧渔业总产值	6318.12	5969.87	4.2
一、农业产值	3089.57	2889.97	5.1
(一)谷物及其他作物	713.50	705.64	0.5
1.谷　物	349.26	349.01	
稻　谷	325.73	325.36	
2.薯　类	90.39	89.38	
3.油　料	89.60	83.72	
4.豆　类	8.48	8.38	
大　豆	6.48	6.21	
5.生　麻	1.72	1.13	
6.糖　料	87.37	88.21	
7.烟　草	9.73	9.77	
8.其他农作物	76.96	76.04	
(二)蔬菜、食用菌及花卉盆景园艺产品	1417.20	1328.05	4.1
1.蔬菜(含菜用瓜)	1226.21	1146.04	
2.食用菌	30.48	28.17	
3.花卉	104.49	94.56	
4.盆景及园艺产品	56.03	59.28	
(三)水果、坚果、茶、饮料和香料	870.17	783.39	9.4
1.水果	798.65	721.95	
2.坚果	4.58	4.50	
3.茶及饮料原料	61.20	51.49	
4.香料原料	5.75	5.45	
(四)中草药材	88.70	72.89	21.3
二、林业产值	390.62	356.14	6.5
(一)林木的培育和种植	35.02	31.89	2.9
(二)竹木采运	122.11	113.37	6.8
(三)林产品	233.50	210.88	6.8
三、牧业产值	1184.72	1202.30	1.1
(一)牲畜饲养	34.99	34.62	-0.2
1.牛的饲养	14.71	14.46	
2.羊的饲养	8.49	8.43	
3.奶产品	11.79	11.73	
(二)猪的饲养	595.93	647.09	1.3
(三)家禽饲养	455.82	425.26	1.1
1.肉禽	411.79	386.52	
2.禽蛋	44.03	38.73	
(四)狩猎和捕捉动物	4.06	3.94	3.0
(五)其他畜牧业	93.92	91.40	0.7
四、渔业产值	1383.81	1276.11	3.7
(一)海水产品	751.71	706.46	2.2
其中：养殖	603.99	544.28	
(二)淡水产品	632.10	569.65	5.4
其中：养殖	613.57	551.69	
五、农林牧渔服务业	269.39	245.34	107.4

注：2017比2016年增长(%)按可比价格计算。

7-5 各市农林牧渔业总产值及发展速度

单位：亿元，%

市 别	合计	农业	林业	牧业	渔业	服务业	发展速度
广东省	6318.12	3089.57	390.62	1184.72	1383.81	269.39	104.2
广州市	416.69	231.69	2.54	41.97	81.98	58.52	103.9
深圳市	42.46	11.79	0.18	2.55	25.95	1.99	97.0
珠海市	100.25	13.29	0.21	11.54	66.59	8.62	105.1
汕头市	204.52	99.36	0.86	25.45	67.69	11.15	104.6
佛山市	289.89	88.60	1.66	47.86	131.92	19.84	104.5
韶关市	254.07	156.34	26.93	55.55	11.97	3.28	105.0
河源市	168.64	97.48	29.14	34.42	4.82	2.78	104.3
梅州市	314.70	204.70	16.97	73.82	12.01	7.19	104.5
惠州市	280.29	198.25	5.87	46.73	25.14	4.29	103.0
汕尾市	219.87	85.30	5.93	19.72	98.01	10.90	104.5
东莞市	39.21	30.08	0.32	0.62	6.88	1.31	106.6
中山市	105.74	28.03	0.09	5.85	69.38	2.39	103.7
江门市	361.69	128.14	10.63	67.32	143.20	12.40	103.9
阳江市	361.88	92.13	13.09	67.11	180.12	9.42	103.1
湛江市	844.72	457.44	26.29	116.72	213.40	30.87	103.9
茂名市	773.49	407.62	50.72	195.98	95.93	23.25	105.0
肇庆市	525.84	249.92	88.04	121.32	57.44	9.12	104.4
清远市	377.60	198.90	36.50	99.66	19.10	23.44	104.5
潮州市	130.66	69.73	3.53	16.84	33.52	7.04	104.9
揭阳市	257.58	150.55	27.15	40.56	26.21	13.10	104.3
云浮市	248.33	90.20	43.98	93.12	12.56	8.48	105.3

注：本表产值按现行价格计算，发展速度按可比价格计算。

7-6 各县（市、区）农林牧渔业总产值

单位：万元

县（市、区）别	合计	农业	林业	牧业	渔业	服务业
广州市	**4166916**	**2316909**	**25355**	**419744**	**819757**	**585151**
海珠区	19195	6822			11738	635
天河区	45050	4225			263	40562
白云区	558919	347460	1094	69686	29537	111142
黄埔区	116702	44998	2136	33262	6001	30304
荔湾区	72427	61654			6212	4561
花都区	628435	399761	1452	74083	78399	74740
从化区	439106	266464	10287	75300	13165	73890
增城区	876797	560900	10214	80385	59626	165672
番禺区	502914	162824	171	38278	268659	32982
南沙区	907371	461801		48750	346157	50663
深圳市	**424606**	**117928**	**1750**	**25464**	**259541**	**19923**
福田区	40840	6	497		40336	
罗湖区	18036	1171	576		16289	
南山区	16613	5002			7156	4456
宝安区	23452	10824			12627	
龙岗区	32791	10260	272	301	20434	1524
盐田区	3519	213	372		2934	
龙华区	5579	5579				
坪山区	13399	13332	55	12		
光明区	33676	23531	62	10083		
深汕合作区	215735	36676	1329	16746	147041	13943
珠海市	**1002544**	**132929**	**2086**	**115381**	**665900**	**86247**
香洲区	83604	5313	15	201	72921	5155
金湾区	126000	49441	304	9217	57363	9675
斗门区	792938	78175	1768	105964	535616	71416
汕头市	**2045194**	**993631**	**8631**	**254520**	**676896**	**111516**
金平区	53766	23308	345	9247	14948	5918
龙湖区	137009	75650	217	35462	15293	10386
澄海区	681454	336627	737	106410	174155	63525
濠江区	125992	33944	168	8492	80464	2924
潮阳区	520336	288723	3650	46297	172392	9274
潮南区	313338	225337	2021	43093	32399	10489
南澳县	213300	10042	1493	5520	187245	9000
佛山市	**2898856**	**886014**	**16639**	**478623**	**1319172**	**198408**
禅城区	5218	1223			3760	236
南海区	852087	423123	753	40237	326660	61313
顺德区	924432	212641	45	37311	620998	53437
高明区	418353	97685	13462	153986	134522	18698
三水区	687617	165819	2565	253703	200806	64724
韶关市	**2540704**	**1563431**	**269275**	**555489**	**119698**	**32812**
浈江区	113749	50881	14536	28417	14528	5386
武江区	100672	57553	11005	27410	4147	556
曲江区	238588	128512	14987	68404	24555	2131
南雄市	463371	268948	42843	120030	26667	4883
始兴县	309342	203310	30683	63843	9106	2401
翁源县	353789	257484	30308	53370	10286	2341
仁化县	299828	171646	50563	61283	13376	2960
新丰县	179515	125360	16583	31450	5587	535
乳源自治县	111264	50923	31609	24223	4020	488
乐昌市	370585	248814	26157	77058	7425	11131

7-6 续表 1

单位：万元

县（市、区）别	合计	农业	林业	牧业	渔业	服务业
河源市	**1686358**	**974814**	**291378**	**344153**	**48186**	**27827**
源城区	49302	24503	1499	21804	1341	154
东源县	287110	161545	35326	71292	10915	8032
和平县	284975	147512	65428	63983	4513	3539
龙川县	407166	207272	104904	76230	13574	5186
紫金县	427071	259077	71256	74767	11379	10592
连平县	230732	174904	12966	36075	6463	324
梅州市	**3146971**	**2047040**	**169731**	**738201**	**120107**	**71893**
梅江区	161873	101631	7160	43423	7371	2289
梅县区	719308	552235	12987	114958	29584	9545
蕉岭县	212837	98148	46220	59132	5648	3689
大埔县	341710	257526	10555	60600	6272	6758
丰顺县	379533	174714	36374	144010	14915	9520
五华县	532101	299405	47644	143476	17885	23691
兴宁市	699974	502312	18928	149081	21844	7809
平远县	196243	124436	16749	37273	9193	8592
惠州市	**2802855**	**1982514**	**58662**	**467348**	**251419**	**42912**
惠城区	458822	304852	7747	97429	44277	4518
惠东县	728966	474490	18272	94882	124853	16468
惠阳区	292369	243043	1707	23052	22543	2025
博罗县	860584	572542	25312	212479	39985	10266
龙门县	424903	362668	5749	39322	7529	9635
汕尾市	**2198687**	**853027**	**59348**	**197210**	**980142**	**108961**
汕尾城区	376779	36623	2275	16411	319743	1727
红海湾区	89202	11916	880	1349	75057	
海丰县	554339	285115	19568	45910	153936	49809
陆河县	189865	119990	26081	32472	3582	7740
陆丰市	985107	399383	10543	101068	424429	49685
东莞市	**392133**	**300832**	**3197**	**6238**	**68754**	**13113**
中山市	**1057413**	**280270**	**895**	**58514**	**693795**	**23939**
江门市	**3616938**	**1281434**	**106292**	**673181**	**1432027**	**124004**
蓬江区	98075	29666	2191	17104	36414	12701
江海区	82086	26574	237	9199	45099	978
新会区	720086	220296	12339	132643	338805	16002
台山市	1357027	390589	26392	100098	822458	17490
开平市	614530	263784	28138	201283	60120	61205
恩平市	356239	189429	19037	87135	54020	6619
鹤山市	388895	161097	17959	125719	75111	9009
阳江市	**3618764**	**921325**	**130904**	**671120**	**1801221**	**94195**
江城区	493111	67937	3043	46789	344991	30350
阳东区	848729	180780	22296	136544	488987	20122
阳西县	905730	156633	33606	111935	598896	4660
阳春市	1013143	505724	71416	356010	43327	36666
海陵区	315625	9641	2583	5413	295591	2397
湛江市	**8447243**	**4574386**	**262925**	**1167236**	**2133964**	**308732**
赤坎区	24085	9545	2	440	13746	353
霞山区	36962	10237		1832	24157	736

7-6 续表 2

单位：万元

县（市、区）别	合计	农业	林业	牧业	渔业	服务业
坡头区	292149	101074	8771	72551	103248	6505
麻章区	378792	137223	4853	45395	185297	6024
东海区	355136	61737	374	19590	253237	20198
吴川市	541213	181223	7819	139974	165181	47016
徐闻县	1344900	1009351	7274	77140	206550	44584
雷州市	1883098	1218396	66440	163921	372973	61369
遂溪县	1812966	893762	66633	302269	499834	50469
廉江市	1777942	951837	100760	344123	309744	71478
茂名市	**7734902**	**4076223**	**507154**	**1959791**	**959256**	**232478**
茂南区	518066	224985	1975	246177	27010	17919
电白区	2006517	697228	68632	406810	748902	84945
信宜市	1566497	942626	147230	434950	28218	13472
高州市	1992822	1305641	133288	424005	59051	70837
化州市	1650999	905742	156029	447848	96075	45305
肇庆市	**5258444**	**2499249**	**880416**	**1213239**	**574357**	**91183**
端州区	3331	2473	399	327	128	4
鼎湖区	245054	83819	4571	103647	52646	371
高要区	1197360	612881	111385	264172	164849	44073
广宁县	581496	267077	201989	85863	15206	11361
四会市	889397	267615	51614	318053	247092	5024
德庆县	470186	314449	69743	65082	17785	3127
封开县	731394	439028	144597	101086	39943	6741
怀集县	1136128	511908	296119	275010	36706	16385
清远市	**3776014**	**1988991**	**365027**	**996567**	**190994**	**234434**
清城区	437884	128880	18553	206971	56047	27433
英德市	947939	434867	141624	203113	37082	131253
佛冈县	224523	141648	19600	47200	6713	9362
连山自治县	130491	77142	23734	24937	2297	2381
连南自治县	144545	90051	22400	26865	1786	3442
连州市	602862	382560	42305	129588	7910	40500
阳山县	559521	329094	49979	166727	6726	6996
清新区	713704	373531	53712	193811	73252	19399
潮州市	**1306554**	**697296**	**35263**	**168421**	**335191**	**70383**
湘桥区	110545	88816	1526	12698	6239	1265
饶平县	880133	384480	21169	122788	315306	36390
潮安区	327866	222231	12511	40025	20172	32926
揭阳市	**2575755**	**1505485**	**271531**	**405620**	**262131**	**130988**
榕城区	190582	115731	9511	33102	23381	8857
揭东区	535476	352645	60819	61750	29541	30721
惠来县	748130	347447	100538	93638	178189	28319
普宁市	533136	383190	37797	87171	9890	15088
揭西县	577260	310927	64406	131586	22338	48003
云浮市	**2483315**	**902006**	**439771**	**931155**	**125594**	**84789**
云城区	198645	55219	52715	76261	12071	2380
新兴县	960563	243952	99509	529853	41299	45950
郁南县	381788	218752	24847	114725	12239	11226
罗定市	720081	271763	218325	155873	47166	26955
云安区	190120	105621	33236	37326	10918	3020

7-7 农林牧渔业中间消耗

单位：亿元

指 标 名 称	代码	金 额	指 标 名 称	代码	金 额
甲	乙	1	甲	乙	1
农林牧渔业中间消耗总计	1	2371.60	8.其　他	24	17.24
一、农业中间消耗合计	2	929.61	(二)生产服务支出	25	30.32
(一)物质消耗	3	680.80	三、牧业中间消耗合计	26	629.04
(1)用种量	4	235.58	(一)物质消耗	27	560.01
(2)役畜用饲料、饲草	5	26.35	1.用种量	28	24.44
(3)肥料	6	228.22	2.饲料、饲草	29	488.07
(4)燃料	7	59.50	3.燃　料	30	18.42
(5)农药	8	19.70	4.用电量	31	6.48
(6)农用塑料薄膜	9	7.29	5.畜牧用药品	32	14.21
(7)用电量	10	33.42	6.其　他	33	8.39
(8)小农具购置	11	15.47	(二)生产服务支出	34	69.03
(9)办公用品购置	12	8.56	四、渔业中间消耗合计	35	555.58
(10)其　他	13	46.72	(一)物质消耗	36	433.34
(二)生产服务支出	14	248.80	1.饲　料	37	193.25
二、林业中间消耗合计	15	99.18	2.燃　料	38	55.14
(一)物质消耗	16	68.86	3.用电量	39	16.42
1.用种量	17	11.70	4.办公用品购置	40	2.33
2.肥　料	18	12.84	5.其　他	41	166.19
3.燃　料	19	3.35	(二)生产服务支出	42	122.24
4.农　药	20	1.43	五、农林牧渔服务业中间消耗合计	43	158.19
5.用电量	21	1.12	(一)物质消耗	44	115.34
6.小农机具购置	22	17.92	(二)生产服务支出	45	42.85
7.办公用品购置	23	3.26			

7-8 农林牧渔业增加值

(2018年)

项　　目	合计	农业	林业	牧业	渔业	农林牧渔服务业
一、农林牧渔业总产值						
按当年价格计算　(亿元)	6318.12	3089.57	390.62	1184.72	1383.81	269.39
比2017年增长　(%)	4.2	5.1	6.5	1.1	3.7	7.4
二、农林牧渔业中间消耗(亿元)	2371.60	929.61	99.18	629.04	555.58	158.19
三、农林牧渔业增加值　(亿元)	3946.52	2159.97	291.45	555.68	828.23	111.20
比2017年增长　(%)	4.4	5.2	6.6	1.2	3.7	7.4

注：比2017年增长按可比价格计算。

7-9 各市农林牧渔业中间消耗

(2018年)　　单位：亿元

市　别	合计	农业	林业	牧业	渔业	服务业
广东省	2371.60	929.61	99.18	629.04	555.58	158.19
广州市	163.60	70.30	0.70	24.86	33.38	34.36
深圳市	19.50	4.78	0.09	1.42	12.05	1.17
珠海市	42.64	4.15	0.05	6.55	26.82	5.06
汕头市	89.35	37.13	0.46	14.21	31.01	6.55
佛山市	137.25	28.81	0.37	29.81	66.61	11.66
韶关市	96.42	48.27	8.17	33.23	4.82	1.93
河源市	59.65	28.53	7.39	20.32	1.78	1.63
梅州市	115.65	63.14	4.29	39.80	4.20	4.22
惠州市	102.46	63.33	2.37	24.26	9.98	2.52
汕尾市	82.13	27.32	2.20	10.50	35.71	6.40
东莞市	12.94	8.41	0.11	0.40	3.24	0.77
中山市	41.74	9.26	0.06	3.10	27.92	1.41
江门市	154.75	40.97	4.82	37.52	64.16	7.28
阳江市	138.01	28.35	6.32	34.76	63.04	5.53
湛江市	303.30	143.47	6.76	60.26	74.69	18.13
茂名市	273.33	111.40	10.14	99.79	38.34	13.65
肇庆市	173.85	68.98	17.61	61.81	20.09	5.35
清远市	136.60	55.43	7.78	52.14	7.49	13.77
潮州市	50.95	22.71	0.90	8.27	14.93	4.13
揭阳市	87.43	41.08	7.38	20.82	10.45	7.69
云浮市	90.04	23.78	11.23	45.19	4.87	4.98

7-10 各县（市、区）农林牧渔业中间消耗

(2018年) 单位：万元

县（市、区）别	合计	农业	林业	牧业	渔业	服务业
广州市	**1636026**	**703009**	**7048**	**248594**	**333775**	**343601**
海珠区	7079	2060			4646	373
天河区	25063	1153			92	23818
白云区	226183	107327	341	41165	12087	65263
黄埔区	54697	13918	665	19698	2621	17795
荔湾区	24054	18675			2701	2678
花都区	248064	123982	422	46558	33215	43887
从化区	179271	82257	3204	44593	5829	43388
增城区	348198	179766	2363	45665	23122	97283
番禺区	180712	31193	53	22320	107779	19367
南沙区	342706	142678		28596	141683	29749
深圳市	**195030**	**47788**	**859**	**14159**	**120525**	**11699**
福田区	24831		44		24787	
罗湖区	4788	411	17		4360	
南山区	10510	2713			5048	2750
宝安区	17072	5182			11891	
龙岗区	18075	4808	162	184	11774	1148
盐田区	1655	64	302		1289	
龙华区	2366	2366				
坪山区	6162	6132	27	2		
光明区	16051	10829		5222		
深汕合作区	86743	15006	358	8750	54829	7800
珠海市	**426351**	**41502**	**485**	**65491**	**268228**	**50644**
香洲区	34176	1660	3	114	29372	3027
金湾区	49525	15433	69	5233	23108	5682
斗门区	342650	24409	413	60144	215748	41935
汕头市	**893546**	**371345**	**4572**	**142087**	**310061**	**65482**
金平区	19639	5454	135	4259	6846	2944
龙湖区	60185	27289		20568	7146	5182
澄海区	297472	123104	268	51077	81870	41151
濠江区	35858	6793	64	4170	23495	1336
潮阳区	259660	151753	2295	33135	67199	5279
潮南区	95331	49167	957	23952	15390	5865
南澳县	122571	2698	811	3470	109950	5643
佛山市	**1372503**	**288085**	**3655**	**298096**	**666103**	**116563**
禅城区	2435	398			1898	139
南海区	363666	137517	165	25018	164945	36021
顺德区	437348	69139	9	23237	313569	31394
高明区	209538	31770	2956	95902	67925	10985
三水区	351910	53916	563	158011	101395	38025
韶关市	**964179**	**482670**	**81686**	**332322**	**48234**	**19267**
浈江区	46136	15708	4410	17001	5854	3163
武江区	39503	17768	3339	16398	1671	326
曲江区	96290	39675	4546	40923	9895	1251
南雄市	181449	83031	12997	71808	10746	2867
始兴县	115348	62767	9308	38194	3669	1410
翁源县	126134	79492	9194	31928	4145	1375
仁化县	112121	52991	15339	36663	5390	1738
新丰县	65113	38702	5031	18815	2251	314
乳源自治县	41708	15721	9589	14492	1620	287
乐昌市	140378	76815	7935	46100	2992	6536

7-10 续表 1

(2018年)　　单位：万元

县（市、区）别	合计	农业	林业	牧业	渔业	服务业
河源市	**596517**	**285328**	**73922**	**203171**	**17756**	**16340**
源城区	21009	7172	380	12872	494	90
东源县	107072	47284	8962	42087	4022	4716
和平县	101289	43177	16599	37772	1663	2078
龙川县	140332	60668	26614	45003	5002	3045
紫金县	148461	75832	18078	44139	4193	6220
连平县	78353	51194	3289	21297	2382	190
梅州市	**1156537**	**631358**	**42925**	**398002**	**42036**	**42216**
梅江区	63803	32004	4464	23288	2598	1449
梅县区	265222	187484	3473	60065	8860	5340
蕉岭县	83238	32144	15196	31564	2055	2279
大埔县	123484	85627	2401	29850	2154	3452
丰顺县	152679	57899	9861	74713	5451	4755
五华县	207629	101678	13983	75770	5390	10807
兴宁市	259295	170183	5657	72394	7313	3748
平远县	72523	39909	3703	21055	3219	4636
惠州市	**1024576**	**633264**	**23679**	**242647**	**99788**	**25198**
惠城区	171316	97377	3127	50585	17573	2653
惠东县	270547	154067	7987	49263	49555	9675
惠阳区	101744	78895	744	11969	8947	1189
博罗县	325351	182884	10250	110319	15870	6028
龙门县	147228	115845	2320	20416	2988	5658
汕尾市	**821335**	**273245**	**21997**	**105045**	**357066**	**63982**
汕尾城区	139830	12068	919	8857	116971	1015
红海湾区	32155	3856	360	708	27231	
海丰县	210481	92620	7962	24501	56122	29276
陆河县	72903	39237	10583	17201	1317	4564
陆丰市	371205	130095	4251	54383	153288	29189
东莞市	**129404**	**84143**	**1118**	**4029**	**32415**	**7700**
中山市	**417353**	**92552**	**592**	**30995**	**279157**	**14057**
江门市	**1547524**	**409706**	**48167**	**375198**	**641637**	**72815**
蓬江区	43786	9484	993	9534	16317	7458
江海区	34514	8496	107	5128	20209	574
新会区	311171	70429	5592	73935	151819	9396
台山市	571440	124871	11961	55795	368543	10270
开平市	272158	84332	12752	112195	26940	35940
恩平市	145850	60560	8627	48569	24206	3887
鹤山市	168665	51503	8139	70076	33657	5290
阳江市	**1380086**	**283526**	**63182**	**347640**	**630427**	**55311**
江城区	195956	22232	969	26474	128451	17831
阳东区	330991	60923	7937	73734	176524	11872
阳西县	326775	51233	13650	57791	201362	2738
阳春市	402172	157797	22728	184940	15164	21543
海陵区	110168	3154	822	2812	101971	1408
湛江市	**3033034**	**1434659**	**67560**	**602639**	**746887**	**181287**
赤坎区	8363	3117		228	4811	207
霞山区	13043	3210		946	8455	432

7-10 续表 2

(2018年)　　单位：万元

县（市、区）别	合计	农业	林业	牧业	渔业	服务业
坡头区	111031	31363	2254	37458	36137	3820
麻章区	135780	42704	1247	23438	64854	3537
东海区	129884	19179	96	10116	88633	11860
吴川市	215878	56179	2009	72269	57813	27608
徐闻县	457610	317441	1869	39827	72293	26180
雷州市	656705	388424	17072	84633	130540	36036
遂溪县	654303	276545	17120	156061	174942	29635
廉江市	650442	296497	25893	177669	108410	41972
茂名市	**2733315**	**1114031**	**101431**	**997927**	**383415**	**136511**
茂南区	214253	62878	433	128986	11428	10528
电白区	744304	190742	13910	190470	299400	49781
信宜市	528912	257111	30121	222494	11279	7907
高州市	686464	374029	26605	217687	25012	43131
化州市	576946	250730	31606	227806	38751	28053
肇庆市	**1738474**	**689793**	**176083**	**618145**	**200910**	**53543**
端州区	1412	931	208	176	95	1
鼎湖区	119373	38245	1373	51262	28244	249
高要区	412391	166875	23845	150716	44438	26517
广宁县	153651	81670	27324	31913	6633	6111
四会市	307547	68532	15629	130105	90292	2989
德庆县	165358	108908	15870	31141	7019	2420
封开县	256301	139558	45893	54365	13114	3371
怀集县	320617	85073	45969	169105	11062	9408
清远市	**1366032**	**554330**	**77751**	**521403**	**74889**	**137660**
清城区	187037	35919	4008	108996	21996	16117
英德市	325178	82876	30168	120483	14540	77111
佛冈县	75673	39447	4674	24689	1362	5500
连山自治县	45225	24551	4789	13704	901	1280
连南自治县	46647	25098	4771	14056	700	2022
连州市	210328	106622	9011	67800	3101	23794
阳山县	196343	91718	10645	87232	2637	4110
清新区	257081	104119	11440	101401	28723	11397
潮州市	**509453**	**227127**	**9004**	**82712**	**149282**	**41329**
湘桥区	43810	34244	391	5679	2725	771
饶平县	373504	135349	4578	62594	153101	17882
潮安区	114562	61808	4797	18958	6260	22740
揭阳市	**874268**	**410847**	**73764**	**208204**	**104538**	**76916**
榕城区	65680	31582	2585	16990	9323	5201
揭东区	173152	96239	15400	31692	11781	18039
惠来县	254412	94817	27312	48064	67589	16629
普宁市	180113	107809	12509	46329	4606	8860
揭西县	209197	84853	17498	66750	11909	28187
云浮市	**900423**	**237768**	**112297**	**451890**	**48680**	**49788**
云城区	71102	14556	13461	37009	4679	1398
新兴县	389843	64306	25410	257138	16007	26982
郁南县	131019	57663	6345	55676	4744	6592
罗定市	237142	71637	55751	75645	18282	15828
云安区	60448	27842	8487	18114	4232	1773

7-11 近年农林牧渔业增加值

单位：亿元

年份	合计	农业	林业	牧业	渔业	农林牧渔服务业
2007	1705.69	886.29	87.15	366.60	323.44	42.20
2008	1969.46	977.19	93.31	461.25	389.05	48.66
2009	1996.38	1007.63	104.28	440.54	393.49	50.43
2010	2254.49	1165.70	134.27	458.66	440.97	54.89
2011	2614.59	1334.44	159.24	559.65	499.84	61.42
2012	2778.48	1439.71	170.45	557.80	543.35	67.16
2013	2949.99	1557.59	191.48	547.93	579.43	73.57
2014	3118.39	1646.67	215.83	537.21	639.01	79.68
2015	3275.05	1739.60	230.03	560.70	659.43	85.29
2016	3593.64	1930.73	245.92	618.33	705.51	93.16
2017	3712.71	2018.88	265.36	563.67	763.53	101.27
2018	3946.52	2159.97	291.45	555.68	828.23	111.20

7-12 农林牧渔业增加值指数(上年=100)

年份	合计	农业	林业	牧业	渔业	农林牧渔服务业
2007	103.2	102.8	103.0	103.1	104.0	108.3
2008	103.9	101.8	100.3	108.2	105.4	108.3
2009	105.1	105.6	107.1	103.8	105.1	105.3
2010	104.5	105.0	104.7	103.3	104.6	105.0
2011	104.4	105.6	108.2	99.0	105.3	105.5
2012	103.9	103.9	106.3	102.0	105.0	105.7
2013	102.5	103.1	105.5	98.2	104.2	106.3
2014	103.3	104.5	105.0	99.0	103.6	105.1
2015	103.4	104.2	106.0	99.7	103.5	105.2
2016	103.2	103.9	106.8	99.0	103.4	106.1
2017	103.7	104.7	105.3	99.1	103.9	107.1
2018	104.4	105.2	106.6	101.2	103.7	107.4

7-13 各市农林牧渔业增加值

(2018年) 单位：亿元

市 别	合计	农业	林业	牧业	渔业	服务业
广东省	3946.52	2159.97	291.45	555.68	828.23	111.20
广州市	253.09	161.39	1.83	17.11	48.60	24.16
深圳市	22.96	7.01	0.09	1.13	13.90	0.82
珠海市	57.62	9.14	0.16	4.99	39.77	3.56
汕头市	115.16	62.23	0.41	11.24	36.68	4.60
佛山市	152.64	59.79	1.30	18.05	65.31	8.18
韶关市	157.65	108.08	18.76	22.32	7.15	1.35
河源市	108.98	68.95	21.75	14.10	3.04	1.15
梅州市	199.04	141.57	12.68	34.02	7.81	2.97
惠州市	177.83	134.93	3.50	22.47	15.16	1.77
汕尾市	137.74	57.98	3.74	9.22	62.31	4.50
东莞市	26.27	21.67	0.21	0.22	3.63	0.54
中山市	64.01	18.77	0.03	2.75	41.46	0.99
江门市	206.94	87.17	5.81	29.80	79.04	5.12
阳江市	223.87	63.78	6.77	32.35	117.08	3.89
湛江市	541.42	313.97	19.54	56.46	138.71	12.74
茂名市	500.16	296.22	40.57	96.19	57.58	9.60
肇庆市	352.00	180.95	70.43	59.51	37.34	3.76
清远市	241.00	143.47	28.73	47.52	11.61	9.68
潮州市	79.71	47.02	2.63	8.57	18.59	2.91
揭阳市	170.15	109.46	19.78	19.74	15.76	5.41
云浮市	158.29	66.42	32.75	47.93	7.69	3.50

7-14 各县（市、区）农林牧渔业增加值

（2018年） 单位：万元

县（市、区）别	合计	农业	林业	牧业	渔业	服务业
广州市	**2530891**	**1613900**	**18308**	**171150**	**485982**	**241550**
海珠区	12116	4762			7092	262
天河区	19987	3072			170	16744
白云区	332737	240133	753	28521	17450	45879
黄埔区	62006	31080	1471	13565	3380	12509
荔湾区	48373	42979			3511	1883
花都区	380370	275780	1030	27525	45184	30853
从化区	259835	184206	7084	30707	7335	30502
增城区	528600	381134	7851	34720	36505	68389
番禺区	322202	131631	118	15958	160880	13615
南沙区	564665	319122		20155	204475	20914
深圳市	**229577**	**70140**	**891**	**11306**	**139016**	**8224**
福田区	16009	6	454		15549	
罗湖区	13248	760	560		11929	
南山区	6103	2289			2108	1706
宝安区	6379	5643			737	
龙岗区	14715	5452	109	117	8661	376
盐田区	1864	149	70		1645	
龙华区	3213	3213				
坪山区	7237	7200	28	9		
光明区	17625	12702	62	4861		
深汕合作区	128992	21671	971	7996	92212	6143
珠海市	**576193**	**91427**	**1601**	**49890**	**397672**	**35603**
香洲区	49427	3653	12	87	43549	2128
金湾区	76476	34008	235	3984	34255	3993
斗门区	450289	53766	1355	45820	319868	29481
汕头市	**1151648**	**622286**	**4060**	**112434**	**366835**	**46034**
金平区	34127	17854	210	4988	8102	2974
龙湖区	76824	48361	217	14894	8148	5204
澄海区	383982	213522	469	55333	92284	22374
濠江区	90134	27151	104	4321	56969	1588
潮阳区	260676	136970	1355	13162	105193	3995
潮南区	218007	176170	1064	19141	17009	4624
南澳县	90728	7344	683	2050	77295	3357
佛山市	**1526354**	**597929**	**12984**	**180527**	**653069**	**81845**
禅城区	2784	825			1861	97
南海区	488421	285606	588	15220	161716	25292
顺德区	487084	143502	36	14074	307429	22043
高明区	208815	65915	10506	58084	66598	7713
三水区	335707	111903	2001	95692	99411	26699
韶关市	**1576525**	**1080761**	**187589**	**223167**	**71464**	**13545**
浈江区	67613	35173	10126	11417	8674	2223
武江区	61170	39785	7667	11012	2476	230
曲江区	142298	88837	10440	27481	14660	880
南雄市	281923	185917	29846	48222	15921	2016
始兴县	193994	140543	21375	25649	5436	991
翁源县	227655	177992	21114	21441	6141	966
仁化县	187707	118654	35225	24620	7986	1222
新丰县	114402	86658	11552	12635	3336	221
乳源自治县	69556	35202	22020	9732	2400	201
乐昌市	230207	171999	18222	30958	4433	4595

7-14 续表 1

(2018年) 单位：万元

县（市、区）别	合计	农业	林业	牧业	渔业	服务业
河源市	**1089840**	**689486**	**217457**	**140982**	**30429**	**11487**
源城区	28293	17331	1119	8932	847	64
东源县	180038	114261	26364	29205	6893	3316
和平县	183686	104335	48829	26210	2850	1461
龙川县	266834	146603	78290	31228	8572	2141
紫金县	278610	183245	53179	30628	7186	4372
连平县	152379	123709	9677	14778	4081	134
梅州市	**1990434**	**1415682**	**126806**	**340199**	**78070**	**29677**
梅江区	98071	69626	2696	20135	4773	840
梅县区	454086	364751	9513	54892	20724	4205
蕉岭县	129599	66005	31024	27567	3593	1410
大埔县	218226	171898	8153	30750	4117	3306
丰顺县	226853	116815	26513	69297	9464	4765
五华县	324472	197727	33660	67707	12494	12884
兴宁市	440679	332129	13271	76687	14531	4061
平远县	123721	84527	13046	16218	5975	3956
惠州市	**1778279**	**1349251**	**34983**	**224701**	**151631**	**17714**
惠城区	287506	207474	4620	46844	26703	1865
惠东县	458419	320423	10285	45619	75299	6793
惠阳区	190625	164148	962	11083	13595	836
博罗县	535232	389658	15062	102160	24115	4238
龙门县	277675	246823	3428	18906	4541	3977
汕尾市	**1377352**	**579782**	**37350**	**92166**	**623075**	**44979**
汕尾城区	236949	24555	1356	7553	202773	712
红海湾区	57048	8060	521	641	47826	
海丰县	343858	192495	11606	21409	97815	20533
陆河县	116961	80752	15498	15270	2265	3176
陆丰市	613902	269288	6292	46685	271141	20496
东莞市	**262729**	**216689**	**2079**	**2209**	**36339**	**5413**
中山市	**640059**	**187718**	**303**	**27519**	**414638**	**9882**
江门市	**2069414**	**871728**	**58125**	**297983**	**790389**	**51189**
蓬江区	54289	20182	1198	7570	20097	5243
江海区	47573	18078	130	4072	24890	404
新会区	408915	149867	6747	58708	186987	6606
台山市	785587	265718	14431	44303	453915	7220
开平市	342372	179452	15386	89088	33180	25265
恩平市	210389	128868	10409	38566	29814	2732
鹤山市	220230	109594	9820	55643	41454	3719
阳江市	**2238678**	**637799**	**67722**	**323480**	**1170794**	**38884**
江城区	297155	45705	2075	20315	216540	12519
阳东区	517738	119857	14358	62810	312462	8250
阳西县	578955	105399	19956	54144	397534	1922
阳春市	610971	347927	48688	171070	28162	15123
海陵区	205457	6487	1761	2601	193620	989
湛江市	**5414210**	**3139726**	**195365**	**564597**	**1387077**	**127445**
赤坎区	15722	6427	2	213	8935	146
霞山区	23919	7027		886	15702	304

7-14 续表 2

(2018年)　　单位：万元

县（市、区）别	合计	农业	林业	牧业	渔业	服务业
坡头区	181117	69711	6517	35093	67111	2685
麻章区	243012	94519	3606	21958	120443	2487
东海区	225252	42558	278	9475	164604	8338
吴川市	325335	125044	5810	67706	107367	19408
徐闻县	887290	691910	5405	37313	134258	18404
雷州市	1226393	829971	49368	79289	242432	25333
遂溪县	1158663	617218	49512	146208	324892	20834
廉江市	1127501	655340	74867	166454	201333	29506
茂名市	**5001587**	**2962191**	**405723**	**961865**	**575841**	**95967**
茂南区	303813	162107	1542	117191	15583	7391
电白区	1262213	506486	54722	216340	449501	35164
信宜市	1037585	685515	117109	212456	16939	5565
高州市	1306358	931611	106683	206318	34039	27706
化州市	1074053	655012	124423	220042	57324	17252
肇庆市	**3519970**	**1809457**	**704333**	**595094**	**373447**	**37640**
端州区	1920	1541	192	151	33	3
鼎湖区	125681	45574	3198	52385	24402	122
高要区	784969	446006	87539	113456	120411	17556
广宁县	427845	185407	174665	53950	8573	5250
四会市	581849	199083	35984	187947	156800	2035
德庆县	304829	205542	53873	33941	10766	707
封开县	475094	299470	98704	46720	26829	3371
怀集县	815512	426835	250150	105906	25644	6977
清远市	**2409981**	**1434661**	**287277**	**475164**	**116106**	**96774**
清城区	250846	92961	14545	97974	34051	11316
英德市	622761	351991	111456	82630	22542	54142
佛冈县	148850	102200	14927	22511	5350	3862
连山自治县	85266	52591	18945	11232	1396	1101
连南自治县	97897	64954	17629	12809	1085	1420
连州市	392534	275938	33294	61787	4808	16706
阳山县	363179	237376	39333	79495	4089	2886
清新区	456624	269411	42272	92410	44529	8002
潮州市	**797102**	**470170**	**26259**	**85709**	**185910**	**29054**
湘桥区	66735	54572	1135	7019	3515	494
饶平县	506629	249131	16591	60194	162205	18508
潮安区	213304	160424	7714	21068	13912	10186
揭阳市	**1701487**	**1094639**	**197767**	**197416**	**157593**	**54072**
榕城区	124902	84150	6927	16111	14058	3656
揭东区	362324	256406	45418	30058	17759	12682
惠来县	493719	252629	73226	45574	110600	11690
普宁市	353023	275381	25287	40843	5284	6228
揭西县	368064	226075	46908	64836	10429	19816
云浮市	**1582892**	**664238**	**327474**	**479265**	**76914**	**35001**
云城区	127543	40663	39254	39251	7392	982
新兴县	570720	179646	74099	272715	25291	18968
郁南县	250769	161089	18502	59049	7495	4634
罗定市	482939	200126	162574	80228	28885	11127
云安区	129672	77779	24749	19212	6686	1247

7-15 农村居民消费价格分类指数

(2018年) (上年=100)

项　目	指数	项　目	指数
居民消费价格总指数	**101.9**	**生活用品及服务**	**101.0**
非食品烟酒价格指数	**102.3**	家具及室内装饰品	102.5
服务价格指数	**102.6**	家具	102.6
消费品价格指数	**101.5**	室内装饰品	101.0
扣除鲜菜鲜果价格指数	**101.8**	家用器具	100.2
食品烟酒	**101.0**	家用纺织品	100.4
食品	100.7	家庭日用杂品	100.4
粮食	100.3	个人护理用品	100.3
#大米	100.3	家庭服务	104.2
粮食制品	100.1	**交通和通信**	**102.7**
薯类	104.9	交通	104.9
豆类	102.1	交通工具	99.1
食用油	98.6	交通工具用燃料	112.9
菜	104.9	交通工具使用和维修	103.2
#鲜菜	105.6	交通费	101.1
畜肉类	94.6	通信	99.1
#猪肉	92.7	通信工具	95.6
禽肉类	104.8	通信服务	99.8
水产品	105.3	邮递服务	100.6
蛋类	107.9	**教育文化和娱乐**	**101.4**
奶类	101.0	教育	102.0
干鲜瓜果类	102.7	教育用品	102.7
#鲜瓜果	103.2	教育服务	101.9
糖果糕点类	101.2	#学前教育	104.8
调味品	100.8	小学初中教育	103.6
其他食品类	99.9	高中中职教育	100.9
茶及饮料	101.3	文化娱乐	100.1
烟酒	101.1	文娱耐用消费品	97.7
烟草	100.4	其他文娱用品	100.5
酒类	102.8	文化娱乐服务	100.2
在外餐饮	102.9	旅游	103.1
衣着	**100.7**	**医疗保健**	**103.6**
服装	100.9	药品及医疗器具	103.2
服装材料	101.8	中药	103.3
其他衣着及配件	97.8	西药	103.8
衣着加工服务费	104.6	滋补保健品	104.7
鞋类	100.5	医疗卫生器具	98.7
居住	**103.4**	保健器具	100.1
租赁房房租	103.4	医疗服务	103.8
住房保养维修及管理	102.8	**其他用品和服务**	**99.2**
水电燃料	103.3	其他用品类	97.9
自有住房	103.8	其他服务类	100.4

7-16 农业生产资料价格分类指数

(上年=100)

项目	2014	2015	2016	2017	2018
农业生产资料价格指数	99.9	101.2	102.0	100.4	102.5
农用手工工具	103.9	101.5	103.3	104.3	102.5
饲料	104.7	99.0	99.3	95.8	101.5
混合饲料	103.6	99.8	98.6	93.2	101.6
其他饲料	107.2	97.2	101.8	105.0	101.4
仔畜幼禽及产品畜	94.0	112.0	126.2	88.2	92.5
半机械化农具	100.1	99.8	100.8	100.2	99.8
机械化农具	99.8	99.5	98.9	100.8	100.3
化学肥料	97.5	102.0	99.6	102.3	104.8
氮肥	97.2	102.0	97.5	105.0	108.5
磷肥	97.9	102.6	102.4	102.9	103.1
钾肥	98.9	100.4	100.2	98.7	98.2
复合肥料	97.4	102.2	100.7	99.6	102.6
农药及农药器械	101.0	101.0	100.9	102.1	103.8
化学农药	101.0	100.8	100.6	102.0	104.4
杀虫剂	99.4	100.6	100.6	101.6	104.9
杀菌剂	101.6	101.3	101.9	103.4	104.3
除草剂	103.8	100.9	99.5	101.3	104.6
生长调节剂			100.1	101.7	101.7
农药器械	101.0	102.0	102.3	103.1	99.8
农机用油	98.2	88.3	96.6	107.5	111.3
其他农用生产资料	102.5	102.6	101.2	104.2	101.1
#农用种子	103.8	104.1	101.7	105.0	101.1
农用薄膜	100.3	100.1	100.3	102.4	100.7
农业生产服务	103.2	102.8	101.0	107.4	104.1
排灌费	100.0	100.0	100.1	101.1	99.6
机械作业费	105.2	102.6	101.0	111.2	102.1
农业用电	100.0	100.0	100.0	99.3	99.3
农业用工	105.4	107.9	102.7	112.9	113.8

7-17 农产品生产者价格指数

(上年=100)

项目	2014	2015	2016	2017	2018
农产品生产者价格指数	**102.2**	**102.3**	**106.5**	**99.4**	**101.3**
农业产品	**102.4**	**103.2**	**107.9**	**100.9**	**100.1**
谷物	103.4	106.3	98.7	100.5	101.0
#稻谷	103.5	106.4	98.7	100.5	101.0
薯类	106.1	104.0	108.6	107.6	106.3
油料	101.9	105.3	102.9	98.8	102.2
豆类	107.3	100.6	104.5	96.4	102.2
糖料	99.2	99.4	110.2	114.4	91.4
未加工烟草	99.6	103.3	101.6	99.4	97.5
蔬菜及食用菌	99.4	103.7	114.8	95.6	101.1
#叶菜类蔬菜	101.7	100.9	112.0	90.9	103.1
#白菜类蔬菜	98.2	103.2	124.0	90.3	100.6
#芥菜类蔬菜	97.6	100.0	118.0	95.1	99.2
#甘蓝类蔬菜	97.8	109.6	116.4	85.9	100.7
#根茎类蔬菜	111.5	106.3	132.1	93.9	104.9
#瓜菜类蔬菜	94.6	106.5	104.0	104.8	98.6
#豆类蔬菜	106.5	103.4	100.5	102.8	99.2
#茄果类蔬菜	96.7	101.7	113.0	101.7	103.0
#莴苣及菊苣类蔬菜	93.6	102.4	122.4	94.5	102.9
#葱蒜类蔬菜	100.7	111.7	102.2	98.9	102.1
花卉	103.1	99.7	105.6	104.4	101.6
盆景及园艺产品	104.2	96.8	102.0	94.7	99.2
水果及坚果	103.7	103.9	110.5	106.1	95.0
茶及饮料原料	116.7	102.7	105.5	103.7	104.6
林业产品	**103.6**	**99.9**	**98.4**	**102.0**	**99.4**
育种和育苗	106.8	96.0	97.1	93.5	100.1
木材采伐产品	101.3	101.6	99.0	100.5	101.2
竹材采伐产品	101.6	100.4	97.2	99.8	100.5
林产品	105.8	100.2	99.2	117.1	93.2
饲养动物及其产品	**98.6**	**103.1**	**109.2**	**92.0**	**101.6**
活牲畜	93.9	107.0	122.5	89.1	89.7
#猪	93.5	107.0	122.5	89.1	89.7
活家禽	104.4	100.3	99.5	96.7	107.5
#鸡	103.6	98.9	97.4	98.6	103.9
#鸭	102.7	99.8	101.3	99.7	111.9
畜禽产品	102.3	98.1	96.2	87.6	120.3
#鸡蛋	103.3	98.3	99.5	81.2	112.9
#鸭蛋	99.7	97.5	88.0	103.1	138.4
渔业产品	**105.4**	**101.1**	**104.2**	**103.9**	**103.6**
海水养殖产品	101.5	103.0	105.4	104.9	103.2
#海水养殖鱼	100.8	101.2	103.4	104.8	104.6
#海水养殖虾	109.7	102.4	103.9	103.1	100.3
海水捕捞产品	104.1	103.5	104.0	104.7	105.6
#海水捕捞鲜鱼	105.2	103.4	103.6	104.3	106.3
#海水捕捞虾	103.8	108.2	110.1	107.4	103.4
淡水养殖产品	107.9	98.4	101.8	103.0	101.9
#养殖淡水鱼	105.0	96.5	100.9	103.2	102.0
#淡水养殖虾	116.7	105.2	105.9	102.0	101.3
淡水捕捞产品	107.7	100.1	109.9	102.8	109.9
#捕捞淡水鱼	108.4	104.7	116.8	101.7	112.4
#淡水捕捞鲜虾	101.5	97.8	113.5	105.9	106.7

八、种植业

3 月 9 日，省农业厅在台山市召开全省春耕备耕暨农业三下乡现场会议，叶贞琴副省长出席会议并讲话

4 月 19 日，叶贞琴副省长现场指导广东省优质稻品种食味品鉴推荐会

5 月 3 日,农业农村部余欣荣副部长和省政府叶贞琴副省长共同为广东丝苗米产业联盟揭牌

7 月 16 日，中韩水稻迁飞性害虫防治合作项目联合调查交流活动在省农业厅举行

9月，台风山竹造成江门等地农作物大面积受灾

9月20日，省农业厅在台山市海宴镇召开抗御“山竹”台风灾后复产现场会

10月31日，叶贞琴副省长出席首届稻米产业大会活动

12月，仁化县周田镇灵溪村果农为柑桔覆膜防寒

种植业

【概况】全年农作物种植面积6419.04万亩，比上年增长1.2%。其中粮食作物播种面积3226.56万亩，比上年下降0.9%；粮食总产量1193.49万吨，比上年下降1.3%。甘蔗种植面积258.83万亩，增长2.0%；甘蔗产量1412.68万吨，增长5.2%。油料种植面积511.49万亩，增长2.8%；油料产量106.25万吨，增长4.9%。蔬菜种植面积1908.37万亩，增长3.7%；蔬菜产量3330.24万吨，增长4.8%。南药种植面积63.5万亩，增长21.3%。园林水果面积1473.49万亩，增长2.3%，水果产量1547.81万吨，增长8.9%。茶叶种植面积95.08万亩，增长8.5%；茶叶产量9.99万吨，增长7.5%。

【粮食安全责任制考核】经国务院审定，广东省人民政府在2017年度粮食安全省长责任制考核中取得全国第四、销区第一的优异成绩，被通报表扬。经省政府审定，全省21个地级以上市2017年度粮食安全责任制考核结果均为良好以上，其中：深圳、佛山、韶关、惠州、东莞、中山、湛江、茂名等8市委优秀等次，其余为良好等次。对获得优秀等次的市政府给予通报表扬。

【首届茶叶产业大会】5月11-13日，首届广东茶叶产业大会在清远市举行。副省长叶贞琴，中国工程院唯一茶叶院士陈宗懋，中国工程院院士罗锡文，国家茶叶产业技术体系首席科学家杨亚军，以及来自“一带一路”沿线部分国家驻穗代表、国家茶叶产业技术体系专家和省直有关单位、茶行业专家、茶叶企业和种植大户等近千人参加大会。大会举行了广东十大好春茶颁奖和广东最美茶园授牌仪式，举办了茶叶产业发展高峰论坛以及广东茶叶产业发展成果展、茶叶企业风采展、全民饮茶日活动。大会还组织参观了广东生态茶园建设、茶叶加工自动化、茶园机械化现场演示、茶树品种资源库，体验了英德红茶文化。

【广东荔枝产业高质量发展会议】6月28日，2018年中国国际荔枝产业大会暨广东荔枝产业高质量发展会议在广州从化举行，副省长叶贞琴出席开幕式并讲话，中国工程院院士邓秀新、农业农村部总农艺师马爱国出席大会并致辞，中国工程院院士汪懋华出席大会。大会举行了2018年全国优质荔枝擂台赛、广东荔枝种植匠、从化区优质农产品评选颁奖，广东荔枝产业联盟、南方荔枝研究院揭牌和从化最美荔枝园旅游线路授旗，荔枝产业发展高峰论坛，山地果园全程机械化解决方案演示，荔枝绿色生产，第十六届中国（广东）荔枝龙眼产销对接，“一带一路”荔枝产业国际交流，国家荔枝香蕉良种重大项目联合攻关启动等多个活动。

【首届稻米产业大会】10月31日，广东（云浮罗定）稻米节暨广东首届稻米产业大会在罗定市举办，谋划推进广东稻米产业高质量发展。副省长叶贞琴、中国工程院院士张洪程、中国科学院院士刘耀光以及华南区域省份水稻领域专家、粤桂黔高铁经济带稻米经销客商代表、广东丝苗米联盟成员等参加大会。大会活动期间在田间展示了100多个丝苗米品种，举办了水稻高质量发展高峰论坛。

【成立3个产业联盟】2018年，广东省农业农村厅整合高校、科研单位、企业等各方面资源，推动产学研结合进程，指导成立了广东丝苗米产业联盟、广东荔枝产业联盟和广东茶产业联盟等3个产业联盟。广东丝苗米产业联盟认定了首批广东丝苗米品牌创建企业和广东丝苗米品种、产品，发布了广东丝苗米品种标准和产品标准、广东丝苗米标志。

【优质稻品种食味品鉴】5月4日，农业农村部在广州召开2018年国家优质稻品种攻关推进暨鉴评推介会。会上公布了首届全国优质稻品种食味品质鉴评金奖名单，30名水稻专家经过四轮鉴评，最终选出了20个获得金奖的品种，10个粳稻品种和10个籼稻品种上榜，其中广东有3个品种入选，分别为美香占2号、象牙香占、增科新选丝苗1号。

8-1 主要年份农作物播种面积及构成

年　份	农作物播种面积	一、粮食作物	稻谷	薯类	二、大豆	三、经济作物
一、绝对数(千公顷)						
1949	5285.95	4782.80	4126.20	495.80	92.58	155.04
1952	5608.83	4942.60	4053.60	665.60	93.81	239.90
1957	6326.93	5386.67	4040.93	817.45	95.87	401.94
1962	5687.57	4767.53	3655.80	787.50	77.33	313.47
1965	5799.75	4589.60	3609.07	655.65	75.33	629.45
1970	6254.66	4638.80	3771.79	601.62	77.63	726.08
1975	6836.83	5037.54	3914.25	612.29	131.73	815.45
1978	6641.64	5068.98	3860.66	582.01	109.14	851.52
1980	5969.89	4605.35	3730.73	533.78	132.12	809.32
1985	5357.88	3833.84	3210.54	487.22	116.81	945.12
1990	5671.56	3881.37	3175.78	501.13	114.96	892.28
1995	5304.80	3368.16	2701.42	515.01	103.90	790.11
2000	5156.90	3099.89	2412.70	426.76	96.97	728.70
2005	4815.37	2786.50	2137.60	386.50	83.80	667.70
2010	4262.77	2386.33	1918.14	261.77	48.44	639.85
2015	4194.55	2193.30	1804.76	213.19	34.47	682.89
2017	4227.51	2169.73	1805.42	200.02	31.16	705.21
2018	4279.36	2151.04	1787.39	199.81	31.79	728.96
二、构成(%)						
1949	100.0	90.5	78.1	9.4	1.8	2.9
1952	100.0	88.1	72.3	11.9	1.7	4.3
1957	100.0	85.1	63.9	12.9	1.5	6.4
1962	100.0	83.8	64.3	13.8	1.4	5.5
1965	100.0	79.1	62.2	11.3	1.3	10.9
1970	100.0	74.2	60.3	9.6	1.2	11.6
1975	100.0	73.7	57.3	9.0	1.9	11.9
1978	100.0	76.3	58.1	8.8	1.7	12.8
1980	100.0	77.1	62.5	8.9	2.2	13.6
1985	100.0	71.6	59.9	9.1	2.2	17.6
1990	100.0	68.5	56.0	8.8	2.0	15.7
1995	100.0	63.5	50.9	9.7	2.0	14.8
2000	100.0	60.1	46.8	8.3	1.9	14.1
2005	100.0	57.9	44.4	8.0	1.7	13.9
2010	100.0	56.0	45.0	6.1	1.1	15.0
2015	100.0	52.3	43.0	5.1	0.8	16.3
2017	100.0	51.3	42.7	4.7	0.7	16.7
2018	100.0	50.3	41.8	4.7	0.7	17.0

8-1 续表

年份	经济作物					四、其他作物
	糖蔗	花生	黄红麻	红(土)烟	黄(烤)烟	
一、绝对数(千公顷)						
1949	28.93	75.33	3.72	5.00	3.00	255.53
1952	59.93	133.58	8.07	10.87	4.82	332.52
1957	96.95	201.69	22.50	16.07	6.69	442.45
1962	61.49	195.95	12.89	15.54	4.13	529.24
1965	148.55	287.89	17.31	15.07	5.12	505.37
1970	170.03	310.05	23.09	14.09	7.67	812.15
1975	184.28	316.87	46.21	22.85	15.35	852.11
1978	172.64	324.41	63.29	18.17	27.96	612.00
1980	145.71	368.83	28.03	14.58	11.17	423.11
1985	295.22	363.85	38.87	19.13	17.71	462.11
1990	279.82	323.97	4.84	14.59	31.11	782.95
1995	213.45	330.07	2.70	5.62	23.93	1042.63
2000	159.74	331.07	1.03	5.32	25.78	1231.34
2005	125.39	309.41	0.53	5.10	26.54	1361.17
2010	136.72	307.38	0.19	2.12	19.57	1236.60
2015	143.57	316.58	0.10	1.97	16.30	1318.37
2017	146.24	319.10	0.08	1.80	15.61	1352.58
2018	148.78	332.48	0.07	2.05	15.42	1399.36
二、构成(%)						
1949	0.5	1.4	0.1	0.1	0.1	4.8
1952	1.1	2.4	0.1	0.2	0.1	5.9
1957	1.5	3.2	0.4	0.3	0.1	7.0
1962	1.1	3.4	0.2	0.3	0.1	9.3
1965	2.6	5.0	0.3	0.3	0.1	8.7
1970	2.7	5.0	0.4	0.2	0.1	13.0
1975	2.7	4.6	0.7	0.3	0.2	12.5
1978	2.6	4.9	1.0	0.3	0.4	9.2
1980	2.4	6.2	0.5	0.2	0.2	7.1
1985	5.5	6.8	0.7	0.4	0.3	8.6
1990	4.9	5.7	0.1	0.3	0.5	13.8
1995	4.0	6.3	0.1	0.2	0.5	19.7
2000	3.1	6.4	...	0.1	0.5	23.9
2005	2.6	6.4	...	0.1	0.6	28.3
2010	3.2	7.2	...	...	0.5	29.0
2015	3.4	7.5	...	...	0.4	31.4
2017	3.5	7.5	...	...	0.4	32.0
2018	3.5	7.8	...	...	0.4	32.7

8-2 主要年份农作物产量及指数

年　份	粮食			大豆	糖蔗	花生	黄红麻	红(土)烟	黄(烤)烟
		稻谷	薯类						
一、绝对数(万吨)									
1949	685.85	621.35	55.85	4.62	66.91	6.63	0.48	0.58	0.23
1952	797.40	707.15	76.50	5.41	265.47	13.20	1.44	1.29	0.34
1957	1007.15	849.10	130.15	4.39	429.72	16.86	3.98	1.63	0.49
1962	929.60	820.25	89.15	3.84	180.60	15.60	2.22	1.15	0.26
1965	1227.65	1098.60	106.90	4.74	637.93	25.97	3.99	1.49	0.59
1970	1283.82	1157.04	103.10	5.79	656.93	32.16	6.24	1.60	0.70
1975	1464.58	1301.35	122.27	9.13	711.61	31.84	13.77	2.52	1.54
1978	1509.51	1328.56	121.04	7.99	835.42	35.17	18.07	1.97	2.76
1980	1681.91	1523.92	123.68	11.47	734.73	50.00	10.18	1.68	1.04
1985	1604.37	1454.29	131.88	11.32	1831.40	57.07	11.30	2.60	2.29
1990	1896.29	1687.00	167.05	13.87	2093.46	57.95	1.04	2.44	4.64
1995	1803.33	1553.90	209.40	16.50	1472.21	69.98	0.79	1.08	3.96
2000	1822.33	1528.53	199.05	18.73	1137.59	77.68	0.27	1.26	4.95
2005	1394.97	1116.99	185.48	18.87	946.03	75.86	0.14	1.24	5.06
2010	1249.15	1041.80	129.01	11.20	1064.09	81.59	0.03	0.56	4.44
2015	1211.66	1040.82	102.34	9.03	1093.58	94.48	0.02	0.39	3.95
2017	1208.56	1046.34	95.43	8.48	1144.14	98.42	0.02	0.52	3.74
2018	1193.49	1032.07	94.67	8.71	1207.97	104.40	0.02	0.58	3.75
二、指数									
1949	100.0	100.0	100.0	100.0	100.0	100.0	100.0	100.0	100.0
1952	116.3	113.8	137.0	117.1	396.8	199.1	300.0	222.4	147.8
1957	146.8	136.7	233.0	95.0	642.2	254.3	829.2	281.0	213.0
1962	135.5	132.0	159.6	83.1	269.9	235.3	462.5	198.3	113.0
1965	179.0	176.8	191.4	102.6	953.4	391.7	831.3	256.9	256.5
1970	187.2	186.2	184.6	125.3	981.8	485.1	1300.0	275.9	304.3
1975	213.5	209.4	218.9	197.6	1063.5	480.2	2868.8	434.5	669.6
1978	220.1	213.8	216.7	172.9	1248.6	530.5	3764.6	339.7	1200.0
1980	245.2	245.3	221.5	248.3	1247.5	754.1	2120.8	289.7	452.2
1985	233.9	234.1	236.1	245.0	2737.1	860.8	2354.2	448.3	995.7
1990	276.5	271.5	299.1	300.2	3128.8	874.1	216.7	420.7	2017.4
1995	262.9	250.1	374.9	357.1	2100.3	955.5	164.6	186.2	1721.7
2000	265.7	246.0	356.4	405.4	1700.2	1171.6	56.3	217.2	2152.2
2005	203.4	179.8	332.1	408.4	1413.9	1144.2	29.2	213.8	2200.0
2010	182.1	167.7	231.0	242.4	1590.3	1230.6	6.5	95.9	1930.8
2015	176.7	167.5	183.2	195.5	1634.4	1425.1	3.4	66.4	1715.7
2017	176.2	168.4	170.9	183.5	1710.0	1484.4	4.3	90.3	1625.1
2018	174.0	166.1	169.5	188.5	1805.4	1574.7	4.0	100.1	1631.1

8-3 主要农作物播种面积、单产及总产量

单位：千公顷、千克、万吨

项 目	2016年			2017年			2018年		
	面积	亩产	总产量	面积	亩产	总产量	面积	亩产	总产量
农作物总播种面积	**4181.30**			**4227.51**			**4279.36**		
一、粮食作物	**2177.78**	**369**	**1204.22**	**2169.73**	**371**	**1208.56**	**2151.04**	**370**	**1193.49**
1.稻谷	1806.03	384	1039.53	1805.42	386	1046.34	1787.39	385	1032.07
早稻	852.81	399	510.03	853.48	398	509.02	839.19	397	499.99
晚稻	953.22	370	529.51	951.94	376	537.33	948.20	374	532.08
2.小麦	0.90	220	0.30	0.46	213	0.15	0.42	233	0.15
3.旱粮	135.82	291	59.22	132.66	292	58.16	131.63	293	57.89
其中：玉米	123.80	298	55.40	120.95	301	54.64	120.08	303	54.54
4.薯类(五折一)	202.71	317	96.53	200.02	318	95.43	199.81	316	94.67
番薯	152.22	318	72.52	148.88	316	70.47	149.17	313	69.95
马铃薯	50.49	317	24.01	51.14	325	24.96	50.64	325	24.72
5.大豆	32.31	178	8.63	31.16	181	8.48	31.79	183	8.71
二、经济作物	**686.83**			**705.21**			**728.96**		
1.甘蔗	165.55	5210	1293.87	169.16	5295	1343.47	172.56	5458	1412.69
糖蔗	142.91	5115	1096.56	146.24	5216	1144.14	148.78	5413	1207.97
果蔗	22.64	5810	197.31	22.92	5799	199.33	23.77	5740	204.72
2.油料作物	329.49	201	99.35	331.82	203	101.28	340.99	208	106.25
其中：花生	314.51	202	95.48	319.10	206	98.42	332.48	209	104.40
芝麻	3.09	111	0.52	3.12	110	0.52	3.33	122	0.61
油菜籽	10.01	196	2.94	8.74	163	2.14	4.69	159	1.12
3.麻类	0.08	171	0.02	0.08	172	0.02	0.07	185	0.02
其中：黄红麻	0.08	171	0.02	0.08	172	0.02	0.07	185	0.02
4.烟叶	17.81	165	4.40	17.41	163	4.26	17.47	165	4.33
烤烟	15.64	160	3.75	15.61	160	3.74	15.42	162	3.75
红烟	2.16	200	0.65	1.80	194	0.52	2.05	189	0.58
5.木薯	67.39	1342	135.66	65.45	1367	134.20	64.97	1380	134.48
6.药材	28.49			34.89			42.33		
7.其他经济作物	78.03			86.40			90.56		
三、其他作物	**1316.69**			**1352.58**			**1399.36**		
蔬菜(含菜用瓜)	1189.86	1701	3036.45	1227.22	1726	3177.49	1272.24	1745	3330.24

8-4 各市粮食作物播种面积和产量

(2018年) 单位：公顷、千克、吨

市别	粮食作物			#稻谷			#晚稻		
	播种面积	亩产	总产量	播种面积	亩产	总产量	播种面积	亩产	总产量
全省	2151040	370	11934900	1787393	385	10320700	948200	374	5320801
广州市	26315	329	130056	21626	344	111611	10746	341	54923
深圳市	2321	259	9013	1804	253	6855	1189	234	4181
珠海市	4294	367	23639	3968	365	21720	2163	295	9586
汕头市	67787	440	446954	45342	461	313546	22575	450	152221
佛山市	8281	344	42754	5702	366	31327	2287	393	13479
韶关市	115292	398	688211	100231	418	628422	61829	419	388598
河源市	130366	396	774850	119762	411	737592	61522	407	375772
梅州市	179675	394	1062310	159720	412	987024	81645	399	488411
惠州市	109250	342	560717	84691	346	440000	46900	340	239044
汕尾市	79396	324	385976	68199	335	342265	34716	325	169373
东莞市	1209	322	5846	561	394	3314	303	404	1833
中山市	4230	329	20892	1668	374	9347	944	357	5056
江门市	175838	337	888094	164118	342	843043	82451	334	413226
阳江市	116653	342	598453	102713	354	544939	56322	346	292608
湛江市	271793	339	1382369	220888	353	1170944	125878	334	631391
茂名市	247019	389	1442130	204791	408	1253728	111736	385	645384
肇庆市	195472	387	1133779	164273	408	1004167	84141	403	508785
清远市	145156	307	669016	118553	327	581024	60608	311	282413
潮州市	41644	423	264481	32109	453	218267	15233	450	102876
揭阳市	129540	406	789487	81082	416	506456	41674	402	251605
云浮市	99511	413	615872	85592	440	565109	43338	446	290036

8-5　各市农作物播种面积和产量

(2018年)　　单位：公顷、千克、吨

市　别	小麦			旱粮			薯类			大豆		
	播种面积	亩产	总产量	播种面积	亩产	总产量	播种面积	亩产	总产量	播种面积	亩产	总产量
全　省	420	238	1500	131627	293	578900	199813	316	946700	31787	183	87100
广州市				3223	278	13439	995	241	3594	471	200	1412
深圳市				36	292	158	481	277	2000			
珠海市				174	559	1458	119	190	337	34	245	124
汕头市				1873	449	12619	20031	396	119089	541	209	1700
佛山市				964	345	4987	1525	269	6160	90	207	280
韶关市				8703	282	36852	3739	289	16232	2619	171	6705
河源市				4510	262	17704	3737	231	12925	2356	188	6629
梅州市	10	348	54	7917	241	28578	8319	295	36788	3709	177	9866
惠州市				12888	360	69554	10424	307	48015	1247	168	3148
汕尾市	7	200	20	2094	288	9032	7823	269	31526	1273	164	3133
东莞市				113	264	446	452	279	1893	83	155	193
中山市				1245	333	6219	1215	277	5043	101	187	283
江门市				3619	305	16566	6609	244	24221	1493	190	4264
阳江市				5615	300	25239	4971	248	18480	3355	195	9795
湛江市	235	209	737	23352	269	94317	25579	291	111618	1739	182	4753
茂名市	115	303	522	15464	321	74361	24155	293	106303	2493	193	7216
肇庆市				9800	286	42082	19206	284	81842	2194	173	5688
清远市				16139	235	56785	7060	204	21597	3404	188	9610
潮州市				3234	366	17757	5958	307	27395	342	207	1062
揭阳市				3357	388	19560	42096	405	255487	3006	177	7984
云浮市	53	208	167	7309	284	31187	5319	202	16154	1238	175	3255

8-5　续表 1

(2018年)　　单位：公顷、千克、吨

市　别	甘蔗			糖蔗			油料			花生		
	播种面积	亩产	总产量	播种面积	亩产	总产量	播种面积	亩产	总产量	播种面积	亩产	总产量
全　省	172556	5458	14126853	148782	5413	12079687	340993	208	1062515	332484	209	1044022
广州市	6627	8041	799325	50	6339	4792	5926	181	16082	5643	184	15541
深圳市	21	4051	1276				290	118	514	290	118	514
珠海市	20	3296	979				238	294	1052	235	297	1047
汕头市	237	6243	22188				2570	183	7059	1891	181	5139
佛山市	56	3659	3066				772	211	2446	769	212	2442
韶关市	2893	6810	295507	1167	5690	99632	38324	224	128858	36529	230	126288
河源市	1109	5007	83269	861	4969	64134	22911	213	73280	22831	213	73111
梅州市	1715	2043	52554	288	960	4146	11912	185	33032	11404	184	31540
惠州市	1013	7033	106870	647	7282	70662	18320	189	51838	18163	188	51216
汕尾市	388	4006	23303	68	5000	5120	13267	159	31655	12100	163	29611
东莞市	53	3955	3148				55	226	186	55	226	186
中山市	51	2905	2243	20	3462	1035	70	213	223	68	212	216
江门市	3777	5736	324972	1822	6431	175802	11839	168	29817	11664	168	29346
阳江市	1323	2752	54625	410	4501	27664	19716	154	45534	19464	156	45454
湛江市	140547	5359	11297447	135082	5374	10888711	59747	239	213926	58158	242	210863
茂名市	6889	4911	507507	6190	4998	464043	44012	217	143148	43725	217	142405
肇庆市	1485	4686	104385	137	5034	10376	25539	201	76937	25494	201	76890
清远市	3264	7538	369066	1997	8725	261353	36592	213	116832	35989	211	113889
潮州市	105	7226	11424				2189	166	5438	2040	166	5083
揭阳市	732	4668	51282				8934	234	31306	8517	238	30468
云浮市	250	3311	12417	42	3519	2217	17768	200	53352	17455	202	52773

8-5 续表 2

(2018年)　　　　单位：公顷、千克、吨

市 别	麻类			烟叶			木薯			药材面积
	播种面积	亩产	总产量	播种面积	亩产	总产量	播种面积	亩产	总产量	
全 省	69	185	190	17474	165	43323	64974	1380	1344783	42333
广州市							56	1458	1225	767
深圳市							8	2391	275	21
珠海市							2	1423	37	38
汕头市							21	3387	1077	39
佛山市							100	1207	1814	809
韶关市				9002	163	22054	749	1576	17701	1624
河源市							2220	975	32470	615
梅州市	6	233	21	4793	157	11310	7497	1140	128214	4350
惠州市							89	1573	2100	226
汕尾市							1585	2249	53480	68
东莞市										16
中山市										
江门市							2256	1626	55023	1763
阳江市				6	195	17	3228	1060	51318	3807
湛江市				568	239	2037	9331	1790	250565	5237
茂名市	20	156	47	892	178	2376	4639	1350	93928	10778
肇庆市	13	131	25	1239	171	3178	15229	1258	287429	3176
清远市				969	161	2337	7899	1205	142735	2107
潮州市							331	1477	7328	432
揭阳市	24	237	86	4	226	12	509	1495	11415	796
云浮市	5	134	11	1	111	2	9224	1494	206649	5664

8-5 续表 3

(2018年)　　　　单位：公顷、千克、吨

市 别	其他经济作物播种面积	蔬菜			瓜类			青饲料面积	绿肥面积
		播种面积	亩产	总产量	播种面积	亩产	总产量		
全 省	90563	1272244	1745	33302354	42048	1924	1213486	46910	27653
广州市	24278	145954	1685	3687937	354	1382	7348	567	178
深圳市	11	9824	1077	158738	122	1191	2181		
珠海市	2380	8522	1304	166668	938	837	11774	419	29
汕头市	212	42940	2501	1611201	507	2272	17278	123	
佛山市	10012	32560	1704	832187	2489	1632	60950	4856	
韶关市	2386	49475	1609	1193944	5232	2066	162151	3160	5453
河源市	465	35023	1352	710442	503	1449	10937	1121	1865
梅州市	839	66130	2152	2135080	3425	1959	100641	9929	4203
惠州市	601	114910	1746	3009357	2107	1759	55585	1246	89
汕尾市	120	48806	1603	1173769	2356	2092	73938	344	107
东莞市	1632	19365	1378	400136	76	985	1120		
中山市	4014	15164	1573	357852	371	1343	7475	4	
江门市	14513	69778	1439	1506011	1467	1803	39668	3932	26
阳江市	523	50689	1111	844375	2375	1497	53345	61	38
湛江市	14300	144048	1739	3758556	7250	1973	214543	1363	17
茂名市	1412	112481	1863	3142803	678	1304	13267	1462	1659
肇庆市	8081	82098	2126	2617959	6647	2473	246545	6162	3332
清远市	2425	136209	1556	3179893	2957	2002	88796	7535	8649
潮州市	761	14997	2250	506146	126	1870	3532	1915	
揭阳市	494	49170	2436	1797011	284	2384	10157	1299	209
云浮市	1104	24099	1417	512289	1783	1206	32255	1411	1799

8-6 各县（市、区）粮食作物播种面积和产量

（2018年）　　单位：公顷、千克、吨

县（市、区）别	粮食作物			稻谷			薯类		
	播种面积	亩产	总产量	播种面积	亩产	总产量	播种面积	亩产	总产量
广州市	**26315**	**329**	**130056**	**21626**	**344**	**111611**	**995**	**241**	**3594**
海珠区									
天河区									
白云区	352	543	2872	112	326	547	41	661	402
黄埔区	945	322	4557	886	320	4257	36	331	178
荔湾区									
花都区	1979	316	9375	714	390	4180	183	309	850
从化区	12846	341	65616	11998	344	61913	228	442	1513
增城区	8914	310	41436	7211	343	37125	458	51	349
番禺区	118	330	581	46	311	215	19	400	111
南沙区	1161	323	5620	659	341	3374	30	421	192
深圳市	**2321**	**259**	**9013**	**1804**	**253**	**6855**	**481**	**277**	**2000**
福田区									
罗湖区									
南山区									
宝安区									
龙岗区	3	220	11				3	220	11
盐田区									
龙华区									
坪山区									
光明区	13	60	12				13	60	12
深汕合作区	2304	260	8990	1804	253	6855	464	284	1977
珠海市	**4294**	**367**	**23639**	**3968**	**365**	**21720**	**119**	**190**	**337**
香洲区	27	308	126	16	336	81	7	124	14
金湾区	64	368	354	15	254	58	9	96	13
斗门区	4168	364	22738	3935	365	21557	96	212	305
汕头市	**67787**	**440**	**446954**	**45342**	**461**	**313546**	**20031**	**396**	**119089**
金平区	1505	447	10085	1467	448	9868	38	383	216
龙湖区	2693	469	18956	2004	487	14624	391	413	2421
澄海区	12326	479	88633	9474	497	70583	1277	404	7747
濠江区	2339	420	14745	1183	462	8204	1073	386	6218
潮阳区	24746	427	158673	15399	455	105151	9221	382	52857
潮南区	23684	428	152028	15525	442	102915	7829	409	48027
南澳县	495	516	3834	289	507	2201	203	527	1603
佛山市	**8281**	**344**	**42754**	**5702**	**366**	**31327**	**1525**	**269**	**6160**
禅城区									
南海区	401	351	2112	125	350	655	250	252	943
顺德区	59	335	299				19	241	68
高明区	6636	346	34459	5287	367	29075	890	268	3577
三水区	1185	331	5885	289	368	1597	367	286	1573
韶关市	**115292**	**398**	**688211**	**100231**	**418**	**628422**	**3739**	**289**	**16232**
浈江区	2945	419	18530	2698	431	17442	67	212	212
武江区	3673	391	21539	3404	404	20607	37	254	140
曲江区	11117	423	70560	10595	429	68104	79	458	541
南雄市	33411	368	184473	28181	396	167247	2197	229	7531
始兴县	9984	440	65938	9453	447	63374	80	480	576
翁源县	14961	385	86317	13931	390	81475	260	392	1530
仁化县	9304	462	64446	8877	468	62261	118	434	769
新丰县	8700	371	48397	7685	381	43941	144	385	829
乳源自治县	7219	382	41336	5408	422	34249	394	341	2018
乐昌市	13978	413	86676	9997	465	69722	365	382	2087

8-6 续表 1

(2018年)　　　　单位：公顷、千克、吨

县（市、区）别	粮食作物			#稻谷			薯类		
	播种面积	亩产	总产量	播种面积	亩产	总产量	播种面积	亩产	总产量
河源市	**130366**	**396**	**774850**	**119762**	**411**	**737592**	**3737**	**231**	**12925**
源城区	1875	386	10859	1747	397	10396	38	236	135
东源县	24798	392	145633	22739	407	138719	1006	231	3479
和平县	20621	369	114121	19120	379	108560	512	219	1685
龙川县	34484	443	229240	30992	469	218257	749	233	2615
紫金县	32951	386	190688	30683	394	181257	1007	234	3532
连平县	15638	359	84309	14481	370	80403	426	232	1479
梅州市	**179675**	**394**	**1062310**	**159720**	**412**	**987024**	**8319**	**295**	**36788**
梅江区	3177	396	18890	2846	410	17496	171	174	449
梅县区	25589	437	167821	22471	464	156380	1279	267	5121
蕉岭县	10057	380	57316	9331	396	55385	401	114	688
大埔县	7219	315	34106	5578	364	30495	882	157	2070
丰顺县	22891	336	115386	18665	354	99124	2710	254	10332
五华县	54310	389	316586	50013	406	304824	1235	226	4195
兴宁市	42493	434	276338	39444	440	260428	1184	611	10851
平远县	13939	363	75867	11371	369	62892	457	450	3082
惠州市	**109250**	**342**	**560717**	**84691**	**346**	**440000**	**10424**	**307**	**48015**
惠城区	16523	366	90723	12206	367	67220	522	387	3027
惠东区	37457	334	187604	27480	345	142279	6988	313	32768
惠阳区	7578	366	41600	5447	364	29773	940	308	4338
博罗县	27983	342	143754	21302	345	110178	1123	241	4067
龙门县	19708	328	97036	18256	331	90550	851	299	3815
汕尾市	**79396**	**324**	**385976**	**68199**	**335**	**342265**	**7823**	**269**	**31526**
汕尾城区	3325	315	15733	3084	321	14826	241	251	907
红海湾区	1315	336	6625	1041	356	5553	274	261	1072
海丰县	29954	330	148388	28084	334	140714	1285	300	5782
陆河县	10383	320	49842	8695	333	43427	1127	277	4680
陆丰市	34419	320	165388	27295	336	137745	4896	260	19085
东莞市	**1209**	**322**	**5846**	**561**	**394**	**3314**	**452**	**279**	**1893**
中山市	**4230**	**329**	**20892**	**1668**	**374**	**9347**	**1215**	**277**	**5043**
江门市	**175838**	**337**	**888094**	**164118**	**342**	**843043**	**6609**	**244**	**24221**
蓬江区	453	246	1672	278	299	1249	115	128	220
江海区	48	238	173	10	350	50	20	244	72
新会区	28949	316	137235	24268	329	119932	2349	218	7671
台山市	66768	351	351198	65025	352	343122	832	308	3848
开平市	42111	334	211277	39153	341	200390	1678	248	6242
恩平市	26978	318	128504	25662	321	123408	1069	282	4528
鹤山市	10530	367	58035	9722	376	54892	546	200	1640
阳江市	**116653**	**342**	**598453**	**102713**	**354**	**544939**	**4971**	**248**	**18480**
江城区	16958	285	72518	16017	289	69359	504	226	1714
阳东县	25796	340	131569	22553	353	119499	1037	240	3737
阳西县	22250	368	122753	19919	380	113542	792	243	2883
阳春市	49671	352	262259	42412	367	233769	2498	258	9685
海陵区	1979	315	9354	1812	323	8770	139	221	461
湛江市	**271793**	**339**	**1382369**	**220888**	**353**	**1170944**	**25579**	**291**	**111618**
赤坎区	502	340	2561	427	362	2321	73	216	236
霞山区	1410	349	7393	1289	362	7001	83	205	255

8-6 续表 2

(2018年)　　单位：公顷、千克、吨

县（市、区）别	粮食作物			#稻谷			薯类		
	播种面积	亩产	总产量	播种面积	亩产	总产量	播种面积	亩产	总产量
坡头区	12997	305	59461	10498	321	50566	2125	241	7672
麻章区	9259	338	46892	8391	339	42713	389	335	1952
东海区	6819	306	31273	4993	324	24259	509	200	1527
吴川市	29675	351	156085	26984	353	142960	1637	358	8783
徐闻县	27021	316	128136	13763	358	73945	1175	324	5717
雷州市	63094	355	336330	56504	364	308689	3665	290	15954
遂溪县	44615	335	224370	35968	344	185779	5914	306	27114
廉江市	76400	340	389868	62070	357	332711	10009	282	42408
茂名市	**247019**	**389**	**1442130**	**204791**	**408**	**1253728**	**24155**	**293**	**106303**
茂南区	24729	334	123923	20768	340	105986	1704	275	7026
电白区	51829	359	278736	43869	362	238289	5252	367	28902
信宜市	52682	415	327724	36405	460	251321	7883	302	35725
高州市	59113	435	385632	54433	452	369352	2951	209	9270
化州市	58666	371	326115	49317	390	288780	6365	266	25380
肇庆市	**195472**	**387**	**1133779**	**164273**	**408**	**1004167**	**19206**	**284**	**81842**
端州区	9	350	49	9	350	49			
鼎湖区	6329	394	37375	4951	418	31044	485	278	2026
高要区	37130	412	229638	32583	423	206747	3498	348	18282
广宁县	27613	375	155307	22110	413	136916	3666	231	12714
四会市	20132	390	117884	13876	421	87524	4325	331	21481
德庆县	23154	352	122085	20698	364	113069	1368	180	3684
封开县	32401	415	201693	27695	435	180855	2727	261	10682
怀集县	48705	369	269749	42351	390	247963	3136	276	12974
清远市	**145156**	**307**	**669016**	**118553**	**327**	**581024**	**7060**	**204**	**21597**
清城区	15905	270	64442	15240	273	62304	217	208	676
英德市	37646	311	175515	31608	326	154736	1436	193	4166
佛冈县	11034	311	51501	10471	316	49609	264	214	850
连山自治县	7053	339	35830	6387	349	33414	227	207	707
连南自治县	7384	266	29453	3881	311	18088	932	205	2864
连州市	20285	329	100243	16112	358	86511	1306	205	4008
阳山县	20935	284	89161	12455	328	61358	1658	199	4949
清新区	24913	329	122870	22400	342	115004	1019	221	3376
潮州市	**41644**	**423**	**264481**	**32109**	**453**	**218267**	**5958**	**307**	**27395**
湘桥区	3556	460	24511	2776	472	19661	378	380	2157
饶平县	23748	397	141565	18489	434	120385	3686	258	14245
潮安区	14330	458	98361	10844	481	78221	1884	387	10949
揭阳市	**129540**	**406**	**789487**	**81082**	**416**	**506456**	**42096**	**405**	**255487**
榕城区	9782	485	71155	7633	480	54977	1829	532	14595
揭东区	24674	482	178393	14743	505	111682	7484	505	56641
惠来县	32815	356	175055	17219	380	98185	14054	347	73222
普宁市	33067	391	194134	21729	394	128483	10532	395	62449
揭西县	29201	390	170749	19758	382	113129	8197	395	48579
云浮市	**99511**	**413**	**615872**	**85592**	**440**	**565109**	**5319**	**202**	**16154**
云城区	7614	414	47274	6580	439	43310	518	230	1785
新兴县	20516	429	131901	18969	445	126574	835	194	2435
郁南县	21257	399	127301	18105	418	113576	1290	232	4483
罗定市	38439	421	242971	33695	450	227438	1288	159	3068
云安区	11685	379	66425	8244	438	54211	1388	210	4383

8-7 各县（市、区）农作物播种面积和产量

(2018年) 单位：公顷、千克、吨

县（市、区）别	糖蔗			花生			蔬菜			瓜类		
	播种面积	亩产	总产量	播种面积	亩产	总产量	播种面积	亩产	总产量	播种面积	亩产	总产量
广州市	**50**	**6339**	**4792**	**5643**	**184**	**15541**	**145954**	**1685**	**3687937**	**354**	**1382**	**7348**
海珠区							627	1412	13288			
天河区							637	1044	9970	14	562	118
白云区	1	1125	18	195	148	432	37483	1440	809743	89	1322	1770
黄埔区	2	7000	210	90	230	311	4092	1081	66356	24	1446	525
荔湾区							250	946	3545			
花都区	47	6428	4564	512	189	1452	19130	1630	467650	34	1464	757
从化区				2849	183	7801	13721	1414	291113	9	324	44
增城区				1982	184	5473	41317	1968	1219382	106	1632	2593
番禺区				4.6667	371	26	8075	1408	170602	30	497	223
南沙区				11	288	46	20622	2057	636288	48	1849	1318
深圳市				**290**	**118**	**514**	**9824**	**1077**	**158738**	**122**	**1191**	**2181**
福田区							2	321	9	0	500	1
罗湖区							14	411	88	7	1274	135
南山区							20	587	178	1	667	6
宝安区							1421	1028	21916			
龙岗区				1	250	3	1646	490	12109	21	470	150
盐田区												
龙华区							623	1070	10001	12	879	152
坪山区							1471	1390	30680	17	406	104
光明区							3148	1048	49514	21	747	236
深汕合作区				289	118	511	1478	1545	34243	43	2149	1397
珠海市				**235**	**297**	**1047**	**8522**	**1304**	**166668**	**938**	**837**	**11774**
香洲区				0	333	1	501	1100	8263	3	1060	53
金湾区				94	451	633	1881	1318	37174	283	391	1663
斗门区				131	187	368	4575	1431	98173	277	940	3902
汕头市				**1891**	**181**	**5139**	**42940**	**2501**	**1611201**	**507**	**2272**	**17278**
金平区				11	177	28	1272	2383	45465			
龙湖区				124	205	383	4600	2663	183771	2	2522	58
澄海区				387	208	1207	17236	2526	653120	366	2005	11000
濠江区				285	159	680	1651	2422	59985	15	2412	550
潮阳区				317	208	986	9042	2420	328213	68	3471	3540
潮南区				739	158	1747	8882	2468	328892	40	2550	1540
南澳县				29	249	108	257	3051	11755	16	2418	590
佛山市				**769**	**212**	**2442**	**32560**	**1704**	**832187**	**2489**	**1632**	**60950**
禅城区							181	1220	3306			
南海区							11955	1676	300459	340	1825	9305
顺德区							5577	1176	98361	9	746	100
高明区				512	218	1670	7347	1509	166292	291	1741	7604
三水区				257	200	772	7501	2344	263769	1849	1584	43941
韶关市	**1167**	**5690**	**99632**	**36529**	**230**	**126288**	**49475**	**1609**	**1193944**	**5232**	**2066**	**162151**
浈江区				1593	270	6442	2017	2150	65039	293	2182	9600
武江区				1171	224	3940	2467	2229	82472	258	1898	7331
曲江区				3466	260	13494	3294	2118	104656	226	2966	10074
南雄市				7762	230	26801	7588	1622	184579	641	1933	18576
始兴县				3552	244	12989	4225	2087	132263	1151	1905	32906
翁源县	1128	5785	97894	4576	269	18483	6339	1303	123924	57	1171	1002
仁化县				5810	267	23229	3138	1767	83200	1563	2272	53290
新丰县	19	2602	739	3117	112	5229	7495	1361	152987	108	1330	2154
乳源自治县				1996	188	5641	2472	1237	45892	258	1588	6139
乐昌市	20	3286	999	3486	192	10040	10440	1398	218932	677	2077	21079

8-7 续表 1

(2018年)　　　　单位：公顷、千克、吨

县（市、区）别	糖蔗			花生			蔬菜			瓜类		
	播种面积	亩产	总产量	播种面积	亩产	总产量	播种面积	亩产	总产量	播种面积	亩产	总产量
河源市	**861**	**4969**	**64134**	**22831**	**213**	**73111**	**35023**	**1352**	**710442**	**503**	**1449**	**10937**
源城区	9	5936	837	590	234	2070	1986	1276	38020	2	1361	49
东源县	386	5130	29703	6405	227	21809	5724	1239	106350	123	903	1664
和平县				2197	214	7055	5411	1545	125405	91	1537	2098
龙川县				4371	176	11520	7189	1285	138606	77	1655	1905
紫金县	465	4815	33594	4592	221	15229	8927	1503	201263	119	1671	2986
连平县				4674	220	15428	5786	1161	100798	91	1635	2235
梅州市	**288**	**960**	**4146**	**11404**	**184**	**31540**	**66130**	**2152**	**2135080**	**3425**	**1959**	**100641**
梅江区	155	192	446	210	176	553	4259	1607	102685	93	1764	2449
梅县区				2214	220	7305	10904	2686	439246	1224	1987	36493
蕉岭县	133	1850	3700	1524	145	3314	4924	1420	104890	157	1674	3953
大埔县				549	159	1311	7896	1493	176867	846	1876	23799
丰顺县				1507	212	4793	6535	2089	204809	168	1887	4759
五华县				2608	192	7509	11011	2074	342546	257	2034	7852
兴宁市				1914	157	4508	16737	2793	701291	238	2142	7647
平远县				879	170	2247	3864	1083	62746	441	2068	13689
惠州市	**647**	**7282**	**70662**	**18163**	**188**	**51216**	**114910**	**1746**	**3009357**	**2107**	**1759**	**55585**
惠城区	35	5019	2655	2944	193	8523	18814	1903	537063	76	1257	1431
惠东县	8	5675	664	4806	201	14512	30792	1695	782815	1409	1642	34682
惠阳区				2068	182	5647	18226	1668	456116	183	2199	6022
博罗县	566	7350	62453	6521	177	17292	35995	1738	938218	363	2160	11776
龙门县	37	8717	4890	1825	192	5242	11082	1776	295145	77	1457	1674
汕尾市	**68**	**5000**	**5120**	**12100**	**163**	**29611**	**48806**	**1603**	**1173769**	**2356**	**2092**	**73938**
汕尾城区				479	156	1120	2071	1445	44875	184	1488	4112
红海湾区				319	137	654	850	1550	19767			
海丰县	68	5000	5120	2398	160	5755	14981	1913	429867	1236	2235	41447
陆河县				1388	195	4059	4537	1332	90676	140	1627	3417
陆丰市				7516	160	18023	26367	1488	588584	796	2091	24962
东莞市				**55**	**226**	**186**	**19365**	**1378**	**400136**	**76**	**985**	**1120**
中山市	**20**	**3462**	**1035**	**68**	**212**	**216**	**15164**	**1573**	**357852**	**371**	**1343**	**7475**
江门市	**1822**	**6431**	**175802**	**11664**	**168**	**29346**	**69778**	**1439**	**1506011**	**1467**	**1803**	**39668**
蓬江区				85	183	234	3054	1423	65207	61	2209	2017
江海区				1	545	12	1930	1430	41400	142	1593	3400
新会区	51	6051	4641	303	170	772	7224	1436	155613	108	1182	1908
台山市	728	5988	65380	4712	174	12302	21415	1360	436711	778	2017	23549
开平市	12	2712	480	2891	158	6840	16978	1373	349766	22	1192	391
恩平市	1032	6805	105301	2622	172	6760	6818	1738	177776	7	1727	190
鹤山市				1050	154	2426	12358	1508	279538	349	1571	8213
阳江市	**410**	**4501**	**27664**	**19464**	**156**	**45454**	**50689**	**1111**	**844375**	**2375**	**1497**	**53345**
江城区				1064	214	3416	5061	1051	79783	59	1184	1055
阳东区	173	3942	10207	4607	148	10224	10388	1212	188790	169	1248	3168
阳西县				2275	147	5022	10438	1221	191148	2052	1520	46780
阳春市	237	4908	17457	11167	155	25958	24075	1028	371218	95	1648	2342
海陵区				352	158	834	727	1232	13436			
湛江市	**135082**	**5374**	**10888711**	**58158**	**242**	**210863**	**144048**	**1739**	**3758556**	**7250**	**1973**	**214543**
赤坎区	15	4031	915	65	180	174	906	1435	19504			
霞山区	24	4689	1688	202	270	819	964	1037	15000			

8-7 续表 2

(2018年)　　　　单位：公顷、千克、吨

县（市、区）别	糖蔗			花生			蔬菜			瓜类		
	播种面积	亩产	总产量	播种面积	亩产	总产量	播种面积	亩产	总产量	播种面积	亩产	总产量
坡头区	252	4342	16390	3692	192	10652	4144	1549	96306	37	1944	1077
麻章区	4806	5521	398007	1553	197	4587	3719	1228	68481	132	1581	3131
开发区	16	4996	1189	858	188	2414	2562	833	32033	322	1324	6388
吴川市	484	4855	35213	5931	246	21856	6683	1422	142521	119	1494	2664
徐闻县	17266	5041	1305507	6291	206	19486	32031	1677	805947	130	1597	3111
雷州市	57412	5036	4337219	13246	255	50741	33186	1691	841981	4460	1956	130836
遂溪县	48178	6069	4385732	12794	273	52298	24135	2255	816279	1877	2205	62087
廉江市	6630	4091	406851	13527	236	47836	35717	1718	920503	175	2005	5249
茂名市	**6190**	**4998**	**464043**	**43725**	**217**	**142405**	**112481**	**1863**	**3142803**	**678**	**1304**	**13267**
茂南区	198	3867	11500	4764	211	15061	11732	1969	346564	36	1253	674
电白区	48	6145	4455	15012	207	46688	33147	1740	865155	51	929	710
信宜市				5665	221	18782	16837	1885	476204	347	1279	6658
高州市	212	3145	10018	7444	247	27600	24949	2184	817347	125	1712	3209
化州市	5731	5096	438070	10841	211	34274	25816	1646	637533	120	1123	2016
肇庆市	**137**	**5034**	**10376**	**25494**	**201**	**76890**	**82098**	**2126**	**2617959**	**6647**	**2473**	**246545**
端州区				3	150	6	172	2116	5473			
鼎湖区				371	220	1224	4039	1883	114090	228	2538	8683
高要区				3382	225	11415	32945	1977	977191	2509	2357	88716
广宁县				2803	173	7292	7618	1996	228088	917	1966	27045
四会市				4896	204	14962	8905	1961	261896	252	1454	5503
德庆县				3855	203	11730	7471	2096	234841	126	2585	4903
封开县	135	5041	10183	5847	219	19226	9093	2228	303947	839	3375	42493
怀集县	3	4707	193	4337	170	11035	11854	2769	492433	1775	2600	69202
清远市	**1997**	**8725**	**261353**	**35989**	**211**	**113889**	**136209**	**1556**	**3179893**	**2957**	**2002**	**88796**
清城区	43	9411	6004	3532	218	11535	8394	1889	237859	162	1207	2926
英德市	1875	8872	249540	10132	206	31233	25392	1935	736943	693	1919	19939
佛冈县				2449	197	7227	10181	1076	164271	10	910	142
连山自治县				1359	252	5126	5637	1260	106547	83	1868	2313
连南自治县				2091	319	10009	7360	1046	115429	5	2842	216
连州市				4355	218	14252	28445	1681	717061	1402	2381	50075
阳山县	6	3067	276	6070	199	18125	32034	1168	561320	324	1137	5528
清新区	73	5030	5533	6001	182	16382	18766	1920	540463	279	1830	7657
潮州市				**2040**	**166**	**5083**	**14997**	**2250**	**506146**	**126**	**1870**	**3532**
湘桥区				168	163	413	2015	2300	69532	1	1111	10
饶平县				1445	157	3396	7839	2283	268399	91	1928	2626
潮安区				427	199	1274	5143	2180	168215	35	1730	896
揭阳市				**8517**	**238**	**30468**	**49170**	**2436**	**1797011**	**284**	**2384**	**10157**
榕城区				102	332	510	5242	2143	168500	19	2303	654
揭东区				1832	250	6862	16293	2293	560477			
惠来县				3353	216	10883	9042	2818	382209	212	2446	7793
普宁市				1357	212	4322	10400	2394	373430	25	3249	1225
揭西县				1872	281	7891	8192	2542	312395	28	1171	485
云浮市	**42**	**3519**	**2217**	**17455**	**202**	**52773**	**24099**	**1417**	**512289**	**1783**	**1206**	**32255**
云城区				759	177	2013	1085	1373	22339	119	1407	2505
新兴县	42	3519	2217	2884	262	11333	10071	1848	279122	7	1300	130
郁南县				3894	220	12876	2383	1071	38292	1025	1064	16362
罗定市				7043	180	18991	7728	1016	117799	253	1371	5207
云安区				2876	175	7560	2832	1288	54737	380	1412	8051

8-8 主要年份茶叶、桑叶、水果面积及产量

项　目	单位	1990	1995	2000	2005	2010	2015	2017	2018	2018年比上年增长(%)
一、茶叶年末实有面积	**千公顷**	**42.95**	**45.83**	**43.2**	**36.03**	**50.88**	**52.05**	**58.42**	**63.39**	**8.5**
茶叶总产量	万吨	2.59	3.96	4.21	4.45	5.38	8.07	9.29	9.99	**7.5**
二、桑叶年末实有面积	**千公顷**	**19.81**	**25.17**	**17.93**	**29.67**	**31.82**	**34.17**	**33.095**	**25.23**	**-23.8**
桑叶总产量	万吨			51.25	81.34	94.35	113.54	115.46	97.29	**-15.7**
三、水果年末实有面积	**千公顷**	**644.74**	**735.64**	**1001.56**	**996.91**	**1007.07333**	**968.47**	**960.52**	**982.33**	**2.3**
水果总产量	万吨	328.58	414.51	643.52	831.69	1049.21	1298.52	1421.2	1547.8	**8.9**
#柑桔橙年末实有面积	千公顷	192.66	113.23	82.23	166.02	217.88	197.75	182.46	188.80	**3.5**
柑桔橙总产量	万吨	151.42	107.43	81.06	143.02	259.34	317.53	323.18	343.07	**6.2**
香(大)蕉年末实有面积	千公顷	68.73	87.61	101.01	128.39	114.57	108.15	107.03	108.74	**1.6**
香(大)蕉总产量	万吨	105.39	157.6	235.3	330.23	334.13	357.83	395.24	422.84	**7.0**
菠萝年末实有面积	千公顷	34.10	25.74	29.72	27.13	25.88	29.72	33.05	34.40	**4.1**
菠萝总产量	万吨	21.47	26.30	47.53	52.10	63.21	83.76	94.53	102.34	**8.3**
荔枝年末实有面积	千公顷	119.33	196.11	316.56	278.14	260.66	247.88	245.39	245.01	**-0.2**
荔枝总产量	万吨	9.73	26.91	64.75	86.21	96.53	116.18	117.47	140.31	**19.4**

8-9 水果、桑叶和茶叶生产情况

(2018年)　　　　单位：千公顷、万吨

项　目	年末实有面积	总产量	项　目	年末实有面积	总产量
一、水果	**982.33**	**1547.81**	12.青梅	14.94	8.02
1.柑桔橙	188.80	343.07	13.火龙果	10.35	18.58
2.香(大)蕉	108.74	422.84	14.黄皮	8.87	11.42
3.菠萝	34.40	102.34	15.杨桃	7.29	12.47
4.荔枝	245.01	140.31	16.其他杂果	106.92	151.26
5.龙眼	114.01	92.51	**二、桑叶**	**25.23**	**97.29**
6.梨	8.32	11.30	**三、茶叶**		9.99
7.柿子	11.87	12.84	1.绿茶		4.12
8.李子	53.55	70.42	2.青茶(乌龙茶)		4.39
9.番石榴	14.13	38.75	3.红茶		0.68
10.芒果	12.79	17.56	4.黄茶		0.10
11.柚子	42.33	94.13	5.其他茶		0.70

8-10 各市水果、桑叶和茶叶生产情况

(2018年)　　单位：公顷、吨

市别	一、水果合计		1.柑、桔、橙		2.香(大)蕉	
	年末实有面积	总产量	年末实有面积	总产量	年末实有面积	总产量
全省	982327	15478133	188802	3430663	108744	4228412
广州市	62416	605697	3355	46124	5268	197598
深圳市	4345	41506	357	6907	139	3040
珠海市	8693	78455	150	1324	738	16910
汕头市	12181	276143	833	21747	1952	57135
佛山市	2065	42678	126	6146	893	30405
韶关市	41319	596640	21125	313869	317	4713
河源市	35912	416057	8235	99248	826	11405
梅州市	73708	1334048	7584	152565	3649	71521
惠州市	57892	874997	17523	263625	9380	347069
汕尾市	32056	285343	984	35987	2180	43070
东莞市	12897	67675	7	74	1920	37102
中山市	4356	102286	179	3577	1397	47931
江门市	22263	355153	7188	158510	2660	92624
阳江市	47904	376495	4758	88654	4270	85594
湛江市	93011	2660742	4963	65161	27867	1267566
茂名市	233879	3728954	7679	94885	29352	1562365
肇庆市	77692	1684274	55662	1333729	6296	140891
清远市	47270	730004	24805	404188	751	22559
潮州市	16872	268077	2904	43717	689	29950
揭阳市	49244	462380	4403	61975	4574	99121
云浮市	46351	490529	15980	228651	3625	59843

8-10 续表 1

(2018年)　　单位：公顷、吨

市别	3.菠萝		4.荔枝		5.龙眼	
	年末实有面积	总产量	年末实有面积	总产量	年末实有面积	总产量
全省	34405	1023401	245006	1403099	114011	925123
广州市	112	1305	30229	118347	7835	44118
深圳市	110	2187	2438	11116	587	4465
珠海市	2	2	3650	7325	644	2772
汕头市	63	611	2244	10487	385	5123
佛山市	1	73	235	743	479	1182
韶关市			3	87	196	1530
河源市			3970	8184	1175	7347
梅州市	158	1321	3244	20116	3473	32613
惠州市	403	5719	17422	114896	7535	67546
汕尾市	1324	8458	13793	100592	2368	27167
东莞市	2	19	8991	16917	1243	4148
中山市	239	409	646	7547	557	4723
江门市	31	445	5821	24633	4095	23460
阳江市	57	662	20421	79878	10283	56796
湛江市	27457	921613	16570	143649	4796	43873
茂名市	199	2874	90522	584948	52344	465817
肇庆市	434	5169	1765	25286	2113	21999
清远市	7	55	1308	7499	839	6897
潮州市	435	6963	2174	23571	2959	40807
揭阳市	3267	63819	11514	63456	5474	29486
云浮市	103	1697	8048	33822	4630	33254

8-10 续表 2

(2018年)　　　　单位：公顷、吨

市　别	6.梨		7.柿子(鲜)		8.李子	
	年末实有面　积	总产量	年末实有面　积	总产量	年末实有面　积	总产量
全　省	8318	112961	11873	128361	53553	704233
广州市	19	3	1979	13322	2513	9756
深圳市	42	120	22	175	141	3404
珠海市						
汕头市	23	78	127	3141	24	345
佛山市	3	21				
韶关市	721	9764	354	1943	8221	120073
河源市	248	3325	2427	23756	8759	106959
梅州市	992	7331	3110	33401	5536	82702
惠州市	13	368	206	2376	655	5893
汕尾市	179	953	911	6140	1433	13397
东莞市			2	2	1	3
中山市					…	1
江门市			3	19	14	22
阳江市	148	423	157	860	1282	6879
湛江市	…	1	3	93	39	425
茂名市	439	4370	633	10319	18846	265860
肇庆市	722	17647	882	22474	1716	28357
清远市	4069	64048	445	4842	1439	18541
潮州市	91	417	197	1809	105	1194
揭阳市	492	2848	177	1588	2160	32702
云浮市	117	1244	236	2101	666	7720

8-10 续表 3

(2018年)　　　　单位：公顷、吨

市　别	9.其他		二、桑叶		三、茶叶	
	年末实有面　积	总产量	年末实有面　积	总产量	年末实有面　积	总产量
全　省	217614	3521880	25226	972850	63388	99871
广州市	11106	175124			119	55
深圳市	509	10092			88	57
珠海市	3507	50122			1	1
汕头市	6529	177476			864	774
佛山市	326	4108	…	21	20	21
韶关市	10382	144661	2874	54699	4633	6186
河源市	10272	155833	17	519	6728	6018
梅州市	45963	932478	63	322	16638	19652
惠州市	4754	67505	7	50	2345	1579
汕尾市	8885	49579			788	2193
东莞市	731	9410			37	3
中山市	1337	38098	1	…		
江门市	2450	55440	28	222	906	804
阳江市	6528	56749	4082	128709	196	478
湛江市	11316	218361	2853	121680	1879	6261
茂名市	33864	737516	6510	405455	1110	1120
肇庆市	8102	88722	626	18701	2147	6436
清远市	13605	201375	3238	75302	7226	8129
潮州市	7319	119649			11063	18402
揭阳市	17181	107385			4664	18378
云浮市	12947	122197	4925	167170	1935	3324

8-11 各县（市、区）水果、桑叶和茶叶生产情况

(2018年)

单位：公顷、吨

县（市、区）别	一、水果合计		1.柑、桔、橙		2.香(大)蕉		3.菠萝	
	年末实有面积	总产量	年末实有面积	总产量	年末实有面积	总产量	年末实有面积	总产量
广州市	**62416**	**605697**	**3355**	**46124**	**5268**	**197598**	**112**	**1305**
海珠区	208	4004			31	1155		
天河区	67	285			…	5		
白云区	1674	6334	48	275	37	1277	11	30
黄埔区	2776	14496	49	601	252	3574	5	20
荔湾区								
花都区	4039	24843	26	92	84	1592	17	260
从化区	25905	138607	2180	16790	116	891	21	120
增城区	21577	204725	985	27044	1460	54028	58	875
番禺区	529	12231			133	3855		
南沙区	5640	200172	66	1322	3155	131221		
深圳市	**4345**	**41506**	**357**	**6907**	**139**	**3040**	**110**	**2187**
福田区								
罗湖区	86	876						
南山区	1063	7338						
宝安区	714	460	10	3		120		80
龙岗区	205	1791			3	4	…	49
盐田区	80	7						
龙华区								
坪山区	257	646	32	32				
光明区	176	982						
深汕合作区	1763	29406	316	6872	136	2916	110	2058
珠海市	**8693**	**78455**	**150**	**1324**	**738**	**16910**	**2**	**2**
香洲区	555	2713	3	45	20	215	2	2
金湾区	6519	51824	117	722	399	6631		
斗门区	2284	23918	30	557	319	10064		
汕头市	**12181**	**276143**	**833**	**21747**	**1952**	**57135**	**63**	**611**
金平区	30	630			1	12		
龙湖区	1	52						
澄海区	2185	103112	63	5039	231	10977	…	2
濠江区	49	712	2	27	4	150		
潮阳区	5339	138102	275	7031	1254	37067	63	609
潮南区	4180	28782	336	7500	391	7449		
南澳县	396	4753	157	2150	72	1480		
佛山市	**2065**	**42678**	**126**	**6146**	**893**	**30405**	**1**	**73**
禅城区								
南海区	143	2038			45	722		
顺德区	219	8059			209	7922		
高明区	828	12243	119	5960	167	4168	1	73
三水区	876	20338	8	186	472	17593		
韶关市	**41319**	**596640**	**21125**	**313869**	**317**	**4713**		
浈江区	895	22562	508	12654	44	746		
武江区	751	11120	366	5300	21	494		
曲江区	2490	36806	1715	26663	15	147		
南雄市	3747	46083	1762	21552	80	1189		
始兴县	5930	86628	2521	34664	14	207		
翁源县	3268	72741	328	6563	6	98		
仁化县	10072	125952	8070	106605	51	1200		
新丰县	5710	35025	1654	9100	62	364		
乳源自治县	1715	8252	1007	4494				
乐昌市	6739	151471	3193	86274	25	268		

8-11 续表 1

(2018年) 单位：公顷、吨

县（市、区）别	一、水果合计		1.柑、桔、橙		2.香(大)蕉		3.菠萝	
	年末实有面积	总产量	年末实有面积	总产量	年末实有面积	总产量	年末实有面积	总产量
河源市	**35912**	**416057**	**8235**	**99248**	**826**	**11405**		
源城区	932	4468	19	945	20	245		
东源县	3550	34179	631	6608	138	1263		
和平县	4193	51050	615	6604	29	921		
龙川县	5684	75352	1829	27844	114	1923		
紫金县	14305	139529	3900	43787	520	7019		
连平县	7248	111479	1241	13460	4	34		
梅州市	**73708**	**1334048**	**7584**	**152565**	**3649**	**71521**	**158**	**1321**
梅江区	2201	34983	382	4331	55	1342		
梅县区	24661	680822	2365	58023	930	22273		
蕉岭县	2821	44532	265	5022	234	4606		
大埔县	12854	192904	200	3523	726	10559	55	778
丰顺县	5942	61286	233	3995	706	12186	49	423
五华县	14551	78721	1270	12973	548	6811	54	120
兴宁市	5279	156648	438	20889	155	10451		
平远县	5399	84152	2431	43809	295	3293		
惠州市	**57892**	**874997**	**17523**	**263625**	**9380**	**347069**	**403**	**5719**
惠城区	5465	42408	204	1608	646	12363	35	242
惠东县	10509	103946	1427	18513	608	8194	317	5017
惠阳区	7830	55334	134	1350	254	7591	16	63
博罗县	12032	203487	2059	32170	2373	96038	32	373
龙门县	22055	469822	13699	209984	5499	222883	3	24
汕尾市	**32056**	**285343**	**984**	**35987**	**2180**	**43070**	**1324**	**8458**
汕尾城区	1060	10825	32		30	434	1	10
红海湾区	77	327			8	66		
海丰县	5087	65237	284	8574	648	13625	46	630
陆河县	13023	106157	478	25959	975	20622	229	1530
陆丰市	12808	102797	189	1454	519	8323	1048	6288
东莞市	**12897**	**67675**	**7**	**74**	**1920**	**37102**	**2**	**19**
中山市	**4356**	**102286**	**179**	**3577**	**1397**	**47931**	**239**	**409**
江门市	**22263**	**355153**	**7188**	**158510**	**2660**	**92624**	**31**	**445**
蓬江区	98	3202	20	456	52	2366		
江海区	197	6742	54	2004	58	1909		
新会区	5944	147978	4086	103110	758	28644	11	272
台山市	5968	72241	722	13070	587	19188		
开平市	3912	52869	743	12588	624	20746		
恩平市	4097	56045	1230	21695	488	16500	1	25
鹤山市	2048	16076	333	5587	93	3271	18	148
阳江市	**47904**	**376495**	**4758**	**88654**	**4270**	**85594**	**57**	**662**
江城区	2386	9585	28	247	73	701	35	487
阳东区	16722	64094	1285	16366	754	8910		
阳西县	7385	42264	298	1924	217	4356	22	175
阳春市	21353	259473	3147	70117	3226	71627		
海陵区	58	1079						
湛江市	**93011**	**2660742**	**4963**	**65161**	**27867**	**1267566**	**27457**	**921613**
赤坎区	16	288			5	110		
霞山区	9	274			5	197		

8-11 续表 2

(2018年) 单位：公顷、吨

县（市、区）别	一、水果合计		1.柑、桔、橙		2.香(大)蕉		3.菠萝	
	年末实有面积	总产量	年末实有面积	总产量	年末实有面积	总产量	年末实有面积	总产量
坡头区	920	25824	11	252	496	21310		
麻章区	864	22138	4	56	496	14545	5	141
东海区	1621	64062			1222	57929		
吴川市	2664	78398	75	2100	1386	60382		
徐闻县	25859	1022082			8351	425701	16098	583171
雷州市	22996	742391	201	2278	8149	363606	11010	328714
遂溪县	8726	258250	108	2021	4194	183060	315	8830
廉江市	29336	447035	4564	58454	3564	140726	28	757
茂名市	**233879**	**3728954**	**7679**	**94885**	**29352**	**1562365**	**199**	**2874**
茂南区	5646	43371	83	513	100	2312		
电白区	39132	411944	261	1604	2167	103217		
信宜市	56826	984908	6605	85156	6161	278791	131	2031
高州市	86511	1608879	345	2006	16352	913612		
化州市	45765	679852	385	5606	4573	264433	68	843
肇庆市	**77692**	**1684274**	**55662**	**1333729**	**6296**	**140891**	**434**	**5169**
端州区	7	102			7	100		
鼎湖区	992	24076	135	1093	691	21094		
高要区	11213	208935	6079	121099	1247	32200	402	4793
广宁县	13161	174571	10515	139049	276	6126	17	209
四会市	7437	107996	4140	51749	2090	41696		
德庆县	19613	369396	16530	355114	249	2861	12	132
封开县	15332	411371	10750	314050	1292	26968	4	35
怀集县	9936	387827	7513	351575	443	9846		
清远市	**47270**	**730004**	**24805**	**404188**	**751**	**22559**	**7**	**55**
清城区	1334	33713	202	4831	46	1357	1	16
英德市	5659	68584	4499	61556	34	371		
佛冈县	8914	101380	3219	32549	265	5050	6	39
连山自治县	1575	34385	507	10939	5	40		
连南自治县	1165	22058	138	2759				
连州市	9935	123162	2777	29463				
阳山县	6835	86201	3842	62999	17	390		
清新区	11852	260521	9622	199092	385	15351		
潮州市	**16872**	**268077**	**2904**	**43717**	**689**	**29950**	**435**	**6963**
湘桥区	1979	81359	154	5264	200	10139	2	63
饶平县	10478	136678	2327	30063	182	8837	166	1493
潮安区	4398	49833	413	8267	307	10974	266	5407
揭阳市	**49244**	**462380**	**4403**	**61975**	**4574**	**99121**	**3267**	**63819**
榕城区	2224	35405	103	1231	946	29330	61	1506
揭东区	4044	37651	118	1512	622	12966	104	1471
惠来县	13177	120834	110	1323	401	7606	1427	42743
普宁市	22355	184825	2946	42480	1702	23456	1562	15515
揭西县	7445	83665	1127	15429	904	25763	114	2584
云浮市	**46351**	**490529**	**15980**	**228651**	**3625**	**59843**	**103**	**1697**
云城区	3301	39071	2211	25186	164	1233	7	119
新兴县	7999	106171	555	15376	1248	25545	14	206
郁南县	21522	194741	7929	117818	1289	15762	26	297
罗定市	7675	77623	1844	18970	550	10827	45	947
云安区	5854	72923	3442	51301	374	6476	12	128

8-11 续表 3

(2018年) 单位：公顷、吨

县（市、区）别	4.荔枝		5.龙眼		6.梨		7.柿子(鲜)	
	年末实有面积	总产量	年末实有面积	总产量	年末实有面积	总产量	年末实有面积	总产量
广州市	**30229**	**118347**	**7835**	**44118**	**19**	**3**	**1979**	**13322**
海珠区	1	20	1	28				
天河区	23	94	19	81				
白云区	741	1322	500	1589			…	1
黄埔区	1549	6172	609	2298			2	30
荔湾区								
花都区	1835	9708	1590	8680			11	129
从化区	13686	57015	2268	14395	19	3	1460	8707
增城区	11473	34443	2600	13638			505	4455
番禺区	14	71	83	1387				
南沙区	907	9502	164	2022				
深圳市	**2438**	**11116**	**587**	**4465**	**42**	**120**	**22**	**175**
福田区								
罗湖区	79	825	7	51				
南山区	875	5225	187	2113				
宝安区	606	230	98	27				
龙岗区	133	933	68	798				
盐田区	67	6	13	1				
龙华区								
坪山区	114	209	94	147				
光明区	57	110	10	36				
深汕合作区	507	3578	109	1292	42	120	22	175
珠海市	**3650**	**7325**	**644**	**2772**				
香洲区	326	751	131	932				
金湾区	1879	973	335	416				
斗门区	1445	5601	178	1424				
汕头市	**2244**	**10487**	**385**	**5123**	**23**	**78**	**127**	**3141**
金平区	2	18	2	34				
龙湖区								
澄海区	124	1346	107	2498			4	37
濠江区	8	62	2	26				
潮阳区	63	1280	18	270	3	42	72	2770
潮南区	2020	7651	175	1868	17	21	48	291
南澳县	28	130	81	427	3	15	3	43
佛山市	**235**	**743**	**479**	**1182**	**3**	**21**		
禅城区								
南海区			5	27				
顺德区			4	47				
高明区	185	282	181	304	3	21		
三水区	51	461	289	804				
韶关市	**3**	**87**	**196**	**1530**	**721**	**9764**	**354**	**1943**
浈江区								
武江区			2	13	10	291	6	342
曲江区	1	57	17	152	18	223	11	130
南雄市					118	1609	2	32
始兴县					55	1109	6	65
翁源县	1	30	128	1216	55	807	25	331
仁化县					1	17	…	3
新丰县			49	149	134	688	281	799
乳源自治县					54	196	23	236
乐昌市					276	4824	…	5

8-11 续表 4

(2018年)　　　　单位：公顷、吨

县（市、区）别	4.荔枝		5.龙眼		6.梨		7.柿子(鲜)	
	年末实有面积	总产量	年末实有面积	总产量	年末实有面积	总产量	年末实有面积	总产量
河源市	**3970**	**8184**	**1175**	**7347**	**248**	**3325**	**2427**	**23756**
源城区	496	1095	297	1102				
东源县	93	419	161	658	66	733	409	5286
和平县					57	800	284	2825
龙川县	17	311	115	872	59	1175	1481	12866
紫金县	3364	6359	601	4715	37	337	206	2264
连平县					29	280	47	515
梅州市	**3244**	**20116**	**3473**	**32613**	**992**	**7331**	**3110**	**33401**
梅江区			67	969	4	7	86	2002
梅县区	157	2569	453	7178	82	1579	420	9365
蕉岭县	49	520	418	3448	6	120	69	1260
大埔县	110	1150	78	682	75	981	367	4212
丰顺县	712	6341	628	8931	14	137	66	656
五华县	2042	7554	298	2906	739	3729	1559	8827
兴宁市	173	1982	1530	8499	52	545	249	3805
平远县					20	233	295	3274
惠州市	**17422**	**114896**	**7535**	**67546**	**13**	**368**	**206**	**2376**
惠城区	2721	10273	1182	8001			12	104
惠东县	4796	35197	1652	21663			147	1852
惠阳区	5514	30455	1521	8155			3	7
博罗县	3841	34964	2394	21026			11	78
龙门县	551	4007	786	8701	13	368	34	335
汕尾市	**13793**	**100592**	**2368**	**27167**	**179**	**953**	**911**	**6140**
汕尾城区	842	8581	89	1033			34	309
红海湾区	43	192	5	8				
海丰县	2138	16023	406	4851	8	41	20	112
陆河县	1809	10101	707	8427	135	844	855	5668
陆丰市	8960	65695	1161	12848	36	68	2	51
东莞市	**8991**	**16917**	**1243**	**4148**			**2**	**2**
中山市	**646**	**7547**	**557**	**4723**				
江门市	**5821**	**24633**	**4095**	**23460**			**3**	**19**
蓬江区	5	56	6	60				
江海区			…	2				
新会区	587	5401	245	2565			…	4
台山市	3091	8574	882	7067				
开平市	872	1865	821	2059				
恩平市	634	5834	1633	11123				
鹤山市	632	2903	509	584			3	15
阳江市	**20421**	**79878**	**10283**	**56796**	**148**	**423**	**157**	**860**
江城区	1324	5533	826	1394				
阳东区	10159	25414	3403	9635				
阳西县	5213	18518	1316	6433				
阳春市	3685	29724	4725	39001	148	423	157	860
海陵区	40	689	13	333				
湛江市	**16570**	**143649**	**4796**	**43873**	**…**	**1**	**3**	**93**
赤坎区	3	26	1	6				
霞山区	…	2	…	3				

8-11 续表 5

(2018年) 单位：公顷、吨

县（市、区）别	4.荔枝		5.龙眼		6.梨		7.柿子(鲜)	
	年末实有面积	总产量	年末实有面积	总产量	年末实有面积	总产量	年末实有面积	总产量
坡头区	250	1263	61	424				
麻章区	117	1762	6	96				
东海区	3	46	1	37				
吴川市	315	3174	499	3245				
徐闻县	860	3623	73	582				
雷州市	510	5947	331	3714			3	93
遂溪县	1309	13174	473	4654				
廉江市	13201	114632	3351	31112	…	1		
茂名市	**90522**	**584948**	**52344**	**465817**	**439**	**4370**	**633**	**10319**
茂南区	3505	22071	1256	11007				
电白区	24056	171125	6669	56866				
信宜市	9050	82448	8939	97593	439	4370	610	10203
高州市	37237	223608	21399	165057			23	116
化州市	16674	85696	14082	135294				
肇庆市	**1765**	**25286**	**2113**	**21999**	**722**	**17647**	**882**	**22474**
端州区								
鼎湖区	34	316	51	538	32	199	3	65
高要区	907	17071	703	10392			69	821
广宁县	38	480	18	131	81	1194	95	1749
四会市	142	2136	321	2898			24	345
德庆县	522	2968	480	1547	70	357	63	1034
封开县	120	2306	488	5961	451	13689	495	14518
怀集县	1	9	52	532	88	2208	133	3942
清远市	**1308**	**7499**	**839**	**6897**	**4069**	**64048**	**445**	**4842**
清城区	100	1286	184	2076			17	113
英德市	1	9	79	674	5	56	13	95
佛冈县	1196	6137	508	3687	324	646	102	754
连山自治县					1	27	11	70
连南自治县					75	1517	44	1007
连州市					3235	60528	188	1842
阳山县					428	1274	1	19
清新区	11	67	68	460			69	942
潮州市	**2174**	**23571**	**2959**	**40807**	**91**	**417**	**197**	**1809**
湘桥区	57	1973	127	1778			6	185
饶平县	1912	17284	2640	37311	59	232	129	1351
潮安区	204	4314	191	1708	32	185	62	273
揭阳市	**11514**	**63456**	**5474**	**29486**	**492**	**2848**	**177**	**1588**
榕城区	207	1652	763	936	35	42	5	35
揭东区	788	6898	1829	9725	25	212	13	154
惠来县	6984	31119	889	8400	1	3	3	27
普宁市	2467	18166	1256	6400	421	2513	109	727
揭西县	1069	5621	737	4025	9	78	47	645
云浮市	**8048**	**33822**	**4630**	**33254**	**117**	**1244**	**236**	**2101**
云城区	87	758	149	936	0	1	6	99
新兴县	1851	8711	1372	9318	14	419	41	210
郁南县	3894	9552	858	3945	9	57	50	230
罗定市	1632	10765	1643	14573	78	647	75	967
云安区	584	4036	608	4482	15	120	64	595

8-11 续表 6

(2018年) 单位：公顷、吨

县（市、区）别	8.李子		9.其他		二、桑叶		三、茶叶	
	年末实有面积	总产量	年末实有面积	总产量	年末实有面积	总产量	年末实有面积	总产量
广州市	**2513**	**9756**	**11106**	**175124**			**119**	**55**
海珠区			175	2801				
天河区			25	105				
白云区	7	5	329	1835				
黄埔区			311	1801				
荔湾区								
花都区	5	33	471	4349				
从化区	2441	9029	3713	31657			119	55
增城区	60	689	4435	69553				
番禺区			299	6918				
南沙区			1347	56105				
深圳市	**141**	**3404**	**509**	**10092**			**88**	**57**
福田区								
罗湖区			0					
南山区			1					
宝安区								
龙岗区			1	7				
盐田区							23	1
龙华区								
坪山区	1	17	16	241				
			109	836				
深汕合作区	140	3387	382	9008			65	56
珠海市			**3507**	**50122**			**1**	**1**
香洲区			72	768				
金湾区			3123	43082				
斗门区			312	6272			1	1
汕头市	**24**	**345**	**6529**	**177476**			**864**	**774**
金平区			27	566				
龙湖区								
澄海区	1	18	1655	83195			38	40
濠江区			33	447				
潮阳区			3591	89033			130	98
潮南区	21	309	1171	3693			550	451
南澳县	2	18	50	490			145	185
佛山市			**326**	**4108**		**21**	**20**	**21**
禅城区								
南海区			93	1289				
顺德区			7	90				
高明区			171	1435		21	20	21
三水区			56	1294				
韶关市	**8221**	**120073**	**10382**	**144661**	**2874**	**54699**	**4633**	**6186**
浈江区	31	409	312	8753	11	201		
武江区	152	2891	194	1789	2	28	34	77
曲江区	152	2112	561	7322			428	348
南雄市	1375	18719	410	2982	30	147	246	616
始兴县	1203	28397	2133	22186	866	13666	358	1096
翁源县	683	3256	2042	60440	1775	37668	287	110
仁化县	114	1807	1836	16320	133	1963	971	1342
新丰县	2397	19116	1133	4809	3	9	515	755
乳源自治县	140	1586	491	1740	...	5	492	474
乐昌市	1973	41780	1272	18320	53	1012	1302	1368

8-11 续表 7

(2018年) 单位：公顷、吨

县（市、区）别	8.李子		9.其他		二、桑叶		三、茶叶	
	年末实有面积	总产量	年末实有面积	总产量	年末实有面积	总产量	年末实有面积	总产量
河源市	**8759**	**106959**	**10272**	**155833**	**17**	**519**	**6728**	**6018**
源城区	46	383	53	698			21	17
东源县	1172	9926	880	9286			2535	2091
和平县	559	6062	2649	33838			953	949
龙川县	1426	19775	644	10586			1141	1103
紫金县	3989	53715	1686	21333			1260	1235
连平县	1566	17098	4361	80092	17	519	818	623
梅州市	**5536**	**82702**	**45963**	**932478**	**63**	**322**	**16638**	**19652**
梅江区	139	3907	1468	22425			1407	810
梅县区	1714	35448	18539	544387			1045	1275
蕉岭县	289	2950	1492	26606			847	2525
大埔县	571	4468	10672	166551	7	93	3721	5631
丰顺县	25	187	3508	28430			3800	2638
五华县	895	2813	7144	32988			2908	3297
兴宁市	785	15823	1897	94654	57	229	1907	2612
平远县	1117	17106	1242	16437			1003	864
惠州市	**655**	**5893**	**4754**	**67505**	**7**	**50**	**2345**	**1579**
惠城区	39	458	626	9359				
惠东县	295	1697	1267	11813			166	141
惠阳区	88	1037	301	6676			96	9
博罗县	164	2148	1159	16690			1883	1279
龙门县	69	553	1401	22967	7	50	201	150
汕尾市	**1433**	**13397**	**8885**	**49579**			**788**	**2193**
汕尾城区	8	199	24	259				
红海湾区	…	2	20	59				
海丰县	647	9188	890	12193			588	918
陆河县	602	2967	7233	30039				1000
陆丰市	175	1041	718	7029			201	275
东莞市	**1**	**3**	**731**	**9410**			**37**	**3**
中山市	**…**	**1**	**1337**	**38098**				
江门市	**14**	**22**	**2450**	**55440**	**28**	**222**	**906**	**804**
蓬江区			15	264			…	2
江海区			85	2827				
新会区			256	7982	28	222	18	53
台山市			685	24342			267	204
开平市			852	15611			338	280
恩平市			110	868			129	127
鹤山市	14	22	447	3546			153	138
阳江市	**1282**	**6879**	**6528**	**56749**	**4082**	**128709**	**196**	**478**
江城区			100	1223				
阳东区	3	13	1118	3756	14	149	7	13
阳西县	13	208	308	10650	15	206	36	10
阳春市	1266	6658	4998	41063	4054	128354	153	455
海陵区			5	57				
湛江市	**39**	**425**	**11316**	**218361**	**2853**	**121680**	**1879**	**6261**
赤坎区			7	146				
霞山区			3	72	2	75	5	10

8-11 续表 8

(2018年) 单位：公顷、吨

县（市、区）别	8.李子		9.其他		二、桑叶		三、茶叶	
	年末实有面积	总产量	年末实有面积	总产量	年末实有面积	总产量	年末实有面积	总产量
坡头区			101	2575	7	255		
麻章区			237	5538			12	26
东海区			395	6050	…	13	3	7
吴川市			389	9497				
徐闻县			476	9005	1039	43671	301	429
雷州市	3	52	2789	37987	320	7416	24	86
遂溪县			2327	46511	994	49589	12	167
廉江市	36	373	4592	100980	492	20661	1523	5536
茂名市	**18846**	**265860**	**33864**	**737516**	**6510**	**405455**	**1110**	**1120**
茂南区			702	7468				
电白区			5979	79132				
信宜市	18723	264947	6168	159369			570	803
高州市	50	390	11106	304090	381	5772	75	55
化州市	73	523	9909	187457	6129	399683	465	262
肇庆市	**1716**	**28357**	**8102**	**88722**	**626**	**18701**	**2147**	**6436**
端州区			…	2				
鼎湖区	7	57	39	714			17	20
高要区	75	1729	1732	20830			262	897
广宁县	133	1377	1989	24256	91	5927	267	1697
四会市	8	124	711	9048	2	42	177	347
德庆县	336	1987	1351	3396	530	12709	201	226
封开县	700	15307	1031	18537	3	23	457	1099
怀集县	458	7776	1248	11939			768	2150
清远市	**1439**	**18541**	**13605**	**201375**	**3238**	**75302**	**7226**	**8129**
清城区	6	121	778	23913			253	77
英德市	29	193	998	5630	1952	53674	4079	6159
佛冈县	253	3459	3041	49059			120	1
连山自治县	194	6034	859	17275			168	162
连南自治县	93	3448	815	13327	842	15700	533	772
连州市	251	2233	3484	29096	31	515	634	132
阳山县	560	1280	1987	20239	413	5413	431	115
清新区	53	1773	1644	42836			1008	711
潮州市	**105**	**1194**	**7319**	**119649**			**11063**	**18402**
湘桥区	6	370	1426	61587			589	1518
饶平县	79	596	2984	39511			6010	10975
潮安区	20	228	2903	18477			4459	5903
揭阳市	**2160**	**32702**	**17181**	**107385**			**4664**	**18378**
榕城区	3	102	101	571			19	115
揭东区	34	662	510	4051			681	2984
惠来县	606	11821	2756	17792			308	1339
普宁市	917	12739	10976	62829			1182	1854
揭西县	600	7378	2839	22142			2475	12086
云浮市	**666**	**7720**	**12947**	**122197**	**4925**	**167170**	**1935**	**3324**
云城区	65	482	612	10257			108	104
新兴县	99	709	2806	45677	43	1510	239	249
郁南县	152	3027	7315	44053	1525	20879	152	331
罗定市	243	2881	1565	17046	3026	133270	1236	2469
云安区	107	621	649	5164	331	767	200	171

8-12 全省水稻品种种植面积

2018年　　单位：万亩

品　种	面积（早稻）	品　种	面积（晚稻）
总面积	**1272.8**	**总面积**	**1407.4**
1.常规稻	589.8	1.常规稻	614.1
其中：美香占2号	42.1	其中：美香占2号	80.9
金农丝苗	33.1	粤农丝苗	23.4
五山丝苗	30.8	五山丝苗	23.3
华航31号	25.5	金农丝苗	21.9
粤农丝苗	23.2	粤禾丝苗	20.4
合美占	20.7	特粘占25	17.7
玉香油占	17.1	合美占	17.2
特粘占25	16.8	华航31号	17.1
粤晶丝苗2号	16.8	粤晶丝苗2号	16.7
粤禾丝苗	16.5	粤香占	10.1
2.杂交稻	683.0	2.杂交稻	793.3
其中：深优9516	32.9	其中：吉丰优1002	37.6
五优308	24.2	深两优5814	32.1
Y两优3088	21.2	广8优165	25.6
广8优金占	19.9	深优9516	20.5
五丰优615	18.1	Y两优3088	20.4
广8优2168	14.9	广8优2156	17.8
恒丰优387	13.2	广8优金占	17.6
五优1179	13.0	五丰优615	16.0
泰丰优208	12.9	广8优2168	14.8
恒丰优华占	12.7	广8优169	13.3
3.优质稻(含国标、省标优质，以及外观一级以上品种)	885.2	3.优质稻(含国标、省标优质，以及外观一级以上品种)	1005.4
其中：美香占2号	42.1	其中：美香占2号	80.9
金农丝苗	33.1	深两优5814	32.1
深优9516	32.9	粤农丝苗	23.4
五山丝苗	30.8	五山丝苗	23.3
华航31号	25.5	金农丝苗	21.9
五优308	24.2	深优9516	20.5
粤农丝苗	23.2	粤禾丝苗	20.4
Y两优3088	21.2	Y两优3088	20.4
合美占	20.7	特粘占25	17.7
广8优金占	19.9	广8优金占	17.6

8-13 主要农作物病虫草鼠螺发生、防治面积及挽回损失

(2018年)　　单位：万亩次；吨

项　目	发生面积	防治面积	挽回损失	实际损失	发生程度
生物灾害总计	**28200.73**	**34372.86**	**9011448.37**	**1459203.60**	**4**
一、病虫害合计	**20614.30**	**25974.58**	**7146499.85**	**1188308.39**	**4**
1.病害小计	6417.17	8160.34	2490670.56	458417.45	4
2.虫害小计	14197.13	17814.24	4655829.29	729890.94	3
二、农田草害合计	**4624.47**	**5181.04**	**1200878.29**	**128848.33**	**3**
三、农田鼠害合计	**2161.46**	**2329.44**	**535099.48**	**125598.39**	**4**
四、农田螺害合计	**800.5**	**887.8**	**128970.75**	**16448.49**	**2**

注：发生程度：1——轻发生；2——中偏轻；3——中等；4——中等偏重；5——大发生，下同。

8-14 各市农作物病虫草鼠螺发生面积、防治面积及挽回损失

(2018年)

市别	病虫草鼠螺总计					病虫害合计				
	发生面积(万亩次)	防治面积(万亩次)	挽回损失(吨)	实际损失(吨)	发生程度	发生面积(万亩次)	防治面积(万亩次)	挽回损失(吨)	实际损失(吨)	发生程度
全省	28200.73	34372.86	9011448.37	1459203.60	4	20614.30	25974.58	7146499.85	1188308.39	4
广州	1081.60	1249.89	275338.78	47219.14	4	606.84	771.17	210089.77	35540.02	4
韶关	2419.76	3427.25	1429172.17	173219.21	3	1786.80	2660.07	1173837.79	138902.09	3
深圳	28.41	101.17	1360.00	42.44	4	23.41	91.17	1320.00	40.44	4
珠海	40.62	63.47	74435.40	9004.40	3	35.82	56.27	73435.40	8764.40	3
汕头	521.26	897.94	155035.43	11031.28	4	380.36	725.86	128499.33	5787.76	4
佛山	582.30	632.71	153634.53	19725.08	4	448.12	507.68	122339.53	16918.55	4
江门	1748.62	2162.58	613585.13	72783.38	3	993.55	1329.32	423282.35	57317.52	3
湛江	3437.27	3858.59	1375556.63	207084.24	3	2388.78	2752.96	1104655.95	165910.95	3
茂名	2648.96	2517.94	579468.76	207328.19	3	2050.50	1958.88	517399.96	181803.39	3
肇庆	1439.30	2251.78	434860.99	50838.52	3	1071.58	1736.70	317777.38	39642.60	3
惠州	2010.13	2442.32	492291.08	92555.42	3	1499.93	1848.93	416763.95	80896.94	3
梅州	1447.06	1756.12	375381.71	37256.62	4	1120.85	1371.88	319666.11	32333.82	4
汕尾	1375.54	1976.01	358851.83	59612.84	4	942.82	1412.34	240616.40	45429.51	4
河源	1944.70	2310.47	455129.42	52912.05	3	1510.73	1801.32	372912.02	44590.47	3
阳江	1712.87	1910.61	312925.03	117533.52	2	1312.78	1487.25	248494.50	90150.91	2
清远	2782.89	3198.31	956487.08	83254.68	3	2189.90	2586.44	734288.89	66785.54	3
东莞	321.06	373.69	69825.03	46836.40	3	266.55	306.38	60925.03	45121.40	3
中山	92.78	92.44	60351.36	20162.00	4	69.06	68.72	45522.36	15219.00	4
潮州	454.27	598.43	108437.52	29786.72	3	305.80	475.27	82972.74	22666.23	3
揭阳	1266.73	1588.22	560729.72	92825.70	3	998.52	1297.29	419837.39	73031.96	3
云浮	1020.73	1252.83	190302.05	30419.74	4	786.78	1003.93	153569.28	23681.91	4

8-14 续表 1

市别	病害合计					虫害合计				
	发生面积(万亩次)	防治面积(万亩次)	挽回损失(吨)	实际损失(吨)	发生程度	发生面积(万亩次)	防治面积(万亩次)	挽回损失(吨)	实际损失(吨)	发生程度
全省	6417.17	8160.34	2490670.56	458417.45	4	14197.13	17814.24	4655829.29	729890.94	3
广州	136.31	182.24	44150.12	7981.76	3	470.53	588.93	165939.65	27558.26	4
韶关	570.02	852.89	291074.42	39128.39	3	1216.78	1807.18	882763.37	99773.70	3
深圳	2.59	9.39	560.00	18.42	3	20.82	81.78	760.00	22.02	4
珠海	10.68	14.78	10988.30	2614.20	2	25.14	41.49	62447.10	6150.20	3
汕头	83.70	157.72	18967.31	2061.55	3	296.66	568.14	109532.02	3726.21	4
佛山	120.11	119.93	26796.37	7392.78	3	328.01	387.75	95543.16	9525.77	4
江门	377.82	504.51	151780.42	22889.92	3	615.73	824.81	271501.93	34427.60	3
湛江	913.17	1057.89	631044.63	96878.01	3	1475.61	1695.07	473611.32	69032.94	3
茂名	628.38	618.23	229543.34	95303.67	3	1422.12	1340.65	287856.62	86499.72	3
肇庆	343.00	580.04	122424.42	14718.52	3	728.58	1156.66	195352.96	24924.08	3
惠州	450.31	595.85	158058.30	26803.74	3	1049.62	1253.08	258705.65	54093.20	3
梅州	376.66	473.48	112653.53	12507.53	2	744.19	898.40	207012.58	19826.29	3
汕尾	321.37	499.14	73759.86	12075.98	4	621.45	913.20	166856.54	33353.53	3
河源	573.93	687.99	130352.35	17448.05	3	936.80	1113.33	242559.67	27142.42	3
阳江	313.44	353.96	60309.54	20414.78	2	999.34	1133.29	188184.96	69736.13	3
清远	577.67	680.05	231527.27	26004.91	2	1612.23	1906.39	502761.62	40780.63	3
东莞	64.63	54.34	12102.87	8112.04	2	201.92	252.04	48822.16	37009.36	3
中山	19.43	19.35	13260.66	4431.50	2	49.63	49.37	32261.70	10787.50	4
潮州	79.39	126.63	23629.98	9013.73	2	226.41	348.64	59342.76	13652.50	3
揭阳	235.78	309.52	110766.05	25467.48	2	762.74	987.77	309071.34	47564.48	3
云浮	252.86	313.06	42886.96	7859.39	3	533.92	690.87	110682.32	15822.52	4

8-14 续表 2

市别	农田草害合计					农田鼠害合计				
	发生面积（万亩次）	防治面积（万亩次）	挽回损失（吨）	实际损失（吨）	发生程度	发生面积（万亩次）	防治面积（万亩次）	挽回损失（吨）	实际损失（吨）	发生程度
全省	4624.47	5181.04	1200878.29	128848.33	3	2161.46	2329.44	535099.48	125598.39	4
广州	226.73	227.40	34655.76	6283.95	3	212.23	218.02	25327.75	5091.47	4
韶关	442.30	562.70	207089.25	14038.59	3	105.56	111.93	45066.96	19899.69	4
深圳	2.00	4.00	10.00	1.00	2	3.00	6.00	30.00	1.00	2
珠海	0.40	0.60	500.00	50.00	1	4.00	6.00	400.00	160.00	2
汕头	82.19	80.07	8192.40	1402.60	3	57.10	89.20	18139.30	3784.80	2
佛山	57.29	62.20	15241.00	1122.58	4	72.50	58.44	15954.00	1663.95	4
江门	361.61	394.14	113835.75	4542.95	2	299.75	328.05	57390.49	9368.80	3
湛江	414.92	481.05	94040.51	6633.48	4	507.82	498.83	161858.96	33010.82	3
茂名	416.06	397.86	38213.10	15028.80	2	138.60	120.60	21156.70	9332.00	3
肇庆	258.30	351.48	90522.62	9560.46	2	82.63	109.73	19567.64	1272.50	3
惠州	333.48	390.03	43749.50	6542.84	3	109.67	126.00	20310.06	3244.81	3
梅州	229.62	269.59	43671.56	2371.55	2	38.63	46.63	10008.55	1570.85	3
汕尾	311.85	351.92	101759.75	7781.70	3	102.15	190.00	14583.03	6160.09	3
河源	311.11	365.01	65973.90	5777.08	2	68.34	86.04	10151.00	1726.60	3
阳江	285.40	305.58	45621.79	21065.91	2	56.27	56.75	10651.48	3395.48	3
清远	412.09	429.78	166328.47	7694.35	2	111.73	102.22	17701.80	6108.88	3
东莞	41.77	51.81	5795.00	1405.00	3	12.24	15.00	3000.00	250.00	3
中山	20.42	20.42	13839.00	4613.00	2	3.30	3.30	990.00	330.00	4
潮州	91.15	76.38	13102.54	3757.58	2	46.47	33.53	10104.05	2892.94	3
揭阳	189.98	218.48	88669.12	7221.00	3	62.47	58.67	48653.21	11670.74	3
云浮	136.75	155.20	10072.27	1954.86	2	67.00	64.50	24054.50	4662.97	3

8-14 续表 3

市别	农田螺害合计					水稻病虫害合计				
	发生面积（万亩次）	防治面积（万亩次）	挽回损失（吨）	实际损失（吨）	发生程度	发生面积（万亩次）	防治面积（万亩次）	挽回损失（吨）	实际损失（吨）	发生程度
全省	800.50	887.80	128970.75	16448.49	2	8127.76	9918.86	2011727.3	375945.47	3
广州	35.80	33.30	5265.50	303.70	3	96.61	118.11	28560.88	2839.72	3
韶关	85.10	92.55	3178.17	378.84	2	555.42	784.75	110319.22	12450.84	3
深圳										
珠海	0.40	0.60	100.00	30.00	1	18.07	26.87	12957.0	2050.9	3
汕头	1.61	2.81	204.40	56.12	2	186.59	338.96	30963.4	2477.32	3
佛山	4.39	4.39	100.00	20.00	2	51.4	59.26	10434.4	654.8	3
江门	93.71	111.07	19076.54	1554.11	2	606.27	813.61	170196.52	25024.43	3
湛江	125.75	125.75	15001.21	1528.99	1	994.58	1117.57	364105.05	54753.05	3
茂名	43.80	40.60	2699.00	1164.00	2	888.39	881.49	233824.27	77394.16	3
肇庆	26.79	53.87	6993.35	362.96	1	229.44	321.44	66149.57	6578.35	3
惠州	67.05	77.36	11467.57	1870.83	1	430.09	516.74	111130.18	26445.79	3
梅州	57.96	68.02	2035.49	980.40	2	564.45	686.56	132328.4	13946.71	3
汕尾	18.72	21.75	1892.65	241.54	1	358.72	465.44	56943.91	8623.57	4
河源	54.52	58.10	6092.50	817.90	1	782.21	951.65	164399.4	19406.35	3
阳江	58.42	61.03	8157.26	2921.22	1	404.62	466.54	101515.71	46616.64	2
清远	69.17	79.87	38167.92	2665.91	1	897.83	1004.25	166134.07	14718.64	3
东莞	0.50	0.50	105.00	60.00	1	3.0	3.91	977.5	122.2	3
中山						13.64	13.37	4010.16	1364.0	4
潮州	10.85	13.25	2258.19	469.97	3	147.68	267.9	26483.0	8808.68	3
揭阳	15.76	13.78	3570.00	902.00	1	435.77	538.63	133689.14	42895.27	3
云浮	30.20	29.20	2606.00	120.00	2	462.98	541.81	86605.52	8774.05	3

8-14 续表 4

市别	水稻病害小计					水稻稻瘟病				
	发生面积（万亩次）	防治面积（万亩次）	挽回损失（吨）	实际损失（吨）	发生程度	发生面积（万亩次）	防治面积（万亩次）	挽回损失（吨）	实际损失（吨）	发生程度
全省	2928.27	3603.77	871488.53	180999.41	4	383.52	517.4	91873.44	17245.52	2
广州	38.73	46.0	9706.67	1313.04	3	1.3	2.4	183.75	22.35	2
韶关	192.72	271.53	43100.58	7027.05	3	41.14	70.22	19358.58	3095.1	2
深圳										
珠海	7.09	9.59	5868.0	1471.0	2					
汕头	61.27	109.36	10981.6	1159.64	3					
佛山	15.6	18.0	3176.6	345.9	3	4.0	4.8	112.0	5.0	1
江门	274.93	345.72	82516.1	12925.2	3	18.62	26.11	7566.5	2155.5	3
湛江	418.64	482.2	237886.0	37057.76	4	55.13	64.13	4564.61	1198.02	2
茂名	296.78	307.88	121898.47	48838.2	3	25.5	27.39	4635.7	2582.3	2
肇庆	85.51	120.9	29365.97	3137.5	4	5.36	12.77	3670.69	303.71	3
惠州	130.6	169.13	32553.36	7085.55	3	16.8	37.9	5293.05	726.26	3
梅州	207.87	260.43	48700.42	6389.75	3	26.59	31.72	6471.62	1349.02	2
汕尾	148.86	200.5	39109.21	4764.73	3	13.49	14.5	3202.11	261.86	2
河源	295.77	365.84	59377.8	7553.47	3	83.39	111.01	18800.5	2349.94	3
阳江	112.72	127.88	31838.11	12715.32	3	12.55	14.73	2995.6	1555.42	2
清远	275.4	308.27	40503.31	5951.37	2	52.43	63.89	6372.19	633.47	2
东莞	0.8	1.05	262.5	32.8	3					
中山	2.84	2.78	834.96	284.0	2					
潮州	49.99	84.98	9394.23	5104.54	3	7.74	12.79	1331.7	439.7	2
揭阳	131.98	164.81	38747.8	13766.22	2	2.04	1.55	452.8	149.3	1
云浮	180.17	206.92	25666.84	4076.37	3	17.44	21.49	6862.04	418.57	2

8-14 续表 5

市别	水稻纹枯病					水稻白叶枯病				
	发生面积（万亩次）	防治面积（万亩次）	挽回损失（吨）	实际损失（吨）	发生程度	发生面积（万亩次）	防治面积（万亩次）	挽回损失（吨）	实际损失（吨）	发生程度
全省	2133.36	2530.6	590600.96	117698.3	4	124.34	160.97	38850.45	9072.22	2
广州	34.89	39.66	8170.04	1044.21	4	1.63	2.03	1177.88	207.48	1
韶关	128.09	159.5	21847.6	3597.55	3	0.37	0.46	116.0	18.2	1
深圳										
珠海	4.05	6.55	3046.0	211.0	3	3.03	3.03	2822.0	1260.0	2
汕头	40.42	67.23	6455.4	572.61	4	9.71	19.6	2748.0	357.0	2
佛山	11.5	13.1	3057.6	338.9	4					
江门	242.77	302.62	69962.0	9549.5	3	11.32	14.63	4385.6	1128.2	3
湛江	269.59	311.46	116078.82	13604.47	4	34.06	38.98	15277.48	2225.82	3
茂名	220.1	220.4	103917.5	37795.0	4	9.1	9.3	3250.0	1923.6	3
肇庆	68.5	78.97	20908.1	1910.61	4	3.57	7.48	1006.93	115.9	2
惠州	103.51	120.78	25901.61	6075.76	4	2.6	2.83	218.91	98.26	2
梅州	160.74	204.51	38537.89	4208.03	4	6.6	8.1	1465.0	282.0	2
汕尾	83.78	114.22	30316.89	3650.36	3	26.55	40.04	2631.2	434.36	2
河源	194.14	234.67	37804.4	4770.17	3	0.05	0.05	7.5	1.0	1
阳江	89.98	100.73	23816.1	10275.17	3	3.56	3.83	468.21	150.83	2
清远	189.08	203.57	28722.93	4873.94	3	3.52	4.22	1456.44	125.25	2
东莞	0.8	1.05	262.5	32.8	3					
中山	2.84	2.78	834.96	284.0	2					
潮州	36.15	52.69	7296.62	4352.17	4					
揭阳	104.33	128.16	28170.0	9224.05	3	7.36	4.79	1336.5	717.02	2
云浮	148.1	167.95	15494.0	1328.0	3	1.31	1.6	482.8	27.3	1

8-14 续表 6

市别	水稻虫害小计					水稻三化螟				
	发生面积（万亩次）	防治面积（万亩次）	挽回损失（吨）	实际损失（吨）	发生程度	发生面积（万亩次）	防治面积（万亩次）	挽回损失（吨）	实际损失（吨）	发生程度
全省	5199.49	6315.09	1140238.77	194946.06	3	406.15	522.97	116345.74	12550.29	2
广州	57.88	72.11	18854.21	1526.68	3	0.31	0.37	15.64	7.82	1
韶关	362.7	513.22	67218.64	5423.79	3	15.11	40.76	10093.41	735.83	2
深圳										
珠海	10.98	17.28	7089.0	579.9	3					
汕头	125.32	229.6	19981.8	1317.68	3	9.32	33.68	689.0	4.95	3
佛山	35.8	41.26	7257.8	308.9	3	2.5	2.5	19.3	8.3	2
江门	331.34	467.89	87680.42	12099.23	3	8.65	9.26	2522.5	370.8	2
湛江	575.94	635.37	126219.05	17695.29	3	26.5	30.26	6481.89	899.51	2
茂名	591.61	573.61	111925.8	28555.96	3	20.88	20.78	1631.6	168.32	1
肇庆	143.93	200.54	36783.6	3440.85	3	6.95	12.39	2124.63	160.53	1
惠州	299.49	347.61	78576.82	19360.24	3	11.4	14.32	2619.05	1333.88	2
梅州	356.58	426.13	83627.98	7556.96	3	74.81	86.44	15453.43	1407.53	2
汕尾	209.86	264.94	17834.7	3858.84	4	2.59	2.1	910.0	179.9	2
河源	486.44	585.81	105021.6	11852.88	3	66.78	79.27	13800.0	2026.36	3
阳江	291.9	338.66	69677.6	33901.32	2	0.6	0.7	153.0	93.0	2
清远	622.43	695.98	125630.76	8767.27	3	128.92	142.54	52476.29	2477.56	2
东莞	2.2	2.86	715.0	89.4	3					
中山	10.8	10.59	3175.2	1080.0	4					
潮州	97.69	182.92	17088.77	3704.14	2					
揭阳	303.79	373.82	94941.34	29129.05	3	23.58	29.1	6198.0	2535.0	3
云浮	282.81	334.89	60938.68	4697.68	3	7.25	18.5	1158.0	141.0	2

8-14 续表 7

市别	水稻稻纵卷叶螟					水稻稻飞虱				
	发生面积（万亩次）	防治面积（万亩次）	挽回损失（吨）	实际损失（吨）	发生程度	发生面积（万亩次）	防治面积（万亩次）	挽回损失（吨）	实际损失（吨）	发生程度
全省	1787.66	2128.08	364207.84	66081.21	3	2413.7	2956.31	548535.22	96753.99	3
广州	31.25	37.36	9603.49	649.02	3	25.32	32.53	8970.8	811.39	3
韶关	112.69	163.16	16489.87	1947.38	3	179.02	243.46	27208.96	1811.12	3
深圳										
珠海	5.24	8.04	3848.0	294.2	3	5.04	8.04	2785.0	192.7	3
汕头	47.04	80.4	10238.5	445.28	2	33.08	57.36	2953.4	296.15	3
佛山	16.0	19.18	4120.0	158.0	3	16.9	19.18	3048.5	134.6	3
江门	129.12	196.4	31038.02	4849.98	2	159.69	231.54	48963.1	5255.35	2
湛江	253.53	275.29	57950.09	6838.66	3	239.75	265.25	46111.47	6851.92	3
茂名	262.8	254.5	57537.8	11941.3	3	272.5	266.9	49321.0	14435.8	3
肇庆	52.6	70.0	11136.26	672.96	3	67.2	92.78	18739.88	2185.05	3
惠州	87.89	107.96	23716.0	6398.08	3	149.25	178.34	46176.86	10557.02	3
梅州	101.56	116.6	10027.45	957.42	3	160.99	198.81	54092.2	4815.59	3
汕尾	50.33	54.46	5069.01	1186.04	3	64.72	97.41	7327.65	1245.25	4
河源	130.97	155.81	28171.3	3563.43	3	241.85	296.48	54391.0	5077.8	3
阳江	114.1	130.78	25266.32	11225.61	2	176.5	206.38	44090.28	22397.71	2
清远	162.3	182.29	17184.93	1232.41	3	241.71	268.27	33985.38	3326.71	3
东莞	0.9	1.17	292.5	36.6	4	1.2	1.56	390.0	48.7	4
中山	3.7	3.63	1087.8	370.0	4	5.70	5.59	1675.80	570.00	4
潮州	34.06	53.93	7362.5	1480.57	3	54.77	111.3	9248.96	2114.43	2
揭阳	102.28	113.54	33010.0	9773.27	2	132.25	162.32	40332.3	12131.02	3
云浮	89.3	103.58	11058.0	2061.0	3	186.26	212.81	48722.68	2495.68	3

8-14 续表 8

市别	花生病虫害合计					柑桔病虫害合计				
	发生面积（万亩次）	防治面积（万亩次）	挽回损失（吨）	实际损失（吨）	发生程度	发生面积（万亩次）	防治面积（万亩次）	挽回损失（吨）	实际损失（吨）	发生程度
全省	1136.43	1447.27	156822.93	37144.27	3	1984.68	2875.03	739184.48	80990.35	3
广州	10.46	14.99	1780.0	350.3	2	15.63	24.72	2759.09	1010.41	3
韶关	160.16	278.73	28253.51	3016.15	4	178.71	334.67	115400.04	8143.08	4
深圳										
珠海	0.4	0.55	287.0	32.0	2	0.04	0.04	17.0	8.0	1
汕头	1.61	2.22	188.0	9.81	2	20.93	48.43	8260.26	235.47	2
佛山	6.54	5.98	273.0	185.5	3	1.25	2.03	1015.0	55.85	2
江门	21.64	23.33	1407.81	108.13	2	32.52	40.1	21598.78	2966.85	3
湛江	173.25	209.49	42475.75	10747.51	3	74.5	91.3	3947.0	624.0	3
茂名	114.35	105.99	14546.3	9047.21	2	26.38	26.78	3497.0	2018.5	2
肇庆	33.72	62.47	3424.53	404.12	2	332.61	671.87	69596.92	8469.7	3
惠州	124.59	156.71	16148.77	3116.85	3	225.5	263.91	69962.69	7913.13	3
梅州	33.72	41.91	2440.04	665.95	2	250.44	317.02	45287.35	6455.26	3
汕尾	49.69	75.96	6730.59	1202.37	3	8.04	11.65	5578.89	974.95	3
河源	103.45	119.95	13527.5	2046.71	3	155.4	184.43	48747.2	5393.51	3
阳江	132.46	149.89	11598.76	3741.14	3	97.15	106.97	14886.36	4711.47	3
清远	111.95	130.9	7371.15	1058.95	2	384.65	462.79	284753.54	23004.64	3
东莞										
中山										
潮州	3.6	4.31	684.41	286.83	2	25.82	43.71	9809.63	3089.79	3
揭阳	33.98	34.14	3417.28	497.21	3	20.29	24.05	17386.18	2348.34	2
云浮	20.86	29.75	2268.53	627.53	2	134.82	220.56	16681.55	3567.4	3

8-14 续表 9

市别	蔬菜病虫害合计				
	发生面积（万亩次）	防治面积（万亩次）	挽回损失（吨）	实际损失（吨）	发生程度
全省	5430.97	6826.4	2520460.47	445157.13	4
广州	295.82	362.61	106507.55	26764.12	4
韶关	384.73	566.82	486259.02	76089.64	4
深圳	17.49	71.07	1085.0	37.22	4
珠海	11.2	19.43	51706.0	6348.0	3
汕头	144.92	284.09	35796.67	2321.36	3
佛山	371.0	425.3	108219.57	15216.32	4
江门	261.69	315.97	146688.8	17028.65	3
湛江	562.2	683.81	246049.74	42262.02	3
茂名	210.93	187.37	64327.6	34568.6	3
肇庆	384.4	507.07	160788.95	20935.3	3
惠州	489.59	608.54	138992.99	26667.41	3
梅州	174.79	211.34	108938.94	8287.12	4
汕尾	149.77	215.81	106519.2	22853.89	4
河源	242.59	285.98	87362.3	10740.26	3
阳江	457.67	527.01	92405.65	29897.08	3
清远	634.97	791.95	222592.18	21499.6	3
东莞	169.57	220.44	55110.25	44088.2	4
中山	46.61	46.61	34957.5	11652.5	4
潮州	58.91	76.8	27543.8	3155.57	3
揭阳	232.84	266.79	198518.36	15312.07	4
云浮	129.28	151.59	40090.4	9432.2	3

九、林　业

马兴瑞省长到省林业厅调研

广东省林业局揭牌仪式

"国家森林城市"称号授牌仪式

青山绵绵

深圳滨海大道

连南千年瑶寨

七彩森林

倭蜂猴

林 业

2018年，我省林业系统以习近平新时代中国特色社会主义思想为指导，全面贯彻落实党的十九大和习近平总书记视察广东重要讲话等重要批示指示精神，紧紧围绕国家林草局工作安排和广东省委省政府决策部署，聚焦主责主业，深入推进新一轮绿化广东大行动，为努力构建人与自然和谐共生的绿色生态强省而勤勉工作，顺利完成新一轮绿化广东大行动阶段性目标任务。

一、生态建设与保护

（一）营造林总体情况。

2018年，全省完成营造林270462公顷。其中：人工造林85178公顷，新封山（沙）育林99798公顷，退化林修复63696公顷，人工更新21790公顷。中幼龄林抚育504606公顷。

人工造林按区域划分：珠三角九市完成人工造林面积5787公顷，占全省6.8%。山区五市完成人工造林面积45718公顷，占全省53.7%。东翼完成人工造林面积23125公顷，占全省27.1%。西翼完成人工造林面积10548公顷，占全省12.4%。

人工造林按林种用途划分，用材林造林49711公顷，占比58.4%。经济林造林3645公顷，占比4.3%。防护林造林26070公顷，占比30.61%。薪炭林造林667公顷，占比0.8%。特种用途林造林5085公顷，占比6.0%。从中看出，我省人工造林中用材林造林和防护林造林仍为主体，两项合计占人工造林面积的89.0%，但较2017年下降3.0个百分点。

（二）林业重点工程。

珠江流域和沿海防护林体系建设工程。2018年全省共完成沿海和珠江防护林工程营造林30066公顷。其中人工造林179公顷，当年新封山育林617公顷，人工更新367公顷，森林抚育28903公顷。

分工程看，沿海防护林体系工程营造林共14481公顷，珠江流域防护林体系工程营造林共15585公顷。

（三）濒危野生动植物抢救性保护及林业自然保护区工程建设情况。

2018年我省积极推进野生动植物保护，规范野生动物疫源疫病监测防控。全省现有野生动植物保护管理站95个，野生动物救护中心8个，野生动植物繁育机构84个，野生动物疫源疫病监测站103个。

截至2018年末，全省林业部门建立各种类型、不同级别的自然保护区290个，总面积130.2万公顷，约占全省国土面积的7.3%。其中国家级自然保护区8个，国际重要湿地4个。

2018年全省从事野生动植物及自然保护区建设的职工人数1126人，其中各类专业技术人员392人。

二、林业产业发展

2018年，我省持续开展乡村振兴林业行动，加快发展绿色惠民产业。以扶持发展林下经济为重点，因地制宜发展花卉苗木、木本粮油、林果等特色产业，推进木材加工等传统优势产业转型升级。

林业产业总产值小幅增长。在受外贸和房地产发展动力不足的持续影响下，2018年全省林业产业总产值仅增长

1.8%，达 8168 亿元。

从产业结构上看，第一产业产值 993 亿元，第二产业产值 5331 亿元，第三产业产值 1843 亿元，一、二、三产占比分别为 12.2%、65.3%、22.5%，产业结构基本同上年持平。

从行业增速上看，2018 年林业产业产值整体增速较 2017 年仍呈下滑趋势。其中：一产增速同上年基本持平，但二产、三产均低于林业产业整体增速。

分行业看，2018 年，以包括干鲜果品、茶、中药材以及森林食品等在内的经济林产品种植与采集业的第一产业产值为 993 亿元，增长 5.0%，增速高于平均增速 3.2 个百分点。以家具制造，木、竹、苇浆造纸和纸制品制造的第二产业产值为 5331 亿元，增长 1.7%，同全行业增速持平。而以林业旅游和休闲服务为主体的第三产业产值为 1843 亿元，增长仅为 0.5%，较全行业增速低 1.3 个百分点，三产持续两年低于林业全行业增速。

分地区看，珠三角地区林业产业产值为 6366 亿元，占全省林业产业产值的 77.9%，同比增长 3.2%；山区韶关、河源、梅州、清远和云浮五市林业产业产值为 828 亿元，占全省林业产业产值的 10.1%，同比增长 2.6%；东西两翼地区林业产业产值为 973 亿元，占全省林业产业产值的 12.0%，下降 1 个百分点，同比增长 -6.9%。山区五市和东西两翼林业产业发展增速均低于珠三角地区，林业产业进一步向珠三角城市群聚集。

（一）2018 年，林业产业产值超过 300 亿元的地市共有 7 个，分别是广州、深圳、佛山、东莞、中山、肇庆、江门，较 2017 年减少 1 个（湛江）。7 市林业产业产值合计 5998 亿元，占全省林业产业总产值的 73.4%。

（二）2018 年全省商品材总产量 859.9 万立方米，比上年增加 8.4%。其中原木 782.3 万立方米，增加 8.35%；薪材 78.2 万立方米，增加 8.4%。

商品材产量按生产单位分，其中林业系统内国有企业单位生产商品材 23.1 万立方米，较上年增加 5.5%；系统内国有林场、事业单位生产商品材 66.6 万立方米，减少 6.2%；系统外企、事业单位采伐自营地商品材 85.3 万立方米，比上年增加 49.4%；乡镇集体企业及单位生产的商品材 45.9 万立方米，比上年减少 9.3%；村及村以下各级组织和农民个人生产的商品材 639.0 万立方米，比上年增加 7.8%。

（三）2018 年全省大径竹产量为 22264 万根，比上年增长 9.3%。其中毛竹 6063 万根，占比 27.3%；其他竹 16201 万根，占比 72.7%。小杂竹 365 万吨。

（四）2018 年全省各类经济林产品总量达到 1099.2 万吨，比上年减少 1.38%。其中水果产量 1016.1 万吨，比上年减少 2.0%；干果产量 7.1 万吨，比上年增长 4.4%；林产饮料产品产量 8.5 万吨，比上年减少 12.4%；林产调料产品产量 6.2 万吨，比上年增长 5.1%；竹笋干、食用菌等森林食品产量 8.0 万吨，比上年增长 3.9%；森林药材产量 10.1 万吨，比上年增长 29.5%；木本油料产量 15.4 万吨，比上年增加 18.5%；林产工业原料产量 27.8 万吨，比上年增加 4.5%。

（五）2018 年末全省实有花卉面积 7.61 万公顷，同上一年持平。全年切花切叶产量 27.85 亿支，盆栽植物 3.1 亿盆，观赏苗木 1.66 亿株，草坪 2572 万平方米。

全省现有花卉市场129个，花卉企业5593个，花卉从业人员12.2万人，花农4.3万户，控温温室面积272万平方米，日光温室面积1187万平方米。

（六）2018年全省油茶林面积17.72万公顷，比上年增长3.4%。当年油茶籽产量14.92万吨，比上年增长97.4%

（七）2018年全省人造板产量1011万立方米，比上年减少4.35%。其中胶合板331万立方米，纤维板480万立方米，刨花板175万立方米，其他人造板26万立方米。

（八）2018年全省松香及其深加工产品产量15.1万吨，比上年减少3.21%；松节油产量3.4万吨，比上年增长3.0%；木竹热解产品1.0万吨，比上年减少2.9%。

（九）2018年全省林业旅游与休闲人次达2.95亿人次，比上年增长14.3%；旅游收入1803亿元，同上年持平，直接带动其他产业产值253亿元。

三、林业投资

2018年全省林业累计完成投资86.8亿元，比上年增加5.1亿元，增长6.24%。

（一）按资金来源分，其中中央财政资金8.1亿元，占总资金的9.3%；地方财政资金72.9亿元，占总资金的84.0%；国内贷款0.26亿元，占总资金的0.03%；自筹资金2.5亿元，占总资金2.8%；利用外资0.32亿元，占总资金0.4%；其他社会资金2.94亿元，占总资金3.4%。

（二）按资金投入项目分，其中用于生态建设与保护方面的投资为47.75亿元，占全部林业投资完成额的55.0%；用于林木种苗、森林防火、有害生物防治等林业支撑与保障方面的投资为30.75亿元，占全部林业投资完成额的35.4%；用于林业产业发展方面的资金为4.94亿元，占全部林业投资完成额的5.7%；林区基础设施建设3.34亿元，占全部林业投资完成额的3.9%。

（三）分区域看，2018年珠三角地区累计完成林业投资37.7亿元，占全部林业投资完成额的43.4%；山区五市林业完成投资35.53亿元，占全部林业投资完成额的40.9%；东翼林业完成投资5.571亿元，占全部林业投资完成额6.4%；西翼林业完成投资7.98亿元，占全部林业投资完成额9.2%。各区域与上年完成投资额相比，珠三角地区增加11.6%，山区五市增加7.8%。东翼减少5.3%，西翼增加24.3%。

四、林业系统从业人员和安全生产情况

截至2018年底，全省林业系统各种经济类型单位共计1593个，其中企业37家、事业单位1297个家、机关259家。

2018年全省林业系统在岗职工24186人，其中中专及中专以下学历10605人，大专学历7073人，大学及大学以上学历6508人。

2018年全省林业系统在岗职工年平均工资94001元，比上年增长5.2%。

分行业看，林业工程技术与规划管理年平均工资仍最高，为197311元，增长25.5%。

2018年，全省林业系统因工轻伤6人，死亡5人。

9-1 主要年份林业主要指标

年 份	林业用地面积（千公顷）	有林地面积（千公顷）	活立木总蓄积量（万m3）	森林覆盖率（%）
1965	10855	4214	15186	24.1
1975	10973	5198	16737	29.9
1978	10518	5165	16894	30.2
1980	10518	5165	16894	30.2
1985	10204	4638	14983	27.2
1990	10713	7998	21243	48.4
1995	10848	9083	27313	55.9
2000	10823	9226	31634	56.9
2005	11022	9212	36459	59.1
2010	10981	9532	43936	57.0
2015	10959	9954	56636	58.9
2016	10920	9932	57855	59.0
2017				59.1
2018	森林资源二类调查同国土三调数据对接中，暂无新数据			

9-1 续表 1

年份	造林面积（千公顷）			迹地更新面积（千公顷）		低效林改造面积（千公顷）
		人工造林	飞机造林		人工更新	
1965	419	411	8	21	15.3	4.7
1970	474	279	195	11	7.3	1.3
1975	359	288	71	35	34.7	8
1978	301	301		41	38	17
1980	371	201	170	46	39	23
1985	612	353	259	77	64	33
1990	312	259	53	52	51	113
1995	21	21		87	83	109
2000	17	17		106	97	125
2005	18	18		96	92	46
2010	95	92		48	48	19
2015	123	118		81	81	71
2016	101	101		48	48	
2017	81	81		35	35	54
2018	85	85		22	22	59

9-1 续表 2

年份	育苗面积（本年新育）（千公顷）	幼林抚育实际面积（千公顷）	幼林抚育作业面积（千公顷）	成林抚育面积（千公顷）	零星植树（万株）
1965	6.24	226	389	114	1202
1970	1.6	281	339	147	1120
1975	2.85	331	390	96	5384
1978	2.57	439	506	123	6975
1980	1.82	314	367	159	5425
1985	3.19	331	403	152	8252
1990	5.47	536	652	268	8834
1995	1.88	390	453	274	8232
2000	1.83	222	294	288	6653
2005	1	146	175	122	6201
2010	0.96	173	207	182	6923
2015	7.93				8066
2016	6.6				7108
2017	5.21				8180
2018	4.08				7800

注：1.从2002年起，森林资源数据包括红树林。2.从2006年起，森林覆盖率采用新的计算方法。

9-1 续表 3

年 份	油桐籽（吨）	油茶籽（吨）	棕片（吨）	松脂（吨）	竹笋干（吨）	板栗（吨）	乌桕籽（吨）
1965	5831	6868					
1970	3001	30649					
1975	1780	17985	327	90654	74	245	108
1978	1231	11721	381	96680	55	303	39
1980	976	13109	340	119829	125	400	20
1985	865	16303	248	95917	249	589	68
1990	2622	23736	466	100230	2770	1614	5
1995	3536	24997	606	114568	9004	3577	59
2000	3817	26268	663	110877	14132	5440	70
2005	5193	30470	1640	154593	17825	8637	253
2010	6050	82417	2536	181141	30291	10616	527
2015	7500	149374	3463	235109	39805	21229	900
2016	6904	146833	3541	225805	45118	22556	956
2017	7469	125195	3871	238825	57503	25922	1034
2018	8701	149194	4433	248015	54779	25505	1047

9-1 续表 4

年份	木材总产量（万立方米）	原木	薪材	人造板产量（万立方米）	胶合板	纤维板	刨花板	松香类产品（万吨）
1965	234.7	190.4	44.3	0.11		0.11		5.72
1970	213.9	173.5	40.4	1.21	0.73	0.48		7.11
1975	252	217.1	34.9	2.7	0.94	1.56	0.2	8.63
1978	305.8	240.8	65	4.06	1.05	2.9	0.11	8.97
1980	306.4	259.5	46.9	5.23	1.39	3.53	0.31	10.18
1985	403.9	314.4	89.5	6.1	1.26	4.6	0.24	8.89
1990	211.6	188	23.6	21.39	7.8	4.3	9.3	9.42
1995	306.7	275.4	31.3	89.06	24.99	27.09	23.38	11.11
2005	362.15	323.97	38.18	340.05	58.55	261.6	15.69	7.38
2010	654.91	611.56	43.35	784.11	208.53	387.48	94.65	12.91
2015	790.83	711.74	79.09	1815.92	1108.4	552.01	138.3	14
2016	756.01	693.43	62.58	1389.18	668.53	501.01	205.42	20.34
2017	793.67	722.16	71.51	1056.88	316.7	513.74	208.89	15.58
2018	859.91	782.26	77.65	1011.4	330.74	479.66	174.91	15.06

9-2　林业主要指标

项目	计算单位	1985	1990	1995	2000	2005	2010	2015	2017	2018
一、森林资源										
有林地面积	千公顷	4638	7998	9083	9226	9212	9532	9954		
活立木总蓄积量	万m^3	14983	21243	27313	31634	36459	43936	56636		
森林覆盖率	%	27.2	48.4	55.9	56.9	59.1	57	58.9	59.1	
二、营林生产										
造林面积	千公顷	612	312	21	17	18	95.14	123		
人工造林	千公顷	353	259	21	17	18	91.95	118.46	80.74	85.18
飞播造林	千公顷	259	53							
新育苗面积	千公顷	3.19	5.47	1.9	1.9	1	0.96			
幼林抚育实际面积	千公顷	330	536	390	236	146	173			
成林抚育面积	千公顷	152	268	274	289	122	182			
迹地更新面积	千公顷	77	52	87	115	96	48	81	35	22
其中：人工更新	千公顷	64	51	83	106	92	48	81	35	22
低效林改造面积	千公顷	33	113	109	127	46	19	71	54	59
三、主要林产品产量										
油桐籽	吨	865	2622	3536	3817	5193	6050	7500	7469	8701
油茶籽	吨	16303	23736	24997	26268	30407	82417	149374	125195	149194
松脂	吨	95917	100230	114568	113118	154593	181141	235109	238825	248015
竹笋干	吨	248	2770	9004	14132	17825	30291	39805	57503	54779
板栗	吨	589	1614	3936	5440	8637	10616	21229	25922	25505
四、森工主要产品产量										
木材	万m^3	404	212	307	275	362	655	791	794	860
原木	万m^3	314	188	275	256	324	612	712	722	782
薪材	万m^3	90	24	31	19	38	43	79	72	78
大径竹	万根	888	4823	7180	6809	11180	13252	12754	20401	22264
毛竹	万根		2072	2451	2889	2669	3478	4094	5986	6063
其它	万根		2751	4729	3921	8510	9774	8660	14415	16201
人造板	万m^3	6	21	89	145	340	784	1816	1057	1011
胶合板	万m^3	1	8	25	66	59	209	1108	317	331
纤维板	万m^3	5	4	27	51	262	387	552	514	480
刨花板	万m^3		9	23	28	16	95	138	209	175
松香类产品	万吨	9	9	11	10	7	13	14	16	15
紫胶	吨	80	179	395		20	357	1119	702	550
五、林业系统机构人员										
单位个数	个	1302	1932	2062	2002	1871	2159	1810	1699	1593
在岗职工人数	人	95148	90661	79952	52227	37232	35916	30424	25526	24186

9-3 各市全部林业生产情况

2018年　　　　　　　　　　　　　　　　　　　　单位：公顷

市别	当年造林面积								
	总计	人工造林	当年新封山(沙)育林面积	无林地和疏林地新封	有林地和灌木林地新封	退化林修复	低效林改造	退休林防护林改造	人工更新
全省	270462	85178	99798	6265	93533	63696	58544	5152	21790
广州	3824		2157		2157	1667	1667		
深圳	0								
珠海	626	55				571	571		
汕头	5545	1775	2667		2667	1103	1103		
佛山	1433	813	273		273	347	347		
韶关	22713	8836	7721		7721	5949	4993	956	207
河源	33806	12495	12574		12574	7582	7582		1155
梅州	33371	13308	10019	2685	7334	9337	8063	1274	707
惠州	7870	479	4422	340	4082	2866	2699	167	103
汕尾	32635	13998	12000	1333	10667	6272	6152	120	365
东莞	0								
中山	260								260
江门	18613	330	2763	1907	856	2191	656	1535	13329
阳江	6108	3086	1716		1716	1296	1293	3	10
湛江	4284	1007	1127		1127	2012	1670	342	138
茂名	13416	4095	5709		5709	3406	3406		206
肇庆	9145	3869	1900		1900	2730	2623	107	646
清远	32010	5923	18411		18411	7676	7621	55	
潮州	10113	2871	5599		5599	976	976		667
揭阳	13968	4481	6761		6761	2726	2726		
云浮	11778	4436	2623		2623	4293	3810	483	426
中林雷州林业公司	2603								2603
省直属林场	3981	961	1356		1356	696	586	110	968
国家级保护区	2360	2360							

9-3 续表 1

单位：公顷

市别	零星(四旁)植树(万株)	林木种子采集量(吨)	育苗面积	其中：国有育苗面积	中、幼龄林抚育
全省	7800.1	53	4080	464	504606
广州	65.05		424		4270
深圳					5013
珠海	41				3615
汕头	180.6	5	337	4	7950
佛山	75.65		233	2	2175
韶关	597	10	355	103	45562
河源	461.72	2	202	46	71215
梅州	1013	1	214	5	93269
惠州	252.14		158		23405
汕尾	80.14		98		24221
东莞	360.36		20		1651
中山			3	3	478
江门	242.35	2	544	15	29734
阳江	579.8		31	14	13676
湛江	783.49		640	22	7082
茂名	1209.07	8	40	19	19089
肇庆	243.2		70	6	31241
清远	514.41	5	111	2	38445
潮州	59.01	10	72	35	11474
揭阳	795.79	10	236	33	14909
云浮	245.01		140	13	21298
中林雷州林业公司	0.5		15	15	16813
省直属林场	0.3		137	127	13521
国家级保护区	0.5				4500

9-3 续表 2

单位：吨

市别	主要林产品产量					
	1.油桐籽	2.油茶籽	3.棕　片	4.松　脂	5.竹笋干	6.板 栗
全　省	8701	149194	4433	248015	54779	25505
广　州		40			9	5
深　圳						
珠　海						
汕　头		240			346	
佛　山						
韶　关	1898	14076	514	22800	8018	1198
河　源	2490	55635	9	2650	1138	2140
梅　州	986	30646	229	395	653	704
惠　州				80	90	
汕　尾		8		360	175	
东　莞						
中　山						
江　门				3610		7
阳　江				2800	550	
湛　江		671		1703	107	
茂　名	225	4855		36209	412	
肇　庆	741	12954		86067	5627	7617
清　远	1368	25251	3593	8002	28545	10004
潮　州						
揭　阳	7	1309	41	192	5940	
云　浮	986	3499	47	83067	3169	3830
中林雷州林业公司						
省直属林场		10		80		
国家级保护区						

9-4 各县（市、区）造林更新低产林改造面积

2018年　　　　　　　　　　　　　　　　单位：公顷

县（市、区）别	人工造林（荒山造林）	人工更新	退化林修复（森林改培）	无林地和疏林地新封	有林地和灌木林地新封
广东省	**85178**	**21790**	**63696**	**6265**	**93533**
广州市			**1667**		**2157**
市辖区					
天河区					
白云区			200		
黄埔区					67
番禺区					
花都区			133		
南沙区					
增城市			867		867
从化区			333		1223
流溪河林场					
大岭山林场					
增城林场			134		
梳脑林场					
深圳市					
罗湖区					
福田区					
南山区					
宝安区					
龙岗区					
盐田区					
光明新区					
坪山区					
龙华区					
大鹏新区					
内伶仃福田国家级自然保护区					
市局本部					
珠海市	**55**		**571**		
市辖区					
香洲区			132		
斗门区	31		160		
金湾区					
万山海洋开发实验区公共建设局			40		
高新技术产业开发区			69		
高栏港经济区海洋和农渔局	24		67		
横琴新区			103		
淇澳－担杆岛自然保护区					
汕头市	**1775**		**1103**		**2667**
龙湖区					
金平区					

9-4 续表 1

单位：公顷

县（市、区）别	人工造林（荒山造林）	人工更新	退化林修复（森林改培）	无林地和疏林地新封	有林地和灌木林地新封
濠江区			85		
潮阳区	617		487		1467
潮南区	890		371		1067
澄海区					
南澳县	268		160		133
市局本部					
佛山市	**813**		**347**		**273**
市辖区					
禅城区					
南海区	576				
顺德区					
三水区					
高明区	237		347		273
云勇林场					
市林科所					
韶关市	**8836**	**207**	**5949**		**7721**
武江区	107		67		220
浈江区			117		133
曲江区	268		50		300
始兴县	322		524		1400
仁化县	268		333		133
翁源县	1678		870		1453
乳源瑶族自治县	1267	207	405		1893
新丰县	1435		1193		200
乐昌市	1535		920		1920
南雄市林	1956		1253		
国有韶关林场			60		
国有曲江林场			10		
国有仁化林场			80		69
国有河口林场			23		
国有九曲水林场			27		
国有华溪林场			17		
华南虎自然保护区					
林业科学研究所（中心苗圃）					
市野生动植物和自然保护区办					
市林业局、韶关市森林分局					
市属国有林场管理处					
河源市	**12495**	**1155**	**7582**		**12574**
市辖区（含江东新区）	200				
源城区					67
紫金县	4403		3240		8287

9-4 续表 2

单位：公顷

县（市、区）别	人工造林（荒山造林）	人工更新	退化林修复（森林改培）	无林地和疏林地新封	有林地和灌木林地新封
龙川县	3650	380	933		2000
连平县	2047		1300		833
和平县	2149	393	1776		1387
东源县			333		
新丰江					
牛岭水林场	41				
下石林场		382			
黎明林场					
桂山林场	5				
红星林场					
坪山林场					
梅州市	**13308**	**707**	**9337**	**2685**	**7334**
梅江区	268		907		
梅县	1151	667	361		966
大埔县	643		541		1000
丰顺县	3229		733		1768
五华县	3358		3387		2200
平远县	1127	40	640		1200
蕉岭县	83		768		200
兴宁市	3449		2000	2685	
梅南林场					
洲瑞林场					
大埔林场					
水口林场					
七畲径林场					
林业科学研究所					
惠州市	**479**	**103**	**2866**	**340**	**4082**
市辖区					
惠城区	33		350		
惠阳区			667		333
大亚湾区					
仲恺区					
博罗县			567		667
惠东县	274		1115		1882
龙门县			167	340	
梁化林场		57			
九龙峰林场	126				
罗浮山林场					
象头山林场					
汤泉林场		5			
平安林场					

9-4 续表 3

单位：公顷

县（市、区）别	人工造林（荒山造林）	人工更新	退化林修复（森林改培）	无林地和疏林地新封	有林地和灌木林地新封
鸡笼山林场		41			
水东陂林场					
油田林场	46				
东江林场					
市林科所					
市局本部					
罗浮山省级自然保护区					
龙门南昆山省级自然保护区					1200
惠东古田省级自然保护区					
惠东莲花山白盆珠省级自然保护区					
汕尾市	**13998**	**365**	**6272**	**1333**	**10667**
城区	507	232	953		1933
红海湾经济开发区农林水务局	333		313	667	53
海丰县	3859		1513		3867
陆河县林业局	2695		832	666	
陆丰市林业局	5548	100	2195		4461
黄羌林场	389				
吉溪林场	667		466		333
红岭林场		33			20
罗经嶂林场					
东海岸林场					
湖东林场					
市局本部					
东莞市					
市自然保护区森林公园管理办					
银瓶山森林公园					
大岭山森林公园					
大屏嶂森林公园					
市林科所					
市公安局森林分局					
市局本部					
中山市		**260**			
江门市	**330**	**13329**	**2191**	**1907**	**856**
蓬江区		356			
江海区	10	4			
新会区		1735	348		300
台山市	187	3683	1189		413
开平市		3333	200		
鹤山市		1667	187		143

9-4 续表 4

单位：公顷

县（市、区）别	人工造林（荒山造林）	人工更新	退化林修复（森林改培）	无林地和疏林地新封	有林地和灌木林地新封
恩平市	133	1400	267	1907	
古兜山林场		137			
大沙林场		252			
狮山林场		197			
河排林场		84			
西坑林场		290			
古斗林场		17			
四堡林场		174			
林业科学研究所					
市局本部					
阳江市	**3086**	**10**	**1296**		**1716**
江城区林业局					
海陵岛试验区		10	3		
高新区林业局					
阳西县林业局	537		400		333
阳东区林业局	805		280		1000
阳春市林业局	1664		513		333
阳江林场	80				25
花滩林场			100		25
森林公园管理处					
河尾山林场					
市公安局森林公安分局					
野生动植物保护站					
市局本部					
林业有害生物防治检疫					
百涌自然保护区					
湛江市	**1007**	**138**	**2012**		**1127**
坡头区					
麻章区		133			
开发区			26		
遂溪县			216		327
徐闻县	161		134		
廉江市	537		657		267
雷州市林业局	210		200		467
吴川市			293		
国营防护林场	66		66		
国营东海林场	33	5	20		
国营吴川林场			33		
市林业良种繁育场					
市林科所					
市局本部			367		66

9-4 续表 5

单位：公顷

县（市、区）别	人工造林（荒山造林）	人工更新	退化林修复（森林改培）	无林地和疏林地新封	有林地和灌木林地新封
茂名市	**4095**	**206**	**3406**		**5709**
市辖区					
茂南区					
高州市林业局	2252		937		3333
化州市林业局	268		335		333
信宜市	1175		1756		1710
电白区林业局	351	33	338		333
八一林场		53			
厚元林场					
大雾岭林场					
东镇林场					
新田林场					
荷塘林场					
文楼林场		80			
播扬林场					
平定林场	49		40		
丽岗林场		40			
电白林场					
河尾山林场					
云开山自然保护区					
市林科所					
市森林公园管理处					
市野生动物救护研究中心					
市防治检疫办					
市生态中心					
市保护办					
肇庆市	**3869**	**646**	**2730**		**1900**
高新区					
端州区					
鼎湖区					
广宁县	805		487		200
怀集县	1073	266	601		940
封开县	1878	200	733		233
德庆县		47	53		500
高要市			167		
四会市		133	170		
市国有北岭山林场	113		100		27
清桂林场			48		
葵洞林场					
大南山林场			47		
大水口林场			53		

9-4 续表 6

单位：公顷

县（市、区）别	人工造林（荒山造林）	人工更新	退化林修复（森林改培）	无林地和疏林地新封	有林地和灌木林地新封
市国有大坑山林场			107		
市国有新岗林场			164		
市局本部					
清远市	**5923**		**7676**		**18411**
清城区			333		53
佛冈县	24		720		373
阳山县	1357		1140		6385
连山壮族瑶族自治县	268		334		334
连南瑶族自治县林业局	268		667		600
清远市清新区林业局	1127		1100		2500
英德市林业局	1369		1460		7133
连州市	855		1000		933
银盏林场					
笔架山林场					
天堂山林场					
英德林场			260		
长江坝林场					
金鸡林场	80				
铁溪林场					
国营羊角山林场	354		594		
小龙林场	200				
龙坪林场			68		
杨梅林场	21				100
市局本部					
潮州市	**2871**	**667**	**976**		**5599**
市辖区					
湘桥区农林业局	161		13		333
枫溪区农林水局					
潮安区林业局	751		583		2213
饶平县林业局	1959	667	380		3053
韩江林场					
凤凰山自然保护区					
揭阳市	**4481**		**2726**		**6761**
市辖区					
榕城区					307
揭东区	33		319		667
揭西县	2533		1144		3367
惠来县	886		632		1400
普宁市	1020		613		1020
大南山侨区					

9-4 续表 7

单位：公顷

县（市、区）别	人工造林（荒山造林）	人工更新	退化林修复（森林改培）	无林地和疏林地新封	有林地和灌木林地新封
空港经济区					
蓝城区	9		18		
后溪林场					
云浮市	**4436**	**426**	**4293**		**2623**
云城区	476		460		167
新兴县	723		554		67
郁南县	897		985		967
云安区	1320		1426		695
罗定市	1020		868		727
大云雾林场		100			
市国有龙埇林场		232			
飞马林场		77			
同乐林场		17			
水台林场					
中林雷州林业公司		**2603**			
省直属林场	**961**	**968**	**696**		**1356**
西江林业局	241		453		695
乳阳林业局	157	83			
沙头角林场					
龙眼洞林场		3			
天井山林场	147	367			567
樟木头林场		83			
乐昌林场		127	83		47
连山林场		63	50		
东江林场	401				
九连山林场	15		110		47
德庆林场					
郁南林场					
云浮林场		242			
国家级自然保护区	**2360**				
南岭国家级自然保护区					
湛江红树林国家级自然保护区	2360				
车八岭国家级自然保护区					
象头山国家级自然保护区					
石门台国家级自然保护区					

9-5　主要经济林产品及花卉生产情况

2018年　　单位：吨

项　目	本年实际	项　目	本年实际
主要经济林产品生产情况	**10991510**	3.山野菜	282
一、水果产量	**10160555**	4.其他森林食品	1256
1.苹果		**六、森林药材**	**100604**
2.柑橘	2510818	1.银杏（白果）	978
3.梨	98811	2.杜仲	
4.葡萄	5800	3.厚朴	
5.桃	86858	4.五味子	
6.杏		5.山茱萸	
7.荔枝	1290298	6.其他木本药材	99626
8.龙眼	852186	**七、木本油料**	**154008**
9.猕猴桃	6180	1.油茶籽	149194
10.其他水果	5309604	2.油橄榄	
二、干果产量	**70578**	3.文冠果	
1.核桃		4.其他木本油料	4814
2.板栗	25505	**八、林产工业原料**	**278209**
3.枣（干重）	2700	1.生漆	
4.柿子（干重）	37363	2.油桐籽	8701
5.仁用杏		3.乌桕籽	1047
6.山杏仁		4.天然橡胶	15440
7.银杏（白果）		5.棕片	4433
8.榛子		6.松脂	248015
9.松子		7.紫胶(原胶)	573
10.其他干果	5010	**花卉生产情况**	
三、林产饮料产品（干重）	**85153**	**一、年末实有花卉种植面积（万公顷）**	**7.61**
1.毛茶	66762	**二、切花切叶产量（万支）**	**278532**
2.可可豆		**三、盆栽植物产量（万盆）**	**30656**
3.咖啡		**四、观赏苗木产量（万株）**	**16599**
4.其他林产饮料产品	18391	**五、草坪产量（万平方米）**	**2572**
四、林产调料产品（干重）	**62487**	**六、花卉市场（个）**	**129**
1.花椒		**七、花卉企业（个）**	**5593**
2.八角	5503	其中:大中型企业（个）	1011
3.桂皮	56565	**八、花农（户）**	**42494**
4.其他林产调料产品	419	**九、花卉从业人员（人）**	**121761**
五、森林食品（干重）	**79916**	其中:专业技术人员（人）	10217
1.竹笋干	54779	**十、控温温室面积（万平方米）**	**272**
2.食用菌	23599	**十一、日光温室面积（万平方米）**	**1187**

9-6 全部林业产业产值

2018年　　单位：万元

指　标	总 产 值
林业产业产值	**81675768**
一、第一产业	**9934785**
(一)涉林产业合计	9803370
1.林木育种和育苗	142021
(1)林木育种	11876
(2)林木育苗	130145
2.营造林	425479
3.木材和竹材采运	902128
(1)木材采运	598216
(2)竹材采运	303912
4.经济林产品的种植与采集	5962127
(1)水果种植	3972254
(2)坚果、含油果和香料作物种植	347411
(3)茶及其他饮料作物的种植	312934
(4)森林药材种植	218408
(5)森林食品种植	254076
(6)林产品采集	857044
5.花卉及其他观赏植物种植	2333177
6.陆生野生动物繁育与利用	38438
(二)林业系统非林产业	131415
二、第二产业	**53311612**
(一)涉林产业合计	53304926
1.木材加工和木、竹、藤、棕、苇制品制造	5297437
(1)木材加工	891992
(2)人造板制造	2542146
(3)木质制品制造	1477891
(4)竹、藤、棕、苇制品制造	385408
2.木、竹、藤家具制造	17107354
3.木、竹、苇浆造纸和纸制品	22761938
(1)木、竹、苇浆制造	439941
(2)造纸	10237994
(3)纸制品制造	12084003
4.林产化学产品制造	719876
5.木质工艺品和木质文教体育用品制造	188868
6.非木质林产品加工制造业	6335081
(1)木本油料、果蔬、茶饮料等加工制造	4755003
(2)野生动物食品与毛皮革等加工制造	654771
(3)森林药材加工制造	925307
7.其他	894372
(二)林业系统非林产业	6686
三、第三产业	**18429371**
(一)涉林产业合计	18328069
1.林业生产服务	19608
2.林业旅游与休闲服务	18029610
3.林业生态服务	243859
4.林业专业技术服务	3945
5.林业公共管理及其他组织服务	31047
(二)林业系统非林产业	101302

9-7 各市全部林业产业产值

2018年　　单位：万元

市　别	林业产业产值	第一产业	第二产业	第三产业
全　省	81675768	9934785	53311612	18429371
广　州	9613729	877664	5529439	3206626
深　圳	10325159	978365	5198497	4148297
珠　海	1276517	47796	762561	466160
汕　头	735693	41349	531490	162854
佛　山	12091598	310856	11770208	10534
韶　关	2303654	733039	376126	1194489
河　源	1287898	505421	255683	526794
梅　州	1416608	501630	407657	507321
惠　州	2390016	500043	1122022	767951
汕　尾	682568	94728	436244	151596
东　莞	14107298	41913	13106948	958437
中　山	5080257	230084	4144577	705596
江　门	3950731	483489	2615118	852124
阳　江	2018243	225069	1020048	773126
湛　江	2752318	251928	2192490	307900
茂　名	2072812	1276604	340801	455407
肇　庆	4809528	1317335	2534990	957203
清　远	2579109	568087	591765	1419257
潮　州	424257	180828	19884	223545
揭　阳	932291	194163	304503	433625
云　浮	677768	523057	41035	113676
中林雷州林业公司	115980	32457	6246	77277
省林场和公园局	30967	18775	3280	8912
国家级自然保护区	769	105	0	664

9-8 各市商品材产量

2018年 单位：立方米

市别	总产量	系统内国有企业单位生产木材	系统内国有林尝事业单位生产木材	系统外企、事业单位采伐自营林地木材	乡（镇）集体企业及单位生产的木材	村及村以下各级组织和农民个人生产的木材
全　省	8599103	230796	665599	853269	459339	6390100
广　州	146613		60			146553
深　圳						
珠　海						
汕　头	6332					6332
佛　山	164651		3527			161124
韶　关	984137	16961	95527	78248	167430	625971
河　源	669363		22536	10147	68619	568061
梅　州	448752			71180	77120	300452
惠　州	451962	168	14469	159411		277914
汕　尾	111390		21464	9029	40895	40002
东　莞	6688		6688			
中　山	8407				8407	
江　门	940942		85560	2189		853193
阳　江	367536		35545			331991
湛　江	407734		834	4620		402280
茂　名	319240		40376			278864
肇　庆	1612832		85659	351724	19512	1155937
清　远	954901		56643	62096	77356	758806
潮　州	134276			84962		49314
揭　阳	87325			19663		67662
云　浮	421647		56003			365644
中林雷州林业公司	213667	213667				
省直属林场	140708		140708			
国家级自然保护区						

9-8 续表

2018年 单位：立方米

市别	商品材总产量		
	合计	原木	薪材
全省	8599103	7822614	776489
广州	146613	146613	
深圳	0		
珠海	0		
汕头	6332	3768	2564
佛山	164651	164651	
韶关	984137	827643	156494
河源	669363	573244	96119
梅州	448752	436452	12300
惠州	451962	449650	2312
汕尾	111390	87959	23431
东莞	6688		6688
中山	8407		8407
江门	940942	940942	
阳江	367536	353556	13980
湛江	407734	312554	95180
茂名	319240	319240	
肇庆	1612832	1370056	242776
清远	954901	935374	19527
潮州	134276	101160	33116
揭阳	87325	79801	7524
云浮	421647	418400	3247
中林雷州林业公司	213667	167580	46087
省直属林场	140708	133971	6737
国家级保护区	0		

9-9 各市大径竹生产情况

2018年　　　　　　　　　　　　　　　　单位：万根

市　别	大径竹总产量		
	合　计	毛　竹	其　他
全　省	22264	6063	16201
广　州	179	74	105
深　圳	0		
珠　海	0		
汕　头	13	13	
佛　山	0		
韶　关	2600	1230	1371
河　源	324	271	53
梅　州	165	165	
惠　州	836	352	483
汕　尾	71	55	16
东　莞	0		
中　山	0		
江　门	202	20	183
阳　江	149	31	118
湛　江	794	171	623
茂　名	8579	1453	7126
肇　庆	6238	1319	4919
清　远	1148	394	754
潮　州	0		
揭　阳	526	301	226
云　浮	441	216	225
省直属林场	0		
国家级保护区	0		

9-10 林产工业主要产品产量

2018年

项目	计量单位	全部产量	项目	计量单位	全部产量
木材加工及竹藤棕草制品			4、竹地板（含竹木复合地板）	平方米	25867
一、锯材	立方米	1789871	5、其他木地板（含软木地板、集成材地板等）	平方米	47166
1、普通锯材	立方米	1722124	**林产化学产品**		
2、特种锯材	立方米	67747	一、松香类产品	吨	150573
3、枕木及其他锯材	立方米		1、松香	吨	94407
二、木片、木粒加工产品	实积立方米	2449473	2、松香深加工产品	吨	56166
三、人造板	立方米	10113910	二、松节油类产品	吨	33827
（一）胶合板	立方米	3307419	1、松节油	吨	32377
1、木胶合板	立方米	3080273	2、松节油深加工	吨	1450
2、竹胶合板	立方米	78603	三、樟脑	吨	0
3、其他胶合板	立方米	148543	其中：合成樟脑	吨	0
（二）纤维板	立方米	4796599	四、冰片	吨	0
1、木质纤维板	立方米	4791399	其中：合成冰片	吨	0
(1)硬质纤维板	立方米	356697	五、栲胶类产品	吨	0
(2)中密度纤维板	立方米	4434702	1、栲胶	吨	0
(3)软质纤维板	立方米	0	2、栲胶深加工产品	吨	0
2、非木质纤维板	立方米	5200	六、紫胶类产品	吨	550
（三）刨花板	立方米	1749061	1、紫胶	吨	550
1、木制刨花板	立方米	1749061	2、紫胶深加工产品	吨	0
2、非木制刨花板	立方米	0	七、木材热解产品	吨	9969
（四）其它人造板	立方米	260831	1、木炭	吨	8911
其中：细木工板	立方米	120031	2、竹炭	吨	0
四、木竹地板	平方米	13478482	3、木质活性炭	吨	1058
1、实木地板	平方米	6064794	4、其他	吨	0
2、实木复合木地板	平方米	7340655	八、木质生物质成型燃料	吨	95
3、浸渍纸层压木质地板（强化木地板）	平方米	0	九、林产天然香料	吨	920

9-11 各市林产工业主要产品产量

2018年 单位：立方米

市别	锯材	木片、木粒加工	人造板					木竹地板
			合计	胶合板	纤维板	刨花板	其它	
全省	1789871	2449473	10113910	3307419	4796599	1749061	260831	13478482
广州	85067		427113	213329	7723	181747	24314	4698654
深圳	9165		88365	27018	5800	16810	38737	3380150
珠海								
汕头								2600000
佛山	32000		2142675	1685103	302452	43757	111363	2515145
韶关	113290	107367	1340779	120628	377919	842232		71133
河源	91020	450	416570	16570	380000	18000	2000	20000
梅州	49645	17331	96446	88542	4769	3135		
惠州	247645	5200	350646	42600	88046	220000		
汕尾	78542		86200		66200	20000		
东莞			263165	133843	78312	44450	6560	
中山								
江门	519154	152000	822866	28580	794286			184600
阳江		15000	1264438	92000	1172438			
湛江	11429	1814365	663557	466896	59297	137364		
茂名	50350	65369	604631	172990	284067	80186	67388	
肇庆	335169	109090	955762	25450	880372	41831	8109	
清远	96233	43218	417467	105000	212918	99549		
潮州	22369	7676	17170	14810			2360	
揭阳	20533		31860	31860				
云浮	28260		124200	42200	82000			8800
中林雷州林业公司		112407						

9-11 续表

市别	松香类产品（吨）	松香	松节油类产品（吨）	松节油	樟脑（吨）	冰片（吨）	木炭（吨）
全省	150573	94407	33827	32377			8911
广州							
深圳							
珠海							
汕头							
佛山							
韶关	11946	11946					
河源	10	10					
梅州							
惠州							
汕尾							
东莞							
中山							
江门	5710	5710	680	680			
阳江	2533	2533	836	836			
湛江	1703	1703					7675
茂名	114	114					1056
肇庆	112790	56624	32311	30861			120
清远	379	379					
潮州							
揭阳							60
云浮	15388	15388					
中林雷州林业公司							

9-12 各县（市、区）主要林产品产量

2018年

县（市、区）别	商品材（立方米）			大径竹（万根）			松香类产品（吨）	松节油类产品（吨）
	合计	原木	薪材	合计	毛竹	其他		
广东省	**8599103**	**7822614**	**776489**	**22264**	**6063**	**16201**	**150573**	**33827**
广州市	**146613**	**146613**		**179**	**74**	**105**		
市辖区								
天河区								
白云区								
黄埔区	4489	4489		17	17			
番禺区				1				
花都区	5561	5561						
南沙区								
增城市	85067	85067		118	17	102		
从化区	51496	51496		42	40	2		
流溪河林场								
大岭山林场								
增城林场								
梳脑林场								
深圳市								
龙华区								
大鹏新区								
罗湖区								
福田区								
南山区								
宝安区								
龙岗区								
盐田区								
光明新区								
坪山区								
内伶仃自然保护区								
珠海市								
市辖区								
香洲区								
斗门区								
金湾区								
万山海洋开发实验区								
高新技术产业开发区								
高栏港经济区								
横琴新区								
汕头市	**6332**	**3768**	**2564**	**13**	**13**			
龙湖区								
金平区								

9-12 续表 1

县（市、区）别	商品材（立方米）			大径竹（根）			松香类产品（吨）	松节油类产品（吨）
	合计	原木	薪材	合计	毛竹	其他		
濠江区								
潮阳区				13	13			
潮南区	64		64					
澄海区	3768	3768						
南澳县	2500		2500					
市局本部								
佛山市	**164651**	**164651**						
市辖区								
禅城区								
南海区	4617	4617						
顺德区								
三水区	9351	9351						
高明区	150683	150683						
云勇林场								
韶关市	**984137**	**827643**	**156494**	**2600**	**1230**	**1371**	**11946**	
武江区	33788	24221	9567	5	5			
浈江区	104273	79947	24326	32	20	12	40	
曲江区	103535	103535		138	42	97		
始兴县	112803	84347	28456	619	213	406		
仁化县	49191	49191		512	453	59		
翁源县	236102	198350	37752	254	65	189		
乳源瑶族自治县	54403	44548	9855	6	2	4		
新丰县	142610	107057	35553	14	8	6		
乐昌市	70055	67955	2100	145	60	85		
南雄市	30415	22669	7746	874	361	513	11906	
国有韶关林场	6384	6384						
国有曲江林场	11580	11580						
国有仁化林场	13068	12352	716					
国有河口林场	10304	9881	423					
国有九曲水林场	5132	5132						
国有华溪林场	494	494						
河源市	**669363**	**573244**	**96119**	**324**	**271**	**53**	**10**	
市辖区（含江东新区）	12100	12100						
源城区	16804	11995	4809					
紫金县	282891	245419	37472	35	35			
龙川县	96934	89568	7366	109	109			
连平县	50052	50052		20	5	15	10	
和平县	51300	35910	15390	158	120	38		
东源县	118522	96922	21600					
新丰江	18224	11758	6466					

9-12 续表 2

县（市、区）别	商品材（立方米）			大径竹（根）			松香类产品（吨）	松节油类产品（吨）
	合计	原木	薪材	合计	毛竹	其他		
牛岭水林场	6700	6700		3	3			
下石林场								
黎明林场								
桂山林场								
红星林场	15836	12820	3016					
坪山林场								
梅州市	**448752**	**436452**	**12300**	**165**	**165**			
梅江区	17331	17331						
梅县	96400	96400		31	31			
大埔县	86330	74030	12300	73	73			
丰顺县	99371	99371						
五华县	93958	93958						
平远县	24829	24829						
蕉岭县	19995	19995		60	60			
兴宁市	10538	10538		1	1			
梅南林场								
洲瑞林场								
大埔林场								
水口林场								
国有七畲径林场								
惠州市	**451962**	**449650**	**2312**	**836**	**352**	**483**		
市辖区								
惠城区	46925	46925		98	21	77		
惠阳区	15551	15551						
大亚湾区								
仲恺区	7667	5355	2312					
博罗县	147492	147492		553	305	248		
惠东县	159411	159411						
龙门县	64594	64594		184	26	158		
梁化林场								
九龙峰林场								
罗浮山林场								
象头山林场	5659	5659						
汤泉林场	321	321						
平安林场	800	800						
鸡笼山林场	3542	3542						
水东陂林场								
油田林场								
东江林场								
罗浮山自然保护区								
龙门南昆山自然保护区								
惠东古田自然保护区								

9-12 续表 3

县（市、区）别	商品材（立方米）			大径竹（根）			松香类产品（吨）	松节油类产品（吨）
	合计	原木	薪材	合计	毛竹	其他		
惠东莲花山白盆珠自然保护区								
汕尾市	**111390**	**87959**	**23431**	**71**	**55**	**16**		
城区	1934		1934					
红海湾经济开发区								
海丰县	47097	39100	7997					
陆河县	40895	27395	13500	41	27	14		
陆丰市	21464	21464		30	28	2		
黄羌林场								
吉溪林场								
红岭林场								
罗经嶂林场								
东海岸林场								
湖东林场								
东莞市	**6688**		**6688**					
银瓶山森林公园								
大岭山森林公园								
大屏嶂森林公园								
市局本部	6688		6688					
中山市	**8407**		**8407**					
江门市	**940942**	**940942**		**202**	**20**	**183**	**5710**	**680**
蓬江区	23801	23801						
江海区	917	917						
新会区	118654	118654		20	20			
台山市	212800	212800					3510	370
开平市	174449	174449		183		183		
鹤山市	208144	208144						
恩平市	131597	131597						
古兜山林场								
大沙林场	25075	25075						
狮山林场	6908	6908					2200	310
河排林场	9587	9587						
西坑林场	7066	7066						
古斗林场	9570	9570						
四堡林场	12374	12374						
阳江市	**367536**	**353556**	**13980**	**149**	**31**	**118**	**2533**	**836**
江城区	8000	8000						
海陵岛试验区	2727	2727						
高新区	8065	5512	2553					
阳西县	38197	38197					1680	672
阳东区	55210	55210						

9-12 续表 4

县（市、区）别	商品材（立方米）			大径竹（根）			松香类产品（吨）	松节油类产品（吨）
	合计	原木	薪材	合计	毛竹	其他		
阳春市	219792	219792		149	31	118	853	164
阳江林场	23062	16143	6919					
花滩林场	12483	7975	4508					
河尾山林场								
湛江市	**407734**	**312554**	**95180**	**794**	**171**	**623**	**1703**	
坡头区	9009		9009					
麻章区	13500	13500		4		4		
开发区	2734	2734						
遂溪县	70181	70181		87		87		
徐闻县	35870	35870						
廉江市	131022	82675	48347	574	49	525	1703	
雷州市	89082	62358	26724	128	122	6		
吴川市	55502	44402	11100					
国营防护林场	550	550						
国营东海林场	284	284						
国营吴川林场								
茂名市	**319240**	**319240**		**8579**	**1453**	**7126**	**114**	
市辖区								
茂南区	4750	4750		5	2	3		
高州市	63107	63107		755	166	589		
化州市	77182	77182		233	209	24	114	
信宜市	107439	107439		6834	511	6323		
电白区	26386	26386		752	565	187		
八一林场	497	497						
厚元林场								
大雾岭林场								
东镇林场								
新田林场	2847	2847						
荷塘林场	4557	4557						
文楼林场	9818	9818						
播扬林场	7846	7846						
平定林场	5619	5619						
丽岗林场	7088	7088						
电白林场	2104	2104						
河尾山林场								
云开山自然保护区								
肇庆市	**1612832**	**1370056**	**242776**	**6238**	**1319**	**4919**	**112790**	**32311**

9-12 续表 5

县（市、区）别	商品材（立方米）			大径竹（根）			松香类产品（吨）	松节油类产品（吨）
	合计	原木	薪材	合计	毛竹	其他		
端州区	4420	4420						
鼎湖区	19512	16069	3443	41	12	29		
肇庆高新区	1817	1817						
广宁县	213050	213050		598	598			
怀集县	445040	321178	123862	4804	577	4227	31085	
封开县	241113	241113		133	133		13305	608
德庆县	201122	168094	33028				57900	29700
高要市	252504	252504					10500	2003
四会市	186128	105862	80266	632		632		
国有北岭山林场	3540	2124	1416					
清桂林场	4832	4832						
葵洞林场	4500	4500						
大南山林场	9913	9913						
大水口林场	12565	12565						
国有大坑山林场	418	418		31		31		
国有新岗林场	12358	11597	761					
清远市	**954901**	**935374**	**19527**	**1148**	**394**	**754**	**379**	
清城区	105215	89664	15551	108	23	85		
佛冈县	121442	121442		170	124	46	108	
阳山县	65590	65590		221	77	144		
连山壮族瑶族自治县	62354	62354		53	35	18		
连南瑶族自治县	43093	43093		61	61			
清远市清新区	186990	186990						
英德市	275382	275382		486	25	461	271	
连州市	39231	39231		49	49			
银盏林场	2161		2161					
笔架山林场	1216	1216						
天堂山林场								
英德林场	30483	29002	1481					
长江坝林场								
金鸡林场	4890	4808	82					
铁溪林场								
羊角山林场	551	496	55					
小龙林场	15057	14860	197					
龙坪林场	1246	1246						
杨梅林场								
市局本部								

9-12 续表 6

县（市、区）别	商品材（立方米）			大径竹（根）			松香类产品（吨）	松节油类产品（吨）
	合计	原木	薪材	合计	毛竹	其他		
潮州市	**134276**	**101160**	**33116**					
湘桥区	5672	5672						
枫溪区								
潮安区	24887	18224	6663					
饶平县	93724	67271	26453					
韩江林场	9993	9993						
凤凰山自然保护区								
揭阳市	**87325**	**79801**	**7524**	**526**	**301**	**226**		
市辖区								
榕城区								
揭东区	7524		7524					
揭西县	24175	24175		187	3	184		
惠来县	35963	35963		239	239	0		
普宁市	19663	19663		31	31			
大南山侨区								
空港经济区				69	28	41		
蓝城区								
后溪林场								
市局本部								
云浮市	**421647**	**418400**	**3247**	**441**	**216**	**225**	**15388**	
云城区	57844	57844		361	147	214	9800	
新兴县	54512	54512					302	
郁南县	75795	75795		28	26	2		
云安区	71103	71103		52	43	9	5286	
罗定市	107453	107453						
大云雾林场	8980	8980						
龙埇林场	25386	25386						
飞马林场	6698	6698						
同乐林场	6238	6238						
水台林场	7638	4391	3247					
中林雷州林业公司	**213667**	**167580**	**46087**					
省直属林场	**140708**	**133971**	**6737**					
西江林业局	5521	5521						
乳阳林业局								
沙头角林场								
龙眼洞林场								
天井山林场	96	96						
樟木头林场	6771	6771						
乐昌林场	10001	7001	3000					
连山林场	8736	8736						
东江林场	19022	19022						
九连山林场	1387	1387						
德庆林场	57870	54442	3428					
郁南林场	27138	27138						
云浮林场	4166	3857	309					

9-13　各市生态公益林重点工程建设投资完成情况

2018年　　单位:万元

市 别	合 计	沿海防护林工程	珠江流域防护林工程	平原绿化工程
全 省	6297	3492	2805	
广 州				
深 圳				
珠 海				
汕 头				
佛 山				
韶 关	2295		2295	
河 源				
梅 州				
惠 州				
汕 尾	60	60		
东 莞				
中 山				
江 门				
阳 江	2512	2512		
湛 江	63	63		
茂 名				
肇 庆				
清 远				
潮 州	857	857		
揭 阳				
云 浮				
中林雷州林业公司				
省直属林场	510		510	
国家级保护区				

9-14 林业投资完成与资金来源情况

单位:万元

项 目	2017年	2018年	2018比2017增长（%）
一、本年计划投资			
二、自年初累计完成投资	**816578**	**867790**	**6.27**
1.生态建设与保护	451912	477463	5.65
⑴营造林	428498	425504	-0.7
⑵湿地恢复与保护	6292	12847	104.18
⑶沙地治理与封禁	1915	8	-99.58
⑷野生动植物保护及自然保护区	15207	11294	-25.73
⑸生态保护补偿		27810	
⑹其他（含生态工程补助资金）			
2.林业支撑与保障	117760	142581	21.08
⑴林木种苗	7580	5178	-31.69
⑵森林防火与森林公安	56343	46558	-17.37
⑶林业有害生物防治	11949	12404	3.81
⑷科技教育	14038	22189	58.06
⑸林业信息化	2328	3701	58.98
⑹其他	25522	52551	105.9
3.林业产业发展	46254	49415	6.83
⑴工业原料林	9989	8933	-10.57
⑵特色经济林（不含木本油料）	2100	2641	25.76
⑶木本油料	1512	385	-74.54
⑷花卉	2539	2941	15.83
⑸林下经济	4851	3491	-28.04
⑹其他	25263	31024	22.8
4.林业民生工程	43677	33383	-23.57
⑴棚户区（危旧房）改造	1172	281	-76.02
⑵社会性基础设施	8645	6282	-27.33
⑶其他	33860	26820	-20.79
5.其他投资			
其中：财政事业费	156975	164948	5.08

9-15 林业系统从业人员与劳动报酬

2018年

项目	单位个数（个）	单位从业人员（人）				离岗仍保留劳动关系的职工（人）	年末离退休人员（人）	在岗职工年人均工资（元/人）	离退休人员年人均生活费（元）
		合计	在岗职工		其他从业人员（人）				
			小计	其中：专业技术人员					
总　计	**1593**	**26512**	**24186**	**4195**	**2326**	**378**	**29856**	**94001**	**34209**
一、企业	37	2080	1945	306	135	23	4170	39651	28885
二、事业	1297	18112	16111	3889	2001	355	21601	85642	29628
三、机关	259	6320	6130	0	190	0	4085	134439	63872
按行业分：									
（一）农林牧渔业	509	12156	10996	1961	1160	368	21791	70251	27551
1、林木育种育苗	43	590	582	108	8	0	864	71197	22939
2、营造林	230	7800	7043	1332	757	242	15984	63996	27125
3、木竹采运	23	395	333	44	62	24	932	75186	11989
4、经济林产品种植与采集	1	27	27	0	0	0	119	75840	313
5、花卉及其他观赏植物种植	1	2	1	1	1	3	0	54564	0
6、陆生野生动物繁育与利用	2	10	10	5	0	0	1	98684	64068
7、其他	209	3332	3000	471	332	99	3891	84915	34875
（二）制造业	12	131	131	1	0	0	145	29336	9663
1、木材加工及木、竹、藤、棕、苇制品业	3	17	17	0	0	0	95	7688	6160
2、木、竹、藤家具制造业	0	0	0	0	0	0	0	0	0
3、木、竹、苇浆造纸业	0	0	0	0	0	0	0	0	0
4、林产化学产品制造	0	0	0	0	0	0	0	0	0
5、其他	9	114	114	1	0	0	50	32564	16320
（三）服务业	1061	14095	12929	2230	1166	10	7898	115065	52991
1、林业生产服务	137	939	814	271	125	3	453	83386	36002
2、野生动植物保护和自然保护区管理	100	1174	851	265	323	0	210	122722	31401
3、林业工程技术与规划管理	14	255	240	188	15	0	144	197311	81802
4、林业科技交流和推广服务	77	1125	1063	480	62	7	1031	109482	41032
5、林业公共管理和社会组织	442	7890	7673	443	217	0	5078	129454	60033
①林业行政管理、公安及监督检查机构	364	6975	6768	88	207	0	4330	131168	61129
②林业专业性、行业性团体	78	915	905	355	10	0	748	118567	53686
6、其他	291	2712	2288	583	424	0	982	68281	37362
（四）其他行业	11	130	130	3	0	0	22	93734	48667

9-16　各市林业系统从业人员与劳动报酬

2018年

项　　目	单位个数（个）	单位从业人员（人）				离岗仍保留劳动关系的职工（人）	年末离退休人员（人）	在岗职工年人均工资(元/人)	离退休人员年人均生活费(元/人)
		合计	在岗职工		其他从业人员				
			小计	其中：专业技术人员					
全　省	1593	26512	24186	4195	2326	378	29856	94001	34209
广　州	50	1631	1620	0	11	10	1763	139441	68829
深　圳	21	315	307	26	8	0	0	137665	0
珠　海	17	303	275	11	28	0	28	55935	92235
汕　头	39	346	343	44	3	3	79	74503	37771
佛　山	16	240	240	36	0	0	239	129617	46145
韶　关	242	3198	2763	465	435	77	3313	97854	29602
河　源	181	1787	1745	377	42	4	2005	71177	26434
梅　州	120	1331	1273	331	58	1	1201	85349	50180
惠　州	89	1551	1478	148	73	0	1627	97903	37909
汕　尾	49	808	800	48	8	92	767	51974	21270
东　莞	7	747	290	69	457	0	297	182052	73895
中　山	4	108	108	30	0	0	70	177394	85710
江　门	50	1045	767	127	278	0	1275	106025	63012
阳　江	67	915	899	80	16	89	1082	74322	16535
湛　江	91	789	757	218	32	3	757	57215	33592
茂　名	55	1143	978	144	165	7	1796	68538	5296
肇　庆	123	1721	1499	232	222	24	2162	116871	20296
清　远	139	2623	2473	365	150	9	2299	86030	39608
潮　州	43	456	443	29	13	0	675	64837	27364
揭　阳	51	557	557	54	0	32	670	57654	13258
云　浮	94	693	665	83	28	0	724	88367	30785
雷州林业局	1	1356	1356	276	0	0	2935	36320	37708
省直属林场	21	1775	1528	494	247	27	3371	77716	22618
国家级保护区	7	185	139	62	46	0	35	238706	46836

9-17　林业系统职工伤亡事故情况

2018年

项　目	重伤（人次）	死亡（人）	轻伤（人次）
合　　计	**0**	**5**	**6**
按行业分：			
1.营造林		2	2
2.木竹采运			
3.木竹加工制造			
4.森林防火			1
5.其他		3	3
按事故类别分：			
1.物体打击			
2.车辆伤害			
3.机械伤害			
4.触电			
5.火灾			1
6.其他		3	5

十、畜牧业与饲料工业

畜牧业与饲料工业

一、畜牧业生产

（一）畜禽生产。2018年全省各级农牧部门认真落实省委省政府的决策部署，紧紧围绕乡村振兴工作要求，坚持质量第一、绿色发展、效益优先，大力推进畜牧业供给侧结构性改革，狠抓畜禽养殖废弃物资源化利用工作，积极推动畜牧业高质量发展，呈现“稳、优、新、特、绿”的发展趋势与特点。

一是生产发展呈稳。2018年广东省畜牧业总产值1184.7亿元，比上年减少1.44%；肉类产量449.90万吨，增长1.31%；禽蛋39.24万吨，增长1.92%；奶类13.90万吨，增长0.14%。出栏生猪3757万头，增长1.21%；出栏家禽10.92亿只，增长0.46%；出栏肉牛33.25万头，减少0.06%；出栏肉羊110.70万头，增长0.26%。8月以来面对外省发生的非洲猪瘟疫情，我省提早采取I级响应相关措施严防死守，有力延缓了疫情传入我省，积极正面宣传和舆论引导，促进了生产供应稳定，生猪市场供应和价格基本平稳。

二是产业素质向优。标准化规模养殖持续发展，全省畜禽规模养殖比例67%，比全国平均水平高出7个百分点，其中生猪规模养殖比例64.5%，比全国平均水平高出16个百分点。创建了4家国家级标准化示范场和10家首批广东省现代化美丽牧场，示范带动畜牧业转型升级。

三是产业形态渐新。产业化生产经营不断加快，全省畜牧业产业化组织1374家，其中省级以上重点农业龙头企业205家、产值1530亿元，以占省级以上重点农业龙头企业25%的数量获得占比46%的产值。部分品牌实现生产资源跨区域配置，品牌生鲜店、专卖店、连锁店不断扩张，互联网+正在兴起。

四是发展方式转绿。畜禽养殖废弃物资源化利用工作扎实推进，政策体系和工作机制的“四梁八柱”全面建立，组织领导、责任落实、资金扶持及宣传推广有效强化，资源化利用开局良好。全省畜禽粪污综合利用率、规模养殖场粪污处理设施装备配套率分别为70.0%、74.6%，被国家考评为优秀等级。

（二）饲料生产。2018年，全省共有饲料和饲料添加剂企业918家，共持证1107个，其中浓配饲料526个、单一饲料121个、添加剂预混料248个、饲料添加剂72个、混合型饲料添加剂140个。全省饲料工业总产值1187亿元，其中饲料产品总产值1165亿元，饲料添加剂总产值22亿元；饲料总产量3076.5万吨，其中饲料产品3062万吨，饲料添加剂14.5万吨。饲料产品总产值和总产量同比分别增长14.4%和3.8%。在饲料产品总产量中，按饲料类型分，配合饲料2954.21万吨，同比增长4.3%；浓缩饲料40.26万吨，同比下降12.9%；添加剂预混合饲料67.69万吨，同比下降7.5%。按养殖品种分，猪饲料1410.63万吨，同比增长1%；蛋禽饲料173.32万吨，同比下降4%；肉禽饲料854.56万吨，同比增长2.9%；水产饲料598.63万吨，同比增长15.8%；反刍饲料 4.75 万吨，同比增长 23.5%；其他饲料 20.28 万吨，同比下降 7.6%。

主要特点：一是产业集中度不断提高。饲料生产集团化、规模化水平不断提升，产业集中度不断提高。全省现有上市饲料企业 19 家，其中企业总部在广东的有 14 家。年产 100 万吨以上企业 5 家；年产 50 万吨以上企业 11 家；年产 10 万吨以上的生产厂 128 个，产量约占总产量的 72%，比 2017 年提高 3 个百分点；二是产品质量保持高水平。全省饲料产品质量持续保持较高水平，未发生重大饲料产品质量安全事件。饲料中“瘦肉精”等违禁添加物保持“零检出”，生猪养殖环节“瘦肉精”监测合格率 100%，保障了畜禽水产产品质量安全。创建了一批名牌饲料产品，全省现有省名牌饲料产品 182 个；三是创新动力不断增强。不少大型企业建立研发中心，积极研发新型饲料产品，构建精准配方技术体系，提高饲料利用效率。不少企业积极开展低蛋白配方研究，推广低蛋白日粮。一些企业和科研单位积极开展微生物发酵、膨化、“替抗”等新技术研究，加快发展高效、安全、环保饲料产品；四是走出去能力不断提升。部分企业利用国家畜牧业产业布局调整的机遇，在东北等养殖优势区域投资办厂。一些企业实施“走出去”战略，拓展国际发展空间，已在东南亚和南美等国家投资办厂。2018 年，全省共有 40 多家企业的 400 多个产品，销往亚洲、欧洲、非洲和美洲的 40 多个国家和地区。

（三）兽药生产。2018 年，全省有兽药 GMP 生产企业 102 家，排全国第七，其中，生物制品企业 9 家，原料药生产企业 6 家。据统计，全省年产兽药 28.73 亿元，年销售额 28.34 亿元。全省有兽药经营企业 4145 家，100% 实现系统注册入网，实施追溯率为 80.31%。

（四）奶业生产。2018 年广东奶牛存栏 50020 头，其中：荷斯坦奶牛 45600 头（娟珊牛及其杂交牛 2495 头），挤奶水牛 4420 头。荷斯坦奶牛养殖户 298 户，全省牛奶总产量 199698.12 吨，其中：荷斯坦牛奶总产量 196200.57 吨，成母牛平均单产 7417.51 公斤；水牛奶总产量 3497.55 吨。

全省登记在册的生鲜奶收购站 36 个，主要分布在广州、惠州、清远等大中城市。生鲜奶生产收购运输全部实行持证经营和运输车辆准运证管理，百分百实现机械挤奶。

二、畜牧业扶持政策

（一）扶持畜牧业生产及良种繁育体系。2018 年省财政安排省级草地畜牧业及畜禽品种保护开发专项资 1 亿元，扶持畜牧生产与良种繁育体系建设。一是扶持华南农业大学建设大型畜禽综合性遗传物质设施保存基因库，并构建种质资源信息共享网络服务系统，积极建立遗传物质设施保存实验室与活体保种场相结合的开放和共享机制，以实现对所有广东省畜禽地方品种和部分省外地方品种、培育品种、引进品种的遗传物质（精液、胚胎、细胞、组织、血液、核酸等）的收集整理、长期保存和系统研究，进一步提高我省畜禽遗传资源保护和开发利用工作的科学性、系统性和公益性。二是扶持各地建设草食动物养殖示范基地和种畜禽场，积极发展特色畜牧业，强化品牌建设与带动，突出提质增效，积极建设岭南特色畜牧产品优势产区。三是积极引导温氏、海大、壹号食品和中山大学、华南农大等骨干畜牧企业和科研院所，在广州从化建设国际化的畜牧科技产业园， 由大型企业与科技团队合股共建以畜禽种质资源共享基地为龙头，集合饲料、生物制品、畜牧机械等科技研发、交流、贸易为一体的大型综合性产业园。项目首期国际一流的大型种公猪站建设项目，已成功奠基启动。

（二）扶持畜禽养殖废弃物资源化利用。2018年，我省加大投入财政资金力度，支持全省畜禽养殖废弃物资源化利用和粪污处理设施建设。一是成功申请2018年中央财政畜禽粪污资源化利用畜牧大县整县推进项目5个，分别为阳春市、廉江市、遂溪市、连州市、新兴县，共计约2.2亿元，2018年度已下达7840万元（每县1568万元）。二是安排2018年生猪调出大县奖励资金省级统筹资金2193万元，支持惠东县、南雄市（每县850万元）开展资源化利用整县推进工作，支持华南农业大学开展畜禽健康养殖与粪污资源化利用关键技术研究与推广项目（493万元）。三是安排省级草地畜牧业及畜禽品种保护开发项目资金1800万元，支持各地级以上市和国家畜牧大县开展资源化利用工作。

三、畜牧业行业管理

（一）畜牧法制建设。省委省政府持续深化“放管服”改革，农业部不断强化畜禽养殖备案工作，按照《广东省人民政府关于修订一批文件的通知》（粤府函〔2018〕57号）要求，经深入调研和多次讨论，征求并吸纳各地级以上市农业（畜牧兽医）局、业内专家及公众意见，省农业农村厅修订了《广东省种畜禽生产经营许可证发放和畜禽养殖备案办法》（送审稿），优化种畜禽生产经营许可证审核发放及畜禽养殖备案程序，经省司法厅、省委编办审核后报送省政府，待省政府审定发布。

（二）推进畜禽养殖废弃物资源化利用工作。2018年全省各地按照广东省委省政府的决策部署，自觉服务服从实施乡村振兴战略与建设生态文明的大局，围绕目标任务，聚焦关键环节，凝心聚力，攻坚克难，全力推进畜禽养殖养殖废弃物资源化利用工作。

一是聚焦责任落实，强化统筹协调。广东省政府印发了《广东省畜禽养殖废弃物资源化利用工作方案》，建立以分管副省长为总召集人的畜禽养殖废弃物资源化利用联席会议制度，出台《广东省畜禽养殖废弃物资源化利用工作考核办法》，与各地级以上市人民政府签订了资源化利用工作目标责任书，将资源化利用工作纳入市县政府绩效评价考核。各地级以上市、县级政府分别出台了畜禽养殖废弃物资源化利用工作方案、实施方案，全面落实地方政府属地管理责任。

二是聚焦农牧循环，强化粪污综合利用。一是全力打通种养循环通道，加快粪污资源化利用。梅县区等7个国家果菜茶有机肥替代化肥试点县建设柑桔有机肥替代化肥示范区11万亩次，核心产区和品牌生产基地有机肥使用量提高33%以上，化肥施用总量减少23%以上。二是科学编制发展规划，调整优化产业布局。广东省农业农村厅牵头修订《广东省生猪生产发展总体规划和区域布局（2018-2020年）》，组织各市制定种养循环发展规划，精准引导农牧业协调发展。加快研究制定《广东省畜牧业转型升级高质量发展的意见》。

三是聚焦“一县一案”，强化整建制治理。紧紧围绕畜牧大县，集中政策、资金、技术等力量，实行“一县一案”、整县整建制推进。立项实施中央和省级财政畜禽粪污资源化整县推进项目县 7 个，资金总额约 2.37 亿元，已上报待批复的中央预算整县推进项目 4 个共约 1.42 亿元。

四是聚焦“一场一策”，强化精准管理。一是加强规模养殖场动态管理。建立完善了养殖场直联直报系统，规模养殖场已全部通过直联直报系统备案并建档建册。二是推动规模以下养殖户纳入备案管理。省农业农村厅修订了省畜禽养殖备案办法，已经省法制办审核同意并报省政府审批，拟在全国率先建立养殖专业户备案制度。三是强化技术规范。省农业农村厅、生态环境厅印发《广东省畜禽粪污处理与资源化利用技术指南》《广东省畜禽养殖废弃物综合处理利用技术模式》，作为养殖场粪污处理与资源化利用工程环评和验收的技术依据，为全省资源化利用工作的规范开展提供技术支撑。

五是聚焦培训示范，强化产业转型升级。开展 4 期省级畜禽粪污处理和资源化利用现场会及培训班，培训县市县农牧主管部门负责人及业务骨干 800 多人次。大力发展标准化规模养殖，积极推广农牧结合的生态养殖模式，探索推广 9 种综合利用模式。深入实施全国首创、亚洲地区最大规模的世行贷款农业面源污染治理项目，纳入治理的规模化养殖场 140 家，建成集约型养殖场大中型沼气工程 1852 个。启动了现代化美丽牧场创建行动，创建首批 10 家现代化美丽牧场，在广东省现代化农业博览会和《南方日报》进行专题宣传报道，提升示范带动效应，并将进行奖补，为全省畜禽粪污资源化利用工作开展起到良好的示范带动效应。

四、畜牧投入品及畜禽产品质量安全监管

（一）强化饲料行业管理。加强质量安全监管，提升饲料产品质量。**一是**健全日常监督检查制度，督促企业严格落实《饲料和饲料添加剂管理条例》《饲料质量安全管理规范》等法规规章及有关技术规范。**二是**开展饲料质量安全监管专项行动，建立监督检查和产品抽检联动、产品抽检和第三方检测联动的监管新模式，组织对饲料生产企业分 3 年实行全覆盖监管;省级监督检查企业 162 家、抽检各类饲料产品 440 批次，地级监督抽查企业 558 家，抽检产品 1363 批次。**三是**开展饲料产品质量安全预警监测，重点监测重金属、霉菌毒素等有毒有害物质，筛查非法添加物和违禁药物，省级监测生产、经营、养殖企业 288 家、各类饲料产品 486 批次。对监管中发现的违法违规行为和产品质量问题，严肃约谈相关生产企业负责人落实整改措施，并依法严肃查处，各地共查处饲料违法案件 30 宗。

（二）强化兽药行业监管。一是狠抓兽药市场准入管理保质量。严格依法依规开展兽药生产许可行政审批，做好兽药 GMP 验收和生产许可证核发工作，加强对生产企业监督检查，严格兽药行政许可事项后续监管。强化兽药产品准入管理，切实做好兽药产品批准文号申请审查工作。

全年核发兽药生产许可证26个、核准8个兽药广告审批、完成1336个产品批准文号申请材料的审查和技术协助。二是强化兽用抗菌药治理保安全。深入实施广东省兽药（抗菌药）综合治理五年行动方案，制定印发《2018年兽用抗菌药专项整治方案》《关于组织开展兽药质量安全专项整治行动的通知》，开展盐酸肾上腺素、硫酸阿托品、盐酸异丙嗪三种兽药专项检查，规范兽用抗菌药使用。全年共抽检兽药556批，合格率99.5%。三是优化监管手段，推进兽药产品追溯管理。深入推进兽药经营环节二维码追溯管理，积极构建覆盖兽药生产、经营追溯管理体系，印发了《关于加快推进兽药经营环节追溯管理工作的通知》，并在全省范围开展多次二维码培训班。目前，我省兽药生产环节全部实施兽药追溯管理，全省兽药经营企业100%实现系统注册入网，兽药经营企业上线运行追溯率为80.31%，超额完成国家目标任务。四是强化残留监控。组织实施动物及动物产品兽药残留监控计划，对猪肉、猪肝、禽肉、禽蛋和生鲜乳等五类主要畜禽产品中5类15种兽药及其代谢物残留开展监控。全年兽药残留抽样424批，合格率99.5%。开展兽用抗菌药使用减量化行动，探索兽用抗菌药使用减量化模式。五是强化兽药生产经营使用监督检查。按照《农业农村部办公厅关于组织开展兽药追溯和现场核查专项监督检查活动的通知》工作部署，印发了《关于做好兽药追溯等工作情况专项检查的通知》，要求各市迅速开展专项督查，切实加强兽药追溯监管工作。同时印发了《关于加强兽用狂犬病等动物疫苗管理及兽药监督检查的紧急通知》和《关于开展盐酸肾上腺素等兽药专项检查的通知》等，要求全省农牧部门立即行动起来，加强动物疫苗等兽药监管，开展动物疫苗、盐酸肾上腺素等兽药紧急排查工作，确保全省畜产品质量安全。

（三）生猪屠宰专项整治。联合省公安厅、原省食品药品监督管理局在全省组织开展屠宰领域扫黑除恶专项斗争和畜禽屠宰监管“扫雷行动”，强化重点领域、重点地区的专项整治，合力打击私屠滥宰等违法犯罪行为。全省各地共开展“扫雷行动”媒体宣传1648次，发放宣传材料18.5万份，举办培训班211次，培训监管队伍及行业从业人员7784人，开展联合执法6274次，共立案查处408件，涉案牲畜数量1308.73头、牲畜产品55.3509吨，货值金额397.315万元，罚没金额94.068万元，案件曝光64件，移送公安机关案件46件，追究刑责22人，捣毁私屠滥宰窝点452个，清理关闭不合格屠宰场点87个。

（四）开展“瘦肉精”专项整治。一是印发《关于进一步加强“瘦肉精”监管工作的通知》，进一步落实监管主体责任，明确整治目标和任务，突出重点监管区域和环节，保障畜产品质量和食品安全。制定《2018年全省养殖环节“瘦肉精”专项监测方案》，省级抽检养殖场（户）411个、样品822个；各地抽检养殖场（户）48196个、样品285824个，检测结果均为阴性。二是制定印发《生猪屠宰环节“瘦肉精”监督检测方案》，组织实施全省生猪屠宰环节“瘦肉精”监督检测和风险监测方案。在农业农村部监测屠宰环节“瘦肉精”监测任务中，抽检样品约2.4万份，抽检合格率为100%。全省日常监测屠宰环节采集样品226.7万份，盐酸克伦特罗、莱克多巴胺、沙丁胺醇三种常见违禁物累计监测数量分别为198万份、173.1万份、119.3万份，检测合格率分别为99.99%、100%、99.99%。

（五）生鲜乳质量安全监管。加强奶业监管，促进奶牛养殖健康发展。组织对生鲜乳收购站和运输车进行了检查及监督抽样，全省共出动执法人员625人次，检查生鲜乳收购站41个次、奶牛场252个次，检测生鲜乳样品440批次，监测覆盖全部生鲜乳收购站、登记备案的运输车和规模奶牛场，受检生鲜乳中三聚氰胺等违禁添加物、抗生素等多项指标检测结果均100%合格。

五、重大动物疫病防控

（一）非洲猪瘟防控工作有力有效。自2018年8月初我国发生首起非洲猪瘟疫情以来，省委、省政府高度重视防控工作，李希书记和马兴瑞省长多次批示并专题调研部署，林少春和叶贞琴两位常委也先后召开多次会议部署防控工作，亲自上阵一线指挥。省农业农村厅积极履职尽责，高效有序推动各项措施落地落实。一是强化组织领导和督查指导。多次召开会议分析研判部署和组织专项督查，推动各地各有关部门成立相应指挥机构，建立了指挥部联络群、市县工作群、公路防堵群，实时协调联动，高效推进防控工作。二是强化快速应急反应和排查监测。自8月3日迅速建立起应急值守、排查日报、预警周报、可疑快报和动态专报5个应急机制，向省委、省政府报送疫情和工作动态。组织各地开展轮动排查，8月8日至12月31日，共发动62.95万人次，排查场点101.46万个次，排查生猪2.67亿头次，监测样品6549份，及时发现和消除风险隐患。三是强化生猪检疫和调运监管。率先依托31个省际公路公安检查站开展动物卫生监督检查，推动各地政府统筹组织力量，组成121个联合检查组，严查严堵。截至12月31日，累计检查生猪及其产品运输车辆7302车次，无害化处理违规调运生猪5973头、生猪产品68.7吨。同时，严格实施生猪及产品检疫监管，共检疫生猪2081万头，生猪产品289.73万吨。严格实施生猪运输车辆备案登记制度，已备案登记生猪运输车辆近2700辆。四是强化餐厨剩余物监管。印发《关于加强餐厨剩余物（泔水）管理工作的通知》，落实餐厨剩余物全链条监管责任，全面禁止泔水喂猪。目前，摸排出7995家泔水喂猪场（户），取缔598家，转饲料养殖7397家。五是强化规模化猪场（种猪场）生物安全隔离带建设。指导各地排查清理“两场”周边3公里的小散养户，支持“两场”消化吸收周边中小养殖场或为其提供技术支持，打造“动物防疫命运共同体”。举办“两场”防控技术培训班，引导精准防疫。六是加强正面宣传和技术培训。多次分层次开展防控技术培训，下发防控资料近325.7万份，持续通过各类媒体加强正面宣传。七是强化联防联控和应急准备。制定了《广东省非洲猪瘟防控工作预案》《广东省非洲猪瘟突发疫情应急处置预案》、操作指南和工作手册，推动各级各部门结合自身职能制定相应工作预案，形成了全方位立体化的防控工作体系；协调省财政下拨6500万元应急经费，以县为单位选定无害化处理点

225 个，与海关总署广东分署联合制定供港澳生猪及其产品运输通道方案并获国家批准。12 月 19 日后，我省珠海、广州、惠州相继发生非洲猪瘟疫情，我处分别派出专家工作组第一时间赴现场指导处置疫情。目前，3 起疫情都得到有效处置，未发生次生疫情，有力保障了疫情发生后港澳生猪及产品供给稳定和安全。同时印发《关于强化做好非洲猪瘟防治工作的紧急通知》《关于开展非洲猪瘟防控督查工作的通知》《关于印发加强非洲猪瘟等重大动物疫病防控“3+1”行动方案的通知》，持续深入抓好全面排查和疫情报告处置。我省的防控工作受到了省委、省政府和农业农村部领导充分肯定和高度评价。国务院督查组组长、农业农村部副部长于康震同志也充分肯定我省防控工作，称赞十分了不起。

（二）推进 H7N9 流感、口蹄疫等落实其它他动物疫病防控工作有力有效。贯彻落实国家和省动物疫病防治中长期规划，探索重大动物疫病防控新路径，推动我省防疫工作向纵深发展。**一是**全面落实动物疫病防控措施。认真部署春秋防和重大动物疫病防控工作，强化督查指导，确保免疫等防控措施落实到位。全年组织 4.65 亿毫升禽流感疫苗、0.97 亿毫升口蹄疫疫苗下发各地开展免疫注射，免疫家禽约 9.091 亿羽，牲畜约 0.75 亿头，群体免疫密度达到 95% 以上，其中口蹄疫抗体水平为 80.75%，禽流感抗体水平为 86.40%。在农业农村部 2017 年度加强重大动物疫病防控专项的工作延伸绩效考核中，我省再次获得优秀。**二是**有效处置突发疫情。及时有效处置广州市天河区发生的输入性口蹄疫疫情、中山监测排查发现的口蹄疫疫情、河源市龙川县监测发现的奶牛布鲁氏菌病疫情，对从茂名化州市运输到重庆检查出口蹄疫和广州市白云区人感染 H5N6 的情况，开展进行了全面排查和紧急监测。全年未发生区域性重大动物疫情。**三是**继续推进强制免疫“先打后补”改革工作。在总结惠州、阳江的试点基础上，选取珠海、中山进一步扩大试点范围，建立规模养殖场自主采购强制免疫疫苗、实施强制免疫财政直补的强制免疫新模式。**四是**深入推进种畜禽场动物疫病净化工作。制定全省种畜禽动物疫病净化工作计划表，以计划表引导、推动、倒逼已通过省级净化评估的种畜禽企业申请国家评估验收。截至目前，全省共有 39 个种畜禽场通过省级动物疫病净化评估验收，10 个种畜禽场通过了国家级动物疫病净化场、示范场评估。佛山市高明区新广农牧有限公司成为全国六家白血病净化种禽示范场之一，更是全国首批黄羽肉鸡荣获“禽白血病净化示范场”，也是“两广”种禽企业第一家国家级禽白血病净化示范场展。**五是**持续推进动物疫病防控区域化管理。强化从化无疫区维护管理及功能拓展，落实我厅与香港渔护署签订的《从化无疫区维护备忘录》，发布《2018 年从化无疫区维护管理意见》。12 月下旬，顾幸伟厅长带队赴港与香港渔护署就从化无马疫区合作再次进行了磋商。截至目前，香港赛马会已进行 32 次马匹往返香港 - 从化无疫区试运，200 多匹现役赛马已正式进驻从化马场，从化马匹训练场已于今年 8 月 28 日正式开业，成为粤港澳大湾区成功合作的精品项目。在惠州、清远、湛江、阳江四个地市开展无疫小区试点建设，积极探索无疫小区建设。**六是**组织兽医实验室参加国家能力比对试验，连续8年取得连续8年100%符合的佳绩。**七是**组织强制免疫疫苗质量评估，推动政府采购疫苗质量显著提高。

（三）强化动物防疫工作各项措施落实有力有效。以行业民生实事为抓手，强化动物防疫工作各项措施落实。**一是**做好执业兽医考试工作。对2017年考试中符合条件的952名考生进行资格授予认定并发放证书，精心组织好2018年全国执业兽医考试工作。**二是**强化兽医实验室生物安全监管。组织属地自查，签订责任书，加强培训，未截至目前全省未出现生产责任事故。**三是**做好人大政协有关村级防疫员待遇、H7N9防控、动物疫病防控体系建设等提案的答复，及时回应委员、代表关切。**四是**加强动物防疫人员基础培训。出台培训工作方案，指导各地加强对基层动物防疫人员的业务知识和操作技能培训。**五是**组织做好兽医重点工作宣传活动。开展“最美兽医”评选、挑战吉尼斯纪录最长信等活动。

六、病死畜禽无害化处理体系建设

（一）建立倒逼工作机制。制定了《广东省农业资源循环利用工程中心（畜禽无害化处理厂）项目实施时间计划表》及《2018年度月工作细化进度表》，倒逼各地按时间节点推进项目建设。

（二）督促项目建设。厅局负责同志先后带队赶赴10个项目所在地进行实地督导指导超过20次；其中2018年4月，会同省政府督查室组织省国土资源厅、环境保护厅、林业厅及监狱管理局对全省10个病死畜禽无害化处理中心示范项目建设情况进行了一次专项督查。

（三）建立了“示范项目建设交流”微信群和示范项目定点联系制度。落实“一周一报，一月一督”，约谈各项目中标单位，督促其加快施工建设进度。截至目前，高州项目已建设试运营；阳春、惠城、遂溪、乐昌、怀集及饶平等6个项目已开展实体工程建设，其中阳春、惠城及乐昌等3个项目土建工程均已完成80%以上；河源灯塔盆地项目变更选址后正在抓紧推进；新兴项目逐步开展施工前期准备工作；四会项目也在有序推进中。

七、畜禽屠宰管理工作

2018年全省有畜禽屠宰企业1030家，其中生猪定点屠宰企业1004家。生猪规模厂（年屠宰量2万头以上）309家，占30.8%。2018年全省生猪定点屠宰厂屠宰生猪4615.8万头，其中规模厂生猪屠宰量4074.1万头，占88.2%。

（一）积极推进屠宰行业改革发展。2017年12月，省政府出台了《关于深化屠宰行业改革 完善屠宰管理体制机制的意见》，提出了屠宰行业改革发展的目标方向和相关政策措施，各地市也相应出台屠宰行业改革的具体实施方案，着力推进屠宰行业供给侧结构性改革，调整优化屠宰行业结构布局，改革定点屠宰厂设置模式，开展屠宰企业撤并整合、升级改造和标准化建设，加快淘汰屠宰行业落后产能，创新推动产加销融合发展，放开规划设置限制，优先发展一体化标准化大型屠宰企业，提升行业规模化和现代化水平，推进“标准化屠宰、品牌化经营、冷链化配送、产加销融合”。

（二）组织做好屠宰环节非洲猪瘟防控工作。组织召开屠宰环节非洲猪瘟防控工作座谈会，牵头组织制定《防控非洲猪瘟消毒杀蜱流程与用药指引》，启动生猪价格监测日报告制度，组织向屠宰企业发出公开信和告知承诺函，告知生猪及产品运输有关规定，要求按规定调运、屠宰生猪，下发非洲猪瘟防控知识挂图，强化屠宰企业应急和防控水平。

（三）积极推进生猪屠宰企业标准化建设。印发实施广东省屠宰标准化创建实施方案、生猪屠宰标准化企业评估认定管理办法和评估认定标准，组建了屠宰标准化建设专家委员会和专家库，切实发挥专家在全省畜禽屠宰管理和标准化建设中顶层设计、政策研究、评估验收、技术咨询及培训指导等方面的作用，积极开展培训指导和评估认定等工作，推进屠宰标准化建设的开展。计划到2022年培育200家省级标准化屠宰厂。

（四）强化屠宰行业规范管理。加强屠宰企业日常监管，各级农牧部门严格按照《生猪屠宰管理条例》和农业部《生猪屠宰厂（场）监督检查规范》《生猪屠宰厂（场）飞行检查办法》等法规要求，加大对屠宰企业日常监管力度，督促定点屠宰厂（场）落实企业主体责任。规范家禽集中屠宰，印发《广东省农业厅关于家禽屠宰厂（场）设置的指导意见》，切实强化家禽屠宰检疫和监督管理，配合食品药品监管部门做好“家禽集中屠宰、冷链配送和生鲜上市”工作。强化牛羊屠宰监管，积极推进《广东省牛羊屠宰管理办法》立法工作。加强无害化处理监管。协调省财厅完成2015-2017年屠宰环节病害猪无害化处理补贴资金清算工作，制定完善2018-2022年屠宰环节病害猪无害化处理新的补贴政策方案，确保强农惠农政策落实到位。

（五）强化预警预报。加强生猪屠宰统计监测，健全完善全省畜禽屠宰行业管理系统样本企业信息，进一步健全省、市、县及屠宰企业四级监测系统，不断完善信息员队伍和报送机制。完善生猪预警监测，做好全省屠宰生猪及肉品价格周报、月报工作，在厅网站专栏定期发布全省及各地生猪屠宰数量、价格等动态信息，定期对数据信息进行分析汇总，切实加强生产引导。

10-1 种畜禽场情况

(2018年)

项　　目	场个数(个)	单位	年末存栏	能繁母畜	当年出场种畜禽	当年生产胚胎(枚)	当年生产冻精(万份)
一、种畜禽场总数	**444**						
(一)种牛场	7	头	7858	2809	125	707	
1.种乳牛场	3	头	5974	1999		707	
2.种肉牛场	4	头	1884	810	125		
3.种水牛场		头					
4.种牦牛场		头					
(二)种马场	1	匹	121	4	4		
(三)种猪场	265	头	1934899	419347	1926079		
(四)种羊场	4	只	6376	3086	3861	1409	
1.种绵羊场		只					
其中：种细毛羊场		只					
2.种山羊	4	只	6376	3086	3861	1409	
其中：种绒山羊场		只					
(五)种禽场	143						
1.种蛋鸡场	20	套	1180149				
其中：祖代蛋鸡场	5	套	214036		158733		
父母代蛋鸡场	15	套	966113				
2.种肉鸡场	96	套	9003017				
其中：祖代肉鸡场	14	套	1678535		16450000		
父母代肉鸡场	82	套	7324482				
3.种鸭场	10	只	259613				
4.种鹅场	17	只	137451				
(六)种兔场	2	只	5719				
(七)种蜂场	4	箱	480				
(八)其它	18						
二、种畜站总数	**10**						
1.种公牛站		头					
2.种公羊站		只					
3.种公猪站	10	头	2074				73.33

注：1.本表只统计已颁发许可证的种畜场、站；
2.凡已颁发许可证且未列入的第一类(一)至(七)项中的种畜场均列入其它，如种鹿场、种鹤场、种鸽场、种犬场、种狐狸场、种貂场、种鸵鸟场等。

10-2 省、市、县畜牧技术机构基本情况

(2018年)

指 标 名 称	计算单位	畜牧站	家畜繁育改良站	草原工作站	饲料监察所
一、省级机构	**个**	**1**			
在编干部职工	人	19			
其中按职称分					
高级技术	人	10			
中级技术	人	3			
初级技术	人	3			
其中按学历	人				
研究生	人	8			
大学本科	人	7			
大学专科	人				
中专	人				
离退休人员	人				
二、地(市)级机构	**人**	**8**	**2**		
在编干部职工	人	86	104		
其中按职称分	人				
高级技术	人	13	12		
中级技术	人	24	8		
初级技术	人	17	6		
其中按学历					
研究生	人	2	1		
大学本科	人	15	14		
大学专科	人	7	6		
中专	人	3	4		
离退休人员	人	43	168		
三、县市级机构	**人**	**119**	**17**	**2**	**8**
在编干部职工	人	1370	242	9	98
其中按职称分					
高级技术	人	35	2		11
中级技术	人	286	16	2	35
初级技术	人	413	57	1	34
其中按学历	人				
研究生		22			2
大学本科	人	366	13		24
大学专科	人	489	46	2	43
中专	人	276	80		19
离退休人员	人	1050	224		69

10-3 乡镇畜牧兽医机构基本情况

(2018年)

项目	计算单位	畜牧兽医站	项目	计算单位	畜牧兽医站
一、畜牧兽医站站数	**个**	1067	**四、经营情况**		
二、畜牧兽医站职工总数	**人**	6306	**畜牧兽医站盈余站数**	**个**	142
畜牧兽医站在编人数	人	4709	畜牧兽医站盈余金额	万元	286.05
畜牧兽医站离退休人员	人	3204	畜牧兽医站亏损站数	个	122
三、技术职称状况			**畜牧兽医站亏损金额**	**万元**	2380.31
畜牧兽医站高级技术职称	人	45	**五、畜牧兽医站全年总收入**	**万元**	55608.26
畜牧兽医站中级技术职称	人	801	其中：畜牧兽医站经营服务收入	万元	4165.58
畜牧兽医站初级技术职称	人	1729	**六、畜牧兽医站全年总支出**	**万元**	57702.52
畜牧兽医站技术员	人	838	其中：畜牧兽医站工资总额	万元	31382.27

10-4 全省生猪饲养规模情况

(2018年) 计量单位：个、头

项目	场(户)数	年出栏数
年出栏数1－－－49头	274158	3917279
年出栏数50－－－99头	21959	1575922
年出栏数100－－－499头	27807	6074928
年出栏数500－－－999头	7387	5204624
年出栏数1000－－－2999头	5110	7933395
年出栏数3000－－－4999头	839	3071331
年出栏数5000－－－9999头	414	2766454
年出栏数10000－－－49999头	274	4662311
年出栏数50000头以上	23	1542868
合　计	**337971**	**36749112**

10-5 全省肉鸡饲养规模情况

(2018年)　　计量单位：个、只

项　　目	场(户)数	年出栏数
年出栏数1－－－－1999只	1690693	142052269
年出栏数2000－－－－9999只	14157	75779928
年出栏数10000－－－49999只	12836	316954095
年出栏数50000－－－99999只	1596	103121307
年出栏数100000－－499999只	328	57739488
年出栏数500000－－999999只	23	15472531
年出栏数100万只以上	23	39969351
合　计	**1719656**	**751088969**

10-6 全省蛋鸡饲养规模情况

(2018年)　　计量单位：个、只、吨

项　　目	场(户)数	年存栏数	鸡蛋产量
年存栏数499只以下	308568	3491402	36446.28
年存栏数500－－1999只	336	402915	4789.41
年存栏数2000－－9999只	178	844951	9995.31
年存栏数10000－－49999只	161	3044704	36411.86
年存栏数50000－－99999只	41	2704981	30790.41
年存栏数100000－－499999只	22	5278764	64158.5
年存栏数500000只以上	3	1806028	17916
合　计	**309309**	**17573745**	**200507.77**

10-7 全省奶牛饲养规模情况

(2018年)　　计量单位：个、头、吨

项　　目	场(户)数	年存栏数	牛奶产量
年末存栏数1--49头	372	2270	5379.48
年末存栏数50--99头	26	1544	4507.91
年末存栏数100--199头	14	2023	5579
年末存栏数200--499头	8	3341	10401.8
年末存栏数500--999头	8	6372	22728.7
年末存栏数1000--1999头	8	11342	43584.64
年末存栏数2000--4999头	6	19859	57062
合　计	**442**	**46751**	**149244**

10-8 全省肉牛饲养规模情况

(2018年)　　计量单位：个、头

项　　目	场(户)数	年出栏数
年出栏数1---9头	146424	416122
年出栏数10---49头	2363	66301
年出栏数50---99头	339	24575
年出栏数100---499头	116	25400
年出栏数500---999头	12	8119
合　计	**149254**	**540517**

10-9 全省养羊饲养规模情况

(2018年)　　计量单位：个、只

项　　目	场(户)数	年出栏数
年出栏数1---29只	15099	270995
年出栏数30---99只	2542	150199
年出栏数100---499只	764	147790
年出栏数500---999只	32	21155
年出栏数1000只以上	17	30366
合　计	**18454**	**620505**

10-10 主要年份畜牧业生产情况

单位：万头、万只

年 份	黄水牛年末 存栏头数	奶牛年末 存栏头数	山羊年末 存栏只数	生猪年末 存栏量	能繁殖母猪	三鸟饲养量
1949						
1952	303.42		3.73	477.86	34.45	
1957	331.28		11.98	721.78	50.52	
1962	270.46		14.70	543.22	38.03	
1965	298.61		17.16	161.82	83.57	
1970	314.82	1.21	11.72	1425.24	123.27	773.00
1975	309.90	1.18	13.70	1757.38	143.52	1034.38
1978	295.67	1.51	16.38	1777.39	135.80	7192.70
1980	306.02	1.52	13.38	1704.59	115.70	13337.20
1985	414.58	2.01	10.23	1884.02	154.49	31646.50
1990	473.55	2.95	14.21	2058.89	141.98	53199.88
1995	468.97	2.56	27.30	2183.95	137.25	100729.14
2000	416.92	3.72	29.33	2034.79	143.75	124800.95
2005	367.43	4.83	39.20	2143.50	162.77	127070.31
2010	169.92	5.57	50.52	2332.51	262.65	150315.03
2015	127.13	5.79	83.55	2308.54	242.52	133755.82
2017	114.70	5.98	93.30	2132.82	229.43	141953.53
2018	114.59	5.97	92.96	2024.26	217.98	137498.10

10-11 主要年份畜牧业主要产品产量

单位：万头、万吨

年 份	生猪出栏头数	猪肉产量	出售和自宰的肉用牛	牛肉产量	羊肉产量	牛奶产量
1949	196.73	8.09				
1952	282.54	11.62			0.01	
1957	429.63	19.60	22.90	1.75	0.02	
1962	324.57	11.02	7.64	0.59	0.03	
1965	677.66	24.71	8.49	0.64	0.04	
1970	919.55	40.17	6.91	0.51	0.01	1.36
1975	956.00	45.47	5.95	0.43	0.01	1.33
1978	942.70	48.09	3.17	0.34	0.02	1.66
1980	1026.10	62.62	7.41	0.55	0.03	2.18
1985	1285.20	97.59	17.36	1.46	0.09	4.09
1990	1792.85	145.35	28.21	2.88	0.16	5.51
1995	2395.21	188.75	51.85	5.68	0.44	5.49
2000	2954.98	206.85	47.64	5.17	0.43	9.19
2005	3616.74	256.28	67.08	7.21	0.71	11.64
2010	3863.23	285.14	42.41	4.97	1.24	15.00
2015	3959.62	296.31	34.58	4.14	1.83	13.61
2017	3712.00	277.96	33.27	4.08	1.96	13.88
2018	3757.40	281.52	33.25	4.07	1.97	13.89

10-12 主要年份畜禽头数及肉类产量

项　目	单位	1990	1995	2000	2005	2010
一、黄、水牛年末存栏头数	**万头**	**473.54**	**468.97**	**416.92**	**367.43**	**169.92**
二、奶牛年末存栏头数	**万头**	**2.95**	**2.56**	**3.72**	**4.83**	**5.57**
牛奶产量	万吨	5.51	5.49	9.19	11.64	15.00
三、山羊年末存栏只数	**万只**	**14.21**	**27.3**	**29.33**	**39.2**	**50.52**
四、生猪年末存栏头数	**万头**	**2058.89**	**2183.95**	**2034.79**	**2143.5**	**2332.51**
#能繁殖母猪	万头	141.98	137.25	143.75	162.77	262.65
肉猪出栏头数	万头	1792.85	2395.21	2954.98	3616.74	3863.23
五、肉类产量	**万吨**	**202.45**	**305.06**	**324.48**	**384.31**	**454.86**
猪肉	万吨	145.35	188.75	206.85	256.28	285.14
牛肉	万吨	2.88	5.68	5.17	7.21	4.97
羊肉	万吨	0.15	0.44	0.43	0.71	1.24
禽肉	万吨	54.02	109.94	111.5	113.66	158.04
兔肉	万吨	0.05	0.24	0.53	0.64	0.65
六、三鸟饲养量	**万只**	**53199.88**	**100729.14**	**124800.94**	**127070.31**	**150315.03**
鸡	万只	36964.58	76349.95	92969.13	93681.21	112066.35
鸭	万只	12073.08	19458.22	25682.07	27111.68	30921.04
鹅	万只	4162.22	4920.97	6149.74	6277.42	7327.64
七、禽蛋产量	**万吨**	**18.76**	**31.11**	**33.08**	**33.19**	**35.50**
八、蚕茧产量	**万吨**	**2.55**	**3.32**	**3.09**	**6.52**	**9.14**

10-12　续表

项　目	单位	2015	2017	2018	2018年比上年增长(%)
一、黄、水牛年末存栏头数	**万头**	**127.13**	**114.70**	**120.56**	**5.1**
二、奶牛年末存栏头数	**万头**	**5.79**	**5.98**	**5.97**	**-0.1**
牛奶产量	万吨	13.61	13.88	13.90	**0.1**
三、山羊年末存栏只数	**万只**	**83.55**	**93.30**	**92.96**	**-0.4**
四、生猪年末存栏头数	**万头**	**2308.54**	**2132.82**	**2024.26**	**-5.1**
#能繁殖母猪	万头	242.52	229.43	217.98	**-5.0**
肉猪出栏头数	万头	3959.62	3712.00	3757.40	**1.2**
五、肉类产量	**万吨**	**454.71**	**444.08**	**449.90**	**1.3**
猪肉	万吨	296.31	277.96	281.52	**1.3**
牛肉	万吨	4.14	4.08	4.07	**-0.2**
羊肉	万吨	1.83	1.96	1.97	**0.3**
禽肉	万吨	145.01	151.73	153.25	**1.0**
兔肉	万吨	0.90	0.98	1.04	**6.0**
六、三鸟饲养量	**万只**	**133755.82**	**141953.53**	**137498.10**	**-3.1**
鸡	万只	94811.02	97093.63	96279.63	**-0.8**
鸭	万只	30394.60	32818.52	32483.09	**-1.0**
鹅	万只	8550.21	12041.39	8735.38	**-27.5**
七、禽蛋产量	**万吨**	**36.40**	**38.50**	**39.24**	**1.9**
八、蚕茧产量	**万吨**	**11.00**	**11.65**	**11.92**	**2.3**

10-13 各市畜牧业生产情况

(2018年) 单位：万头、万只

市 别	一、牛年末				二、山羊年末	三、猪年末
	存栏头数	(1)役用牛	(2)肉用牛	(3)奶牛	存栏只数	存栏头数
全 省	120.56	33.43	81.16	5.97	92.96	2024.26
广州市	1.67	0.00	0.48	1.19	0.98	31.13
深圳市	0.26		0.06	0.20	0.01	4.22
珠海市	0.04	0.01		0.03	0.01	17.32
汕头市	0.78	0.26	0.38	0.13	0.34	32.46
佛山市	0.61	0.03	0.30	0.27	0.48	57.60
韶关市	4.50	1.23	3.12	0.14	7.57	142.50
河源市	5.47	1.61	3.80	0.06	3.99	73.58
梅州市	9.18	2.43	6.56	0.19	8.94	132.32
惠州市	6.92	2.65	3.73	0.55	1.95	74.26
汕尾市	4.52	1.34	3.16	0.02	1.02	29.48
东莞市					0.03	0.83
中山市	0.02		0.02	0.00	0.06	6.25
江门市	2.27	0.42	1.68	0.17	1.83	124.92
阳江市	9.94	2.79	6.91	0.24	3.19	160.59
湛江市	24.59	7.36	16.76	0.47	17.89	224.96
茂名市	15.92	4.58	11.29	0.05	6.72	363.74
肇庆市	17.67	4.81	12.22	0.64	8.32	169.12
清远市	8.06	1.67	5.06	1.32	22.45	193.09
潮州市	1.12	0.28	0.82	0.02	0.66	33.73
揭阳市	4.74	1.30	3.20	0.25	1.93	71.94
云浮市	2.29	0.65	1.62	0.02	4.60	80.20

10-13 续表

(2018年) 单位：万头、万只

市 别		四、家禽年末				五、兔年末
	能繁殖母畜	存栏只数	鸡	鸭	鹅	存栏只数
全 省	21.80	3763.56	2729.91	624.07	232.02	18.00
广州市	0.36	204.69	101.06	27.29	13.76	0.09
深圳市	0.07	11.53	1.33	0.98	0.20	
珠海市	0.19	15.36	11.42	1.37	0.52	
汕头市	0.35	64.89	32.19	10.56	19.12	3.02
佛山市	0.58	159.51	115.72	26.60	11.82	0.02
韶关市	1.53	125.00	93.67	22.50	7.02	0.34
河源市	0.79	163.32	121.92	27.09	8.69	0.64
梅州市	1.40	247.97	196.19	41.81	3.91	5.23
惠州市	0.83	186.96	137.27	23.01	8.89	0.07
汕尾市	0.30	57.68	43.44	10.24	3.07	0.02
东莞市	0.01	0.95	0.83	0.10	0.02	
中山市	0.07	18.24	6.36	6.30	0.07	0.03
江门市	1.31	288.76	218.49	43.86	24.29	0.15
阳江市	1.75	102.46	76.65	17.67	6.66	0.05
湛江市	2.41	291.79	221.87	45.48	13.67	0.22
茂名市	3.90	616.25	461.82	110.54	37.56	3.19
肇庆市	1.88	237.13	178.05	42.29	14.08	1.43
清远市	2.08	323.65	242.44	53.67	18.45	0.39
潮州市	0.37	50.72	36.52	9.15	4.90	0.06
揭阳市	0.77	80.68	60.95	11.89	4.76	0.08
云浮市	0.85	516.01	371.70	91.68	30.55	2.97

10-14 各县（市、区）畜牧业生产情况

(2018年)　　单位：头、只

县（市、区）别	牛年末存栏头数	山羊年末存栏只数	猪年末存栏头数	能繁殖母畜	家禽年末存栏只数	兔年末存栏只数
广州市	**16660**					
天河区						
白云区	1493	55	21410	2600	3451936	
黄埔区	1190	563	32013	4061	1891667	
花都区	221	1234	88520	7731	2654736	4688
从化区	6046	1438	87030	13138	3110984	4200
增城区	6675	6166	38700	3900	6273844	
番禺区	1016	258			1927883	350
南沙区	19	40	43649	4773	1157538	
深圳市	**2577**	**50**	**42232**	**6590**	**1153398**	
宝安区		50				
龙岗区					20957	
光明区	2017				863483	
坪山区						
深汕合作区	560		42232	6590	268958	
珠海市	**396**	**65**	**173188**	**18704**	**1535783**	
香洲区					7500	
金湾区		65	20920	2940	132546	
斗门区	396		152268	15764	1395737	
汕头市	**7768**	**3409**	**324551**	**35052**	**6489279**	**302438**
金平区	51	110	14581	1734	150514	
龙湖区	111	10	37066	1959	906305	302438
澄海区	857	411	90690	11757	3228255	
濠江区	1261	46	11625	694	165668	
潮阳区	825	848	80572	5996	1393217	
潮南区	3645	1294	77167	11536	538562	
南澳县	1018	690	12850	1376	106758	
佛山市	**6074**	**4833**	**576002**	**57600**	**15950798**	**1510**
禅城区						
南海区			65365	2005	1006180	
顺德区	49		37485	2436	1231233	
高明区	236	813	245133	30552	6263921	
三水区	5789	4020	228019	22607	7449464	1510
韶关市	**44955**	**75723**	**1425000**	**153325**	**12499575**	**33917**
浈江区	2595	10966	86359	6902	692096	
武江区	1555	3181	80346	9150	443855	
曲江区	3267	7199	218785	21822	2058296	2310
南雄市	9365	8928	288966	36435	1932761	
始兴县	3889	2931	106021	9863	851504	
翁源县	5475	9057	113843	11588	1977620	9202
仁化县	3664	10493	149845	14861	1813780	326
新丰县	6031	8581	78354	8615	1434868	19248
乳源瑶族自治县	3542	8145	81583	10747	375356	
乐昌市	5572	6242	220898	23342	919439	2831

10-14 续表 1

(2018年)　　单位：头、只

县（市、区）别	牛年末存栏头数	山羊年末存栏只数	猪年末存栏头数	能繁殖母畜	家禽年末存栏只数	兔年末存栏只数
河源市	**54710**	**39897**	**735795**	**78879**	**16332289**	**64359**
源城区	319		16223	2841	1523018	
东源县	9662	10925	86622	10623	2555517	6970
和平县	9985	10630	109296	11573	3276292	4530
龙川县	12241	14387	245784	32822	4046099	38530
紫金县	15982		128630	11312	2851742	7156
连平县	6521	3955	149240	9708	2079621	7173
梅州市	**91812**	**89391**	**1323202**	**140205**	**24797307**	**522712**
梅江区	798	856	55340	6965	382463	2657
梅县区	7785	18230	183882	11960	3180610	163371
蕉岭县	4981	12135	93413	13069	936871	23451
大埔县	12826	7686	111350	5831	1604990	41315
丰顺县	17461	9526	161875	17573	5881617	24145
五华县	40950	18632	356710	40102	5113072	191029
兴宁市	4665	14650	271220	32103	6703669	21501
平远县	2346	7676	89412	12602	994015	55243
惠州市	**69189**	**19467**	**742608**	**83355**	**18696249**	**6651**
惠城区	8299	2188	144275	17577	5686976	
惠东县	25519	8397	258864	28351	3055953	
惠阳区	5366	2138	18840	3288	789066	
博罗县	23804	5318	261200	29300	7877486	
龙门县	6201	1426	59429	4839	1286768	6651
汕尾市	**45239**	**10236**	**294823**	**29752**	**5767726**	**1920**
汕尾城区	1367	306	29773	1664	165631	
红海湾区	472		1463	435	12007	
海丰县	7824	317	53001	8711	1092416	
陆河县	11414	1611	56829	8340	391496	
陆丰市	24634	8002	155220	11037	4118183	1920
东莞市		**308**	**8320**	**1250**	**94799**	
中山市	**215**	**633**	**62507**	**6685**	**1823648**	**3200**
江门市	**22719**	**18337**	**1249220**	**131337**	**28876386**	**15102**
蓬江区	165		1711	500	369701	
江海区	140		2861	345	44599	
新会区	226	350	183540	20066	5517485	
台山市	11624	7211	259239	38100	4085418	9182
开平市	4049	7935	272802	16000	12956855	5920
恩平市	4368	1795	212324	19256	1633317	
鹤山市	2147	1046	316743	37070	4269011	
阳江市	**99422**	**31947**	**1605917**	**174523**	**10246423**	**4770**
江城区	10180	1612	91376	12089	936591	
阳东区	23393	25356	361069	33545	2658377	
阳西县	23756	1010	199629	21016	2051540	963
阳春市	42093	3969	953843	107873	4599915	3807
海陵区	3260	609	3825	195	95874	
湛江市	**245886**	**178910**	**2249631**	**241006**	**29179213**	**21733**
赤坎区	59				77047	
霞山区	499	249			87343	
坡头区	10097	3397	80370	8110	1265890	
麻章区	7092	11754	103408	13964	1574179	130

10-14 续表 2

(2018年) 单位：头、只

县（市、区）别	牛年末存栏头数	山羊年末存栏只数	猪年末存栏头数	能繁殖母畜	家禽年末存栏只数	兔年末存栏只数
东海区						
吴川市	16575	5202	171129	24212	6197794	5217
徐闻县	21480	33660	115586	13493	1652775	1344
雷州市	51878	54088	239138	25527	4235848	2513
遂溪县	51923	36540	520000	53600	8196128	4562
廉江市	86283	34020	1020000	102100	5892209	7967
茂名市	**159212**	**67181**	**3637395**	**389633**	**61624959**	**318956**
茂南区	7685	4645	251880	34385	6099891	1597
电白区	31594	19924	863780	87357	8342805	37293
信宜市	32874	6175	595646	34411	28212716	196761
高州市	44744	1727	855149	70671	11729114	55277
化州市	42315	34710	1070940	162809	7240433	28028
肇庆市	**176690**	**83157**	**1691248**	**188134**	**23713228**	**143231**
端州区			100		1600	
鼎湖区	7811	5231	102653	8929	805489	
高要区	9064	4313	439156	39897	5745385	20724
广宁县	16296	15531	164228	32521	2193860	11387
四会市	12596	9782	209314	19360	3734115	2526
德庆县	11892		92297	6756	2719989	
封开县	35329	28994	161988	21126	3099571	29471
怀集县	83702	19306	521512	59545	5413219	79123
清远市	**80555**	**224457**	**1930906**	**208110**	**32365344**	**39379**
清城区	4565	13335	183173	17996	11087293	29650
英德市	21342	21584	434264	54498	4363132	2781
佛冈县	2310	15396	143275	28655	1796201	
连山自治县	1720	17688	40432	4288	429077	629
连南自治县	5453	8714	34714	3927	611626	1810
连州市	9175	50719	368892	37008	2109948	2190
阳山县	27702	76065	403345	30764	4343837	2319
清新区	8288	20956	322811	30974	7624230	
潮州市	**11208**	**6591**	**337270**	**37076**	**5072077**	**5569**
湘桥区	1398	254	27764	3421	478580	
饶平县	7030	5223	237516	28007	3634950	5569
潮安区	2780	1114	71990	5648	958547	
揭阳市	**47425**	**19343**	**719443**	**77472**	**8068155**	**7820**
榕城区	1570	2259	40589	3685	910520	
揭东区	2479	2999	120026	21547	1551302	2180
惠来县	18357	8475	216818	10157	2783822	
普宁市	15276	2350	125510	13896	839261	40
揭西县	9743	3260	216500	28187	1983250	5600
云浮市	**22888**	**45960**	**802042**	**84906**	**51600677**	**297159**
云城区	636	621	113102	12354	1664939	34500
新兴县	1690	17230	397023	47643	36692412	47123
郁南县	1418	4096	80467	5691	4465873	507
罗定市	15570	20797	144811	12674	7935443	209193
云安区	3574	3216	66639	6544	842010	5836

10-15 各市畜牧业主要产品产量

(2018年)　　单位：万头、万只、吨

市别	当年出栏肉猪头数	当年出售和自宰的肉用牛	当年出售和自宰的肉用羊	当年出售和自宰的肉用狗	当年出售和自宰的家禽
全省	3757.40	33.25	110.70	314.17	109246.84
广州市	58.20	0.60	1.40	2.64	6715.16
深圳市	5.91	0.08		0.52	141.20
珠海市	43.81	0.02	0.14		552.98
汕头市	78.94	0.36	0.42		2131.78
佛山市	116.73	0.12	0.70	0.26	5911.63
韶关市	232.72	0.77	7.45	6.07	3296.18
河源市	98.92	1.46	3.72	16.67	3938.18
梅州市	231.42	2.72	11.77	45.24	7409.23
惠州市	137.90	1.55	2.58	7.08	5354.41
汕尾市	60.77	2.33	1.64	8.57	1934.18
东莞市	1.44	0.04	0.09		101.92
中山市	18.09	0.03	0.16	0.04	685.60
江门市	238.90	0.41	2.36	24.27	8170.82
阳江市	243.33	3.54	3.31	8.95	2880.98
湛江市	409.49	6.69	18.61	23.52	8542.46
茂名市	699.09	2.13	9.91	48.76	17067.08
肇庆市	450.42	3.63	16.49	56.68	8884.55
清远市	305.01	2.21	19.80	17.45	8396.46
潮州市	53.53	0.68	0.79	0.11	1254.71
揭阳市	136.23	3.18	2.29	17.65	3325.31
云浮市	136.53	0.71	7.08	29.67	12551.99

10-15 续表 1

(2018年)　　单位：万头、万只、吨

市别	1. 鸡	2. 鸭	3. 鹅	4. 鸽	5. 其他家禽	当年出售和自宰的兔
全省	68980.51	26242.37	6415.15	6299.54	1309.26	321.69
广州市	4006.29	1146.42	381.64	1174.17	6.64	2.97
深圳市	47.72	28.27	8.09	57.12		
珠海市	265.35	137.25	25.38	104.00	21.00	0.07
汕头市	1369.14	343.66	365.75	0.62	52.62	
佛山市	3449.25	1734.92	631.06	76.11	20.30	0.38
韶关市	2056.10	1110.70	43.10	78.12	8.17	4.21
河源市	2528.23	1308.62	89.75	6.82	4.75	9.57
梅州市	4956.51	1736.01	172.75	312.42	231.54	89.95
惠州市	3654.32	1052.89	421.54	214.99	10.67	0.32
汕尾市	1206.77	461.42	199.82	53.96	12.22	2.00
东莞市	68.74	3.81	2.19	27.18		
中山市	374.69	149.18	9.06	152.12	0.55	0.11
江门市	5723.54	931.70	692.79	607.17	215.62	6.44
阳江市	2039.58	347.75	461.90	23.19	8.55	1.72
湛江市	5496.05	2747.82	148.17	104.72	45.71	4.11
茂名市	9539.16	4853.73	238.27	2357.77	78.16	60.32
肇庆市	5432.27	2399.36	819.70	156.16	77.06	61.49
清远市	5869.35	1052.08	1169.04	299.43	6.55	3.23
潮州市	541.33	431.15	265.86	16.38		0.84
揭阳市	2076.58	995.13	108.82	92.97	51.81	5.39
云浮市	8279.54	3270.51	160.46	384.14	457.35	68.56

10−15 续表 2

(2018年) 单位：万头、万只、吨

市 别	肉类产量合计	猪肉产量	牛肉产量	羊肉产量	家禽肉产量	兔肉产量
全 省	4498994	2815162	40726	19687	1532507	10393
广州市	135233	44560	811	245	89000	47
深圳市	5966	4133	104		1686	
珠海市	47169	36126	22	16	10003	2
汕头市	99547	58795	457	93	40202	
佛山市	191978	89778	154	132	101833	4
韶关市	221209	170952	935	1303	46862	108
河源市	134953	75269	1748	644	54211	274
梅州市	287580	172513	3455	2146	97047	2746
惠州市	180389	104646	1670	471	72074	5
汕尾市	75993	44879	2750	268	26036	110
东莞市	2235	1083	42	19	1091	
中山市	21547	13127	29	41	8333	2
江门市	280515	176024	450	378	97410	123
阳江市	235478	182377	3846	563	47000	46
湛江市	447278	305819	8577	3275	124737	128
茂名市	766668	533194	2468	1718	218213	1508
肇庆市	493313	342274	4736	2865	124596	2656
清远市	362225	223742	2720	3500	128926	85
潮州市	70747	40812	907	176	25252	26
揭阳市	157483	93722	4055	486	49307	228
云浮市	281488	101337	790	1349	168688	2295

10−15 续表 3

(2018年) 单位：万头、万只、吨

市 别	其他肉产量	奶类产量	蜂蜜产量	蜂蜡产量	禽蛋产量	蚕茧产量
全 省	80518	138958	24268	6568	392407	119236
广州市	570	35721	1882	931	23587	
深圳市	43	8695	55	12	1465	
珠海市	1000	3032			8980	
汕头市		3065	476		6038	
佛山市	77	7616	17	2	5059	
韶关市	1049	2150	1680	692	19283	8222
河源市	2807	1581	3197	385	11709	21
梅州市	9673	1984	4526	532	41378	22
惠州市	1523	15270	1428	650	15693	
汕尾市	1950		589	67	10057	
东莞市			122	1		
中山市	15	11	7		5614	
江门市	6130	3259	91	1	37104	
阳江市	1646	8320	357	44	12364	25922
湛江市	4742	6696	724	240	35278	18302
茂名市	9567	508	619	126	59845	27159
肇庆市	16186	12492	3881	1585	30557	766
清远市	3252	25179	360	19	21778	19849
潮州市	3574	56	719	26	2962	
揭阳市	9685	3323	1640	504	27796	
云浮市	7029		1898	751	15860	18973

10−16 各县（市、区）畜牧业主要产品产量

（2018年）

单位：头、只、吨

县（市、区）别	当年出栏肉猪头数	当年出售和自宰的肉用牛	当年出售和自宰的肉用羊	当年出售和自宰的肉用狗	当年出售和自宰的家禽	当年出售和自宰的兔	猪肉产量
广州市	**581973**	**6015**	**14008**	**26448**	**67151586**	**29740**	**44560**
天河区							
白云区	54554	200	1188		17422894		4151
黄埔区	107864	137	1157		3791271		8208
花都区	139185	46	869	4775	8506735	8290	10821
从化区	156983	978	1627	6982	6344344	20800	11739
增城区	20200	4485	8449	14088	19988357		1800
番禺区	1633	115	95		5488108	650	122
南沙区	101554	54	623	603	5609877		7719
深圳市	**59062**	**795**		**5155**	**1411995**		**4133**
宝安区							
龙岗区					289265		
光明区					571233		
坪山区					4135		
合作区	59062	795		5155	547362		4133
珠海市	**438087**	**169**	**1430**		**5529831**	**720**	**36126**
香洲区	757				18106		59
金湾区	32330		813		426725	720	3667
斗门区	405000	169	617		5085000		32400
汕头市	**789425**	**3613**	**4166**		**21317849**		**58795**
金平区	42890		175		765623		2586
龙湖区	105064	16			2588667		7960
澄海区	188167	376			12194638		14790
濠江区	22949	337	85		523968		1925
潮阳区	220737	694	969		3218201		14275
潮南区	186814	1714	1887		1820343		15321
南澳县	22804	476	1050		206409		1938
佛山市	**1167275**	**1229**	**7007**	**2613**	**59116346**	**3770**	**89778**
禅城区							
南海区	90777	49			4659155		7519
顺德区	162877		101		3174166		10924
高明区	406820	212	478	550	20545059		32435
三水区	506801	968	6428	2063	30737966	3770	38900
韶关市	**2327220**	**7694**	**74452**	**60730**	**32961833**	**42130**	**170952**
浈江区	125807	170	9759		1768251		9232
武江区	125514	463	2402	1547	1206301		9218
曲江区	348919	435	8542	5966	3208710	6730	25870
南雄市	508625	1977	7079	8468	9047040		37742
始兴县	188754	1068	2659	8180	3659217		13504
翁源县	162064	1137	6640	11485	3965913	11944	11945
仁化县	243963	973	19362	6573	4482294	1560	17577
新丰县	116014	621	4306	6989	2209785	14801	8612
乳源自治县	105714	442	5339	4806	497295		7738
乐昌市	401846	408	8364	6716	2917027	7095	29514

10-16 续表 1

(2018年) 单位：头、只、吨

县（市、区）别	当年出栏肉猪头数	当年出售和自宰的肉用牛	当年出售和自宰的肉用羊	当年出售和自宰的肉用狗	当年出售和自宰的家禽	当年出售和自宰的兔	猪肉产量
河源市	**989223**	**14625**	**37183**	**166717**	**39381817**	**95651**	**75269**
源城区	52148	170		410	3495683		3930
东源县	177486	3480	10103	32252	7720965	8560	14019
和平县	177128	2214	8653	14001	9061580	10214	13845
龙川县	253592	3074	10038	79721	5543548	52727	20217
紫金县	187976	3695		36058	10056529	8580	13875
连平县	140893	1992	8389	4275	3503512	15570	9383
梅州市	**2314240**	**27235**	**117730**	**452406**	**74092339**	**899458**	**172513**
梅江区	160184	3469	993	2785	2482746	4156	13164
梅县区	339949	2535	27072	79620	9102988	287655	25637
蕉岭县	215376	4596	22767	9360	3712651	53476	16302
大埔县	200780	1570	6886	26462	6479442	58315	14079
丰顺县	236067	4395	6531	21526	23102669	94017	16805
五华县	508010	5064	22006	255576	9981345	308305	38110
兴宁市	522506	3061	18551	29230	17101558	33330	38220
平远县	131368	2545	12924	27847	2128940	60204	10196
惠州市	**1379004**	**15458**	**25801**	**70847**	**53544084**	**3190**	**104646**
惠城区	284073	2252	1675	11025	9055013		23626
惠东县	383807	3121	6556	17642	8591023		27103
惠阳区	62895	2372	3421	214	3233170		4302
博罗县	568500	6283	13526	37610	28348732		44000
龙门县	79729	1430	623	4356	4316146	3190	5615
汕尾市	**607701**	**23341**	**16412**	**85711**	**19341835**	**19982**	**44879**
汕尾城区	62058	718	251	2140	1759529		4488
红海湾区	3827	324			122825		282
海丰县	108915	5050	1597	42000	4919235		8075
陆河县	115895	5496	1826	18914	1946874	18652	8781
陆丰市	320833	12077	12738	22657	10716197	1330	23535
东莞市	**14417**	**382**	**881**		**1019243**		**1083**
中山市	**180873**	**282**	**1585**	**392**	**6856017**	**1090**	**13127**
江门市	**2389047**	**4100**	**23586**	**242747**	**81708194**	**64417**	**176024**
蓬江区	49465	42			2063080		3591
江海区	40706	43		19000	247599		3060
新会区	390783		467		21535342	2060	28868
台山市	370276	1685	9034		11475065	9056	27228
开平市	575291	868	12151	148472	31066864	53301	42613
恩平市	319172	529	1344		7164023		23447
鹤山市	643354	933	590	75275	8156221		47217
阳江市	**2433316**	**35352**	**33108**	**89486**	**28809842**	**17228**	**182377**
江城区	241661	3543	1931	850	2719454		18118
阳东区	561833	4100	15332	28524	6517992		42083
阳西县	444822	15535	1898	2766	7280865	1821	33276
阳春市	1185000	12174	13947	57346	12291531	15407	88900
海陵区	17873	817	1330		535998		1341
湛江市	**4094916**	**66915**	**186054**	**235226**	**85424609**	**41110**	**305819**
赤坎区		25	38		82089		
霞山区		18	810		408018		
坡头区	339399	2322	5157		3170828		25418
麻章区	261448	1889	11495	13020	5033580	361	18997

10-16 续表 2

(2018年) 单位：头、只、吨

县（市、区）别	当年出栏肉猪头数	当年出售和自宰的肉用牛	当年出售和自宰的肉用羊	当年出售和自宰的肉用狗	当年出售和自宰的家禽	当年出售和自宰的兔	猪肉产量
东海区							
吴川市	424843	3788	4841	4998	15501624	5596	32300
徐闻县	236390	4052	38075	4030	4760435	725	17432
雷州市	495236	14055	69059	86888	12079354	5535	36972
遂溪县	930000	10479	27775	39674	25453115	8884	70100
廉江市	1407600	30287	28804	86616	18935566	20009	104600
茂名市	**6990917**	**21307**	**99134**	**487561**	**170670767**	**603241**	**533194**
茂南区	957940	1120	2911	42619	26741171	4852	73133
电白区	1593672	4029	12861	119761	25264625	52598	122223
信宜市	1161747	5518	62821	141181	59301346	337188	90847
高州市	1664415	5010	13704	139004	39300967	172270	126147
化州市	1613143	5630	6837	44996	20062658	36333	120844
肇庆市	**4504230**	**36261**	**164861**	**566823**	**88845508**	**614934**	**342274**
端州区	2320				5600		148
鼎湖区	481003	999	2754	4413	4194130		36060
高要区	806703	2800	9633	42341	22119106	71328	62914
广宁县	304942	2521	18164	40326	8120981	99780	20161
四会市	1356787	3493	5768	12275	18198750	13092	113541
德庆县	178608	2317			7221065		13882
封开县	294879	9522	22989	87068	9551066	60143	19642
怀集县	1078988	14609	105553	380400	19434810	370591	75926
清远市	**3050093**	**22052**	**198040**	**174484**	**83964562**	**32285**	**223742**
清城区	275651	1743	8267	20232	31082387	19353	20368
英德市	533391	8484	17322	31184	10469164	2901	40398
佛冈县	140301	309	7406	1455	2626266		10484
连山自治县	100849	452	13942	25273	1457612	740	7782
连南自治县	64161	763	3517	19424	1661382	945	4858
连州市	665171	2217	42860	7410	4721081	3600	45633
阳山县	718235	3885	53849	43307	10733488	4746	52879
清新区	552334	4199	50877	26199	21213182		41340
潮州市	**535342**	**6760**	**7882**	**1135**	**12547140**	**8373**	**40812**
湘桥区	37887	716			1250596		2926
饶平县	374801	4633	6811	1135	8277604	8373	28114
潮安区	122368	1411	1071		3016221		9750
揭阳市	**1362332**	**31848**	**22858**	**176542**	**33253093**	**53915**	**93722**
榕城区	162738	1391		11563	3086313	9366	7566
揭东区	247026	1135	592	1823	5980482	6164	13934
惠来县	237605	11580	10587	30332	8969453		17602
普宁市	336126	6714	1347	49713	4866012	410	25829
揭西县	378837	11028	10332	83111	10350833	37975	28791
云浮市	**1365274**	**7065**	**70803**	**296651**	**125519872**	**685625**	**101337**
云城区	191742	928	102	17600	9122000	152650	14438
新兴县	714215	1567	31778	94256	86665022	77100	56718
郁南县	90316	338	9801	4564	14060395	14348	6831
罗定市	262901	3273	22337	142657	14615215	429935	15867
云安区	106100	959	6785	37574	1057240	11592	7483

10-16 续表 3

(2018年) 单位：头、只、吨

县（市、区）别	牛肉产量	羊肉产量	家禽肉产量	牛奶产量	蜂蜜产量	禽蛋产量
广州市	**811**	**245**	**89000**	**35721**	**1882**	**23587**
天河区						
白云区	27	22	20282	3540	100	506
黄埔区	19	21	3807	2721		1373
花都区	7	14	17128	334	802	1463
从化区	131	28	7869	16744	513	9490
增城区	604	148	16009	6475	456	6068
番禺区	15	2	12870	1831	11	4364
南沙区	8	10	11035	4076		323
深圳市	**104**		**1686**	**8695**	**55**	**1465**
宝安区						
龙岗区			122			
光明区			388	8695		
坪山区			5			
深汕合作区	104		1171		55	1465
珠海市	**22**	**16**	**10003**	**3032**		**8980**
香洲区			26			
金湾区		4	564			2
斗门区	22	12	9413	3032		8978
汕头市	**457**	**93**	**40202**	**3065**	**476**	**6038**
金平区		3	1329			150
龙湖区	2		5749	114		844
澄海区	48		24328	147		2786
濠江区	39	2	733	2059		260
潮阳区	87	21	5094			1463
潮南区	220	43	2686	745	400	446
南澳县	61	24	283		76	89
佛山市	**154**	**132**	**101833**	**7616**	**17**	**5059**
禅城区						
南海区	6		8418	32		199
顺德区		2	4095	32		108
高明区	23	10	29935		17	777
三水区	125	120	59385	7552		3975
韶关市	**935**	**1303**	**46862**	**2150**	**1680**	**19283**
浈江区	21	168	2501	128	320	371
武江区	56	42	1712	1234		1687
曲江区	53	153	4547	788	49	1785
南雄市	239	125	12892		27	4703
始兴县	126	46	5211		341	1994
翁源县	147	107	5642		96	1813
仁化县	117	335	6386		52	1850
新丰县	74	89	3121		715	1442
乳源自治县	53	93	708		48	787
乐昌市	49	145	4142		32	2851

10-16 续表 4

(2018年) 单位：头、只、吨

县（市、区）别	牛肉产量	羊肉产量	家禽肉产量	牛奶产量	蜂蜜产量	禽蛋产量
河源市	**1748**	**644**	**54211**	**1581**	**3197**	**11709**
源城区	23		4701			107
东源县	406	132	11227		1338	4735
和平县	257	149	11603		53	1230
龙川县	375	213	7887	1581	408	2293
紫金县	443		13993		1354	2685
连平县	244	150	4800		44	659
梅州市	**3455**	**2146**	**97047**	**1984**	**4526**	**41378**
梅江区	343	26	4456	37	80	350
梅县区	315	498	14880	336	1369	4083
蕉岭县	550	369	5145	175	1520	620
大埔县	194	127	9143	227	535	2176
丰顺县	526	109	31373	408	466	3020
五华县	835	429	11966	275	90	15739
兴宁市	375	335	17301	416	161	13919
平远县	317	253	2783	110	305	1471
惠州市	**1670**	**471**	**72074**	**15270**	**1428**	**15693**
惠城区	239	34	12266		405	7859
惠东县	332	94	11890		255	2631
惠阳区	281	72	4401			321
博罗县	668	260	37509	4265	676	4223
龙门县	150	11	6008	11005	92	659
汕尾市	**2750**	**268**	**26036**		**589**	**10057**
汕尾城区	85	4	2287		10	1385
红海湾区	38		167			128
海丰县	564	30	6627		215	4756
陆河县	676	37	2958		179	562
陆丰市	1425	196	14164		185	3354
东莞市	**42**	**19**	**1091**		**122**	
中山市	**29**	**41**	**8333**	**11**	**7**	**5614**
江门市	**450**	**378**	**97410**	**3259**	**91**	**37104**
蓬江区	4		2460		12	43
江海区	5		295			482
新会区		11	25892	564	9	1181
台山市	188	143	13680		36	7786
开平市	87	195	36784	2622	25	11136
恩平市	62	18	8584			15491
鹤山市	104	11	9715	73	9	985
阳江市	**3846**	**563**	**47000**	**8320**	**357**	**12364**
江城区	359	40	3714			1775
阳东区	444	242	11460	8320	32	2270
阳西县	1473	31	11423		25	3444
阳春市	1570	250	20403		300	4875
海陵区	93	26	772			34
湛江市	**8577**	**3275**	**124737**	**6696**	**724**	**35278**
赤坎区	3	1	124			82
霞山区	2	13	614			118
坡头区	316	89	4748			4027
麻章区	245	197	7630	704		1283

10-16 续表 5

(2018年) 单位：头、只、吨

县（市、区）别	牛肉产量	羊肉产量	家禽肉产量	牛奶产量	蜂蜜产量	禽蛋产量
东海区						
吴川市	482	90	23233		7	6573
徐闻县	486	671	6934		2	529
雷州市	1920	1221	17113		5	7846
遂溪县	1367	482	36800	5992	138	7163
廉江市	3756	511	27541		572	7657
茂名市	**2468**	**1718**	**218213**	**508**	**619**	**59845**
茂南区	139	61	33402		57	4657
电白区	449	230	32413		122	19609
信宜市	642	1063	79806	478	77	8686
高州市	594	252	45804		205	21775
化州市	644	112	26788	30	158	5118
肇庆市	**4736**	**2865**	**124596**	**12492**	**3881**	**30557**
端州区			6			
鼎湖区	119	47	5869	12278	128	444
高要区	359	175	30967		1392	11164
广宁县	326	284	11406		1782	1010
四会市	434	120	25567	214	27	9183
德庆县	299		10145		119	2099
封开县	1305	405	13356		268	1667
怀集县	1894	1834	27280		165	4990
清远市	**2720**	**3500**	**128926**	**25179**	**360**	**21778**
清城区	214	160	51639	3016	4	7117
英德市	949	330	12157	5070	128	1398
佛冈县	60	129	3554	1596	24	8934
连山自治县	78	305	2268		29	126
连南自治县	115	86	3650	5	46	300
连州市	291	688	5925	15492	2	830
阳山县	503	893	14801		99	1663
清新区	510	909	34932		28	1410
潮州市	**907**	**176**	**25252**	**56**	**719**	**2962**
湘桥区	102		2950		90	226
饶平县	608	156	16064	56	446	2151
潮安区	197	20	6233		183	583
揭阳市	**4055**	**486**	**49307**	**3323**	**1640**	**27796**
榕城区	88		4070	703	101	1734
揭东区	147	11	7969	817		2902
惠来县	1541	259	13669		478	9822
普宁市	843	33	7637	1274	31	2970
揭西县	1436	183	15962	529	1030	10368
云浮市	**790**	**1349**	**168688**		**1898**	**15860**
云城区	110	2	14482		9	1470
新兴县	180	676	113482		23	977
郁南县	44	164	18446		824	4501
罗定市	362	411	19248		1012	8251
云安区	94	96	3030		30	661

10-17 全省饲料加工企业主要年份饲料生产情况

项　　目	单位	2005	2010	2014	2015	2016	2017	2018	2018比2017增减(%)
生产能力	吨/小时	3698	14126.35	15828	15828	15860.87	15860.87	15860.87	——
全年实际产量	吨	12420678	18807084	23988428	25730232	28248133	29511163	30621653	3.76%
配合饲料	吨	11967447	17997638	22873804	24644169	27094318	28317267	29542161	4.33%
配合饲料家禽料	吨	6772565	8422722	8310798	9719511	11129650	10031563	10201414	1.69%
蛋禽料	吨	983978	1502723	1290907	1683368	2011529	1770699	1697752	-4.12%
肉禽料	吨	5788588	7009366	7019891	8036144	9118121	8260863	8503662	2.94%
配合饲料猪料	吨	2855709	6339038	1027947	10425051	11222083	13047301	13316029	2.06%
配合饲料水产料	吨	2264139	3145836	4174404	4346688	4455353	5025540	5817486	15.76%
配合饲料其他	吨	71805	81315	109124	152919	287232	212863	207232	-2.65%
浓缩饲料	吨	186615	289878	449642	438174	471739	462323	402595	-12.92%
浓缩饲料猪料	吨	128704	232234	416983	406222	432525	434016	365750	-15.73%
添加剂预混料	吨	266616	519567	664981	647889	682076	731573	676898	-7.47%
预混料猪料	吨	187067	391820	453232	441675	458229	489564	424521	-13.29%
预混料禽料	吨	42122	48237	71277	72823	81037	73331	67006	-8.63%
全年营业收入	亿元	291	582	833	862	899	1002	1160	15.77%
工业总产值	亿元	300	593	863	962	935	1018	1187	16.60%

10-18 各市主要年份饲料生产总量

单位：吨

市　别	1990	1995	2000	2005	2010	2015	2016	2017	2018
合　计	**2853406**	**6223168**	**8507764**	**12420679**	**18807084**	**25730232**	**28248133**	**29511163**	**30621653**
广　州	436899	829278	1392240	2276190	2940760	3234175	3254435	3140106	2994994
深　圳	557379	1103488	1023976	718856	688406	323968	280266	393340	218521
珠　海	132235	227831	183353	507512	626343	909826	1002431	1095494	1260684
汕　头	155620	351445	357863	341779	428775	466057	477296	530525	742182
佛　山	720649	1509331	2485870	3978825	4653046	4264050	4662189	4411336	4404625
韶　关	20815	69369	24535	163492	385013	586719	567952	650829	721551
河　源	1137		5589	94934	147001	330799	331816	347914	411268
梅　州	9462	31600	14867	63120	139830	334648	324351	374351	432053
惠　州	105833	98580	116222	126459	399958	1276757	1557852	1570987	1626756
汕　尾	4246			910	1215	8574	6727	24769	26693
东　莞	50720	199210	303211	379736	594626	1026796	1185701	1157797	950573
中　山	120106	116736	220899	237299	452231	352742	406670	427167	406403
江　门	301190	711549	626794	800724	2136088	3795172	4116234	4230194	4372980
阳　江	7036	8632	22835	23283	22310	646335	1050762	1317956	1480566
湛　江	103417	411309	658061	1065288	1340679	2030280	2296118	2556824	2763708
茂　名	62181	156335	211229	337855	1282489	2025907	2298952	2765584	2935864
肇　庆	42698	91647	56603	200247	515213	902746	1073791	1201034	1174370
清　远	18131	8022	8602	190184	491797	1147692	1175842	1410317	1667218
潮　州	3652	29985	16506	52620	53352	109835	110198	103663	122968
揭　阳		46303	81400	75088	261647	538147	603953	722855	683421
云　浮		221894	697109	786279	1246297	1419004	1484286	1078117	1224255

十一、渔　业

渔 业

2018年，在省委、省政府的正确领导下，在农业农村部的正确指引下，我省各级渔业主管部门全面贯彻党的十九大精神，以习近平新时代中国特色社会主义思想为指导，坚持稳中求进工作总基调，践行新发展理念，按照高质量发展的要求，以实施生态文明建设和乡村振兴战略为总抓手，以推进农业供给侧结构性改革为主线，以优化渔业结构和增加渔民收入为目标，坚持质量兴渔、绿色兴渔、效益优先，加快转变渔业生产方式，推进改革创新、科技创新、工作创新，大力构建现代渔业产业体系、生产体系、经营体系，大力发展新主体、新产业、新业态，大力推进质量变革、效率变革、动力变革，切实落实中央农村工作会议等有关决策部署，持续推进绿色渔业持续健康发展。加快农业农村现代化步伐，朝着决胜全面建成小康社会的目标继续前进。

一、我省渔业发展面临的形势

我省是渔业大省，渔业发展历史悠久，一直以来渔业产业在我省经济社会发展中具有不可替代的重要作用。党的十九大提出要加快生态文明体制改革，坚持节约优先、保护优先、自然恢复为主的方针政策，国家和省对现代渔业作出了系列新部署、提出了新要求。

一是广东是渔业大省，发展渔业历史悠久。国家提出“一带一路”战略以来，对外投资贸易不断扩大，我省是海上丝绸之路经济带有机衔接的重要门户，在积极推进渔业资源养护、海水养殖、远洋渔业、水产品加工等领域合作方面起重要作用。

二是粤港澳大湾区规划旨在建设富有活力和国际竞争力的一流湾区和世界级城市群，这对我省的渔业发展提出了更高要求。我省将以绿色、高效的养殖模式和健康的生态环境迎接国际挑战。

三是渔业作为大农业的重要组成，是沿江沿海居民赖以生存的重要支柱。党的十九大提出乡村振兴战略以来，不少地方都把发展水产养殖作为扶持农民脱贫致富的主要途径，这需要我们从渔港建设、渔船安全、水产养殖、水域生态保护等方面促进贫困地区居民脱贫致富。

二、2018年我省渔业经济运行总体情况

2018年，全省各级渔业行政主管部门深入学习贯彻十九大精神和习近平总书记视察广东重要讲话，认真落实省委省政府和农业农村部决策部署，坚持“创新、协调、绿色、开放、共享”的发展理念，按照“减量增收、提质增效、富裕渔民、绿色发展”的要求，着力推进渔业供给侧改革和转型升级，渔业新模式、新品种、新品牌不断涌现，渔业经济效益稳步提升，渔业一二三产业融合稳步发展。

2018年水产品总产量842.4万吨，同比增长1.07%；养殖面积47.9万公顷，同比增长1.08%。全省渔业经济总产值3452.5亿元，同比增长9.74%；水产品产值1415.4亿元，同比增长8.32%；渔民人均纯收入20287元，同比增长19.6%。

三、2018年渔业经济发展新的亮点

十九大以来，我省渔业发展的特点是不断夯实发展基础，以绿色、高效为主题，不断调整产业结构，不断涌现新的亮点，不断提升经济效益。

一是绿色生态养殖持续推进

汕头、梅州、潮州等地环境污染严重的养殖品种如牛蛙等养殖面积和养殖产量大幅下降，目前我省牛蛙的养殖面积大大下降，养殖产量 2535 吨，同比 2017 年下降 18.4%。生态养殖方式不断扩大，如“稻 - 鱼综合养殖”，打造“稻 - 鱼”、“稻 - 虾”等生态养殖模式，推进乡村振兴，通过生态渔业养殖，实现 20 县脱贫致富，亩产增收超 2000 元。

大力践行渔业生态环境保护，自然水域捕捞产量下降，而养殖产量增加。海洋捕捞产量 127.2 万吨，同比 2017 年度减少 11.8%。淡水捕捞产量 11.5 万吨，同比 2017 年度减少 4.2%。海水养殖产量 316.7 万吨，增长 4.5%；淡水养殖产量 381.7 万吨，增长 3.2%。

二是渔业转型升级迅猛发展

河源乳源、阳春等山区通过“猪 - 草 - 鱼”生态循环模式，通过用猪尿粪种草，以草养鱼，提高草鱼品质，既解决猪尿粪污染环境问题，又创建新草鱼品牌，发展势头良好。

佛山、肇庆、四会等地粗放型“鱼 - 畜 - 禽”立体养殖模式全面改成特色养殖品种的精养模式，养殖产量大幅提高，且养殖污染也大大减少。

集装箱养殖在节水节地、品质提升、智能化、产业链延伸、绿色生态发展方面具有明显优势，我省集装箱养殖面积不断扩大。

茂名市大力扶持氹仔鱼山泉流水养殖，获得了国家农产品地理标志登记证书。

高要种草养罗虾，净化池塘水质，提高罗虾品质，售价明显提升。

三是养殖品种格局特色进一步凸显

广东省的水产养殖品种已形成了多样化的格局，并在各个地区形成了许多各有特色的优质水产品养殖基地。鳜鲈鳢、鳗鱼、黄颡鱼、叉尾和黄鳍鲷、尖吻鲈、金鲳、南美白对虾等名优品种占珠三角养殖面积 70%，全省养殖面积 50%。

珠三角的淡水名优鱼面积近 100 万亩，年产量 200 万吨，占据全国首位，遥遥领先其他地区。斑节对虾“南海 2 号”、凡纳滨对虾“正金阳 1 号”、加州鲈优鲈 1 号、加州鲈优鲈 3 号、全雄生鱼、白金丰产鲫等一批国家新品种的认定和推广，大幅度提高我省的水产良种覆盖率。

珠海、潮汕等沿海地区海水名优品种年产量超过 30 万吨，牢牢占据粤港澳大湾区的海水鱼供应主角。

湛江等沿海区域对虾养殖产量超过 20 万吨，虾苗和成虾产值超过 50 亿元，约占全国虾苗供应的 30% 和成虾供应的 25%。

江门市拥有锦鲤养殖企业超百家，年产锦鲤 1500 万尾，年交易额近 3 亿元。珠海海鲈、南沙青蟹、台山鳗鱼、中山脆肉鲩、肇庆罗氏虾等大宗产品养殖面积逐年扩大，效益逐年提高。

四是休闲渔业蓬勃发展

广东省有适合开展观赏鱼生产的气候条件，是目前国内最大的观赏鱼生产地和贸易集散地，有国内最强的休闲渔业科学技术力量，广东省水族协会是全国最大的水族（观赏鱼）行业协会。截至2018年，全省已建成国家级休闲渔业示范基地19个、省级休闲渔业示范基地38个，获农业农村部认定“国家级示范性节庆（会展）”3个、“最美渔村”1个、“国家海洋公园”6个。休闲渔业成为以生态观光、渔业体验、休闲游钓、旅游导向型休闲渔业为主的新兴产业，2018年休闲渔业产值约100亿元，带动饲料、水产动保及器材设施等10个大类、100多个相关产业发展，拉动水族产业年产值超200亿元。

五是龙头企业带动力不断增强

湛江国联、恒兴；珠海强竞、世海、德洋；广州海大、澳洋、新农人；汕头侨丰；汕尾国泰；中山水出；阳江粤富；潮州新华海等，均是各市养殖优势主导品种和养殖区域的主要带动力，是渔业持续发展的重要保障，也是广东渔业创新发展和转型升级的重要主体。

六是水生动物疫病防控工作取得新突破

2018年全省294个监测点疫病监测信息全面实现网络报送，全年共检测鱼虾样品9289份、发布预测预报信息235条，有效预防和控制了重大疫情流行。水产苗种产地检疫试点取得重要突破，全年50个县（区）共检疫水产种苗2064批次，合计404亿尾，签发检疫合格证2059张，从源头有效控制疫病的传播。持续推进疫病防控新技术推广示范，设立吴川、遂溪、雷州、高州等4个安全用药示范区以及乐昌、紫金等2个免疫防病示范区，示范面积4000亩、辐射带动面积超过40000亩，有效保障了水产品质量安全。

四、存在的问题

2018年中央一号文件提出“乡村振兴战略”，明确未来农村和渔业发展方向，在“绿水青山就是金山银山”的环保要求下，在水产养殖三区（禁养区、限养区、养殖区）划定工作逐步落实下，我省渔业一些老问题依旧存在，也出现了一些新问题急需解决。

一是渔业资源衰退未得到根本遏制。近年来我省开展的各项渔业资源保护措施虽取得一定成效，但渔业资源利用“无序、无度、无偿”状态未得到根本转变，近海渔业资源衰退趋势未得到根本扭转，渔获物中优质鱼类的比例连年下降。内陆渔业资源受水利设施、栖息地生境破坏和外来种入侵等影响，水生生物资源保护亟待解决。

二是渔业生态环境保护形势严峻。受工业污水、城镇生活废水和农业面源污染不断加剧的影响，渔业生态环境污染和退化问题日益凸显；受围填海、航道疏浚、采砂等活动的影响，鱼类栖息地大量丧失，渔业生态系统稳定性及其对生物资源的调节、补充和输出等渔业功能均明显减弱。

三是渔业产业结构有待进一步优化。渔业经济总产值仍然主要集中在生产环节，水产品加工附加值较低，休闲渔业等新兴产业以及深水网箱、工厂化养殖等高效集约化养殖比重不高，一二三产业融合发展乏力，整体盈利能力较差。

四是渔业生产规模化程度仍然较低，优质渔业品牌太少。超过90%的海洋捕捞渔船属于个体经营，跟帮生产、分工合作等制度难以实施。水产养殖仍然以个体经营为主，抵御风险能力较差，大公司经营管理成本过高，盈利能力不足。整体渔业经营管理水平较差，规模化程度较低，新品牌太少，品牌溢价无法体现。

五是水产品质量安全形势不容乐观。养殖生产中滥用、乱用药物或水产投入品的现象依然存在，水产品质量监管仍然存在盲点盲区，安全生态养殖技术示范推广流于表面，真正落实到养殖户还不多。

六是渔业生产和基础设施建设滞后。渔业基础设施仍然比较薄弱，防灾减灾能力不强。2018 年台风“山竹”对我省深圳、珠海、江门、湛江、阳江等 14 个县市造成重大渔业经济损失。渔业基础设施及抵御风险能力有待进一步强化。渔港防灾减灾能力难以满足生产需要，小、旧、木质渔船超过 70%，渔民安全生产意识不强，渔船安全生产隐患大。

七是水生动物疫病防控技术体系需要加强。重大疫预防与控制体系不完善、机制不健全，有效防控技术缺乏，安全、高效防控技术示范与推广存在不足，养殖生产中滥用、乱用药物现象时有发生，疫苗等绿色防控制剂的开发与推广示范有待加强。

11-1 主要年份水产品产量及养殖面积

年 份	水产品产量（万吨）	海水产品	海水捕捞	海水养殖	淡水产品	淡水捕捞	淡水养殖	养殖面积（千公顷）	海水养殖	淡水养殖
1957	49.89	34.44	32.79	1.65	15.45	1.06	14.39	142.26	25.64	116.62
1962	34.45	24.46	23.16	1.30	9.99	0.90	9.09	167.02	21.20	145.82
1965	49.49	34.85	33.23	1.62	14.64	1.76	12.88	180.95	28.94	152.01
1970	57.32	41.71	40.41	1.30	15.61	1.12	14.49			
1975	71.84	53.83	52.81	1.02	18.01	1.14	16.87	193.08	17.41	175.67
1978	65.50	46.47	45.67	0.80	19.03	0.98	18.05	187.23	16.05	171.18
1980	63.34	41.54	40.78	0.76	21.8	0.85	20.95	200.29	21.54	178.75
1985	109.44	58.74	56.26	2.48	50.70	1.93	48.77	290.16	56.13	234.03
1990	207.66	124.53	110.74	13.79	83.13	4.19	78.94	43.67	92.33	251.34
1995	449.86	189.41	178.71	10.70	164.23	14.45	149.78	445.82	116.15	329.67
2000	593.19	360.46	191.46	168.98	323.73	13.52	219.21	564.51	194.89	369.62
2005	695.23	397.75	172.05	225.70	297.29	13.03	284.26	604.65	224.40	380.25
2010	729.03	401.50	152.43	249.07	327.53	12.86	314.67	563.41	199.26	364.16
2011	762.53	418.22	152.65	265.57	344.31	12.84	331.47	573.91	203.41	370.50
2012	739.35	408.92	153.65	255.27	330.43	12.88	317.55	575.21	201.83	373.38
2013	764.29	418.58	152.88	265.70	345.71	12.81	332.91	570.14	197.20	372.94
2014	783.22	426.44	153.90	272.55	356.78	12.41	344.37	564.99	193.69	371.30
2015	803.71	434.71	154.00	280.71	369.00	12.26	356.74	565.68	194.86	370.82
2016	818.28	441.53	151.01	290.52	376.75	12.12	364.63	480.80	166.20	314.60
2017	833.54	451.81	148.91	302.90	381.73	12.04	369.69	473.77	161.69	312.08
2018	842.44	449.17	132.44	316.73	393.28	11.53	381.75	478.90	165.61	313.28

注：2000年以后的水产品产量数据按照新的标准统计，2006年以后年份的数据以第三次全国农业普查结果为基础做了调整。

11-2 水产生产概况

项　目	计量单位	2018	2017	2018比2017增长(%)
水产品总产量	万吨	842.44	833.54	1.1
海洋捕捞(包括外海)	万吨	132.44	148.91	-11.1
海水养殖	万吨	316.73	302.91	4.6
淡水捕捞	万吨	11.53	12.04	-4.2
淡水养殖	万吨	381.75	369.69	3.3
渔业总产值(按现价计算)	亿元	3452.54	3146.08	9.7
水产品产值(不包括种苗)	亿元	1383.82	1306.65	5.9
海洋捕捞	亿元	147.72	158.63	-6.9
海水养殖	亿元	603.99	530.89	13.8
淡水捕捞	亿元	18.53	15.51	19.5
淡水养殖	亿元	613.57	571.08	7.4
水产种苗	亿元	31.57	30.53	3.4
其中：水产品加工	亿元	218.84	233.12	-6.1
渔机修造	亿元	4.25	4.16	2.2
绳网制造	亿元	1.90	1.89	0.5
建筑业	亿元	4.99	8.94	-44.2
第三产业产值	亿元	1673.90	1442.51	16.0
渔民人均纯收入	元/人	20287.00	16695	21.5
海洋捕捞产量	万吨	127.16	144.14	-11.8
其中：鱼类	万吨	90.97	102.16	-11.0
虾类	万吨	13.84	15.17	-8.8
蟹类	万吨	7.32	8.29	-11.7
贝类	万吨	4.43	5.43	-18.3
藻类	万吨	0.61	0.64	-5.0
头足类	万吨	6.10	7.62	-19.9
海水养殖总面积	千公顷	165.61	161.69	2.4
产量	万吨	316.73	302.9	4.6
单产	千克/公顷	19124.34	18733.38	2.1
其中：鱼类面积	千公顷	28.45	27.26	4.4
产量	万吨	59.48	54.04	10.1
单产	千克/公顷	20906.61	19823.92	5.5
虾类面积	千公顷	52.69	53.64	-1.8
产量	万吨	50.75	47.64	6.5
单产	千克/公顷	9633.54	8881.43	8.5
蟹类面积	千公顷	8.20	9.00	-8.9
产量	万吨	7.46	6.63	12.5
单产	千克/公顷	9093.77	7366.66	23.4
贝类面积	千公顷	69.16	65.14	6.2
产量	万吨	189.45	186.11	1.8
单产	千克/公顷	27392.09	25807.49	6.1
藻类面积	千公顷	2.72	2.37	14.8
产量	万吨	7.17	7.52	-4.7
单产	千克/公顷	26356.99	31729.96	-16.9

11-2 续表

项　　目	计量单位	2018	2017	2018比2017增长(%)
淡水养殖总面积	千公顷	313.28	312.08	0.4
产量	万吨	381.75	369.69	3.3
单产	千克/公顷	12185.58	11846	2.9
其中：池塘养殖面积	千公顷	244.48	232.03	5.4
产量	万吨	349.16	335.71	4.0
单产	千克/公顷	14281.74	14468.33	-1.3
其中：鱼类产量	万吨	349.78	337.77	3.6
虾类产量	万吨	24.99	25.51	-2.0
蟹类产量	万吨	0.85	0.87	-2.3
淡水捕捞产量	万吨	11.53	12.04	-4.2
其中：鱼类	万吨	7.78	7.58	2.6
虾类	万吨	0.82	0.83	-1.2
蟹类	万吨	0.43	0.28	53.6
贝类	万吨	2.36	3.26	-27.6
水产冷库数量	座	519	539	-3.7
制冰能力	吨/日	41490	22429	85.0
冻结能力	吨/日	21615	22429	-3.6
冷藏能力	吨/次	338153	352747	-4.1
水产加工品数量	万吨	144.64	152.65	-5.2
其中：冷冻品	万吨	41.61	42.45	-2.0
渔业乡(镇)	个	88	99	-11.1
渔业村	个	1004	1045	-3.9
渔业人口	万人	225.85	227.74	-0.8
渔业从业人员	万人	125.02	124.22	0.6
其中：专业	万人	80.97	81.39	-0.5
兼业	万人	36.9	35.7	3.4
机动渔船合计艘数	艘	55432	58232	-4.8
吨位	吨	1054569	1021245	3.3
功率	千瓦	2253150	2328333	-3.2
其中：生产渔船艘数	艘	51285	53662	-4.4
吨位	吨	974149	939343	3.7
功率	千瓦	1969563	2056437	-4.2
非机动渔船艘数	艘	2534	2832	-10.5
吨位	吨	6788	6905	-1.7

11-3 各市渔业生产基本情况

(2018年)

市别	水产品总产量(吨)					渔业经济总产值(万元)	其中水产品产值
	合计	海洋捕捞(包括外海)	海水养殖	淡水捕捞	淡水养殖	产值	产值
全省	8434971	1398319	3167259	115295	3817456	34525370.80	14153875.76
广州	454214	27848	76905	37565	318623	1252685.71	300767.32
深圳	78453	91776	14405		2768	260555.33	232055.33
珠海	313635	35278	84477	1755	207125	895995.63	723926.63
汕头	465237	138940	234215	3452	88630	1190770.18	583543.33
韶关	81037			2915	78122	127679.23	124955.92
河源	42612			1501	41111	45097.69	43895.86
梅州	107078			12345	94733	190434.77	116515.65
惠州	158055	20134	52649	1093	84179	295671.80	253809.80
汕尾	567008	205541	312999	2010	46458	1077359.12	704740.12
东莞	45991	5777	765	832	38617	190697.69	50278.10
中山	329656	832	3180	1010	324634	693616.00	547454.00
江门	765695	90352	219120	11902	447213	1975277.15	1434348.25
佛山	675086			6052	669034	2763610.55	1324792.05
阳江	1182625	334005	746902	8021	93697	2053987.97	1610762.38
湛江	1234025	243046	818417	5231	175574	4617409.23	2016369.67
茂名	900108	137702	457403	4374	300629	1501069.26	812115.48
肇庆	462347			5262	457085	587478.33	535486.15
清远	131113			1846	129267	189248.00	189098.00
潮州	196665	18121	125775	3481	49288	254559.69	213356.19
揭阳	144416	48967	20047	3268	72134	360326.73	281442.73
云浮	99915			1380	98535	262015.80	146877.80
其他(省直属)							

11-3 续表

(2018年)

市别	水产养殖面积合计(公顷)	海水养殖	淡水养殖	渔业船舶合计 艘	总吨	千瓦
全省	478897	165614	313283	55432	1054569	2253150
广州	23010	4479	18531	1869	27892	106524
深圳	1126	876	250	1026	36834	97246
珠海	25697	14244	11453	1707	30542	72020
汕头	15330	10979	4350	2246	102251	138056
韶关	15968		15968	687	810	8691
河源	5664		5664	757	770	6953
梅州	10697		10697	466	738	5516
惠州	17670	3290	14380	2222	15579	65727
汕尾	18408	13680	4728	4904	94918	283557
东莞	5596	161	5435	282	18477	27363
中山	20596	1495	19101	558	2564	10064
江门	55194	19494	35700	4009	129988	219242
佛山	34888		34888	1742	2690	17938
阳江	31472	19012	12460	5152	247878	398910
湛江	81382	54350	27032	17979	176953	412435
茂名	37383	14598	22785	3146	122921	199713
肇庆	33945		33945	1557	2161	11113
清远	16861		16861	1123	1560	11882
潮州	13030	7245	5786	1778	12972	54736
揭阳	8219	1712	6507	1621	24598	97972
云浮	6762		6762	601	1473	7492
其他(省直属)						

11-4　各市海洋捕捞产量

（2018年）　　　　单位：吨

市别	海洋捕捞（包括外海）	鱼类	甲壳类			贝类	藻类	头足类	其它
				虾	蟹				
全省	1334961	971668	211592	138398	73194	44346	6083	62373	38899
广州	21121	18306	1790	830	960	734		279	12
深圳	61280	44162	8102	3768	4334	2059	90	1328	5539
珠海	20278	7731	1482	943	539	629	115	263	10058
汕头	138940	111159	15988	8145	7843	2779	18	8644	352
惠州	20134	14380	2875	1827	1048	1230	19	1309	321
汕尾	205541	135386	41950	22744	19206	9797	1191	15308	1909
东莞	5777	4234	1321	1027	294	39		179	4
中山	832	502	300	294	6	15	1	11	3
江门	87460	71328	11874	6457	5417	2885	162	413	798
阳江	334005	242772	66015	48445	17570	7356	2370	9531	5961
湛江	234803	165226	38609	26850	11759	13194	673	9683	7418
茂名	137702	110837	12314	10535	1779	2071	1037	8403	3040
潮州	18121	11548	2034	1725	309	1163	315	430	2631
揭阳	48967	34097	6938	4808	2130	395	92	6592	853

11-4　续表

（2018年）　　　　单位：吨

市别	合计	按捕捞渔具分					
		拖网	围网	刺网	张网	钓业	其他
全省	1334961	672601	130573	361118	8210	106134	56325
广州	21121	8029	1421	8615	180	2210	666
深圳	61280	27218	4175	642	3684	22304	3257
珠海	20278	5366	344	2616	280	1203	10469
汕头	138940	96020	8683	21106	1066	8741	3324
惠州	20134	2595	5558	11073		896	12
汕尾	205541	132461	16629	29806	736	16948	8961
东莞	5777	3874	771	1103			29
中山	832	145	10	482	4	188	3
江门	87460	33944	14957	33215		3336	2008
阳江	334005	115721	66884	122875		23600	4925
湛江	234803	116396	3366	81628	1303	11890	20220
茂名	137702	93451	3821	27197		12570	663
潮州	18121	6442	3909	4978	957	540	1295
揭阳	48967	30939	45	15782		1708	493

11-5 各市海水养殖产量

(2018年)　　单位：吨

市别	合计	鱼类	甲壳类			贝类	藻类	其他
				虾	蟹			
全省	3167259	594793	582121	507543	74578	1894519	71691	24135
广州	76905	70769	5966	3428	2538	160		10
深圳	14405	579	6380	6380		7446		
珠海	84477	60227	10092	6820	3272	13764	163	231
汕头	234215	45043	40613	26751	13862	91850	51611	5098
惠州	52649	11477	12208	11398	810	27091	348	1525
汕尾	312999	66450	45215	31941	13274	187167	3613	10554
东莞	765	759	6	4	2			
中山	3180	652	1243	558	685	1285		
江门	219120	24214	40725	31999	8726	153878	29	274
阳江	746902	125500	117430	103592	13838	503175		797
湛江	818417	102220	204037	196324	7713	511292	631	237
茂名	457403	64093	60614	57016	3598	316261	11376	5059
潮州	125775	18964	26398	22406	3992	79954	109	350
揭阳	20047	3846	11194	8926	2268	1196	3811	

11-5 续表

(2018年)　　单位：吨

市别	按养殖水域分			其中：养殖方式分						
	海上	滩涂	其他	深水网箱	普通网箱	工厂化	池塘	筏式	吊笼	底播
全省	1189355	1267551	710353	34415	113328	8926	690192	429881	93681	695241
广州			76905				76905			
深圳	14405				300	1125	9800		3180	
珠海	17115	6752	60610	10490	1400		56699	5920	1200	4015
汕头	88433	89457	56325		2766	1121	50358	110328	6000	23022
惠州	22369	16783	13497	18	4820	510	14468	11214	2959	5371
汕尾	157730	107121	48148	1113	8924	2195	11694	890	7619	9321
东莞		765					765			
中山		1895	1285							1285
江门	25215	101942	91963		3706		58434	72053		71495
阳江	400030	217052	129820	1203	41101		91060	118623	6592	102730
湛江	244881	432225	141311	20494	27615	82	221781	70826	66081	236175
茂名	158140	250237	49026	137	12583	188	57521			214662
潮州	61037	38702	26036	960	10113	2509	21856	40027	50	27165
揭阳		4620	15427			1196	18851			

11-6 各市海水养殖面积

（2018年）　　单位：公顷

市别	合计	鱼类	甲壳类			贝类	藻类	其他
				虾	蟹			
全省	165614.5	28450.06	60885.74	52685.14	8200.6	69163.16	2720.49	4395
广州	4479	3168	1299	1072	227	6		6
深圳	876	66	310	310		500		
珠海	14243.86	3240.86	3209	1669	1540	5738	66	1990
汕头	10979.29	2087.5	2949.54	2165.74	783.8	3957.76	1916.49	68
惠州	3290	637	728	630	98	1595	36	294
汕尾	13680	3059.2	4371.2	2925.7	1445.5	5728.6	424	97
东莞	161	155	6	4	2			
中山	1495	125	1220	610	610	150		
江门	19494	2720	6343	5281	1062	10349	7	75
阳江	19012	1993.5	6719.5	5854.2	865.3	10144		155
湛江	54349.5	8271	27285.5	26556.5	729	17119	33	1641
茂名	14598	1433	3268	2899	369	9834	63	
潮州	7244.8	1349	1855	1644	211	3821.8	150	69
揭阳	1712	145	1322	1064	258	220	25	
其他								

11-6 续表

（2018年）　　单位：公顷

市别	按养殖水域分			其中：养殖方式分						
	海上	滩涂	其他	深水网箱立方水体	普通网箱平方米	工厂化立方水体	池塘	筏式	吊笼	底播
全省	49329.3	64370.29	51914.86	1572332	3524001	828569	69210.06	15835	4060	46143.8
广州			4479				4479			
深圳	876			3600	450	59700	500		176	
珠海	5161	3256	5826.86	210000	45000		6204.86	815	217	6840
汕头	3513	4060.29	3406		427	179850	3584	2881	333	1544
惠州	2116	641	533	22400	133050	84000	971	296	292	1639
汕尾	3472.5	6506.5	3701	9000	184724	12	1250.7	56	311	12737
东莞		161					161			
中山		1345	150				1291			150
江门	4247	5519	9728		30914		8097	4059		6744
阳江	6324.8	8891.2	3796	151102	458850		7594	3158	507	3046
湛江	12611	27945.5	13793	1113384	906186	9	28861.5	3802	2181	7918
茂名	8386	3613	2599	20000	3689	2998	3478			3368
潮州	2622	2336.8	2286	42846	1760711	7000	1246	768	43	2157.8
揭阳		95	1617			495000	1492			
其他										

11-7 各市淡水捕捞产量

(2018年)　　单位：吨

市别	合计	鱼类	甲壳类			贝类	其他
				虾	蟹		
全省	115295	77802	12577	8238	4339	23597	1319
广州	37565	24352	2931	1993	938	10220	62
珠海	1755	1680	58	38	20	17	
汕头	3452	2501	719	336	383	60	172
韶关	2915	1959	309	220	89	647	
河源	1501	1290	188	175	13	22	1
梅州	12345	10643	709	652	57	876	117
惠州	1093	768	58	58		267	
汕尾	2010	1672	318	247	71	13	7
东莞	832	765	47	22	25	20	
中山	1010	768	137	90	47	97	8
江门	11902	5795	1666	513	1153	3915	526
佛山	6052	1191	998	960	38	3862	1
阳江	8021	4974	2218	1250	968	723	106
湛江	5231	4593	148	81	67	464	26
茂名	4374	2610	170	146	24	1447	147
肇庆	5262	4233	486	366	120	530	13
清远	1846	1486	208	179	29	152	
潮州	3481	2508	789	574	215	72	112
揭阳	3268	2799	298	217	81	150	21
云浮	1380	1215	122	121	1	43	

11-8 各市淡水养殖产量

(2018年) 单位：吨

市别	合计	鱼类	甲壳类			贝类	藻类	其他
				虾	蟹			
全省	3817456	3497894	258386	249906	8480	12870		48306
广州	318623	298233	12485	11257	1228	6566		1339
深圳	2768	2701	60	40	20	5		2
珠海	207125	170960	36137	36137				28
汕头	88630	65096	22698	18215	4483	111		725
韶关	78122	77589	246	179	67	165		122
河源	41111	40278	268	239	29	45		520
梅州	94733	93125	461	352	109	528		619
惠州	84179	81334	88	88		10		2747
汕尾	46458	43618	1631	1202	429	27		1182
东莞	38617	36434	597	552	45	20		1566
中山	324634	270227	48324	48317	7			6083
江门	447213	339644	95664	95569	95	1710		10195
佛山	669034	662953	503	503				5578
阳江	93697	89969	3278	3278		2		448
湛江	175574	173877	1064	906	158	417		216
茂名	300629	291372	6720	6698	22	2131		406
肇庆	457085	427591	19472	19454	18	549		9473
清远	129267	127477	347	304	43	180		1263
潮州	49288	45740	2568	2453	115			980
揭阳	72134	63003	5377	3767	1610			3754
云浮	98535	96673	398	396	2	404		1060
其他								

11-8 续表

(2018年) 单位：吨

市别	合计	其中按水域分					其中养殖方式		
		池塘	湖泊	水库	河沟	稻田	围栏	网箱	工厂化
全省	3817456	3491612	9481	230794	17634	1674	3305	2993	637
广州	318623	312642		5949					
深圳	2768	246	1522	486			36		
珠海	207125	207077		48					
汕头	88630	84763		787	1997				
韶关	78122	61898		15707		517			
河源	41111	33106		8003		2			
梅州	94733	61841	1192	27735	8	64		130	173
惠州	84179	78812		4874	6				
汕尾	46458	33556	1818	5628	3042	112	458		
东莞	38617	38001		398			2438	48	240
中山	324634	324367							4
江门	447213	409994		704	3988				
佛山	669034	664350		4294	390				220
阳江	93697	79704	2734	8963	1058		5		
湛江	175574	146418	555	25990	1885		368	220	
茂名	300629	250560		48757		62		355	
肇庆	457085	393822	41	42132	3540	35		1043	
清远	129267	115758	1619	9151	423	596		1000	
潮州	49288	42090		5536	170				
揭阳	72134	62888		8044	639				
云浮	98535	89719		7608	488	286		197	
其他									

11-9 各市淡水养殖面积

(2018年) 单位：公顷

市别	合计	按水域分						集约化养殖方式		
		池塘	湖泊	水库	河沟	其它	稻田	围栏（平方米）	网箱（平方米）	工厂化（立方水体）
全　省	313283	244478.2	1682	58424.35	1467.65	7230.74	3643.3	981970	167581	50960
广　州	18531.28	17523.55		1005.73		2				
深　圳	250.1	50.1	50	50		100		1000		
珠　海	11453.26	11417.26		36						
汕　头	4350.33	4074.8		58.32	110.44	106.77				
韶　关	15968.06	9622.6		6345.46			1620		2800	5600
河　源	5664	4750		914						
梅　州	10696.61	5930.61	112	4223	2	429	389		6780	7500
惠　州	14379.97	9430.67		4723.3	5	221				23500
汕　尾	4727.57	3323.83	219	601.5	300.24	283	61			
东　莞	5434.5	4950.4		453		31.1		772097	13333	5360
中　山	19101	19086				15			810	5500
江　门	35700	29099		4543	162	1896				
佛　山	34888.48	34209.14		607.67	71.67					3500
阳　江	12459.8	8373.8	366	3312	291	117		1600		
湛　江	27032	14472	350	11846	130	234		207273	30000	
茂　名	22784.82	15933.82		6721		130			4230	
肇　庆	33945.36	25392.45	104	5746	144	2558.91			13616	
清　远	16861.23	11724.6	481	3879.37	89.3	686.96	1439.3		58000	
潮　州	5785.59	4688.59		820	36	241				
揭　阳	6507	4992		1366	66	83				
云　浮	6762	5433		1173	60	96	134		38012	
其　他										

11-10 各市海淡水养殖苗

（2018年）

市别	海水鱼苗（万尾）	虾类苗种量（亿尾）	贝类苗种量（万粒）	淡水鱼苗产量（万尾）	淡水鱼种产量（吨）	投放鱼种数量（吨）
全省	708510	39779	293678	82792477	222544	193027
广州	58787	358		322126	20954	28081
深圳	2000	15	5000			
珠海	820	177		430800	2790	2790
汕头	1310	437	30780	75593	57	68
韶关				125402	9356	8104
河源				13319	4476	4252
梅州				333703	6299	5701
惠州	99777	12	350	623040	7024	7552
汕尾	56797	172	39449	11310	5	5
东莞				336443	102	1255
中山		133		2484100	2344	2148
江门	421	1312		3861547	17523	6284
佛山				33376087	18666	13534
阳江	4915	84	22300	33410959	1441	1683
湛江	437231	1372	112477	472938	1387	331
茂名	235	229	903	2797448	23462	23899
肇庆		12		1518035	90707	75156
清远				487422	5378	5056
潮州	46217	35437	3919	17627	510	470
揭阳		29	78500	196429	833	513
云浮				1898149	9230	6145

11-11 各市水产加工

（2018年）

市别	一、水产加工企业数量（个）	加工能力（吨/年）	二、水产冷库座数	冻结能力（吨/日）	冻藏能力（吨/次）	制冰能力（吨/日）
全省	1023	2239707	519	21615	338153	41490
广州	2	35055	1	170	4058	40
深圳		3000	1			
珠海	15	72348	26	156	3722	298
汕头	64	198116	77	1598	43405	3623
韶关			1	24	25	20
河源						
梅州	2	25				
惠州	5	18633	3	233	203	83
汕尾	55	138136	68	730	9242	1048
东莞	32	518				
中山	22	83950	30	305	2768	145
江门	95	192300	51	942	43120	1370
佛山	1	94612	31	1845	54510	125
阳江	37	285477	56	1690	16760	1599
湛江	197	423565	101	7140	95498	27846
茂名	203	582943	28	6443	52956	4693
肇庆	9	75971	8	176	6215	30
清远						
潮州						
揭阳	282	17058	30	93	2671	560
云浮	2	18000	7	70	3000	10

11-11 续表 1

（2018年）

市别	三、水产加工品总量（吨）	淡水加工产品	（一）水产品冷冻（吨）	冷冻加工品	（二）鱼糜制品及干腌制品（吨）	鱼糜制品	干腌品
全省	1446350	352372	1039565	623448	172340	90521	81819
广州	14746	14746	10338		4408	4353	55
深圳	3000		3000	3000			
珠海	33826	18470	33408	12532	416		416
汕头	157412	9548	119826	79423	10786	10491	295
韶关							
河源							
梅州	2788	2788			2788	2512	276
惠州	9463	62	6546	952	2894	328	2566
汕尾	189649	16687	109149	41424	52498	13563	38935
东莞	534	154			534	154	380
中山	22860	22675	16429	8353	3068	21	3047
江门	82967	31719	49166	22710	5034	2346	2688
佛山	36079	36079	16887	1439	797		797
阳江	181329	17783	129292	67510	31708	26090	5618
湛江	349061	50578	299950	222632	19796	2109	17687
茂名	294894	81624	186847	134508	29920	24548	5372
肇庆	42282	42282	42268	16851			
清远							
潮州							
揭阳	18143		9201	4926	7634	4006	3628
云浮	7317	7177	7258	7188	59		59

11-11 续表 2

(2018年)

市别	藻类加工（吨）	(三)罐制品（吨）	(四)水产饲料（吨）	(五)鱼油制品（吨）
全省	4580	37036	77995	46
广州				
深圳				
珠海	2			
汕头	1420	429	337	19
韶关				
河源				
梅州				
惠州				
汕尾	3047	7905	2268	
东莞				
中山		3063		
江门	50	5869	78	
佛山		18300		
阳江		1433	15409	
湛江		23	23659	27
茂名	61		36244	
肇庆		14		
清远				
潮州				
揭阳				
云浮				

11-11 续表 3

(2018年)

市别	(六)其它水产加工品（吨）	助剂和添加剂（吨）	珍珠（公斤）	四、用于加工的水产品量（吨）	淡水产品
全省	114788		6368	1726889	515454
广州				25845	25845
深圳					
珠海				40017	14533
汕头	24595		3600	209100	30500
韶关					
河源					
梅州				3927	3927
惠州	23			11176	215
汕尾	14782			147236	8080
东莞				50	50
中山	300			25882	25415
江门	22770			113883	59870
佛山	95			17325	17325
阳江	3487			257500	30594
湛江	5606		2768	296336	41237
茂名	41822			464319	174029
肇庆				73523	73523
清远					
潮州					
揭阳	1308			30259	
云浮				10511	10311

11-12 各市渔业船舶拥有量

市别	总计			机动渔船								
							生产渔船					
										捕捞渔船		
	艘	总吨	千瓦	艘	总吨	千瓦	艘	总吨	千瓦	艘	总吨	千瓦
全省	57966	1061357	2253150	55432	1054569	2253150	51285	974149	1969563	46527	953380	1906182
广州	1910	27933	106524	1869	27892	106524	1654	24127	82963	1654	24127	82963
深圳	1026	36834	97246	1026	36834	97246	826	35871	90879	735	35617	88375
珠海	1720	33475	72020	1707	30542	72020	1413	20076	46368	1222	19037	45472
汕头	2458	102261	138056	2246	102251	138056	1969	87040	95661	1848	86083	92775
韶关	694	817	8691	687	810	8691	682	687	8042	682	687	8042
河源	780	784	6953	757	770	6953	756	767	6909	756	767	6909
梅州	466	738	5516	466	738	5516	453	684	4708	453	684	4708
惠州	2226	16421	65727	2222	15579	65727	1945	9033	38974	1810	6977	31110
汕尾	5391	95407	283557	4904	94918	283557	4694	88376	256083	4437	87969	254241
东莞	282	18477	27363	282	18477	27363	281	18390	27337	281	18390	27337
中山	558	2564	10064	558	2564	10064	518	2317	5942	518	2317	5942
江门	4041	130218	219242	4009	129988	219242	3499	122019	186290	3295	120249	178322
佛山	1823	2703	17938	1742	2690	17938	1699	2352	14405	1699	2352	14405
阳江	5236	248010	398910	5152	247878	398910	4159	231507	355976	3725	229690	347165
湛江	18955	178335	412435	17979	176953	412435	17221	170046	388516	14745	162793	368670
茂名	3146	122921	199713	3146	122921	199713	3009	119761	185599	2996	119761	185528
肇庆	1572	2173	11113	1557	2161	11113	1529	2054	10242	1529	1424	10242
清远	1123	1560	11882	1123	1560	11882	1112	1509	11565	1112	1509	11565
潮州	2247	13617	54736	1778	12972	54736	1699	12251	52111	867	7668	41430
揭阳	1711	24636	97972	1621	24598	97972	1585	23951	95026	1581	23948	95014
云浮	601	1473	7492	601	1473	7492	582	1331	5967	582	1331	5967

11-12 续表 1

市别	机动渔船								
	生产渔船			辅助渔船					
	养殖渔船						捕捞辅助船		
	艘	总吨	千瓦	艘	总吨	千瓦	艘	总吨	千瓦
全省	4758	20769	63381	4147	80420	283587	3777	73180	205768
广州				215	3765	23561	184	2787	11409
深圳	91	254	2504	200	963	6367	185	393	4717
珠海	191	1039	896	294	10466	25652	235	9284	20494
汕头	121	957	2886	277	15211	42395	262	14092	32048
韶关				5	123	649			
河源				1	3	44			
梅州				13	54	808			
惠州	135	2056	7864	277	6546	26753	256	5936	14967
汕尾	257	407	1842	210	6542	27474	201	6494	25910
东莞				1	87	26	1	87	26
中山				40	247	4122	24	158	759
江门	204	1770	7968	510	7969	32952	441	7408	24436
佛山				43	338	3533	28	70	356
阳江	434	1817	8811	993	16371	42934	984	16014	38008
湛江	2476	7253	19846	758	6907	23919	732	6233	15220
茂名	13		71	137	3160	14114	132	3148	14049
肇庆		630		28	107	871	19	40	246
清远				11	51	317	7		
潮州	832	4583	10681	79	721	2625	43	427	1451
揭阳	4	3	12	36	647	2946	32	587	1502
云浮				19	142	1525	11	22	170

11-12 续表 2

市 别	机动渔船					
	辅助渔船					
	渔业执法船			其它		
	艘	总吨	千瓦	艘	总吨	千瓦
全 省	213	4937	69593	157	2303	8226
广 州	28	892	11835	3	86	317
深 圳				15	570	1650
珠 海	3	16	764	56	1166	4394
汕 头	15	1119	10347			
韶 关	5	123	649			
河 源	1	3	44			
梅 州	13	54	808			
惠 州	21	610	11786			
汕 尾	9	48	1564			
东 莞						
中 山	16	89	3363			
江 门	22	374	7825	47	187	691
佛 山	15	268	3177			
阳 江	9	357	4926			
湛 江	26	674	8699			
茂 名	5	12	65			
肇 庆	9	67	625			
清 远	4	51	317			
潮 州				36	294	1174
揭 阳	4	60	1444			
云 浮	8	120	1355			

11-12 续表 3

市 别	机动渔船按船长分								
	24米以上			12–24米			12米以下		
	艘	总吨	千瓦	艘	总吨	千瓦	艘	总吨	千瓦
全 省	3490	611732	1064097	8693	296394	667076	42724	143275	520141
广 州	46	13065	38835	598	10810	44334	1222	4006	22932
深 圳	129	34839	77304	23	22	2713	874	1973	17229
珠 海	104	23156	39116	110	4580	12595	1221	2804	20309
汕 头	202	27284	58214	956	67571	67302	1088	7396	16235
韶 关							687	810	8691
河 源							757	770	6953
梅 州				1	38	206	459	700	4917
惠 州	32	5681	9436	89	5179	19272	2101	4719	34560
汕 尾	765	52638	176988	749	27709	62142	3371	12554	44245
东 莞	43	11304	12989	111	5898	12594	128	1275	1780
中 山				69	1387	4273	489	1177	5791
江 门	237	97084	124364	714	24061	53890	3055	8843	40383
佛 山				107	161	3194	1629	730	14216
阳 江	859	190440	265204	795	44792	94823	3496	12626	38378
湛 江	322	54605	101022	2460	64401	150894	15197	58864	160519
茂 名	494	92183	129783	410	15865	33196	2226	14873	36734
肇 庆		50	174	7	57	140	1426	1992	10480
清 远				16	65	345	1033	1487	11420
潮 州	212	7985	25441	612	1766	17105	954	3221	12190
揭 阳	45	1418	5227	852	21806	87235	724	1208	5510
云 浮				14	226	823	587	1247	6669

11-12 续表 4

市别	捕捞渔船按功率分					
	441千瓦以上(600马力以上)			45-440千瓦 (61-559马力)		
	艘	总吨	千瓦	艘	总吨	千瓦
全省	501	198115	346722	7744	597205	1121111
广州	36	12054	32326	396	7726	32893
深圳	76	26143	58624	54	8696	18696
珠海	27	6652	12585	119	10474	19732
汕头	14	736	2580	732	76339	76631
韶关						
河源					551	
梅州						
惠州				55	3655	9050
汕尾	20	3165	12882	1342	72826	202050
东莞	6	1573	2853	147	15542	22704
中山				14	715	1250
江门	94	63995	85634	408	44312	59112
佛山						
阳江	71	29827	49027	1262	186216	276603
湛江	84	29515	48785	1512	64149	160475
茂名	72	24295	40985	505	81631	119366
肇庆						
清远						
潮州	1	160	441	340	1895	32494
揭阳				858	22478	90055
云浮						

11-12 续表 5

市别	捕捞渔船按功率分			非机动渔船合计	
	44千瓦以下 (60马力以下)				
	艘	总吨	千瓦	艘	总吨
全省	38282	158060	438349	2534	6788
广州	1222	4347	17744	41	41
深圳	605	778	11055		
珠海	1076	1911	13155	13	2933
汕头	1102	9008	13564	212	10
韶关	682	687	8042	7	7
河源	756	216	6909	23	14
梅州	453	684	4708		
惠州	1755	3322	22060	4	842
汕尾	3075	11978	39309	487	489
东莞	128	1275	1780		
中山	504	1602	4692		
江门	2793	11942	33576	32	230
佛山	1699	2352	14405	81	13
阳江	2392	13647	21535	84	132
湛江	13149	69129	159410	976	1382
茂名	2419	13835	25177		
肇庆	1529	1424	10242	15	12
清远	1112	1509	11565		
潮州	526	5613	8495	469	645
揭阳	723	1470	4959	90	38
云浮	582	1331	5967		

11-12 续表 6

市别	海洋渔业机动渔船			生产渔船					
							捕捞渔船		
	艘	总吨	千瓦	艘	总吨	千瓦	艘	总吨	千瓦
全省	44108	1025312	2130500	40208	946233	1860171	35694	926923	1797085
广州	1137	24283	91623	956	20815	71270	956	20815	71270
深圳	1026	36834	97246	826	35871	90879	735	35617	88375
珠海	1428	30093	70458	1138	19639	44844	947	18600	43948
汕头	2199	101299	137520	1948	86088	95125	1843	85147	92487
韶关									
河源									
梅州									
惠州	1787	15063	61473	1514	8559	35240	1379	6503	27376
汕尾	4782	93254	283571	4572	86712	256097	4512	86599	254215
东莞	87	14778	18320	86	14691	18294	86	14691	18294
中山	241	1765	7502	203	1579	3640	203	1579	3640
江门	2976	127379	208279	2521	119475	176472	2317	117705	168504
佛山									
阳江	5148	247583	397900	4155	231212	354966	3721	229395	346155
湛江	17773	174005	411565	17015	167098	387646	14555	160362	367811
茂名	2960	122631	198857	2823	119471	184743	2823	119471	184743
肇庆									
清远									
潮州	1519	12688	51860	1440	11967	49235	608	7384	38554
揭阳	1045	23657	94326	1011	23056	91720	1009	23055	91713
云浮									

11-12 续表 7

市别	海洋渔业机动渔船								
	生产渔船			辅助渔船					
	养殖渔船						捕捞辅助船		
	艘	总吨	千瓦	艘	总吨	千瓦	艘	总吨	千瓦
全省	4514	19310	63086	3900	79079	270329	3650	72936	204090
广州				181	3468	20353	160	2752	10726
深圳	91	254	2504	200	963	6367	185	393	4717
珠海	191	1039	896	290	10454	25614	231	9272	20456
汕头	105	941	2638	251	15211	42395	236	14092	32048
韶关									
河源									
梅州									
惠州	135	2056	7864	273	6504	26233	256	5936	15027
汕尾	60	113	1882	210	6542	27474	201	6494	25910
东莞				1	87	26	1	87	26
中山				38	186	3862	23	100	729
江门	204	1770	7968	455	7904	31807	434	7401	24221
佛山									
阳江	434	1817	8811	993	16371	42934	984	16014	38008
湛江	2460	6736	19835	758	6907	23919	732	6233	15220
茂名				137	3160	14114	132	3148	14049
肇庆									
清远									
潮州	832	4583	10681	79	721	2625	43	427	1451
揭阳	2	1	7	34	601	2606	32	587	1502
云浮									

11-12 续表 8

市别	海洋渔业机动渔船					
	辅助渔船					
	渔业执法船			其它		
	艘	总吨	千瓦	艘	总吨	千瓦
全省	137	3892	58250	113	2251	7989
广州	18	630	9310	3	86	317
深圳				15	570	1650
珠海	3	16	764	56	1166	4394
汕头	15	1119	10347			
韶关						
河源						
梅州						
惠州	17	568	11206			
汕尾	9	48	1564			
东莞						
中山	15	86	3133			
江门	18	368	7132	3	135	454
佛山						
阳江	9	357	4926			
湛江	26	674	8699			
茂名	5	12	65			
肇庆						
清远						
潮州				36	294	1174
揭阳	2	14	1104			
云浮						

11-12 续表 9

市别	海洋渔业捕捞渔船按作业类型分								
	拖网			围网			刺网		
	艘	总吨	千瓦	艘	总吨	千瓦	艘	总吨	千瓦
全省	4570	411169	790505	1248	120419	185738	25329	288253	586350
广州	27	7184	22442	8	4238	7775	865	8960	39394
深圳	22	5505	12972	8	3779	7635	609	1551	14620
珠海	59	13226	22817	14	2179	3182	718	1682	12517
汕头	417	36903	50531	11	1639	3202	1150	43484	31048
韶关									
河源									
梅州									
惠州	13	826	3130	58	1400	5219	1304	4247	18854
汕尾	1501	58199	167576	295	3704	12778	2197	17947	54866
东莞	65	13802	15115	11	620	2466	10	269	713
中山	2	166	254				197	1242	3022
江门	175	50699	62779	87	38903	49564	1928	24233	49341
佛山									
阳江	307	74000	108435	279	47208	63721	2783	84559	135209
湛江	750	48380	114563	352	4596	10109	10867	74546	166198
茂名	307	80082	112178	107	11555	17339	2193	20269	39664
肇庆									
清远									
潮州	273	4860	24697	15	438	2096	208	1016	6425
揭阳	652	17337	73016	3	160	652	300	4248	14479
云浮									

11-12 续表 10

市别	海洋渔业捕捞渔船按作业类型分								
	张网			钓业			其它		
	艘	总吨	千瓦	艘	总吨	千瓦	艘	总吨	千瓦
全　省	296	1806	4316	1563	72619	154888	2688	32657	75288
广　州	6			2	52	138	48	381	1521
深　圳				67	19212	40901	29	5570	12247
珠　海	29	406	505	63	935	4389	64	172	538
汕　头	134	299	887	85	2787	6596	46	35	223
韶　关									
河　源									
梅　州									
惠　州				4	30	173			
汕　尾	85	242	876	274	5221	14588	160	1286	3531
东　莞									
中　山				4	171	364			
江　门				78	3517	5984	49	353	836
佛　山									
阳　江				283	21238	35899	69	2390	2891
湛　江	42	859	2048	380	9866	22633	2164	22115	52260
茂　名				189	7499	15364	27	66	198
肇　庆									
清　远									
潮　州				80	781	4293	32	289	1043
揭　阳				54	1310	3566			
云　浮									

11-12 续表 11

市别	海洋渔业机动渔船按船长分			24米以上			12-24米		
	艘	总吨	千瓦	艘	总吨	千瓦	艘	总吨	千瓦
全　省	44108	1025312	2130500	3467	608241	1053926	8362	291184	654051
广　州	1137	24283	91623	33	10999	32206	579	10589	42745
深　圳	1026	36834	97246	129	34839	77304	23	22	2713
珠　海	1428	30093	70458	104	23156	39116	110	4580	12595
汕　头	2199	101299	137520	195	26848	56262	946	67171	65500
韶　关									
河　源									
梅　州									
惠　州	1787	15063	61473	32	5681	9436	88	5140	21381
汕　尾	4782	93254	283571	765	52638	176988	743	27844	62618
东　莞	87	14778	18320	40	10790	11639	45	3979	6663
中　山	241	1765	7502				52	1253	3964
江　门	2976	127379	208279	237	97084	124363	648	23605	52587
佛　山									
阳　江	5148	247583	397900	859	190440	265139	795	44792	94886
湛　江	17773	174005	411565	322	54180	101022	2460	62786	150894
茂　名	2960	122631	198857	494	92183	129783	410	15865	33195
肇　庆									
清　远									
潮　州	1519	12688	51860	212	7985	25441	611	1752	17075
揭　阳	1045	23657	94326	45	1418	5227	852	21806	87235
云　浮									

11-12 续表 12

市别	海洋渔业机动渔船按船长分 12米以下			海洋渔业捕捞渔船按功率分			441千瓦以上(600马力以上)		
	艘	总吨	千瓦	艘	总吨	千瓦	艘	总吨	千瓦
全省	32279	125887	422523	35694	926923	1797085	492	195798	341612
广州	525	2695	16672	956	20815	71270	30	10185	29026
深圳	874	1973	17229	735	35617	88375	76	26143	58624
珠海	1214	2357	18747	947	18600	43948	27	6652	12585
汕头	1058	7280	15758	1843	85147	92487	14	736	2580
韶关									
河源									
梅州									
惠州	1667	4242	30656	1379	6503	27376			
汕尾	3274	12772	43965	4512	86599	254215	20	3165	12882
东莞	2	9	18	86	14691	18294	3	1125	1503
中山	189	512	3538	203	1579	3640			
江门	2091	6690	31329	2317	117705	168504	94	63995	85634
佛山									
阳江	3494	12351	37875	3721	229395	346155	71	29827	48567
湛江	14991	57039	159649	14555	160362	367811	84	29515	48785
茂名	2056	14583	35879	2823	119471	184743	72	24295	40985
肇庆									
清远									
潮州	696	2951	9344	608	7384	38554	1	160	441
揭阳	148	433	1864	1009	23055	91713			
云浮									

11-12 续表 13

市别	海洋渔业捕捞渔船按功率分 45-440千瓦 (61-559马力)			44千瓦以下 (60马力以下)			非机动渔船合计	
	艘	总吨	千瓦	艘	总吨	千瓦	艘	总吨
全省	7681	590235	1112317	27521	140890	343156	1771	6263
广州	389	7706	30344	537	2924	11900		
深圳	54	8696	18696	605	778	11055		
珠海	119	10474	19732	801	1474	11631	12	2932
汕头	730	75463	76343	1099	8948	13564	210	
韶关								
河源								
梅州								
惠州	55	3655	9050	1324	2848	18326	2	840
汕尾	1342	71456	202024	3150	11978	39309	487	489
东莞	81	13549	16773	2	17	18		
中山	14	715	1250	189	864	2390		
江门	408	44312	59112	1815	9398	23758		
佛山								
阳江	1274	186216	276603	2376	13352	20985	2	16
湛江	1512	61989	160475	12959	68858	158551	575	1334
茂名	505	81631	119366	2246	13545	24392		
肇庆								
清远								
潮州	340	1895	32494	267	5329	5619	469	645
揭阳	858	22478	90055	151	577	1658	14	7
云浮								

11-13 各市渔业人口与从业人员

（2018年）

市　别	渔业乡（个）	海洋渔业	渔业村（个）	海洋渔业	渔业户（个）	海洋渔业	渔业人口（人）	海洋渔业
全　省	88	68	1004	618	502831	221091	2258525	1038447
广　州			16	9	11292	3711	51607	9545
深　圳					286	286	593	100
珠　海	4	4	25	14	20023	1225	93900	4775
汕　头	6	5	34	29	26759	18677	142198	89972
韶　关			1		17006		88821	
河　源			19		6221		27781	
梅　州					38899		99147	
惠　州	3	3	30	21	9925	6315	61754	34334
汕　尾	23	19	166	83	30499	28728	147742	142678
东　莞	3		59	1	4665	619	16273	2168
中　山	7		73		8099	10	24655	38
江　门			54	34	29567	11151	120667	47941
佛　山			41		45003		168124	
阳　江	5	5	93	89	32829	22323	164730	114111
湛　江	14	14	231	217	99118	83018	483753	398347
茂　名	9	9	62	59	37533	13327	192804	81605
肇　庆	5		12		14973		59857	
清　远			17		5190		17442	
潮　州	7	7	29	29	13890	13890	56251	20539
揭　阳	2	2	35	33	45178	17811	215565	92294
云　浮			7		5876		24861	

11-13 续表 1

（2018年）

市　别			渔业人口与从业人员（人）				
	传统渔民	海洋渔业	渔业从业人员	专业从业人员	女　性	兼业从业人员	女　性
全　省	662235	376212	1250222	809749	133669	369352	68135
广　州	7258	2287	30831	23595	3153	5768	3147
深　圳	100		1478	1434	288	24	3
珠　海	3932	843	56933	50911	21395	2602	5448
汕　头	51805	38167	63648	45012	3201	14523	2288
韶　关			53085	28159	5013	21622	4922
河　源			16098	12992	679	2896	571
梅　州			52021	31359	8445	17628	2394
惠　州	21863	12471	40833	21347	4421	14439	3689
汕　尾	114586	28092	51580	39843	2645	8964	1454
东　莞	15	2153	4325	2790	535	1166	208
中　山	15	23	18854	14190	5069	2754	511
江　门	31379	16562	83050	46112	6806	32584	8114
佛　山			95584	83962	17584	10413	1550
阳　江	79325	34786	98616	70398	8328	23277	5358
湛　江	229019	169328	269471	165445	26095	82976	15786
茂　名	51989	29616	134745	72720	3462	56570	754
肇　庆			32772	27453	6323	3255	2486
清　远			12838	7273	1416	5285	590
潮　州		20539	25270	15829	1224	8902	1009
揭　阳	70949	21345	93338	39275	5251	50435	6536
云　浮			14852	9650	2336	3269	1317

11-13 续表 2

(2018年)

市别	渔业人口与从业人员（人）					海洋渔业人口与从业人员（人）		
			专业从业人员中			海洋渔业从业人员		
	临时从业人员	女性	捕捞	养殖	其它		专业从业人员	女性
全省	71121	22452	243592	496727	69430	502262	363605	48542
广州	1468	281	4682	18727	186	5484	4623	1944
深圳	20	2	1085	349		790	782	36
珠海	3420	403	4064	45679	1168	8054	5499	2415
汕头	4113	998	22890	18595	3527	39526	30971	1264
韶关	3304	847	1629	20024	6506			
河源	210	204	1342	8367	3283			
梅州	3034	746	1461	29119	779			
惠州	5047	888	6375	13996	976	22283	12471	2712
汕尾	2773	542	26715	10132	2996	46294	37788	2437
东莞	369	66	754	1942	94	1318	638	270
中山	1910	340	1321	11985	884	266	216	36
江门	4354	2192	13844	24351	7917	33442	23112	1130
佛山	1209	238	3075	78382	2505			
阳江	4941	4286	35163	27758	7477	66528	52072	7135
湛江	21050	7736	73860	81724	9861	168918	126843	23562
茂名	5455	538	22024	42875	7821	40049	30044	405
肇庆	2064	714	2730	24488	235			
清远	280	35	1676	5569	28			
潮州	539	132	5647	9743	439	17143	12820	1118
揭阳	3628	279	12133	14394	12748	52167	25726	4078
云浮	1933	985	1122	8528				

11-13 续表 3

(2018年)

市别	海洋渔业人口与从业人员（人）						
					专业从业人员中		
	兼业从业人员	女性	临时从业人员	女性	捕捞	养殖	其它
全省	111291	32329	27366	12479	201509	118976	43120
广州	747	449	114	72	2836	1651	136
深圳	8				777	5	
珠海	2055	1125	500	330	2607	2005	887
汕头	7121	935	1434	610	22192	5746	3033
韶关							
河源							
梅州							
惠州	5475	1492	4337	773	5605	5887	979
汕尾	5929	7165	2577	421	26238	8803	2747
东莞	567		113		638		
中山	26	5	24	8	166		50
江门	9720	543	610	477	11584	5852	5676
佛山							
阳江	11078	4638	3378	2827	28451	17693	5928
湛江	32317	10700	9758	6414	65730	54161	6952
茂名	5805	254	4200	497	18649	7099	4296
肇庆							
清远							
潮州	4002	456	321	50	5401	6980	439
揭阳	26441	4567			10635	3094	11997
云浮							

11-14 渔业灾情

(2018年)

市 别	受灾养殖面积（公顷）	台风、洪涝	病害	干旱	污染	其它
全 省	117659.16	92134	8225.86	1163	409	15727.3
广 州	2596.16	2564.36	20		4	7.8
深 圳	0.33	0.33				
珠 海	4615	4375	200			40
汕 头	1971	1916	30		15	10
韶 关	303.56	105.06	107	72	3	16.5
河 源	190	163	20		4	3
梅 州	2142.3	303.3	1087	595	74	83
惠 州	54975.8	54833.8	82			60
汕 尾	5522	2328	298		40	2856
东 莞	2374.54	2363.04	11.5			
中 山	2346	2298	37		1	10
江 门	7348.6	6797.6	478		56	17
佛 山	769.15	671.49	96.66			1
阳 江	14293.7	4185	93.7	6	8	10001
湛 江	10224	6185	3140	40	183	676
茂 名	28	28				
肇 庆	4292.03	1704.03	708			1880
清 远	93		4	50		39
潮 州	1493	106	987	400		
揭 阳	959	959				
云 浮	1121.99	247.99	826		21	27

11-14 续表 1

(2018年)

市 别	水产品损失(吨)	台风、洪涝	病害	干旱	污染	其它
全 省	139568	102433	20861	1706	926	13642
广 州	97				5	92
深 圳	1	1				
珠 海	7255	7015	200			40
汕 头	3225	3068	88		36	33
韶 关	297	117	131	30	6	13
河 源	507	448	46		7	6
梅 州	3792	701	1493	1271	211	116
惠 州	18233	18101	54			78
汕 尾	4056	3092	364		250	350
东 莞	3170	3142	28			
中 山	9289	9203	70		1	15
江 门	27423	26453	674		167	129
佛 山	2710	1954	734			22
阳 江	4972	4250	342	30	96	254
湛 江	27562	12633	14241	220	117	351
茂 名	105	105				
肇 庆	13053	2929	449			9675
清 远	103		10	25		68
潮 州	4658	670	1488	130		2370
揭 阳	6920	6920				
云 浮	2140	1631	449		30	30

11-14 续表 2

(2018年)

市别	损毁渔业设施(台风、洪涝)					
	池塘(公顷)	网箱(箱)	围栏(千米)	沉船(艘)	船损(艘)	堤坝(米)
全省	18969.23	12283	149	14	276	6251
广州	1699.36					605
深圳						
珠海	2300	12		1	22	
汕头						
韶关	33					52
河源	58					
梅州	151					211
惠州	3655.1	550		6	233	
汕尾	389	9680	140	3	10	400
东莞	116.27				1	530
中山	265					
江门	5216					
佛山	15					
阳江	703	656	8		4	645
湛江	3937	1003	1	1	5	1898
茂名						
肇庆	32.5					
清远						
潮州	104	382		3	1	1500
揭阳	280					
云浮	15					410

11-14 续表 3

(2018年)

市别	损毁渔业设施(台风、洪涝)						
	泵站(座)	涵闸(座)	码头(米)	护岸(米)	防波堤(米)	工厂化养殖(座)	苗种繁育场(个)
全省	60	185	386	2140	2870	2	9
广州							
深圳						1	
珠海			200				
汕头							
韶关							2
河源							1
梅州		2			1000		1
惠州				13			
汕尾			25				
东莞						1	
中山							4
江门							
佛山							
阳江				1547	1070		
湛江		33	35	380	550		
茂名							
肇庆							
清远							
潮州	60	150					1
揭阳			126	200	250		
云浮							

11-14　续表 4

（2018年）

市　别	人员损失(台风、洪涝)(人)	失　踪	死　亡	重　伤	直接经济损失合计(万元)
全　省					244915.17
广　州					12647.46
深　圳					201
珠　海					4889
汕　头					3255.7
韶　关					412.98
河　源					578.9
梅　州					3881.58
惠　州					39291
汕　尾					6671
东　莞					5178.32
中　山					24737.65
江　门					54334.4
佛　山					3257.5
阳　江					6392.82
湛　江					48808.7
茂　名					86
肇　庆					13199.42
清　远					207
潮　州					8404.8
揭　阳					5080
云　浮					3399.94

11-14　续表 5

（2018年）

市　别	水产品损失(万元)	台风、洪涝	病害	干旱	污染	其它
全　省	173285.35	127830.16	25389.27	1744.8	953.76	17367.36
广　州	2703.46	2638.46				65
深　圳	200	200				
珠　海	2739	1350				1389
汕　头	3255.7	2968.9	202.8		48	36
韶　关	322.3	133.9	129	38	5.4	16
河　源	530.9	477	40.9		7	6
梅　州	3523.28	884	1323.2	1014.8	153.28	148
惠　州	24178.5	24035.5	75			68
汕　尾	4046	400	300		200	3146
东　莞	5052.12	4982.12	70			
中　山	22187.65	21882.65	104		1	200
江　门	33493.4	31792.4	1026		158	517
佛　山	2399.5	1865.5	534			
阳　江	1616	802.28	578.72	39	99	97
湛　江	38576.7	20527.7	16462	523	252	812
茂　名	86	86				
肇　庆	13139.4	2901.4	560			9678
清　远	207		20	60		127
潮　州	8005	3530	3358	70		1047
揭　阳	4060	4060				
云　浮	2963.44	2312.35	605.65		30.08	15.36

11-14 续表 6

(2018年)

市别	损毁渔业设施(台风、洪涝)(万元)	池塘	网箱	围栏	沉船	船损	堤坝
全省	71629.82	56676.64	6906	393	44.5	1246.78	1816.28
广州	9944	9933					11
深圳	1						
珠海	2150	1000	1000			50	
汕头							
韶关	90.68	36					2.08
河源	48	40					
梅州	358.3	291					23
惠州	15112.5	10960	3010		22	1120	
汕尾	2625	2625					
东莞	126.2	5				4.98	53
中山	2550	2377					
江门	20841	20841					
佛山	858	400					
阳江	4776.82	1965.32	754	43		50.5	88
湛江	10232	5556	2024	350	16	21	1280
茂名							
肇庆	60.02	60.02					
清远							
潮州	399.8	170	118		6.5	0.3	30
揭阳	1020	320					
云浮	436.5	97.3					329.2

11-14 续表 7

(2018年)

市别	损毁渔业设施(台风、洪涝)(万元)							
	泵站	涵闸	码头	护岸	防波堤	工厂化养殖	苗种繁育场	其它
全省	17	388	300	1529.5	1137	64.22	236.9	874
广州								
深圳						1		
珠海			100					
汕头								
韶关							2.6	50
河源							8	
梅州		10			30		3.3	1
惠州				0.5				
汕尾								
东莞						63.22		
中山							173	
江门								
佛山								458
阳江				1069	507			300
湛江		368	80	210	270			57
茂名								
肇庆								
清远								
潮州	15	10					50	
揭阳			120	250	330			
云浮	2							8

11-15 渔业经济总产值

(2018年) 单位：万元

市 别	合 计	一、渔业（水产品）	海洋捕捞	海水养殖	淡水捕捞
全 省	20785545.86	12246590.76	2116800.04	4110768.55	106312.35
广 州	1252685.71	300767.32	19310.00	59000.00	11097.54
深 圳	260555.33	232055.33	214203.55	4000.00	
珠 海	895995.63	723926.63	17439.83	190288.00	2676.00
汕 头	1190770.18	583543.33	180383.29	276681.36	3164.47
韶 关	127679.23	124955.92			5924.57
河 源	45097.69	43895.86			1605.54
梅 州	190434.77	116515.65			11500.91
惠 州	295671.80	253809.80	40444.00	98968.00	781.00
汕 尾	1077359.12	704740.12	260643.60	390883.11	2288.51
东 莞	190697.69	50278.10	7834.76	690.00	380.47
中 山	693616.00	547454.00	715.00	15320.00	1681.00
江 门	1975277.15	1434348.25	150720.46	219461.06	14150.83
佛 山	2763610.55	1324792.05			12712.00
阳 江	2053987.97	1610762.38	504667.56	964245.77	10426.09
湛 江	4617409.23	2016369.67	417788.00	1387621.24	2663.77
茂 名	1501069.26	812115.48	184156.00	318925.00	4388.84
肇 庆	587478.33	535486.15			5757.50
清 远	189248.00	189098.00			2903.00
潮 州	254559.69	213356.19	26297.99	118070.00	4773.00
揭 阳	360326.73	281442.73	92196.00	66615.01	4896.31
云 浮	262015.80	146877.80			2541.00

11-15 续表 1

(2018年) 单位：万元

市 别	淡水养殖	水产苗种	二、渔业工业和建筑业	水产品加工	渔业机具制造
全 省	5597051.06	315658.76	3632467.62	2188439.00	72873.53
广 州	193209.78	18150.00	113390.29	25093.00	
深 圳	5351.78	8500.00	13000.00	13000.00	
珠 海	495697.80	17825.00	60489.00	35858.00	250.00
汕 头	121641.04	1673.17	331373.04	324289.53	5270.51
韶 关	115197.28	3834.07			
河 源	39394.32	2896.00	75.00		75.00
梅 州	91470.52	13544.22	12911.27	1915.00	105.82
惠 州	96456.00	17160.80	13164.00	6860.00	643.00
汕 尾	50809.90	115.00	202376.00	185282.00	13125.00
东 莞	40547.87	825.00	6405.45	725.00	1578.00
中 山	512616.00	17122.00	73770.00	27346.00	
江 门	1049952.90	63.00	432492.90	155105.90	8298.00
佛 山	1268548.05	43532.00	152899.00	98548.00	
阳 江	109218.44	22204.52	368867.87	352020.87	6309.00
湛 江	161714.31	46582.35	1317372.94	498917.92	12516.20
茂 名	277750.33	26895.31	387307.78	351248.78	16886.00
肇 庆	518464.45	11264.20	42565.08	40718.00	223.00
清 远	168690.40	17504.60			
潮 州	49139.20	15076.00	24470.00	24470.00	
揭 阳	94560.89	23174.52	51074.00	23096.00	6900.00
云 浮	136619.80	7717.00	28464.00	23945.00	694.00

11-15 续表 2

(2018年) 单位：万元

市别	渔船渔机修造	渔用绳网制造	渔用饲料	渔用药物	建筑	其它
全省	42521.89	18982.67	1286765.46	10227.20	49882.66	24279.77
广州			88297.29			
深圳						
珠海	115.00	135.00	23800.00	56.00	525.00	
汕头	1240.92	636.82	1327.00			486.00
韶关						
河源	66.00	9.00				
梅州	64.97	40.85	8325.07	1733.95	127.66	703.77
惠州	558.00	83.00	161.00		5500.00	
汕尾	7020.00	5205.00	125.00		1014.00	2830.00
东莞	1558.00	20.00	3769.45	33.00		300.00
中山			38485.00	3603.00	2177.00	2159.00
江门	4969.00	904.00	266489.00	1025.00	1545.00	30.00
佛山			53101.00	1250.00		
阳江	4622.00	1477.00	5476.00		1971.00	3091.00
湛江	6207.00	3593.00	780048.65	1875.17	23661.00	354.00
茂名	11692.00	3521.00	12457.00		5048.00	1668.00
肇庆	31.00	177.00	902.00	36.08	473.00	213.00
清远						
潮州						
揭阳	3824.00	3076.00	2502.00	450.00	5681.00	12445.00
云浮	554.00	105.00	1500.00	165.00	2160.00	

11-15 续表 3

(2018年) 单位：万元

市别	三、渔业流通和服务业	水产流通	水产(仓储)运输	休闲渔业	其它
全省	4906487.48	4607394.41	164816.30	55487.06	78789.71
广州	838528.10	837939.19		588.91	
深圳	15500.00	15000.00			500.00
珠海	111580.00	109300.00		1200.00	1080.00
汕头	275853.81	273787.22	1426.59	560.00	80.00
韶关	2723.31	2140.71		582.60	
河源	1126.83	1078.51		48.32	
梅州	61007.85	55017.13	310.66	4787.85	892.21
惠州	28698.00	21768.00	1486.00	3364.00	2080.00
汕尾	170243.00	95036.00	23552.00	14516.00	37139.00
东莞	134014.14	131172.17		2325.97	516.00
中山	72392.00	62506.00	6103.00	3553.00	230.00
江门	108436.00	81155.00	9496.00	664.00	17121.00
佛山	1285919.50	1183230.00	100935.00	1754.50	
阳江	74357.72	65551.72	1555.00	5736.00	1515.00
湛江	1283666.62	1276664.66	3783.05	2101.91	1117.00
茂名	301646.00	295467.00	3921.00	2202.00	56.00
肇庆	9427.10	6587.10	1117.00	1029.00	694.00
清远	150.00			150.00	
潮州	16733.50	16696.00			37.50
揭阳	27810.00	6327.00	4187.00	1735.00	15561.00
云浮	86674.00	70971.00	6944.00	8588.00	171.00

十二、农　垦

2018 年 11 月 1－5 日，第十六届中国国际农产品交易会上垦区“红江”牌红江橙、“三环”牌白砂糖、“燕塘”牌海盐芝士酸酪乳、“三叶”牌糖水菠萝罐头获农产品金奖，获奖数量之多，为历届之最。图为时任广东省副省长叶贞琴（前排中）视察广东农垦参展情况。

2018 年 2 月 26－27 日，农业部党组成员、副部长屈冬玉（前排左二），时任广东省人民政府副省长叶贞琴（前排左三）率调研组深入广东农垦基层开展调研，要求广东垦区持续深化改革，促进产业兴旺，为实施国家乡村振兴战略作出新的贡献，让改革红利惠及广大职工群众。

2018 年 2 月 1 日，广东农垦首家医疗健康公司——广垦（湛江）医疗健康有限公司在湛江农垦集团公司正式揭牌。

2018 年 3 月 31 日，中国科学院党组成员、秘书长邓麦村（前排左二）率调研组调研金丰糖厂膜法制糖科研（中试）项目。该项目解决了商业化膜对色素、蔗糖和还原糖分子分离效果欠佳的难题，成功实现了全套装置的连续化稳定运行，在国内率先试制出首批膜法精糖，标志膜法绿色制糖新工艺技术路线已彻底打通。

2018年5日8日，食品放心工程示范基地——燕塘乳业广州开发区旗舰工厂落成暨国际战略合作签约仪式在广东燕隆乳业科技有限公司盛大举行。原农业部副部长高鸿宾、广东省政协委员雷勇健、广东省农业厅副厅长郑惠典、省农垦集团公司（省农垦总局）党委副书记、总经理（副局长）支光南等参加示范基地启动仪式。

2018年8月26日，省农垦集团公司（省农垦总局）党委书记、董事长（局长）陈少平（左一）陪同中国热带作物协会理事长、中国热带农业科学院党组书记李尚兰（左三）等到广垦热研所调研。李尚兰对广垦热研所在橡胶工厂化育苗、橡胶超低频割胶制度改革、人才输出等方面发挥重要支撑作用给予了充分肯定。

2018 年 8 月 28 日，由广东省农垦集团公司、上海期货交易所、中国热带作物学会、中国天然橡胶协会共同主办的首届全球天然橡胶发展（广州）论坛在广州召开，旨在探讨天然橡胶产业如何在“一带一路”倡议下，通过资源共享、贸易合作、技术创新、上下游产业链共荣共生，实现橡胶产业新发展。

2018 年 9 月 7 日，广东农垦召开农业科研机构整合工作会议。通过整合垦区科技资源，打造创新平台，组建广东农垦热带农业研究有限公司，推进产研结合，为垦区产业发展提供技术支撑。

农 垦

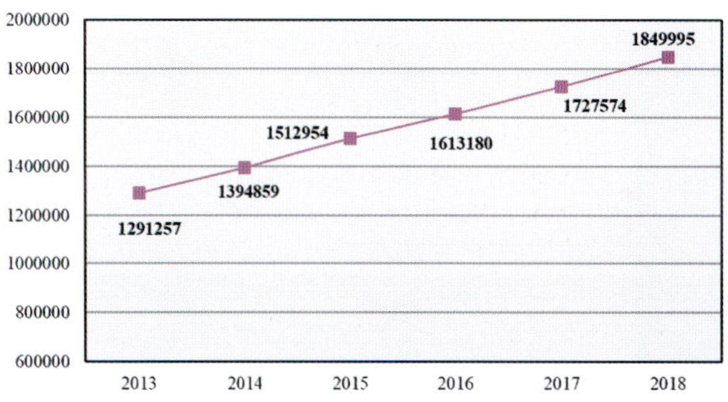

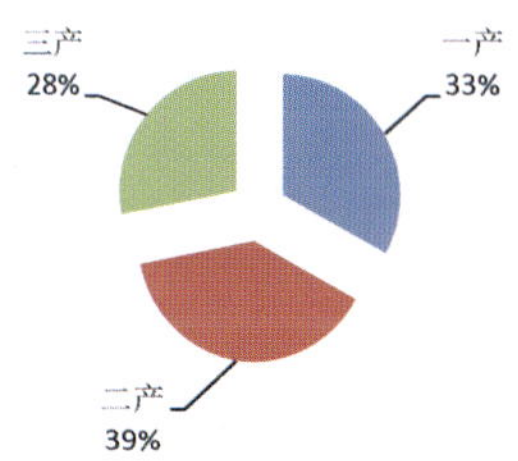

2018年是广东农垦贯彻党的十九大精神的开局之年，也是农垦改革“两个三年”任务、深化农垦改革发展综合示范和专项试点的收官之年。一年来，我们在农业农村部、广东省委省政府的正确领导和支持下，面对错综复杂、波澜起伏的国际市场和艰巨繁重的垦区改革发展稳定任务，按照中央、省推动高质量发展要求和乡村振兴战略部署，始终坚持“聚焦主业、稳中求进、防控风险”的工作基调，围绕“三年扭亏增盈”目标，积极主动作为，圆满完成了全年各项目标任务。

一、综合

2018年，广东农垦实现生产总值185.00亿元，比上年增长7.1%，其中：第一产业增加值61.00亿元，增长4.8%，对GDP增长的贡献率为22.62%；第二产业增加值72.10亿元，增长4.3%，对GDP增长的贡献率为24.21%；第三产业增加值51.90亿元，增长14.3%，对GDP增长的贡献率为53.17%；三次产业结构由上年的33.71:40.02:26.27变为32.97:38.97:28.06。人均农垦生产总值达47706元，增长7.0%。国有在岗职工年均纯收入58468元，增长8.8%。垦区居民人均纯收入25887元，增长6.1%。全年国有企业营业总收入达237.4亿元，同比减少18.6亿元，减幅7.3%，实现利润30,285.3万元，减幅3.6%。

一年来，垦区经济社会稳步向好向优发展，为全面实现垦区“十三五”发展规划、实现十九大的良好开局之年奠定了扎实的基础。在总结成绩的同时，我们也要清醒地看到存在的问题，在发展中逐步解决。一是垦区产业发展总体水平不高，区域发展不平衡，农场产业结构单一，抵御市场和自然风险能力不强等难题，依然没有根本性的好转。二是主产业产品仍处在低端价值链的初级产品阶段，垦区产品开发、市场开拓未能与时俱进跟上时代的步伐，橡胶、糖业、剑麻等产业基本仍停留在生产和出售原料产品阶段。三是橡胶、畜牧集团IPO股改上市工作还在筹备起步阶段，股权结构优化、同业竞争等诸多问题仍需下大力气推进和解决。四是内控精细化管理制度执行还不彻底。垦区内控流程管理和信息化监控逐年在完善，但有些单位在贯彻执行上仍有欠缺，不相容岗位、信息不对称导致的监管死角、漏洞仍然存在，甚至出现个别“小单位大漏洞”的情况。五是人力资源与垦区农业现代化、国际化、市场化发展不相适应的矛盾依然存在，产品创新研发、市场营销、资本运作及适应国际化经营的中高端人才不足，在一定程度上影响到垦区整体改革发展的质量和速度。

二、农业

2018 年，广东农垦实现第一产业增加值 61.00 亿元，增长 4.8%。农林牧渔业总产值按现行价计算达 114.21 亿元，增长 6.1%，农林牧渔业商品产值为 99.17 亿元，农业商品率为 86.8%。

2018 年，实现农作物总播种面积 4.96 万公顷，增长 10.2%，其中：粮食播种面积 0.73 万公顷，下降 3.9%；糖蔗种植面积 2.86 万公顷，增长 12.6%；油料播种面积 0.23 万公顷，下降 11.3%；蔬菜播种面积 0.70 万公顷，下降 15.6%。

垦区国内外橡胶年末实有面积 7.42 万公顷，其中：国内基地橡胶年末实有面积 4.75 万公顷，增长 5.5%；水果年末实有面积 3.17 万公顷，下降 3.4%；剑麻 3661 公顷，增长 19.8%；茶叶 642 公顷，增长 15.5%。

全年生猪饲养量 200.9 万头，增长 9.6%，其中年末存栏 82.9 万头；牛年末存栏 2.52 万头，其中奶牛 1.11 万头；全年水产养殖面积 3591 公顷。

全年粮食产量 5.53 万吨，增长 2.0%；糖蔗产量 226.50 万吨，增长 5.3%；油料产量 0.62 万吨，下降 8.5%；蔬菜产量 12.51 万吨，下降 24.3%；干胶产量 66.72 万吨（包含海外、海南和云南），增长 10.6%；水果产量 90.06 万吨，增长 1.2%；剑麻直纤维产量 2663 吨，下降 1.9%；茶叶产量 855.8 吨，增长 21.8%。

全年肉类总产量 13.28 万吨，增长 3.3%，其中猪肉产量 10.60 万吨，增长 3.5%；禽肉产量 2.52 万吨，增长 1.2%，禽蛋产量 2934 吨，下降 4.9%。全年水产品产量 4.19 万吨，下降 4.5%，其中海水养殖 1.03 万吨，淡水养殖 3.16 万吨。鲜牛奶产量 6.32 万吨，增长 8.4%。

全年农业固定资产投入 7.85 亿元，增长 33.9%。年末农业机械总动力为 44.80 万千瓦，增长 1.7%。全年农用化肥施用量（折纯）5.7 万吨；农用塑料薄膜用量 898 吨；农药施用量 4109 吨；农场用电量 41480 万千瓦时；有效灌溉面积达 22394 公顷。

三、工业和建筑业

2018 年，实现工业增加值 64.25 亿元，增长 3.8%，占生产总值的 34.7%。

2018 年，垦区各类工业企业 582 家，其中：国有及非国有规模以上工业企业 92 家。垦区各类工业企业全年实现工业增加值 64.25 亿元，增长 3.8%；全年实现工业总产值按现行价计算（下同）为 237.74 亿元，下降 2.8%；国有及非国有规模以上工业总产值 217.37 亿元，占工业总产值的 91.4%。工业产品销售率为 95.4%，全年实现工业利润是 36.25 亿元，应交税金 71114 万元。

2018年垦区二十七大类工业产品中，产值排前十位的行业是：橡胶和塑料制品业产值 76.57 亿元，占 32.2%；其他制造业产值 74.72 亿元，占 31.4%；农副食品加工业产值 35.12 亿元，占 14.8%；食品制造业 14.82 亿元，占 6.2%；金属制品业

10.79 亿元，占 4.5%；家具制造业 6.11 亿元，占 2.6%；木材加工和木、竹、藤、棕、草制品业产值 2.82 亿元，占 1.2%；纺织服装、服饰业 2.8 亿元，占 1.2%；纺织业 2.68 亿元，占 1.1%；计算机、通信和其他电子设备制造业 1.55 亿元，占 0.7%。这十大产业总产值 227.96 亿元，占工业总产值的 95.9%。

2018 年垦区工业主要产品产量及其增减情况：

产品名称	产量	比上年增减 %
机制糖	377957 吨	11.2
罐　头	2539 吨	-20.5
酒　精	3465.8 吨	-39.2
乳制品	146190.5 吨	5.2
食用油	44270.3 吨	-55.4
有机复混肥	34645 吨	-15.6
饲　料	114107 吨	12.8
地　毯	12.1 万平方米	-32.8
水　泥	128642.5 吨	-48.7
家　具	368.89 万件	18.6

工业总产值（万元，现行价）

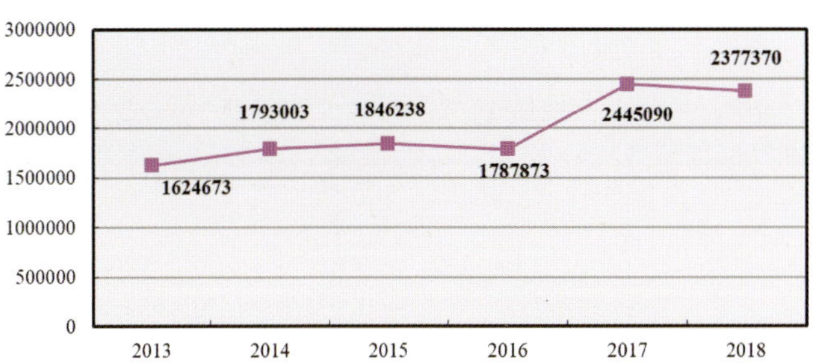

2018 年，全年完成建筑业产值 21.15 亿元，增长 6.9%。房屋施工面积 82.20 万平方米，房屋竣工面积 67.63 万平方米。建筑业增加值达 7.85 亿元，增长 8.3%。

四、固定资产投资

2018 年，全年全社会固定资产投资总额 29.74 亿元，增长 15.5%。其中：国有固定资产投资完成 12.55 亿元，减少 26.1%；非国有投资完成 17.19 亿元，增长 95.8%。

分三次产业看，第一产业投资 7.85 亿元，增长 34%。第二产业投资 4.6 亿元，减少 53.6%。第三产业投资 17.29 亿元，增长 73.5%。

固定资产投资（万元）

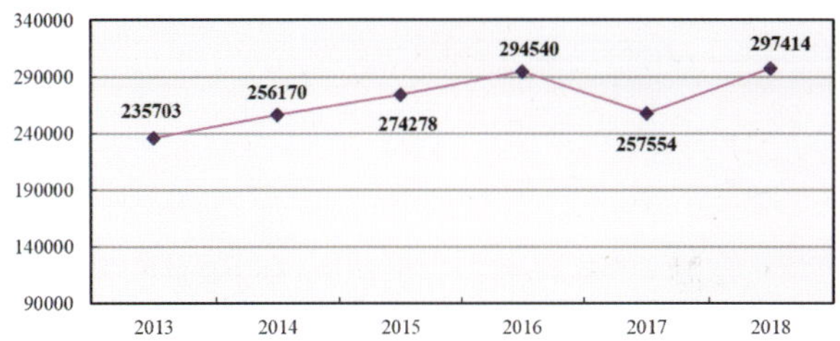

五、交通运输业、批零贸易业、餐饮业、服务业及出口商品

2018 年，现有主要运输工具 2746 台，全年货运量 937.79 万吨；客运量 1131.31 万人，营业总收入 70269 万元。

2018 年，年末批零贸易业、餐饮业、居民服务业营业单位总数达 5130 个，营业网点 4787 个，从业人员 22935 人，年末固定资产原值 27.19 亿元，营业用房 101.53 万平方米，销售和营业总额 173.02 亿元。

2018 年，出口商品总金额达到 77.65 亿元，下降 1.9%。其中：工业品出口达 72.49 亿元，占出口总额的 93.4%。

出口总额（万元）

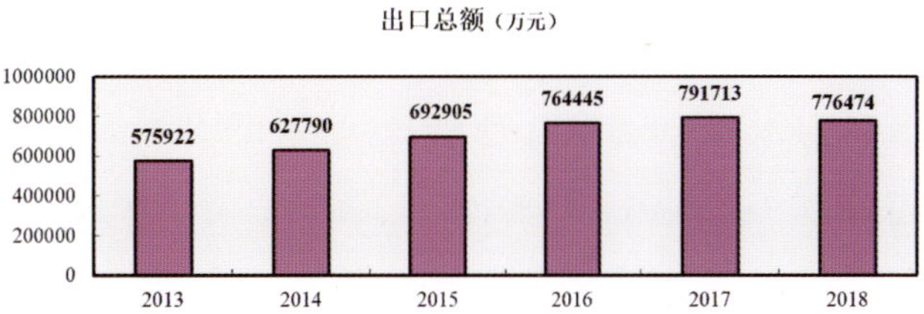

六、科技生产、土地

2018 年，垦区共有科研单位 49 家，其中省地级 6 家，共投入科研经费 5476.46 万元。2018 年，垦区农业综合机械化水平、农业科技贡献率和良种覆盖率分别达到 72.5%、69.5% 和 100%。

科技创新与应用。通过割胶制度改革，全年共推广新割制 236.1 万株，推广率 30.21%；人均割株从 2015 年的 1610 株提高到 2018 的 2422 株，提高了 50.4%；减少胶工 492 人，节省各种开支 2000 多万元。通过推广甘蔗生产全程机械化，机种面积 9.11 万亩，占新植蔗的 47.34%，同比提高 3.4%；完成机械化收获面积 3.6 万亩，占总种植面积的 9.5%；通过推广病虫害防治新技术，完成无人机防治 14.3 万亩，赤眼蜂防治甘蔗螟虫 20.87 万亩。通过加强抗性麻苗选育和红江橙脱毒种苗繁育，共繁育健康剑麻苗 131.6 万株、红江橙脱毒苗 8 万株，有效促进了剑麻、红江橙等垦区特色产业的恢复性发展。通过推广绿色高产高效奶牛生产模式，成母牛年单产达到 8.88 吨，同比增加 0.53 吨，增加 6.3%；共产鲜奶 21558 吨，同比增加约 3700 吨，增长 20.9%。通过引进法国养猪研究院生猪养殖技术，提升饲养管理水平，曙光猪场受胎率、分娩率分别提高 12 个百分点、13 个百分点，每头母猪年提供的出栏肉猪增加约 4.4 头。

品牌建设与宣传。通过加强垦区农产品的品牌建设和质量安全监管，强化基地标准化建设，大力推广农产品质量追溯，树立质量安全意识，“太阳”牌剑麻细纱、“東成”牌剑麻布、“名富”牌番石榴、“燕塘”牌纯牛奶 4 个产品通过省名牌产品（农业类）复审；“燕塘”牌鲜牛奶、“华煌”牌茶叶、“名富”牌番石榴、“红江”牌红江橙、“雄鸥”牌蒸青绿茶 5 个产品通过省第三届“十大名牌”系列农产品复审。同时，精心组织谋划参加了中国农民丰收节 • 农垦系列活动、第十六届中国国际农产品交易会和第九届广东现代农业博览会等活动，得到农业农村部和广东省等领导的高度评价，“燕塘牛奶”荣获“丰收节 • 我最喜爱的农垦美味”第二名，“红江”牌红江橙、“三环”牌白砂糖、“燕塘”牌海盐芝士酸酪乳、“三叶”牌糖水菠萝罐头 4 个产品荣获第十六届农交会参展农产品金奖，广东农垦展团荣获第九届广东农博会“最佳设计奖”和“优秀组织奖”，充分展示了垦区建设“国家现代农业的示范区、城市安全食品生产保障基地”的丰硕成果。

科技体系改革与合作交流。多次调研垦区农业科研机构和产业集团技术研发中心，整合垦区科研机构，组建了广东农垦热带农业研究院；燕塘乳业成立了“燕塘乳业工程技术研究院”，与华南理工大学、以色列阿菲金农业公司等国内外科研机构签订产学研合作协议，创建了国家乳制品加工技术研发专业中心和博士后科研工作站；广垦畜牧研究院引进 6 名科研人员，申报部、省、市级科研任务 23 项（已立项下达 4 项），争取科研经费 1100 万元；多次带队到海南农垦、广西农垦、中柑所（重庆）、粤西垦区开展调研和交流活动，为垦区优质高效特色农业发展出谋划策。

2018 年，垦区年末土地总面积 223729.31 公顷，其中：耕地 38052.17 公顷，林地 83358.87 公顷，水面面积 5608.76 公顷，茶果桑园面积33023.62公顷。广东农垦国有农场国有土地使用权应确权发证面积为21.2万公顷（318.11万亩），截至2018年底已经完成国有土地确权登记发证面积20.79万公顷（311.81万亩），发证率为98.02%，已全面完成权属清晰、无争议农垦国有土地使用权的登记发证任务。加强土地管理，加大力度追收土地租金、补偿金等土地收益。各局被占地均建档入库实行固化管理，当年被占全部收回。完善垦区国有资源有偿使用电子交易平台及土地租赁电子合同网签系统，延展到垦区物业租赁。开展土地对标管理工作，全面完成生产队土地地籍图、矢量图、收益表上墙公示，每个地块单一编码，下一步抓紧建立收益管理系统。着力推进留用地的落地开发和三旧改造，积极与地方政府沟通，拓宽留用地价值显现途径。

七、教育和卫生

教育事业。2018年，垦区完满完成了广东省近些年来规模最大的中小学移交工作。农垦所在的湛江、茂名、阳江、揭阳、汕尾5个地级市的124所农垦基础教育学校、2492名在编在职人员、2295名离退休人员实现了平稳移交，323名编外人员得到妥善安置，学校的土地、资产移交等配套工作也基本完成。

2018年垦区职业教育稳步发展。垦区有普通高等学校1所，在校学生18688人，当年新招生人数6430人，当年毕业生6339人；中专1所，在校学生5439人，当年毕业生1343人；技工学校2所，在校学生1668人，当年毕业生559人。据《2018中国高等职业教育质量年度报告》发布的高职院校教育质量50强榜单，广东农工商职业技术学院同时进入“教学资源前50强”、“服务贡献前50强”、“国际影响力前50强”三个全国50强。

新型职业农工培育取得新突破，全年共培育各类新型职业农工977人。培训工作首次实现五大垦区全覆盖，首次开展垦区青年农场主培育。垦区10名新型职业农工典型代表参加了“首届全国新型职业农民发展论坛”，广东农垦培训成果在论坛同期展出。茂名垦区学员梁军荣获2018年全国“百名杰出新型职业农民”项目资助。

医疗卫生事业。2018年，垦区积极推动垦区医疗卫生管理体制改革，做实、做强、做优垦区医疗健康产业。一是以省农垦中心医院为龙头，组建了广垦（湛江）医疗健康有限公司；二是以茂名农垦中心医院牵头，组建了“茂名农垦医疗健康联合体”；三是以阳江农垦中心医院牵头，托管了织篢农场医院，对运营困难、缺乏竞争力的红五月、红十月、鸡山农场医院予以关停；四是与广东省精神卫生中心合作创办了“广东省精神卫生中心农垦分中心”，积极探索将燕岭医院托管给南方医院，将梅陇农场医院收归汕尾农垦局直管；五是发挥农垦资源优势，在友好农场、团结农场等单位试办养老院，拓展医养结合产业。通过上述措施，垦区国有农场全面剥离职工医院，并纳入属地医保定点医疗机构范围，医疗卫生资源得到有效整合，医疗核心力量重心下移，医疗优势资源向基层延伸，初步实现集中化管理、专业化运营和优质化服务。

截至2018年末，垦区有医疗单位46个，其中：三级医院1所，二级医院3所，实际开放病床数6497张，卫生技术人员3789人，其中：医生1259人。

八、公路、小城镇和安居工程建设

2018年，投入一事一议、税改、水库移民等项目资金3.85亿元，用于改善生产生活环境，农场面貌进一步改善，城镇化率达到70%。基本实现职工安全饮水和生活垃圾、生活污水的无害化处理；全力抓好农场社区建设和人居环境改造，重点实施“五个工程”，建设“一净二亮三美”的农场宜居生态新社区；以10个“美丽乡村”建设示范点为抓手，突出农垦特色，完成农场卫生净化、环境绿化、道路亮化等800多个工程建设；完成30个生产队“美丽家园”建设项目，累计投资超6422万元，涉移农场场容场貌焕然一新；在有条件的涉移农场建造了一批经营性物业，增强造血功能，累计投资约5483万元，部分项目已投入使用，项目效益初现。

九、扶贫攻坚

2018年垦区在10个扶贫农场实施财政扶贫资金项目21个，投入财政资金3210万元。贫困农场扶贫开发贯彻产业扶贫优先的原则，着重提高农场自我造血能力。其中，投入产业扶贫项目资金为2454万元，占比76.4%，安排了13个产业发展项目。共计种植橡胶面积910亩，油茶面积2700亩，茶叶面积200亩，红江橙面积260亩，优质蔬菜基地200亩，剑麻800亩，火龙果150亩，涵盖垦区主导产业和优势特色产业。另外，投入756万元实施一批基建项目，建设道路9公里，收胶站1320平方米，新增仓库4000平方米，有效改善农场职工生产、储运等生产条件。全面落实湛江雷州市水标村的对口帮扶工作，2018年省农垦集团公司投入150万元用于水标村基础设施改造和产业发展项目，实现脱贫105户371人，脱贫率92.52%。全村居民人均收入11993元，增长7.89%。

十、人口、职工与垦区居民收入

2018年全垦区年末总人口39.04万人。

国有单位从业人员年末总数6.51万人，其中：国有在岗职工为3.97万人。全年国有在岗职工纯收入合计239216万元，国有在岗职工年均纯收入58468元，增长8.8%。

2018年末从业人员126405人，其中：从事第一产业54831人，占从业人员总数的43.4%；从事第二产业33781人，占从业人员总数的26.7%；从事第三产业37793人，占从业人员总数的29.9%。从业人员年平均收入42911元，增长4.6%。2018年垦区居民人均纯收入25887元，增长6.1%。

十一、农综、农业产业化重点龙头企业和境外企业基本情况

2018年，总共投入财政资金8000万元用于农业综合开发项目，其中2680万元用于4个农业综合开发高标准农田建设及其创新试点项目，建设高标准农田30181亩；820万元用于广东农垦糖业、畜牧和剑麻等优势产业发展贷款贴息；4500万元用于农业综合开发境外试点项目，重点用于海外橡胶产业发展及国内配套项目建设。2018年完成龙头企业的申报和监测工作，新增湛江燕塘澳新牧业有限公司为省级龙头企业。至2018年末，垦区共有12家省级以上龙头企业，其中3家为国家级龙头企业。2018年末，垦区境外企业达23家，境外企业全年总收入143.65亿元。

十二、财务状况

资产负债情况：由于畜牧、粮油等产业的迅速发展，垦区国有资产规模进一步扩大。2018年末垦区资产总额为391.1亿元，比年初数增加9.1亿元，负债总额221.8亿元，比年初增加0.27亿元，资产负债率为56.7%，处于财务安全值的有效范围内。

所有者权益增减变动情况：2018年末所有者权益169.35亿元（其中，归属于母公司的所有者权益为147.31亿元），比年初增加9.15亿元，增加的主要原因：一是垦区实现综合收益增加3.47亿元（其中，实现盈利未分配利润增加1.84亿元）；二是橡胶公司5.65亿国有资本金增资导致权益增加；三是少数股东权益的变动。

资产运营效率及债务风险情况：广东垦区2018年资产负债率为56.70%，处于较低的水平，有效地控制了企业的债务风险；流动比率102.12%，比上年减少了2.03个百分点；总资产现金回收率4.35%，同比上年增加4.4个百分点，经营活动现金流量同比上年有明显改善；净资产利润率和总资产报酬率分别为1.1%和1.37%，企业资产的运营效率较好。

国有营业总收入、利润情况：2018年垦区实现营业收入237.43亿元，比上年减少18.6亿元，减幅7.26%；实现利润总额3.03亿元。税金缴纳情况：垦区2018年共实现各项税费52524万元。

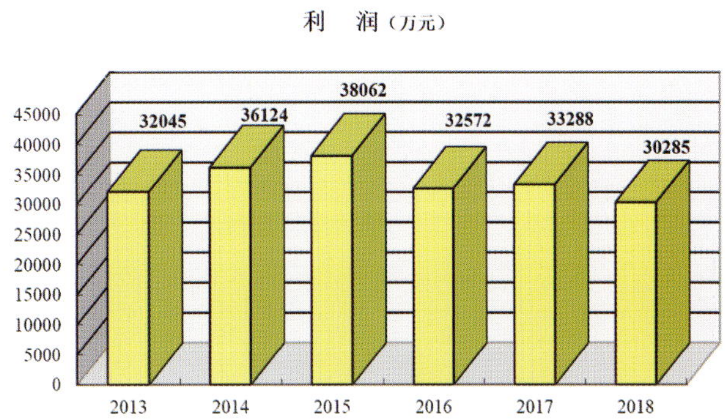

十三、非国有经济

2018年，垦区实现非国有经济生产总值89.7亿元，增长11.2%，占垦区经济总量的48.5%。其中第一产业增加值14.72亿元，第二产业增加值50.52亿元，第三产业增加值24.46亿元，各产业占非国有经济总量的比重分别为：16.4%、56.3%、27.3%。

12-1 主要年份广东农垦统计指标

项　　目	计量单位	1957	1962	1965	1970	1975	1978	1985	1990	1995	2000
土地总面积	公顷	198620	347113	236953	254767	250980	251129	238980	220026	219038	217705
农垦总人口	人		117529	158740	248600	295340	318060	317136	347144	337737	352608
国有在岗职工人数	人	21181	61066	77856	130255	151145	167555	169606	167169	123892	101698
国有职工工资总额	万元	1094	2305	2671	4358	6441	8110	16199	37206	75000	65145
工农业总产值（现行价）	万元							54043	143320	345274	415136
其中：农业总产值	万元							32568	77132	157695	186062
工业总产值	万元							21475	66188	187579	229074
农垦社会总产值(现价)	万元						41176	63405	162320	464602	522934
农垦生产总值(现价)	万元						20176	31233	71970	176407	171361
利润总额	万元	-357	75	1521	1734	3367	4684	3582	3825	23521	-20713
交纳税金	万元	19	121	828	1230	481	481	2109	7449	15900	14279
国有固定资产原值	万元							95570	125191	213315	469584
国有固定资产净值	万元							70312	89256	168452	336609
出口商品总金额	万元	118	125	446	32	193	219	217	10134	31833	28123
出口创汇金额	万美元						49	76	2073	3826	3386
农产品销售金额	万元	174	357	810	738	12374	19694	26165	59015	121698	132871
干胶总产量(国内基地)	吨		1388	3426	7232	12361	16288	24408	30241	27158	20034
剑麻纤维产量	吨	64	74	1337	3016	5695	7271	10893	10538	16889	17873
干毛茶产量	吨		1	2	1	8	35	1431	3135	2613	2320
水果总产量	吨	875	966	1002	2426	795	1726	16783	62134	74575	143415
年末林地面积	公顷	33099	30223	36297	39716	39972	39960	32385	38077	33680	24755
鲜牛奶产量	吨	106	250	604	656	1469	1912	3162	3423	5062	3158
肉类产量	吨	809	1265	681	2400	2466	4012	13033	15306	21736	37905
水产品产量	吨	18	104	32	79	423	227	791	2834	8128	15391
机制糖产量	吨	393	1878	13281	13134	12168	15557	39111	79506	113893	183434
水泥产量	吨					21023	39353	120598	171199	594066	432540
固定资产投资额	万元	1239	2355	2385	4766	4454	5882	9596	8580	88376	30250

12-1 续表

项　目	计量单位	2005	2010	2011	2012	2013	2014	2015	2016	2017	2018
土地总面积	公顷	221793	226031	227053	227299	226878	228696	228305	228834	228364	223729
农垦总人口	人	350249	375095	382056	371718	377214	379765	377975	382887	389346	390400
国有在岗职工人数	人	65714	59370	57510	50806	49608	48575	47512	46127	43264	39749
国有职工工资总额	万元	64852	101106	115318	126661	151177	204725	221171	227502	237889	94039
工农业总产值（现行价）	万元	616773	1593241	1904379	2163955	2380289	2591071	2759359	2782341	3521951	3519462
其中：农业总产值	万元	273438	434598	520452	606365	755616	798068	913121	994468	1076861	1142092
工业总产值	万元	343335	1158643	1383926	1557590	1624673	1793003	1846238	1787873	2445090	2377370
农垦社会总产值(现价)	万元	750248	1938973	2317957	2621921	2945647	3218085	3475153	3581996	4392133	4447843
农垦生产总值(现价)	万元	323933	836254	976335	1120432	1291257	1394859	1512954	1613180	1727574	1849995
利润总额	万元	14568	33848	46019	35055	32045	36124	38062	32572	33288	30285
交纳税金	万元	15361	26551	31688	40933	32352	40234	30608	46724	53649	52524
国有固定资产原值	万元	682053	772743	1323608	1383863	1426796	1520104	1583426	1817613	1877682	1982831
国有固定资产净值	万元	546608	580666	1115246	1151826	1182017	1241348	1272136	1364954	1450760	1502552
出口商品总金额	万元	78937	452321	512324	534325	575922	627790	692905	764445	791713	776474
出口创汇金额	万美元	9915	69400	74371	86109	93532	100899	108071	111204	114954	
农产品销售金额	万元	210751	367085	438004	518616	643817	622950	789697	821199	912964	
干胶总产量(国内基地)	吨	21307	13383	13766	15382	16012	11968	12970	12923	14006	13882
剑麻纤维产量	吨	14410	13610	13125	9103	8351	6140	7929	3279	2715	2663
干毛茶产量	吨	1737	1092	1155	985	1021	779	617	685	702	856
水果总产量	吨	236156	401505	442195	508151	651313	661381	875421	896783	889913	900609
年末林地面积	公顷	24635	23225	22737	23847	24788	25188	28002	28628	29532	83359
鲜牛奶产量	吨	19711	26303	28641	40986	38234	37866	45618	48196	58300	63199
肉类产量	吨	42117	64140	73482	85594	107649	114404	119212	119812	128517	132757
水产品产量	吨	21755	30386	31306	34512	35262	36328	36746	38871	43908	41917
机制糖产量	吨	352576	518025	432720	542663	504538	442987	364552	350028	339925	377957
水泥产量	吨	483468	520730	613756	516692	372192	401000	309376	293584	250807	128643
固定资产投资额	万元	59761	202232	215582	220648	235703	256170	274278	294540	257554	297414

12-2 广东农垦主要指标完成情况

指标名称	单位	总局合计		湛江局	茂名局	阳江局	揭阳局	汕尾局	直属单位
		完成数	增长率						
一、农垦总人口	**人**	**390400**	**0.3%**	**163996**	**95930**	**14620**	**50474**	**37166**	**28214**
其中:从业人数	人	126405	0.6%	39895	26286	3855	14895	14590	26884
内:国有在岗职工	人	39749	-8.1%	21145	7512	2287	817	797	7191
二、土地总面积	**公顷**	**223729**	**-2.0%**	**115942**	**55627**	**30613**	**11906**	**9375**	**266**
其中:耕地	公顷	38052	2.3%	33651	227	1313	1390	1461	10
高标准农田	公顷	22824		22381			100	333	10
三、农业生产									
1.橡胶年末面积	公顷	47532	5.5%	7395	29183	8274	1619	1062	
橡胶年末株数	万株	1483	-1.4%	247	846	270	69	50	
开割到达面积	公顷	26059	1.4%		19904	5892	163	100	
开割到达株数	万株	654	-2.0%		505	138	7	4	
全年干胶总产	吨	667160	10.6%		10900	2855	87	40	653278
其中:国内干胶总产	吨	13882	-0.9%		10900	2855	87	40	
单株年产干胶	公斤	2.3	2.7%		2.2	2.2	1.2	1.0	
公顷年产干胶	公斤	598.2	-1.9%		547.6	613.8	537.9	395.0	
2.剑麻年末面积	公顷	3661	19.8%	3148			513		
纤维总产	吨	2663	-1.9%	2609			54		
3.茶叶年末面积	公顷	642	15.5%	222	215	8	175	23	
茶叶总产	吨	856	21.9%	217	189	20	402	28	
4.水果年末面积	公顷	31731	-3.4%	20469	4994	1411	3558	1252	46
其中：柑桔橙	公顷	824	-1.3%	682	6	53	83		
菠萝	公顷	10783	-8.8%	10552	18		95	117	1
荔枝	公顷	6863	4.7%	1923	2558	370	1145	859	8
龙眼	公顷	3365	9.4%	327	1674	653	573	136	1
香（大）蕉	公顷	6050	-12.0%	5505	269	108	111	57	
水果总产量	吨	900609	1.2%	823173	40605	5899	21248	9103	582
其中：柑桔橙	吨	8011	-4.0%	4622	172	1249	1968		
菠萝	吨	482011	6.0%	479961	153		236	1641	20
荔枝	吨	50243	27.7%	11531	21668	602	10615	5731	96
龙眼	吨	19100	22.3%	3416	9744	826	4163	916	36
香（大）蕉	吨	290914	-9.7%	281086	5946	2840	543	499	

12-2 续表 1

指标名称	单位	总局合计		湛江局	茂名局	阳江局	揭阳局	汕尾局	直属单位
		完成数	增长率						
5.年末林地面积	公顷	83359	182.3%	13664	40212	22698	4194	2551	40
木材总产	立方米	108654	2.2%	71915	26322	5648	10	4759	
6.粮食播种面积	公顷	7327	-3.9%	2239	775	318	1805	2190	
粮食总产量	吨	55293	2.0%	24942	4568	1629	9263	14891	
其中:水稻播种面积	公顷	4154	-5.0%	902	301	96	960	1896	
水稻总产量	吨	27948	-3.9%	6133	2463	596	5360	13396	
7.糖蔗播种面积	公顷	28618	12.6%	28556	16	46			
糖蔗总产量	吨	2265007	5.3%	2262412	1222	1373			
8.油料播种面积	公顷	2255	-11.3%	1208	641	172	191	43	
油料总产量	吨	6154	-8.5%	3081	1738	639	601	95	
9.蔬菜种植面积	公顷	7049	-15.6%	4304	1000	214	771	760	
蔬菜产量(含菜用瓜)	吨	125107	-24.3%	78909	15056	2673	14197	14272	
10.猪全年饲养量	万头	200.95	9.7%	89.66	71.17	18.69	9.94	11.43	0.06
年末存栏量	万头	82.95	20.4%	31.72	34.67	7.77	3.40	5.34	0.05
11.牛年末存栏量	万头	2.52	-9.3%	0.95	0.10	0.06	0.23	0.07	1.11
其中:奶 牛	万头	1.11	-8.9%	0.01					1.10
12.肉类总产量	吨	132757	3.3%	65494	36686	11255	7807	11515	1
其中:猪 肉	吨	106022	3.5%	54125	30348	10170	6115	5263	1
13.水产养殖面积	公顷	3591	-5.7%	944	343	1254	146	903	
水产品产量	吨	41917	-4.5%	10067	7782	18278	1059	4731	
14.农业机械总动力	千瓦	447987	1.7%	159440	72620	75435	11011	34263	95218
四、工业生产									
1.工业企业个数*	个	582	4.5%	195	168	15	67	71	66
2.工业产品产量									
其中:水 泥	吨	128643	-48.7%			128643			
机制糖	吨	377957	11.2%	377957					
罐 头	吨	2539	-20.5%	2539					
配合饲料	吨	111615	12.9%		3147			671	107797
酒 精	吨	3466	-39.2%	2600					866
成品茶	吨	697	27.4%	190	62	12	405	28	

12-2 续表 2

指标名称	单位	总局合计		湛江局	茂名局	阳江局	揭阳局	汕尾局	直属单位
		完成数	增长率						
乳制品	吨	146191	5.2%	86					146105
家 具	万件	369	18.6%	308	4	13			44
复混肥	吨	34645	-15.6%	4982	19497	10166			
砖	万块	54896	-4.7%	20141	14041	6700	10210	3804	
食用油	吨	44270	-55.4%	640	2661				40969
五、全部固定资产投资	**万元**	**297414**	**15.5%**	**69712**	**50497**	**11938**	**12984**	**19511**	**132772**
1.第一产业	万元	78511	33.9%	33916	17934	6232	4389	7311	8729
2.第二产业	万元	45978	-53.7%	11501	11861	671	3437	9155	9353
3.第三产业	万元	172925	73.5%	24295	20702	5035	5158	3045	114690
其中.国有固定资产投资	万元	125521	-26.1%	46129	26339	7651	3750	8024	33629
六、农垦社会总产值（现价）	**万元**	**4447843**	**1.3%**	**1375310**	**501388**	**168890**	**111675**	**184671**	**2105909**
1.第一产业	万元	1142092	6.1%	687590	208127	103369	50285	40610	52111
2.第二产业	万元	2588858	-2.0%	519471	140932	24302	41940	111219	1750994
其中：工业	万元	2377370	-2.8%	415171	74479	14315	27172	95239	1750994
3.第三产业	万元	716893	6.6%	168248	152329	41219	19450	32842	302805
七、农垦生产总值（现价）	**万元**	**1849995**	**7.1%**	**658844**	**289052**	**95420**	**58785**	**76082**	**671812**
1.第一产业增加值	万元	610024	4.8%	348490	129776	62039	26428	21521	21770
2.第二产业增加值	万元	721006	4.3%	150416	57240	10248	16071	37750	449281
其中：工业	万元	642494	3.8%	116413	28786	4865	10401	32748	449281
3.第三产业增加值	万元	518965	14.3%	159938	102036	23133	16286	16811	200761
八、出口商品总金额	**万元**	**776474**	**-1.9%**	**10603**	**1489**	**43400**	**100**	**840**	**720042**
九、全年利税总额	**万元**	**82809**	**-7.3%**	**16352**	**2433**	**2835**	**1324**	**-177**	**60042**
其中:利润	万元	30285	-3.6%	2179	1632	1165	1310	-186	24185
十、按农垦人口计算									
1.人均农垦生产总值	元	47704	7.0%	40617	30273	65689	11698	20547	237289
2.国有在岗职工年均收入	元	58468	8.8%	53210	43920	44629	43696	46300	95864
3.农垦人口人均纯收入	元	25887	5.8%	24500	23219	27085	16904	22117	63098
4.从业人员年均纯收入	元	42911	4.6%	45644	34905	41895	23935	31927	63836

12-3 农垦基本情况

指标名称	计量单位	农垦总局	湛江局	茂名局	阳江局	揭阳局	汕尾局	直属单位
一、农场组织情况								
1.农场个数	个	47	20	12	6	6	3	
二、小城镇情况								
1.小城镇个数	个	42	19	12	5	4	2	
2.小城镇人口	人	146598	63564	41028	12680	20063	9263	
3.小城镇占地面积	万平方米	6386	3418	1551	589	383	445	
三、农垦人口情况								
1.农垦年末总人口	人	390400	163996	95930	14620	50474	37166	28214
其中：农场人口	人	335967	140958	93518	14067	50333	37091	
少数民族人口	人	7572	5178	1710	616			68
2.农垦年内平均人口	人	387811	162210	95482	14526	50252	37029	28312
四、收入及住房情况								
1.居民人均可支配收入	元	25887	24500	23219	27085	16904	22117	63098
2.年末实有住房面积	万平方米	1386	614	339	49	159	137	88

12-4 土地利用面积和耕地情况

指标名称	计量单位	农垦总局	湛江局	茂名局	阳江局	揭阳局	汕尾局	直属单位
一、土地总面积		**223729**	**115942**	**55627**	**30613**	**11906**	**9375**	**266**
1.耕地面积	公顷	38052	33651	227	1313	1390	1461	10
其中：高标准农田面积	公顷	22824	22381			100	333	10
水田	公顷	3460	995	4	618	685	1158	
2.牧草地面积	公顷	67	67					
3.林地面积	公顷	83359	13664	40212	22698	4194	2551	40
其中：橡胶面积	公顷	47802	7395	29453	8273	1619	1062	
4.水面面积	公顷	5609	1947	393	1254	613	1385	17
其中：可养殖水面	公顷	3573	935	376	1206	146	893	17
5.茶果桑园	公顷	33024	21002	5405	1634	3733	1250	
6.可垦荒地面积	公顷	2006	1445	140	126	55	240	
7.宜林地面积	公顷	3313	1706	55		401	1151	
其中：宜植橡胶面积	公顷	1286	80	55			1151	
8.居民点及工矿用地面积	公顷	11211	7153	2422	535	514	411	176
9.其他面积	公顷	47089	35306	6773	3054	1007	927	22
二、农业产业园区情况								
1.农业产业园区个数	个	2	2					
2.农业产业园区占地面积	公顷	24093	24093					
三、耕地变动情况								
1.年初实有耕地面积	公顷	37197	32788	545	1307	1087	1460	10
2.当年增加的耕地面积	公顷	2420	1687		429	303	1	
3.当年减少的耕地面积	公顷	1565	824	318	423			
其中：国家基建占地	公顷	119	119					

12-5 农作物播种面积和产量

指标名称	计量单位	农垦总局	湛江局	茂名局	阳江局	揭阳局	汕尾局	直属单位
农作物播种情况总计								
播种面积	公顷	49567	39768	2513	842	3407	3037	
总产量	吨	2524360	2439213	22684	7236	25857	29370	
每公顷产量	公斤/公顷							
一、粮食作物								
播种面积	公顷	7327	2239	775	318	1805	2190	
总产量	吨	55293	24942	4568	1629	9263	14891	
每公顷产量	公斤/公顷	7547	11140	5893	5124	5132	6800	
其中：夏收作物								
播种面积	公顷	2743	487	201	105	841	1109	
总产量	吨	16950	3406	1608	546	4959	6431	
每公顷产量	公斤/公顷	6179	6994	8000	5205	5897	5797	
(一) 谷物合计								
播种面积	公顷	4970	1424	357	108	978	2103	
总产量	吨	34198	10751	2834	651	5469	14493	
每公顷产量	公斤/公顷	6881	7550	7938	6041	5592	6892	
1.稻 谷								
播种面积	公顷	4154	902	301	95	960	1896	
总产量	吨	27948	6133	2463	596	5360	13396	
每公顷产量	公斤/公顷	6727	6802	8190	6232	5583	7064	
其中：早 稻								
播种面积	公顷	2087	466	131	28	473	989	
总产量	吨	12539	2922	793	184	2445	6195	
每公顷产量	公斤/公顷	6008	6274	6050	6643	5169	6261	
2.玉 米								
播种面积	公顷	782	523	35	12	5	206	
总产量	吨	6116	4618	288	54	58	1097	
每公顷产量	公斤/公顷	7829	8841	8159	4529	11600	5315	
3.其他谷物								
播种面积	公顷	34		21		13		
总产量	吨	134		83		51		
每公顷产量	公斤/公顷	3941		3952		3923		
(二) 豆类合计								
播种面积	公顷	241	99	37	9	96		
总产量	吨	602	188	97	23	294		
每公顷产量	公斤/公顷	2496	1901	2614	2495	3063		
1.大 豆								
播种面积	公顷	192	96	13	2	81		
总产量	吨	394	180	15	4	195		
每公顷产量	公斤/公顷	2048	1875	1090	2235	2407		
2.杂 豆								
播种面积	公顷	49	3	24	7	15		
总产量	吨	208	8	83	18	99		
每公顷产量	公斤/公顷	4254	2759	3458	2571	6600		

12-5 续表

指标名称	计算单位	农垦总局	湛江局	茂名局	阳江局	揭阳局	汕尾局	直属单位
（三）薯 类								
播种面积	公顷	2116	716	381	201	731	87	
总产量	吨	20494	14004	1636	956	3500	398	
每公顷产量	公斤/公顷	9685	19555	4296	4751	4788	4575	
二、油料合计								
播种面积	公顷	2255	1208	641	172	191	43	
总产量	吨	6154	3081	1738	639	601	95	
每公顷产量	公斤/公顷	2729	2550	2711	3715	3147	2209	
1.花 生								
播种面积	公顷	2165	1148	641	172	161	43	
总产量	吨	5936	3008	1738	639	456	95	
每公顷产量	公斤/公顷	2742	2621	2711	3715	2832	2209	
2.芝 麻								
播种面积	公顷	60	60					
总产量	吨	73	73					
每公顷产量	公斤/公顷	1217	1217					
三、麻类合计								
播种面积	公顷	3661	3148			513		
总产量	吨	68122	68068			54		
每公顷产量	公斤/公顷	18606	21621			105		
四、甘蔗合计								
播种面积	公顷	28618	28556	16	46			
总产量	吨	2265007	2262412	1222	1373			
每公顷产量	公斤/公顷	79146	79227	74512	30044			
五、药材类合计								
播种面积	公顷	259	259					
总产量	吨	1422	1422					
每公顷产量	公斤/公顷							
六、蔬菜、瓜类合计								
播种面积	公顷	7049	4304	1000	214	771	760	
总产量	吨	125107	78909	15056	2673	14197	14272	
每公顷产量	公斤/公顷							
1.蔬 菜								
播种面积	公顷	6186	3619	894	192	721	760	
总产量	吨	109032	65460	13780	2447	13073	14272	
每公顷产量	公斤/公顷							
2.瓜 类								
播种面积	公顷	838	685	105	8	40		
总产量	吨	15833	13449	1276	31	1077		
每公顷产量	公斤/公顷							
七、其他作物								
播种面积	公顷	398	55	81	91	127	44	
总产量	吨	3255	379	100	922	1742	112	
每公顷产量	公斤/公顷							
青饲料								
播种面积	公顷	248	53	13	91	47	44	
总产量	吨	2674	649	118	922	873	112	
每公顷产量	公斤/公顷							

12-6 茶、果、桑生产情况

指标名称	计量单位	农垦总局	湛江局	茂名局	阳江局	揭阳局	汕尾局	直属单位
一、茶 叶								
年末实有面积	公顷	642	221	215	8	175	23	
收获面积	公顷	508	194	113	6	172	23	
产量	吨	856	217	189	20	402	28	
二、水 果								
年末实有面积	公顷	31731	20470	4994	1411	3558	1252	46
收获面积	公顷	26840	16765	4699	963	3284	1088	41
产量	吨	900609	823172	40605	5899	21248	9103	582
1. 香 蕉								
年末实有面积	公顷	6050	5505	269	108	111	57	
收获面积	公顷	5574	5062	266	102	109	35	
产量	吨	290914	281086	5946	2840	543	499	
2. 柑、橘、橙、柚								
年末实有面积	公顷	824	682	6	53	83		
收获面积	公顷	596	471	6	53	66		
产量	吨	8011	4622	172	1249	1968		
3. 菠 萝								
年末实有面积	公顷	10783	10552	18		95	117	1
收获面积	公顷	7963	7764	12		89	97	1
产量	吨	482011	479961	153		236	1641	20
4. 荔 枝								
年末实有面积	公顷	6863	1923	2558	370	1145	859	8
收获面积	公顷	6281	1760	2484	204	1071	757	5
产量	吨	50243	11531	21668	602	10615	5731	96
5. 龙 眼								
年末实有面积	公顷	3365	327	1675	653	573	136	1
收获面积	公顷	3075	325	1628	486	519	116	1
产量	吨	19101	3416	9744	826	4163	916	36

12-6 续表

指标名称	计量单位	农垦总局	湛江局	茂名局	阳江局	揭阳局	汕尾局	直属单位
6.芒 果								
年末实有面积	公顷	82	2	33		47		
收获面积	公顷	82	2	33		47		
产量	吨	165	5	48		112		
7.杨 桃								
年末实有面积	公顷	192	8	171		5		8
收获面积	公顷	187	8	167		5		7
产量	吨	2807	298	2350		136		23
8.火龙果								
年末实有面积	公顷	606	552		39			15
收获面积	公顷	525	495		16			14
产量	吨	19816	19581		121			114
9.番石榴								
年末实有面积	公顷	655	606	34	2			13
收获面积	公顷	637	590	32	2			13
产量	吨	17433	16953	171	16			293
10.其他								
年末实有面积	公顷	2311	313	230	186	1499	83	
收获面积	公顷	1920	288	71	100	1378	83	
产量	吨	10108	5719	353	245	3475	316	
三、桑 园								
年末实有面积	公顷	374	366		7			1
收获面积	公顷	344	336		7			1
产量	吨	12436	12309		126			1

12-7 林业生产情况

指标名称	计量单位	农垦总局	湛江局	茂名局	阳江局	揭阳局	汕尾局	直属单位
一、营林情况								
1.当年造林面积	公顷	1286	286	148	239		6	607
（1）用材林	公顷	307	215	32	60			
（2）经济林	公顷	902	0	114	175		6	607
（3）防护林	公顷	74	70		4			
（4）特种用材林	公顷	2	0	2				
2.当年零星植树	万株	38	4	3	29		2	
3.年末实有育苗面积	公顷	3	0	2			1	
其中：当年新育面积	公顷	3	0	2			1	
4.幼林抚育面积	公顷	6362	928	5193	200		41	
5.成林抚育面积	公顷	7239	1808	4480		887	35	29
6.森林覆盖率	%	53	30	82	80	65	41	15
二、林产品产量								
1.油茶籽	吨	260	0	260	0			
2.松 脂	吨	258	0		258			
三、竹木采伐								
1.木 材	立方米	108654	71915	26322	5648	10	4759	
2.毛 竹	万根	78	0	41	15	22		

12-8 畜牧业生产情况

指标名称	计量单位	农垦总局	湛江局	茂名局	阳江局	揭阳局	汕尾局	直属单位
一、畜牧业饲养情况								
(一) 大牲畜总头数	万头	2.52	0.95	0.10	0.06	0.23	0.07	1.11
其中：从事农事劳役的牲畜	万头	0.70	0.56	0.04	0.02	0.07		0.01
(二) 牛年末存栏	万头	2.52	0.95	0.10	0.06	0.23	0.07	1.11
能繁殖母牛	万头	1.14	0.16	0.01	0.01	0.07		0.89
仔　牛	万头	0.41	0.10	0.01	0.01	0.07		0.22
1.黄牛	万头	1.02	0.63	0.06	0.05	0.20	0.07	0.01
其中：能繁殖母牛	万头	0.22	0.12	0.01	0.01	0.07		0.01
仔　牛	万头	0.17	0.08	0.01	0.01	0.07		
2.良种及改良种乳牛	万头	1.11	0.01					1.10
其中：能繁殖母牛	万头	0.88						0.88
仔　牛	万头	0.22						0.22
3.水牛	万头	0.39	0.31	0.04	0.01	0.03		
其中：能繁殖母牛	万头	0.04	0.04					
仔　牛	万头	0.02	0.02					
(三) 猪年末存栏	万头	82.95	31.72	34.67	7.77	3.40	5.34	0.05
其中：能繁殖母猪	万头	10.30	4.22	3.74	1.60	0.44	0.29	0.01
仔　猪	万头							
(四) 山羊年末存栏	万只	0.38	0.30		0.07			0.01
(五) 家禽年末存栏	万只	491.64	159.71	166.13	14.21	22.07	129.50	0.02
(六) 兔年末存栏	万只	2.14	0.18	1.96				
二、规模化饲养情况								
(一) 良种及改良种乳牛								

12-8 续表

指标名称	计量单位	农垦总局	湛江局	茂名局	阳江局	揭阳局	汕尾局	直属单位
规模化养殖场	个	2						2
规模化养殖量	万头	0.88						0.88
带动农户个数	个	2800						2800
（二）猪								
规模化养殖场	个	117	39	49	22	5	2	
模化养殖量	万头	82.27	46.71	15.46	8.65	4.70	6.75	
带动农户个数	个	403	24	250	129			
（三）家 禽								
规模化养殖场	个	32	2	5			25	
模化养殖量	万只	433.56	16.76	91.80			325.00	
带动农户个数	个	13	2	11				
三、畜产品								
（一）肉类总产量	吨	132757	65494	36685	11255	7807	11515	1
1.当年出栏肉猪	万头	118.00	57.94	36.50	10.92	6.54	6.09	0.01
猪肉产量	吨	106022	54125	30348	10170	6115	5263	1
2.当年出售和自宰的肉用牛	万头	0.36	0.15	0.01	0.06	0.13	0.01	
牛肉产量	吨	661	277	49	77	249	9	0.05
3.当年出售和自宰的肉用羊	万只	1.29	0.20		1.09			
羊肉产量	吨	109	63	24	22			
4.兔肉产量	吨	144	6	138				
5.禽肉产量	吨	25239	11022	5551	985	1441	6240	0.30
（二）牛奶产量	吨	63199	302					62897
（三）蜂蜜产量	吨	38	9	8	5	15	1	
（四）禽蛋产量	吨	2934	931	1606	52	64	281	
（五）蚕茧产量	吨	827	827					
桑蚕茧	吨	827	827					

12-9 渔业生产情况

指标名称	计量单位	农垦总局	湛江局	茂名局	阳江局	揭阳局	汕尾局	直属单位
一、水产品总产量合计	**吨**	**41917**	**10067**	**7782**	**18278**	**1059**	**4731**	
海 水	吨	10273	51		6702		3520	
淡 水	吨	31644	10016	7782	11576	1059	1211	
其中：养殖产量合计	吨	30577	10027	2146	16650	957	797	
海水	吨	6753	51		6702			
淡水	吨	23824	9976	2146	9948	957	797	
1.鱼类合计	吨	29816	10031	7782	8793	1059	2151	
海 水	吨	2533	18		1575		940	
淡 水	吨	27283	10013	7782	7218	1059	1211	
2.虾蟹类合计	吨	12098	33		9485		2580	
海 水	吨	7740	33		5127		2580	
淡 水	吨	4358			4358			
对虾合计	吨	9832	33		8400		1399	
海 水	吨	5932	33		4500		1399	
淡 水	吨	3900			3900			
3.其他	吨	3	3					
海 水	吨							
淡 水	吨	3	3					
二、养殖面积合计	**公顷**	**3591**	**944**	**344**	**1254**	**146**	**903**	
海 水	公顷	1285	16		470		799	
淡 水	公顷	2306	928	344	784	146	104	
其中：对虾养殖面积合计	公顷	942	6		700		236	
海 水	公顷	542	6		300		236	
淡 水	公顷	400			400			

12-10 橡胶生产情况

指标名称	计量单位	农垦总局	湛江局	茂名局	阳江局	揭阳局	汕尾局	直属单位
1.年末实有面积（国内基地）	公顷	47532	7395	29182	8274	1619	1062	
年末实有株数（国内基地）	万株	1483	247	847	270	69	50	
其中：当年定植面积	公顷	81	61	20				
当年定植株数	万株	4	3	1				
2.当年补换植株数	万株	1		1				
3.当年更新倒数面积	公顷	118		118				
4.当年更新定植面积	公顷	1313		104	1209			
5.年末苗圃存苗株数	万株	5		1	4			
6.未开割树本年平均增粗	厘米	5	5	6	5	5	5	
7.年内实际到达开割面积	公顷	26059		19904	5892	163	100	
当年新开割面积	公顷	1648		1139	405	23	81	
8.开割到达株数	万株	654		505	138	7	4	
当年新开割株数	万株	59		43	12	1	3	
9.年内实有停割株数	万株	40		15	21	1	3	
10.全年干胶总产量（国内基地）	吨	13882		10900	2855	87	40	
其中：标准胶	吨	2606		2304	183	79	40	
烟胶片	吨	9				9		
浓缩乳胶（折干胶）	吨	9877		7545	2332			
胶清片	吨	1390		1051	339			
11.单株年产干胶	公斤	2.2		2.2	2.2	1.2	1.0	
12.公顷年产干胶	公斤	598		548	614	538	395	
13.橡胶加工厂	个	73	1	2	1			69
其中：标准胶厂	个	56	1	1				54
浓缩乳胶厂	个	9		1				8
烟片厂	个	7						7
14.境外橡胶年末面积	公顷	26661						26661
15.境外干胶总产	吨	7665						7665
16.本年收购民营胶（折干胶）	吨	64133						64133

12-11 热带、亚热带作物生产情况

指标名称	计量单位	农垦总局	湛江局	茂名局	阳江局	揭阳局	汕尾局	直属单位
生产情况合计								
年末实有面积	公顷	4101	3356	84	46	615		
当年新定植面积	公顷	577	545	7	25			
收获面积	公顷	2357	1843	75	46	393		
1.剑麻（按纤维计算）								
年末实有面积	公顷	3661	3148			513		
当年新定植面积	公顷	456	456					
收获面积	公顷	1949	1653			296		
总产量	吨	2663	2609			54		
2.胡椒（按籽计算）								
年末实有面积	公顷	80	31	49				
收获面积	公顷	70	24	46				
总产量	吨	112	49	63				
3.油棕								
年末实有面积	公顷	3		3				
收获面积	公顷							
总产量	吨							
4.南药								
年末实有面积	公顷	22	19	3				
其中：砂仁（干果）	公顷	2		2				
益智（干果）	公顷	2		2				
其他	公顷	19	19					
当年新定植面积	公顷	8	8					
其中：其他	公顷	8	8					
收获面积	公顷	8	8					
其中：其他	公顷	8	8					
总产量	吨	176	176					
其中：其他	吨	176	176					
5.木薯								
年末实有面积	公顷	335	158	29	46	102		
当年新定植面积	公顷	113	81	7	25			
收获面积	公顷	330	158	29	46	97		
总产量（按干薯计算）	吨	6083	3349	592	901	1241		

12-12 农业机械拥有量表

指标名称	计量单位	农垦总局	湛江局	茂名局	阳江局	揭阳局	汕尾局	直属单位
一、农业机械总动力	**千瓦**	**447987**	**159440**	**72620**	**75435**	**11011**	**34263**	**95218**
1.柴油发动机动力	千瓦	250687	129860	34875	46849	6182	19138	13783
2.汽油发动机动力	千瓦	54986	13842	26315	6759	3037	5025	8
3.电动机动力	千瓦	135912	15003	8546	19909	1228	9800	81426
4.其它机械动力	千瓦	6403	736	2884	1918	564	300	1
二、拖拉机及配套机械								
1.大中型拖拉机	台	758	546	58		97	52	5
2.小型及手扶拖拉机	台	3714	3159	239	79	75	144	18
3.大中型拖拉机配套农具	部	1040	1031	7				2
4.小型及手扶拖拉机配套农具	部	465	342	36	26	23	36	2
三、种植业机械								
（一）耕整地及种植机械								
1.播种机	台	75	72			3		
2.机动水稻插秧机	台	4	4					
3.化肥深施机	台	66	63			3		
4.机引铺膜机	台	11	11					
（二）农用排灌机械								
1.排灌动力机械	台	9158	2055	2133	3980	296	608	86
其中：柴油机	台	6503	1062	874	3880	101	508	78
电动机	台	1494	993	432	53	8		8
2.农用水泵	台	4315	2076	442	1552	131	82	32
3.滴喷灌溉机械	套	125	21	104				
（三）植保机械								
机动喷雾（粉）机	台	6535	3324	1608	473	1096	30	4
（四）收获机械								
1.联合收获机	台	62	33			1	28	
	千瓦	5389	4535			55	799	
2.其他作物收获机械	台	6	6					
	千瓦	51	51					

12-12 续表

指标名称	计量单位	农垦总局	湛江局	茂名局	阳江局	揭阳局	汕尾局	直属单位
（五）脱粒烘干机械								
1.机动脱粒机	台	459		23	10		420	6
2.谷物烘干机	台	6	6					
（六）设施农业设备								
1.温室	平方米	125187	82800	31122	9465			1800
2.大棚	平方米	490937	482345	7500	1092			
3.田园管理机	台	20	20					
四、农副产品加工机械								
1.粮食加工机械	台	110	37	23	3	34	7	6
2.油料加工机械	台	58	19	24	2	1		12
3.橡胶粗加工机械	台	2108	113	207	43	4		1741
五、畜牧业机械								
1.牧草收割机	台	162	4	151	5			2
2.机动挤奶器	套	4						4
六、林业机械								
1.挖坑机	台	841	1	838		2		
2.植树机	台	6			6			
七、渔业机械								
渔用机动船	艘	7		4		3		
八、运输机械								
农用运输车	辆	1556	1061	220	74	58	38	105
	千瓦	79451	44745	15342	5343	2203	1275	10543
九、农田基本建设机械								
1.推土机	台	120	63	39	3	3	12	
	千瓦	7280	4431	2029	180	300	340	
2.挖掘机	台	60	16	40		3	1	
	千瓦	3223	1208	1554		354	107	

12—13 农业机械化、用电、化肥、水利情况

指标名称	计量单位	农垦总局	湛江局	茂名局	阳江局	揭阳局	汕尾局	直属单位
一、农业机械化情况								
1.当年实际机耕面积（按耕地面积计算）	公顷	35656	33744	229	387	425	870	
2.当年实际机播面积（按播种面积计算）	公顷	8817	8646	171				
3.当年机械收割面积（按收获面积计算）	公顷	4741	3651		137	83	870	
4.飞机病虫害防治面积	公顷	3310	3310					
5.自有农用飞机	架	4	4					
二、农场用电量	**万千瓦小时**	**41480**	**28593**	**3888**	**2414**	**1928**	**4580**	**76**
三、农药施用量	**吨**	**4109**	**2595**	**927**	**251**	**167**	**169**	**2**
四、农用肥料施用情况								
（一）农用化肥施用总量（实物量）	吨	215108	169102	22506	555	9976	12729	241
（二）农用化肥施用总量（折纯量）	吨	57007	40251	7275	270	3462	5540	209
其中：施用于农作物的数量	吨	44863	40251	2330	37	2219		26
（三）生物肥施用量（实物量）	吨	33321	7237	14116	6422	5482		64
（四）有机肥施用量（实物量）	吨	164438	128105	16094	3348	12623	3418	850
(五)测土配方施肥面积	公顷	47643	25288	22288			67	
五、农用塑料薄膜使用量	**吨**	**898**	**858**	**5**	**4**	**17**	**12**	**2**
其中：地膜使用量	吨	887	848	4	4	17	12	2
地膜覆盖面积	公顷	17829	17737	3	11	37	39	2
六、沼气池	**个**	**359**	**230**	**48**	**70**	**1**	**2**	**8**
沼气池体积	立方米	188210	31691	110456	780	15000	30000	283
七、农田水利情况								
1.有效灌溉面积	公顷	22394	19379	363	172	1078	1349	53
其中：机灌面积（包括水轮泵提水灌溉	公顷	6141	5301	256	42	199	303	40
电灌面积	公顷	12007	11907			100		
漫灌面积（自流灌溉面积）	公顷	4119	2171	96	122	684	1046	
其中：节水灌溉面积	公顷	4228	3850	11	8	346		13
喷灌面积	公顷	3815	3701		8	95		11
滴灌面积	公顷	151	149					2
2.机电井数量	眼	2437	1845	189	8		372	23

12-14 无公害、绿色、有机食品生产情况

指标名称	计量单位	农垦总局	湛江局	茂名局	阳江局	揭阳局	汕尾局	直属单位
一、认证个数（合计）								
1.水稻	个	1					1	
2.糖料	个	3	3					
3.茶叶	个	4	3	1				
4.水果	个	4	2					2
其中：柑桔、橙、柚	个	1	1					
菠萝	个	1	1					
其它水果	个	2						2
5.虾类	个	1			1			
6.果脯加工类	个	5	5					
二、带动农户数量								
1.糖料	户	16700	16700					
2.茶叶	户	428	400	28				
3.水果	户	2950	2900					50
其中：柑桔、橙、柚	户	2600	2600					
菠萝	户	300	300					
其它水果	户	50						50
4.虾类	户	55			55			
5.果脯加工类	户	100	100					
三、已认证无公害农产品								
1.水稻（面积）	公顷	200					200	
（产量）	吨	990					990	
2.茶叶（面积）	公顷	189		189				
（产量）	吨	162		162				
四、已认证A级绿色食品								
1.糖料（面积）	公顷	20193	20193					
（产量）	吨	168000	168000					
2.茶叶（面积）	公顷	376	187	189				
（产量）	吨	348	186	162				
3.水果（面积）	公顷	694	687					7
（产量）	吨	8940	8820					120
其中：柑桔、橙、柚（面积）	公顷	587	587					
（产量）	吨	4320	4320					
菠萝（面积）	公顷	100	100					
（产量）	吨	4500	4500					
其它水果（面积）	公顷	7						7
（产量）	吨	120						120
4.果脯加工类（产量）	吨	3000	3000					
五、已认证有机食品								
1.水稻（面积）	公顷	200					200	
（产量）	吨	990					990	
2.水果（面积）	公顷	15						15
（产量）	吨	250						250
其中：其它水果（面积）	公顷	15						15
（产量）	吨	250						250
3.虾类（面积）	公顷	245			245			
（产量）	吨	6702			6702			

12-15 农作物种业基本情况

指标名称	计量单位	农垦总局	湛江局	茂名局	阳江局	揭阳局	汕尾局	直属单位
一、种子基地播种面积及生产量								
1.种子播种面积合计	公顷	53	53					
其中：良种播种面积	公顷	53	53					
2.生产量合计	吨	95	95					
其中：良种生产量	吨	95	95					
水稻	吨	95	95					
二、晒场面积	**公顷**	**8000**	**8000**					
三、仓储面积	**平方米**	**1000**	**1000**					
四、库存能力	**吨**	**100**	**100**					
五、种子公司个数	**个**	**2**	**2**					
六、年末从业人数	**人**	**28**	**28**					
其中：技术人员人数	人	7	7					

12-16 农林牧渔业总产值

指标名称	计量单位	农垦总局	湛江局	茂名局	阳江局	揭阳局	汕尾局	直属单位
一、农林牧渔业总产值（现行价）	**万元**	**1142092**	**687590**	**208127**	**103369**	**50285**	**40610**	**52111**
1.种植业产值	万元	645251	554324	43909	7659	27192	9084	3083
2.林业产值	万元	60014	6270	36347	6207	4782	847	5561
其中：橡胶产值	万元	29247		17972	3961	1718	35	5561
3.牧业产值	万元	311087	110742	102653	31835	16407	17999	31451
4.渔业产值	万元	98541	10971	15819	57413	1658	12680	
5.农林牧渔服务业产值	万元	27199	5283	9398	255	247		12016
二、农林牧渔业商品总产值	**万元**	**991676**	**598256**	**182998**	**98557**	**40415**	**33862**	**37588**

12-17 规模以上工业企业和国有规模以下工业企业基本情况

指标名称	计量单位	农垦总局	湛江局	茂名局	阳江局	揭阳局	汕尾局	直属单位
一、企业个数合计	**个**	**92**	**46**	**4**	**6**	**1**	**2**	**33**
其中：国有	个	73	37	4	6			26
亏损企业个数	个	33	21		1			11
其中：国有	个	33	21		1			11
二、工业总产值（现价）	**万元**	**2173704**	**346936**	**7039**	**9954**	**3823**	**78033**	**1727919**
其中：国有	万元	1171325	313181	7039	9954			841151
三、工业销售产值（现价）	**万元**	**2073816**	**288204**	**5106**	**9636**	**3823**	**73263**	**1693784**
其中：国有	万元	1079560	257492	5106	9636			807326
四、主营业务收入	**万元**	**2233006**	**234400**	**6201**	**8711**	**3823**	**58461**	**1921410**
其中：国有	万元	1245205	195341	6201	8711			1034952
五、主营业务成本	**万元**	**1658953**	**219363**	**5140**	**7497**	**3394**	**46099**	**1377460**
其中：国有	万元	1133120	186567	5140	7497			933916
六、主营业务费用	**万元**	**169369**	**15013**	**515**	**1141**	**125**	**6721**	**145854**
其中：国有	万元	79769	13700	515	1141			64413
七、主营业务税金及附加	**万元**	**61845**	**3028**	**9**	**37**	**25**	**1549**	**57197**
其中：国有	万元	24298	2271	9	37			21981
八、主营业务利润	**万元**	**340388**	**-3004**	**440**	**-27**	**280**	**4091**	**338608**
其中：国有	万元	5567	-7198	440	-27			12352
九、从业人员年末人数	**人**	**21246**	**5938**	**233**	**162**	**65**	**2006**	**12842**
其中：国有	人	12163	5458	233	102			6370
十、从业人员年平均人数	**人**	**21227**	**5740**	**235**	**166**	**60**	**1997**	**13029**
其中：国有	人	11951	5234	235	104			6378
十一、从业人员年报酬总额	**万元**	**153842**	**26741**	**1309**	**827**	**288**	**11037**	**113640**
其中：国有	万元	58839	23616	1309	827			33086
十二、利润总额	**万元**	**362463**	**2143**	**451**	**173**	**328**	**8668**	**350700**
其中：国有	万元	8849	-1342	451	173			9567
亏损企业亏损额	万元	25592	4460		200		8668	12264
其中：国有	万元	16924	4460		200			12264
十三、应缴税金	**万元**	**71114**	**8942**	**58**	**232**	**38**	**2235**	**59609**
其中：国有	万元	36741	7658	58	232			28793
十四、固定资产原值	**万元**	**587789**	**221358**	**8313**	**8963**	**1224**	**38441**	**309490**
其中：国有	万元	503474	200229	8313	8963			285969
生产经营用	万元	531604	208313	5520	5853		36549	275369
其中：国有	万元	454702	188834	5520	5853			254495
十五、固定资产净值	**万元**	**373546**	**126534**	**4548**	**3897**	**658**	**39600**	**198309**
其中：国有	万元	305202	116099	4547	3897			180659

12-18 工业总产值（现行价）

指标名称	计量单位	农垦总局	湛江局	茂名局	阳江局	揭阳局	汕尾局	直属单位
一、总　计	**万元**	**2377370**	**415171**	**74479**	**14315**	**27172**	**95239**	**1750994**
其中：国有及国有控股	万元	1171325	313181	7039	9954			841151
战略性新兴工业	万元							
二、按工业主要行业划分								
煤炭开采和洗选业	万元							
实有和天然气开采	万元							
黑色金属矿采选业	万元							
有色金属矿采选业	万元							
非金属矿采选业	万元	5530	2967	2563				
开采专业及辅助性活动	万元	10070	8376	1694				
其他采矿业	万元	12378	9901	2477				
农副食品加工业	万元	351157	281326	5589		521	2890	60831
食品制造业	万元	148152	876	448		10782		136046
酒、饮料和精致茶制造业	万元	10069	2921	2488	72	1005	2677	906
烟草制品业	万元	120					120	
纺织业	万元	26801	20029	151	75	434		6112
纺织服装、服饰业	万元	28050	22250	350				5450
皮革、毛皮、羽毛及其制品和制鞋业	万元	12697	342	10978	855			522
木材加工和木、竹、藤、棕、草制品业	万元	28155	18643	5895	135	3135	347	
家具制造业	万元	61051	1685	3765	1404	452		53745
造纸和纸制品业	万元	10644	10259	385				
印刷和记录媒介复制业	万元	341					105	236
文教、工美、体育和娱乐用品制造业	万元							
石油、煤炭及其他燃料加工业	万元	7357			7357			
化学原料和化学制品制造业	万元	300			300			
医药制造业	万元	95		95				
化学纤维制造业	万元							
橡胶和塑料制品业	万元	765702	6471	9058	429			749744
非金属矿物制品业	万元	5481	308	2909	947		1317	
黑色金属冶炼和压延加工业	万元							
有色金属冶炼和压延加工业	万元	2239					2239	
金属制品业	万元	107922	1898	1251		853		103920
通用设备制造业	万元							
专用设备制造业	万元	7677	5887					1790
汽车制造业	万元							
铁路、船舶、航空航天和其他运输设备制造业	万元	431		431				
电气机械和器材制造业	万元							
计算机、通信和其他电子设备制造业	万元	15462		897				14565
仪器仪表制造业	万元							
废弃资源综合利用业	万元	148	148					
金属制品、机械和设备修理业	万元	8003	139	3083		284	4137	360
电力、热力生产和供应业	万元	2072	438			1549	85	
燃气生产和供应业	万元	1187		1187				
水的生产和供应业	万元	926	63				863	
其他制造业	万元	747153	20244	18785	2741	8157	80459	616767

12-19 主要工业产品产量

指标名称	计量单位	农垦总局	湛江局	茂名局	阳江局	揭阳局	汕尾局	直属单位
大 米	吨	28228	80	470		4629	11725	11324
饲 料	吨	114107		4889			1421	107797
其中：配合饲料	吨	111615		3147			671	107797
混合饲料	吨	2492		1742			750	
精制食用植物油	吨	44270	640	2661				40969
成品糖	吨	377957	377957					
乳制品	吨	146191	86					146105
其中：液体乳	吨	146191	86					146105
罐 头	吨	2539	2539					
饮料酒	千升	1471		1159			312	
其中：白酒（折65度，商品量）	千升	1441		1129			312	
软饮料	吨	221	221					
其中：果汁和蔬菜汁饮料类	吨	221	221					
精制茶	吨	697	190	62	12	405	28	
纱	吨	5586	5586					
服 装	万件	1105	709				21	375
皮革鞋靴	万双	537	16	512	9			
家 具	万件	369	308	4	13			44
机制纸及纸板（外购原纸加工除外）	吨	17273	17104	169				
农用氮、磷、钾化学肥料总计（折纯）	吨	5728	5728					
其中：氮肥（折含N100%）	吨	5174	5174					
磷肥（折五氧化二磷100%）	吨	343	343					
钾肥（折氧化钾100%）	吨	211	211					
化学农药原药（折有效成分100%）	吨	4	4					
其中：杀虫剂原药	吨	0.1	0.1					
除草剂原药	吨	3.9	3.9					
中成药	吨	6		6				
塑料制品	吨	39359	5459					33900
水 泥	吨	128643			128643			
砖	万块	54896	20141	14041	6700	10210	3804	
瓦	万片	1600		1600				
发电量	万千瓦小时	14563	13731			770	62	
自来水生产量	万立方米	57				7	50	

12-20 建筑业基本情况

指标名称	计量单位	农垦总局	湛江局	茂名局	阳江局	揭阳局	汕尾局	直属单位
一、年末单位个数	**个**	**233**	**115**	**41**	**16**	**34**	**27**	
其中：国有及国有控股	个	9	6		3			
二、年末从业人员	**人**	**6070**	**1547**	**2683**	**218**	**1153**	**469**	
其中：国有及国有控股	人	335	276		59			
三、全年从业人员报酬	**万元**	**36651**	**17540**	**11594**	**1591**	**3892**	**2034**	
其中：国有及国有控股	万元	8179	7710		469			
四、年末固定资产原值	**万元**	**32694**	**12579**	**13249**	**4170**	**1665**	**1031**	
其中：国有及国有控股	万元	9223	7902		1321			
五、年末拥有机械设备总台数	**台**	**896**	**281**	**562**	**19**	**9**	**25**	
其中：国有及国有控股	台	47	35		12			
六、全年施工房屋建筑面积	**万平方米**	**82**	**24**	**40**	**8**	**5**	**5**	
其中：国有及国有控股	万平方米	4.4	3.9		0.5			
七、房屋建筑竣工面积	**万平方米**	**68**	**21**	**30**	**8**	**5**	**4**	
其中：国有及国有控股	万平方米	3.9	3.8		0.1			
八、建筑业总产值	**万元**	**211489**	**104301**	**66453**	**9987**	**14768**	**15980**	
其中：国有及国有控股	万元	39011	36876		2135			

12-21 交通运输业基本情况

指标名称	计量单位	农垦总局	湛江局	茂名局	阳江局	揭阳局	汕尾局	直属单位
一、年末单位个数	**个**	**869**	**156**	**565**	**31**	**26**	**87**	**4**
其中：国有及国有控股	个	4	1					3
二、年末从业人员	**人**	**3878**	**365**	**2013**	**76**	**302**	**230**	**892**
其中：国有及国有控股	人	896	4					892
三、全年从业人员报酬	**万元**	**22372**	**2596**	**9563**	**595**	**1471**	**1204**	**6943**
其中：国有及国有控股	万元	6964	21					6943
四 、年末固定资产原值	**万元**	**33266**	**8610**	**13614**	**630**	**1722**	**2218**	**6472**
其中：国有及国有控股	万元	6835	363					6472
五、年末拥有主要运输工具	**台**	**2746**	**369**	**1435**	**59**	**106**	**111**	**666**
其中：国有及国有控股	台	686	20					666
六、全年客货运输量								
1.货运量	万吨	938	380	260	15	9	274	
其中：国有及国有控股	万吨							
2.客运量	万人	1131	92	76		313	20	630
其中：国有及国有控股	万人	668	38					630
七、营业总收入	**万元**	**70269**	**23256**	**35876**	**2725**	**3417**	**794**	**4201**
其中：国有及国有控股	万元	5641	1440					4201
货运及装卸收入	万元	44388	17672	23536	1319	1093	768	
其中：国有及国有控股	万元							

12−22 批发零售业基本情况

指标名称	计量单位	农垦总局	湛江局	茂名局	阳江局	揭阳局	汕尾局	直属单位
一、年末单位个数	**个**	**3040**	**1277**	**423**	**166**	**201**	**339**	**634**
其中：国有及国有控股	个	27	11	1	2			13
二、年末从业人员	**人**	**9386**	**1900**	**2640**	**283**	**637**	**1147**	**2779**
其中：国有及国有控股	人	1030	104	24	6			896
三、全年从业人员报酬	**万元**	**44889**	**9760**	**9216**	**1919**	**3544**	**2324**	**18126**
其中：国有及国有控股	万元	7336	1464	101	50			5721
四、营业网点个数	**个**	**2848**	**1283**	**402**	**165**	**76**	**88**	**834**
其中：国有及国有控股	个	228	11	3	1			213
五、年末固定资产原值	**万元**	**162360**	**129495**	**8847**	**2907**	**1620**	**4240**	**15251**
其中：国有及国有控股	万元	122323	117347	155	80			4741
六、年末营业用房面积	**平方米**	**216914**	**77977**	**28927**	**16397**	**6734**	**33843**	**53036**
其中：国有及国有控股	平方米	13584	1180	1563	180			10661
七、销售总额或营业收入	**万元**	**1459794**	**491409**	**61659**	**108516**	**15566**	**39049**	**743595**
其中：国有及国有控股	万元	1073695	353651	1423	65611			653010

12–23 餐饮业基本情况

指标名称	计量单位	农垦总局	湛江局	茂名局	阳江局	揭阳局	汕尾局	直属单位
一、年末单位个数	个	**609**	**182**	**140**	**27**	**37**	**50**	**173**
其中：国有及国有控股	个	10	6					4
二、年末从业人员	人	**4756**	**774**	**1432**	**93**	**173**	**260**	**2024**
其中：国有及国有控股	人	578	57					521
三、全年从业人员报酬	万元	**23883**	**3760**	**4516**	**587**	**903**	**293**	**13824**
其中：国有及国有控股	万元	3249	175					3074
四、营业网点个数	个	**530**	**180**	**130**	**29**	**10**	**8**	**173**
其中：国有及国有控股	个	10	6					4
五、年末固定资产原值	万元	**31159**	**4438**	**4285**	**776**	**622**	**816**	**20222**
其中：国有及国有控股	万元	12086	263					11823
六、年末营业用房面积	平方米	**89614**	**27497**	**19624**	**8580**	**2294**	**2138**	**29481**
其中：国有及国有控股	平方米	3641	3641					
七、销售总额或营业收入	万元	**107315**	**16328**	**16376**	**4089**	**2024**	**1624**	**66874**
其中：国有及国有控股	万元	8263	229					8034

12-24 服务业基本情况

指标名称	计量单位	农垦总局	湛江局	茂名局	阳江局	揭阳局	汕尾局	直属单位
一、年末单位个数	个	**1481**	**410**	**556**	**44**	**76**	**77**	**318**
其中：国有及国有控股	个	40	15	2	1			22
二、年末从业人员	人	**8793**	**1325**	**3452**	**80**	**287**	**600**	**3049**
其中：国有及国有控股	人	2393	364	561	4			1464
三、全年从业人员报酬	万元	**46564**	**6808**	**12382**	**428**	**1093**	**2089**	**23764**
其中：国有及国有控股	万元	17098	2094	3764	39			11201
四、营业网点个数	个	**1409**	**376**	**623**	**43**	**14**	**28**	**325**
其中：国有及国有控股	个	51	19	2				30
五、年末固定资产原值	万元	**78430**	**25822**	**14958**	**1286**	**686**	**1239**	**34439**
其中：国有及国有控股	万元	53183	18443	10305	1			24434
六、年末营业用房面积	平方米	**708732**	**103645**	**52715**	**15730**	**2646**	**3029**	**530967**
其中：国有及国有控股	平方米	458234	64392	25193	30			368619
七、销售总额或营业收入	万元	**163129**	**32034**	**42901**	**6277**	**2051**	**1810**	**78056**
其中：国有及国有控股	万元	51546	9837	14882	105			26722

12-25 固定资产投资完成情况

指标名称	计量单位	农垦总局	湛江局	茂名局	阳江局	揭阳局	汕尾局	直属单位
一、本年完成投资总额(按工程用途分)	**万元**	**297414**	**69712**	**50497**	**11938**	**12984**	**19510**	**132773**
其中：国 有	万元	125521	46129	26339	7651	3750	8023	33629
1.第一产业	万元	78511	33916	17934	6232	4389	7311	8729
其中：国 有	万元	56710	21931	12357	5248	1982	6463	8729
2.第二产业	万元	45978	11501	11861	671	3437	9154	9354
其中：国 有	万元	22077	6304	6166	109	144		9354
3.第三产业	万元	172925	24295	20702	5035	5158	3045	114690
其中：国 有	万元	46734	17894	7816	2294	1624	1560	15546
二、资金来源合计	**万元**	**297414**	**69712**	**50497**	**11938**	**12984**	**19510**	**132773**
其中：国 有	万元	125520	46128	26339	7651	3750	8023	33629
1.国家预算内资金	万元	57410	22770	18812	7426		8040	362
其中：国 有	万元	56977	22770	18812	7426		7607	362
2.国内贷款	万元	3129	576	677				1876
其中：国 有	万元	2007		131				1876
3.利用外资	万元							
其中：国 有	万元							
4.自筹资金	万元	77389	30508	13145	2347	4610	757	26022
其中：国 有	万元	53237	22379	6316	225	423	416	23478
5.其他资金	万元	159486	15858	17863	2165	8374	10713	104513
其中：国 有	万元	13299	979	1080		3327		7913
三、当年新增固定资产	**万元**	**142032**	**54841**	**38618**	**6411**	**2481**	**13378**	**26303**
其中：国 有	万元	85671	34542	17526	3817	1339	5588	22859

12-26 外贸出口商品情况

指标名称	计量单位	农垦总局	湛江局	茂名局	阳江局	揭阳局	汕尾局	直属单位
一、外贸出口供货商品金额	**万元**	**776474**	**10603**	**1489**	**43400**	**100**	**840**	**720042**
1.农产品	万元	418						418
2.畜产品	万元	7731	5402	1489			840	
3.水产品	万元	43400			43400			
4.工业品	万元	724925	5201			100		719624
5.食 品	万元	239	139			100		
6.纺织品	万元	2406	477					1929
二、外贸出口供货商品量								
1.猪	头	45452	31384	9788		4280		
2.猪 肉	吨	5308	3708	1105		495		
3.蛋 类	吨	2018		2018				
4.鱼 类	吨	2000			2000			
5.对 虾	吨	10000			10000			
6.罐 头	吨	244	244					
7.服 装	万件	310						310
8.棉 纱	万件	251	251					

12-27 主要物资和能源消费情况

指标名称	计量单位	农垦总局	湛江局	茂名局	阳江局	揭阳局	汕尾局	直属单位
一、物资消费								
1.钢 材	吨	43576	23424	15209	1523	1383	1065	973
2.木 材(包括原木和锯材)	立方米	45783	31466	11068	586	1611	663	389
3.水 泥	吨	209827	94828	81610	12030	7851	5059	8449
4.纯 碱	吨	1						1
5.烧 碱	吨	109	91					18
6.化 肥(实物量)	吨	220727	170993	24333	1003	10934	12879	585
7.聚乙、丙烯	吨	95	92			3		
二、能源消费								
1.原 煤	吨	6510	3516	1003				1991
原 煤	吨标准煤	4648	2510	716				1422
2.焦 碳	吨	90	90					
焦 碳	吨标准煤	88	88					
3.汽 油	吨	30996	12463	8044	1376	1264	5545	2304
汽 油	吨标准煤	45608	18338	11836	2024	1860	8159	3391
4.柴 油	吨	61662	14641	8276	919	867	6940	30019
柴 油	吨标准煤	89848	21333	12059	1340	1263	10112	43741
其中：农用柴油	立方米	9179	6378	717	127	309	391	1257
5.电 力	万千瓦时	108142	45045	4998	3163	2486	5355	47095
电 力	吨标准煤	436894	181981	20191	12779	10045	21635	190263
6.燃气消费	立方米	25689	1698	13556	238	1086	9091	20
工业用气	立方米	6265					3391	2874
其中：天然气	立方米	5674					2800	2874
农业用气	立方米	3985				1085	2900	
其中：天然气	立方米	1183935				1062		1182873
7.其他能源	吨标准煤	74889	68162	5907		820		
三、热力消费								
供热耗热量	万千焦耳	26507						26507
供热耗热量	吨标准煤	90389						90389
供冷耗冷量	万千焦耳	540321						540321
供冷耗冷量	吨标准煤	1842495						1842495
四、水消费								
1.工业用水总量	立方米	36158452	29955180	341306	35774	73979	3009713	2742500
地表水源用水量	立方米	33967454	28864832	310093	19320	67648	2581713	2123848
地下水源用水量	立方米	1501963	977136	15438	14454	1523	426000	67412
其他水源用水量	立方米	689035	113212	15775	2000	4808	2000	551240
2.工业废水排放量	立方米	3503793	2186356	26425	5906	951	44388	1239767
3.农业用水总量	立方米	13775373	8067869	1104188	167130	926003	3464247	45936
其中：地表水源用水量	立方米	8414497	3631291	1082042	57400	794649	2836697	12418
地下水源用水量	立方米	5251356	4426390	7844	48700	131354	603550	33518
其他水源用水量	立方米	109520	10188	14302	61030		24000	

12-28 农垦科研基本情况

指标名称	计量单位	农垦总局	湛江局	茂名局	阳江局	揭阳局	汕尾局	直属单位
一、科研单位个数	**个**	**49**	**18**	**12**	**7**	**6**	**3**	**3**
其中：部、省、地属科研单位	个	6	1	1	1			3
场直属科研单位	个	43	17	11	6	6	3	
二、职工合计	**个**	**487**	**166**	**74**	**13**	**14**	**21**	**199**
其中：部、省、地属科研单位	个	322	64	49	10			199
场直属科研单位	个	165	102	25	3	14	21	
科技人员	个	374	81	72	8	8	8	197
其中：部、省、地属科研单位	个	287	36	49	5			197
场直属科研单位	个	87	45	23	3	8	8	
本科及以上科技人员	个	236	47	27	3		2	157
其中：部、省、地属科研单位	个	203	27	16	3			157
场直属科研单位	个	33	20	11			2	
三、其他人员	**个**	**112**	**80**	**2**	**5**	**6**	**13**	**6**
其中：部、省、地属科研单位	个	39	28		5			6
场直属科研单位	个	73	52	2		6	13	
四、科技经费合计	**万元**	**5477**	**796**	**355**			**10**	**4316**
其中：部、省、地属科研单位	万元	5152	486	350				4316
场直属科研单位	万元	325	310	5			10	
1.国家拨款	万元	1103	536	345			10	212
其中：部、省、地属科研单位	万元	1038	486	340				212
场直属科研单位	万元	65	50	5			10	
2.省地局自筹	万元	10		10				
其中：部、省、地属科研单位	万元	10		10				
场直属科研单位	万元							
3.企业自筹	万元	4364	260					4104
其中：部、省、地属科研单位	万元	4104						4104
场直属科研单位	万元	260	260					
五、实验地面积	**公顷**	**816**	**446**	**23**			**337**	**10**
其中：部、省、地属科研单位	公顷	121	88	23				10
场直属科研单位	公顷	695	358				337	

12-29 从业人员及工资总额（合计）

指标名称	计量单位	农垦总局	湛江局	茂名局	阳江局	揭阳局	汕尾局	直属单位
一、从业人员年末数	人	126405	39895	26286	3855	14895	14590	26884
第一产业	人	54831	21066	11540	2242	9352	8726	1905
第二产业	人	33781	8775	5298	537	2187	3439	13545
第三产业	人	37793	10054	9448	1076	3356	2425	11434
二、国有单位从业人员年末数	人	65050	28288	7613	2287	6418	6799	13645
1.在岗职工年末数	人	39749	21145	7512	2287	817	797	7191
2.其他从业人员年末数	人	25301	7143	101		5601	6002	6454
三、国有单位年平均从业人员	人	64407	27746	7650	2359	6426	6730	13496
四、国有单位离开本单位仍保留劳动关系的职工	人	343	328		13			2
内部退养职工	人	387	199	26	13		1	148
五、国有单位从业人员工资总额	万元	348686	147285	33567	11043	35618	25388	95785
1.在岗职工工资总额	万元	249786	120323	33204	11034	3570	3679	77976
2.其他从业人员工资总额	万元	98702	26792	363		32048	21707	17792
六、国有单位离开本单位仍保留劳动关系的职工补贴	万元	198	172		8		2	16

12-30 从业人员及工资总额（农场）

指标名称	计量单位	农垦总局	湛江局	茂名局	阳江局	揭阳局	汕尾局	直属单位
一、从业人员年末数	人	67081	27826	6456	3509	14775	14515	
第一产业	人	45660	20263	5240	2185	9298	8674	
第二产业	人	8483	2432	31	394	2187	3439	
第三产业	人	12938	5131	1185	930	3290	2402	
二、国有单位从业人员年末数	人	39491	17891	6456	2087	6333	6724	
1.在岗职工年末数	人	22316	12375	6400	2087	732	722	
2.其他从业人员年末数	人	17175	5516	56		5601	6002	
三、国有单位年平均从业人员	人	38881	17273	6456	2154	6341	6657	
四、国有单位离开本单位仍保留劳动关系的职工	人	281	270		11			
内部退养职工	人	168	149	16	2		1	
五、国有单位从业人员工资总额	万元	168216	73890	25849	8930	34784	24763	
1.在岗职工工资总额	万元	94039	53659	25668	8922	2736	3054	
2.其他从业人员工资总额	万元	73999	20063	181		32048	21707	
六、国有单位离开本单位仍保留劳动关系的职工补贴	万元	179	168		9		2	

12-31 农垦生产总值（按产业分类）

指标名称	计量单位	农垦总局	湛江局	茂名局	阳江局	揭阳局	汕尾局	直属单位
合 计								
增加值合计（按当年价格算）	万元	1849996	658844	289052	95420	58785	76082	671811
合计中：非国有部分	万元	897016	166602	171034	34080	34893	63954	426453
其中：劳动者报酬	万元	772617	332917	133965	23186	41898	44535	196116
固定资产折旧	万元	201373	106352	47010	7085	4783	3263	32880
生产税净额	万元	133261	28146	18308	3410	2014	5253	76130
另：政府补贴	万元	487	140		160			187
营业盈余	万元	742744	191429	89769	61739	10090	23031	366685
(一) 第一产业								
增加值合计（按当年价格算）	万元	610024	348489	129776	62039	26428	21521	21770
合计中：非国有部分	万元	147203	64455	46799	13865	12009	10075	
其中：劳动者报酬	万元	309679	185757	62789	12262	21291	19003	8577
固定资产折旧	万元	92919	55975	26555	4919	2406	511	2552
生产税净额	万元	842	576		160			106
另：政府补贴	万元	300	140		160			
营业盈余	万元	206584	106181	40432	44698	2731	2007	10535
(二) 第二产业								
增加值合计（按当年价格算）	万元	721006	150415	57241	10247	16071	37750	449280
合计中：非国有部分	万元	505234	49344	50135	5430	11606	37660	351058
其中：劳动者报酬	万元	193633	56165	22268	3121	9283	17684	85111
固定资产折旧	万元	69719	37578	7920	733	1369	1620	20498
生产税净额	万元	91095	19099	7782	909	1348	3813	58144
另：政府补贴	万元	169						169
营业盈余	万元	366559	37573	19271	5484	4071	14633	285527
1.工 业								
增加值合计（按当年价格算）	万元	642494	116413	28786	4864	10401	32748	449280
合计中：非国有部分	万元	443544	28330	22897	1810	6791	32658	351058
其中：劳动者报酬	万元	157660	38625	10647	1530	5391	16356	85111
固定资产折旧	万元	62409	34744	4774	611	1138	644	20498
生产税净额	万元	81318	14413	4502	338	963	2958	58144
另：政府补贴	万元	169						169
营业盈余	万元	341106	28631	8863	2385	2909	12790	285527
2.建筑业								
增加值合计（按当年价格算）	万元	78513	34002	28455	5383	5670	5002	
合计中：非国有部分	万元	61690	21015	27238	3620	4815	5002	
其中：劳动者报酬	万元	35972	17540	11621	1591	3892	1328	
固定资产折旧	万元	7309	2834	3146	122	231	976	
生产税净额	万元	9777	4686	3280	571	385	855	
另：政府补贴	万元							
营业盈余	万元	25454	8942	10408	3099	1162	1843	

12-31 续表 1

指标名称	计量单位	农垦总局	湛江局	茂名局	阳江局	揭阳局	汕尾局	直属单位
(三) 第三产业								
增加值合计 (按当年价格算)	万元	518965	159939	102037	23133	16286	16811	200761
合计中：非国有部分	万元	244579	52803	74100	14785	11278	16219	75395
其中：劳动者报酬	万元	269305	90994	48909	7802	11324	7848	102428
固定资产折旧	万元	38736	12798	12535	1433	1008	1132	9830
生产税净额	万元	41324	8471	10526	2341	666	1440	17880
另：政府补贴	万元	18						18
营业盈余	万元	169601	47676	30067	11557	3288	6391	70623
1.农、林、牧、渔专业及辅助性活动								
增加值合计 (按当年价格算)	万元	-1535	445	713				-2692
合计中：非国有部分	万元	721	8	713				
其中：劳动者报酬	万元	2735	424	526				1785
固定资产折旧	万元	37	11					26
生产税净额	万元	68	3	65				
另：政府补贴	万元							
营业盈余	万元	-4374	7	122				-4503
2.批发和零售业								
增加值合计 (按当年价格算)	万元	112916	35628	20532	7537	5293	5354	38572
合计中：非国有部分	万元	86401	23672	18939	7267	4729	5297	26497
其中：劳动者报酬	万元	45067	9760	8448	1921	3544	2307	19087
固定资产折旧	万元	5943	1926	2177	196	270	301	1073
生产税净额	万元	15209	5898	2692	1474	272	514	4360
另：政府补贴	万元							
营业盈余	万元	46696	18044	7215	3946	1207	2232	14052
3.交通运输、仓储和邮政业								
增加值合计 (按当年价格算)	万元	48071	9683	24404	1438	2906	2109	7531
合计中：非国有部分	万元	38749	9313	23680	1289	2422	2046	
其中：劳动者报酬	万元	21750	2596	9563	595	1471	1204	6321
固定资产折旧	万元	6783	1422	4055	121	407	187	591
生产税净额	万元	4479	619	3265	90	216	157	132
另：政府补贴	万元							
营业盈余	万元	15059	5046	7521	632	812	561	487
4.住宿和餐饮业								
增加值合计 (按当年价格算)	万元	57664	10526	13378	4884	1888	1141	25846
合计中：非国有部分	万元	51507	10207	12877	4875	1493	1141	20914
其中：劳动者报酬	万元	24560	3884	4516	587	903	341	14329
固定资产折旧	万元	4158	1014	1629	138	60	133	1184
生产税净额	万元	6736	883	1890	543	106	96	3218
另：政府补贴	万元							
营业盈余	万元	22209	4745	5343	3616	819	571	7115

12-31 续表 2

指标名称	计量单位	农垦总局	湛江局	茂名局	阳江局	揭阳局	汕尾局	直属单位
5.信息传输、软件和信息技术服务业								
增加值合计（按当年价格算）	万元	2743						2743
合计中：非国有部分	万元	2642						2642
其中：劳动者报酬	万元	2049						2049
固定资产折旧	万元	100						100
生产税净额	万元	140						140
另：政府补贴	万元							
营业盈余	万元	454						454
6.金融业								
增加值合计（按当年价格算）	万元	2361		38				2323
合计中：非国有部分	万元	38		38				
其中：劳动者报酬	万元	711		26				685
固定资产折旧	万元	26		12				14
生产税净额	万元	78						78
另：政府补贴	万元	18						18
营业盈余	万元	1546						1546
7.房地产业								
增加值合计（按当年价格算）	万元	30238					3428	26809
合计中：非国有部分	万元	3428					3428	
其中：劳动者报酬	万元	3598					419	3179
固定资产折旧	万元	298					38	260
生产税净额	万元	4487					379	4108
另：政府补贴	万元							
营业盈余	万元	21854					2592	19262
8.租赁和商务服务业								
增加值合计（按当年价格算）	万元	21628	92		61			21476
合计中：非国有部分	万元	926						926
其中：劳动者报酬	万元	8802	10		37			8755
固定资产折旧	万元	1253			198			1055
生产税净额	万元	2151	2					2149
另：政府补贴	万元							
营业盈余	万元	9423	80		-174			9517
9.科学研究和技术服务业								
增加值合计（按当年价格算）	万元	2120	832	923	207	20	116	22
合计中：非国有部分	万元	116					116	
其中：劳动者报酬	万元	2067	816	921	114	20	116	80
固定资产折旧	万元	67		2	65			
生产税净额	万元	4	4					
另：政府补贴	万元							
营业盈余	万元	-18	12		28			-58

12−31 续表 3

指标名称	计量单位	农垦总局	湛江局	茂名局	阳江局	揭阳局	汕尾局	直属单位
10.水利、环境和公共设施管理业								
增加值合计（按当年价格算）	万元	134	134					
合计中：非国有部分	万元							
其中：劳动者报酬	万元	70	70					
固定资产折旧	万元	16	16					
生产税净额	万元	11	11					
另：政府补贴	万元							
营业盈余	万元	37	37					
11.居民服务、修理和其他服务业								
增加值合计（按当年价格算）	万元	72277	17872	18568	1755	1708	2948	29426
合计中：非国有部分	万元	53437	8519	15180	1330	1044	2948	24416
其中：劳动者报酬	万元	37471	8869	8876	429	1093	1877	16327
固定资产折旧	万元	4298	1302	1617	140	93	322	823
生产税净额	万元	7936	1036	2614	234	72	294	3686
另：政府补贴	万元							
营业盈余	万元	22572	6665	5461	952	450	455	8590
12.教 育								
增加值合计（按当年价格算）	万元	48944	18195	4939	2512	2485	1145	19668
合计中：非国有部分	万元	2404	370	380		538	1116	
其中：劳动者报酬	万元	44993	17717	4334	2217	2417	1145	17163
固定资产折旧	万元	3389	115	406	295	68		2505
生产税净额	万元							
另：政府补贴	万元							
营业盈余	万元	562	363	199				
13.卫生和社会工作								
增加值合计（按当年价格算）	万元	74965	53958	12512	1410	178	32	6876
合计中：非国有部分	万元	2166		2056	24	54	32	
其中：劳动者报酬	万元	55212	41777	7746	687	91	32	4879
固定资产折旧	万元	10246	6988	1684	55	87		1432
生产税净额	万元	19	15					4
另：政府补贴	万元							
营业盈余	万元	9489	5178	3082	668			561
14.公共管理、社会保障和社会组织								
增加值合计（按当年价格算）	万元	46440	12574	6030	3331	1808	538	22159
合计中：非国有部分	万元	2044	713	238		998	95	
其中：劳动者报酬	万元	20220	5071	3953	1216	1785	407	7788
固定资产折旧	万元	2122	4	953	225	23	151	766
生产税净额	万元	6	1					5
另：政府补贴	万元							
营业盈余	万元	24091	7498	1124	1890		-20	13600

十三、农产品进出口贸易

13-1　农副产品出口分类值

单位：万美元

类　　别	1995	2000	2005	2010	2017	2018
活动物	21117.00	15908.00	9885.00	17534.00	19509.72	19537.58
肉及食用杂碎	5517.00	8104.00	12798.00	28007.00	35035.41	41174.10
水产品	54464.00	25862.00	53585.00	102449.00	153859.82	122042.72
乳品、蛋品、天然蜂蜜、其他	2526.00	3660.00	3660.00	102449.00	6915.07	7886.75
其他动物产品	8687.00	5100.00	3264.00	3866.00	5924.22	6522.10
树苗及花草	885.00	785.00	2638.00	2734.00	5459.03	6227.99
蔬菜	25156.00	11284.00	19896.00	29140.00	31664.92	29864.81
水果及坚果	13460.00	5406.00	11819.00	17832.00	17907.87	26138.29
咖啡、茶叶及调味香料	7842.00	6569.00	9460.00	12298.00	23987.11	21851.86
谷物	491.00	522.00	9.00	80.00	561.48	58.24
制粉工业产品	1571.00	3443.00	4528.00	10218.00	9500.60	10869.96
植物油籽及果实、种子、药材	24958.00	9852.00	11014.00	13086.00	14647.68	14775.40
虫胶、树胶、树脂	1034.00	841.00	1439.00	2732.00	5877.98	5939.09
编结植物材料、其他植物产品	2400.00	1608.00	1895.00	2301.00	5681.05	5740.26
动、植物油脂及蜡	28350.00	6515.00	4372.00	8684.00	25007.64	38556.10

注：本表资料按海关统计口径整理。

13-2 农副产品及其加工品海关进出口情况

单位：万美元

类别	2017		2018	
	出口	进口	出口	进口
一、活动物、动物产品	**221244.25**	**391910.42**	**197163**	**423373**
1.活动物	19509.72	601.25	19538	765
2.肉及食用杂碎	35035.41	237351.94	41174	201904
3.水产品	153859.82	81446.49	122043	141414
4.乳品、蛋品、天然蜂蜜、其他	6915.07	66140.53	7887	72700
5.其他动物产品	5924.22	6370.22	6522	6589
二、植物产品	**115287.72**	**754355.75**	**121466**	**765184**
1.树苗及花草	5459.03	2969.91	6228	4651
2.蔬菜	31664.92	3974.37	29865	18128
3.水果及坚果	17907.87	259241.83	26138	332773
4.咖啡、茶叶及调味香料	23987.11	9368.77	21852	5587
5.谷物	561.48	204366.02	58	160430
6.制粉工业产品	9500.60	16560.68	10870	19278
7.植物油籽及果实、种子、药材	14647.68	249803.90	14775	215612
8.虫胶、树胶、树脂	5877.98	3933.64	5939	4621
9.编结植物材料、其他植物产品	5681.05	4136.63	5740	4103
三、动、植物油脂及蜡	**25007.64**	**96217.36**	**38556**	**78535**
动、植物油脂及蜡	25007.64	96217.36	38556	78535
四、食品、烟草及制品	**571383.03**	**524736.50**	**654401**	**692852**
1.动物产品制品	189910.07	3064.65	233671	4259
2.糖及糖食	64982.91	25429.40	67428	27891
3.可可及可可制品	13353.60	11784.57	14959	15152
4.粮食及乳制品、糕饼点心	56543.56	179613.03	83711	262585
5.蔬菜、水果等植物制品	48423.17	23789.20	54305	35411
6.杂项制品	53208.58	56266.29	58540	89562
7.饮料、酒及醋	125238.61	155028.12	118484	170435
8.食品的残渣、动物饲料	13343.87	55776.35	16542	68373
9.烟草及烟草制品	6378.66	13984.90	6761	19183
五、其他	**940951.32**	**1099846.88**	**920056**	**1097797**
1.木及木制品、木炭	161102.88	402631.57	173753	384336
2.软木及软木制品	278.26	109.83	278	134
3.草柳编结品	31609.55	496.89	27560	382
4.木浆及其他纤维素浆、废碎纸板	82.07	347414.13	639	352816
5.纸及纸板、纸浆、纸制品	506464.74	143100.01	499346	167361
6.蚕丝	9618.20	1964.73	12385	1697
7.羊毛、动物毛、毛纱线及制品	9962.65	19495.50	8150	18783
8.棉花	221832.98	184634.22	197944	172287

13-3 主要农副产品外贸出口情况

单位：万美元

项目	单位	1995		2000		2005	
		数量	金额	数量	金额	数量	金额
活猪	万头	62	7526	46	5688	37	5216
活家禽	万只	4888	11532	4483	9224	2301	3243
鲜冻猪肉	吨	8172	1468	15950	2069	9551	1757
冻鸡	吨	7852	1468	22233	3261	7758	1106
水海产品	吨	149585	54464	187489	25850	229840	53451
#活鱼	吨	61077	17723	66804	6458	48691	9626
冻鱼、冻鱼片	吨	14033	3963	34686	3943	79160	16484
鲜、冻对虾	吨	3838	2823	1108	690	15226	6010
冻虾仁	吨	5271	3282	2938	697	15110	7955
鲜蛋	万只	11253	478	60625	1225	36701	1458
谷物	吨	35131	1229	155932	3544	139410	4049
#大米	吨	10368	423	4166	173	1629	59
蔬菜	吨	450274	27674	531889	13258	718676	22104
#鲜蔬菜	吨	356418	11757	446956	6579	653695	11799
干食用菌	吨	6147	7396	8634	1595	6946	3807
干豆	吨	25212	1159	13373	394	31082	1115
鲜干果类	吨	121400	13028	178158	3927	351474	10948
#桔橙	吨	49109	2166	43570	673	79242	2448
核桃仁	吨	1671	525	744	97	342	107
白果	吨	2220	998	1960	179	849	160
食用油籽	吨	27011	2046	14770	535	11333	634
#花生、花生仁	吨	17856	1205	13012	389	2489	113
食用植物油	吨	171707	13481	92622	5257	43409	3710
烘焙花生	吨	5225	454	2565	239	1496	159
食糖	吨	205421	8051	23938	826	215575	6576
茶叶	吨	21974	2917	18853	3154	13795	3205
辣椒干	吨	4402	692	24427	701	5324	618
肠衣	吨	388	189	20	9	227	73
羽毛绒	吨	4703	6399	7490	3987	5267	1922
药材	吨	41665	17652	61377	6995	98868	8209
未硝整张毛皮	吨	65	231	37	83	1	2
#水貂皮	吨	8	69	3534	552	1493	300
生丝	吨	1218	2608	1579	3414	1642	3762
兔毛	吨	388	753	444	634	77	234

13-3 续表

单位：万美元

项 目	单位	2010		2017		2018	
		数 量	金 额	数量	金 额	数量	金 额
活猪	万头	67	13178		16839.5997		16773.49
活家禽	万只	622	2252		206.8546		96.08
鲜冻猪肉	吨	21713	6837	10986	5123.6028	10149	4329.01
冻鸡	吨	4194	950	3224	919.969	5086	1516.54
水海产品	吨	261658	102343	558425	321744.4029	605155	332070.37
#活鱼	吨	53374	14036	46798	18985.8587	48930	23540.34
冻鱼、冻鱼片	吨	99202	32276	138244	55342.4125	114911	36884.04
鲜、冻对虾	吨	22375	12776	4507	4684.0263	4893	4864.70
冻虾仁	吨	33975	25147	25863	33206.9825	13286	16247.64
鲜蛋	万只	21700	1541		1520.6174		1164.49
谷物	吨	134932	6571	99967	5255.2597	84914	4872.20
# 大米	吨	518	56	12609	560.9502	414	21.64
蔬菜	吨	769456	32929	676247	40463.5546	682689	40732.52
#鲜蔬菜	吨	719225	21762	618637	24973.0016	614329	21972.95
干食用菌	吨	1495	1743	1090	1687.3552	1741	2806.58
鲜干果类	吨	298975	17416	148884	17582.5345	205140	25651.47
#桔橙	吨	108248	6625	28336	3395.1049	56681	6361.18
食用油籽	吨	2415	230	2518	282.8212	3061	347.80
#花生、花生仁	吨	1142	112	408	45.6594	394	53.75
食用植物油	吨	15322	2641	93867	10287.73	157312	16534.94
烘焙花生	吨	273	135	137	82.7754	216	120.68
食糖	吨	63451	4237	36427	2805.3683	35213	2656.74
茶叶	吨	6461	3845	6353	10509.3224	6665	8095.87
辣椒干	吨	1872	580	745	172.5574	7905	1717.91
肠衣	吨	573	1360	551	1039.0449	283	576.61
羽毛绒	吨	3459	995	3471	3807.0468	3592	5007.92
药材	吨	112291	11429	25134	15987.8055	25461	15978.59
生丝	吨	1378	5423	594	3315.9429	348	2095.01

13-4 农、林、牧、渔利用外资情况

年份	签订合同数(宗)	合同利用外资(万美元)	实际利用外资(万美元)	年份	签订合同数(宗)	合同利用外资(万美元)	实际利用外资(万美元)
1979	50	1997	514	1998	121	11212	17243
1980	59	5120	3471	1999	104	20232	20983
1981	45	5593	610	2000	94	10600	14451
1982	79	4217	946	2001	104	22655	17937
1983	48	2661	1198	2005	166	23113	7720
1984	250	8806	814	2006	192	28609	11539
1985	168	7901	2464	2007	336	48282	18295
1986	69	8681	6537	2008	211	39901	20832
1987	88	8590	4544	2009	95	28735	23922
1988	131	14668	8318	2010	84	27770	14327
1989	66	5156	6062	2011	118	73110	15871
1990	76	4128	3785	2012	127	66417	15264
1991	97	8372	2290	2013	121	53841	15143
1992	248	30462	4475	2014	150	76376	16888
1993	494	46597	6746	2015	74	64924	7880
1994	257	37439	9889	2016	78	88783	11135
1995	206	33419	10654	2017	254	74432	7363
1996	149	30464	16365	2018	290	123601	22212
1997	116	19766	19358				

注：2018年外商直接投资使用商务部反馈人民币数据。

13-5 各市农、林、牧、渔利用外资情况

市 别	2018签订合同数(宗)	2018合同利用外资(万美元)	实际利用外资(万美元)						
			2000	2005	2010	2015	2016	2017	2018
合 计	290	123601	14451	7720	14327	7880	11135	7363	22212
广 州	9	8408	2219	222	373	232	4411	2356	1577
深 圳	8	5271	145	146				5	17
珠 海	7	12427	545	560	189	37	15	670	408
汕 头	1	592	142		18				
佛 山	3	5153	687	118	60	37	107		
韶 关	38	25184	1142	187	2105	204	480	280	4615
河 源	124	27446	911	1120	519	1531	202	164	2653
梅 州	16	-24787	1196	334	689	1199	394	212	6767
惠 州	15	24460	2388	1516	1975	45	754	435	572
汕 尾	2	1505	94	528	242	94	88	54	731
东 莞	4	2190		314	62	38		15	
中 山	4	11528	22	149			672		1000
江 门	5	3874	713	334	245	237	196	666	1146
阳 江	2	1044	184	230	2933	131	185	224	110
湛 江	1	300	392	187	26	130		1224	
茂 名	13	5576	261	220	126	82	826	321	289
肇 庆	4	1282	1746	944	3695	3700	2345	40	
清 远	10	2974	543	344	419	13	70	15	44
潮 州	23	7636	289	104	85	106	90	682	2177
揭 阳		1535	576	72	511				
云 浮	1			91	55	64	300		107

注：2018年外商直接投资使用商务部反馈人民币数据。

十四、农村经济收入分配与效益

14-1　农村集体经济基本情况

(2018年)　　单位：个、万元

项　　目	数　量	项　　目	数　量
农村集体经济组织和生产要素情况			
1.汇总镇级经济联合总社数	337	其中:(1)从事家庭经营	1861
2.汇总村级经济联合社数	24476	其中:从事第一产业	1141
3.汇总组级经济合作社数	221224	(2)外出务工劳动力	1419
4.汇总农户数(万户)	1503	其中：常年外出务工劳动	1116
(1)纯农户	910	①乡外县内	438
(2)农业兼业户	261	②县外省内	591
(3)非农业兼业户	128	③省外	87
(4)非农户	204	7.村组集体资产总额	64975038
5.汇总人口数(万人)	6383	(1)村级集体资产	42235499
6.汇总劳动力(万个)	4395	(2)组级集体资产	22739539

14-2　村组集体经济组织资产负债情况

(2018年)　　单位：万元

项　　目	金　额	项　　目	金　额
一、流动资产合计	**28226129**	**一、流动负债合计**	**17278203**
1.货币资金	19330380	1.短期借款	1187530
2.短期投资	1606550	2.应付款项	15621307
3.应收款项	7098921	3.应付工资	196597
4.存货	190278	4.应付福利费	272769
二、农业资产合计	**201269**	**二、长期负债合计**	**4791403**
1.牲畜(禽)资产	1036	1.长期借款及应付款	4720192
2.林木资产	200233	2.一事一议资金	71211
三、长期资产合计	**36547639**	**三、所有者权益合计**	**42905432**
1.长期投资	3925780	1.实收资本金	10997556
2.固定资产合计	30203455	2.公积公益金	29511123
其中:当年新购建的	728810	3.未分配收益	2396754
(1)固定资产原值	34321591	**四、负债及所有者权益合计**	**64975038**
(2)减：累计折旧	8620874	**五、附报：**	
(3)固定资产净值	25700717	1.经营性固定资产原值	13879318
(4)固定资产清理	77236	2.负债合计	22069606
(5)在建工程	4425503	其中：(1)经营性负债	4580676
3.其他资产	2418404	(2)兴办公益事业负债	1642301
四、资产总计	**64975038**	3.当年新增负债	1995244

14-3 村组集体经济组织收益分配情况

(2018年) 单位：万元

项目	金额	项目	金额
一、总收入	**9208891**	**六、可分配收益**	**6740997**
1.经营收入	3825590	**七、各项分配**	**5440171**
2.发包及上交收入	3248732	1.提取公积金、公益金	701207
3.投资收益	240354	2.提取应付福利费	983773
4.补助收入	683252	3.外来投资分利	30503
5.其他收入	1210963	4.农户分配	3412967
二、总支出	**3567617**	5.其他分配	311721
1.经营支出	1395252	**八、年末未分配收益**	**1300826**
2.管理费用	1325411	**九、附报指标**	
其中：①干部报酬	362259	1.汇入本表村数	21310
②报刊费	16251	2.当年无收益的村	5573
3.其他支出	846955	3.有集体经营收益的村	15737
三、本年收益	**5641274**	(1)集体经营收益在5万元以下的村	4339
四、年初未分配收益	**882966**	(2)集体经营收益在5—10万元的村	2686
五、其他转入	**216757**	(3)集体经营收益在10万元以上的村	8712

14-4 村级集体经济组织资产负债情况

(2018年) 单位：万元

项目	金额	项目	金额
一、流动资产合计	**17394602**	**一、流动负债合计**	**12072951**
1.货币资金	10815317	1.短期借款	1053085
2.短期投资	1212496	2.应付款项	10860588
3.应收款项	5189183	3.应付工资	148707
4.存货	177606	4.应付福利费	10571
二、农业资产合计	**53165**	**二、长期负债合计**	**3614288**
1.牲畜(禽)资产	828	1.长期借款及应付款	3560520
2.林木资产	52337	2.一事一议资金	53768
三、长期资产合计	**24787732**	**三、所有者权益合计**	**26548260**
1.长期投资	3154892	1.实收资本金	6501872
2.固定资产合计	20067081	2.公积公益金	19259094
其中:当年新购建的	589313	3.未分配收益	787294
(1)固定资产原值	22105283	**四、负债及所有者权益合计**	**42235499**
(2)减：累计折旧	5440675	**五、附报：**	
(3)固定资产净值	16664498	1.经营性固定资产原值	8540637
(4)固定资产清理	55362	2.负债合计	15687239
(5)在建工程	3347221	其中：(1)经营性负债	3567280
3.其他资产	1565759	(2)兴办公益事业负债	1460186
四、资产总计	**42235499**	3.当年新增负债	1732571

14-5 村级集体经济组织收益分配情况

(2018年) 单位：万元

项　　目	金额	项　　目	金额
一、总收入	**5395175**	**六、可分配收益**	**3449751**
1.经营收入	2378596	**七、各项分配**	**2743305**
2.发包及上交收入	1563270	1.提取公积金、公益金	460404
3.投资收益	192469	2.提取应付福利费	765673
4.补助收入	425333	3.外来投资分利	18987
5.其他收入	835507	4.农户分配	1251868
二、总支出	**2743677**	5.其他分配	246374
1.经营支出	880807	**八、年末未分配收益**	**706446**
2.管理费用	1157251	**九、附报指标**	
其中：①干部报酬	295355	1.汇入本表村数	21310
②报刊费	13771	2.当年无收益的村	5573
3.其他支出	705619	3.有集体经营收益的村	15737
三、本年收益	**2651498**	(1)集体经营收益在5万元以下的村	4339
四、年初未分配收益	**402160**	(2)集体经营收益在5—10万元的村	2686
五、其他转入	**96093**	(3)集体经营收益在10万元以上的村	8712

14-6 组级集体经济组织资产负债情况

(2018年) 单位：万元

项　　目	金额	项　　目	金额
一、流动资产合计	**10831528**	**一、流动负债合计**	**5205252**
1.货币资金	8515063	1.短期借款	134445
2.短期投资	394054	2.应付款项	4760719
3.应收款项	1909739	3.应付工资	47890
4.存货	12672	4.应付福利费	262198
二、农业资产合计	**148104**	**二、长期负债合计**	**1177115**
1.牲畜(禽)资产	208	1.长期借款及应付款	1159672
2.林木资产	147896	2.一事一议资金	17443
三、长期资产合计	**11759907**	**三、所有者权益合计**	**16357172**
1.长期投资	770889	1.实收资本金	4495684
2.固定资产合计	10136374	2.公积公益金	10252028
其中:当年新购建的	139497	3.未分配收益	1609460
(1)固定资产原值	12216308	**四、负债及所有者权益合计**	**22739539**
(2)减：累计折旧	3179547	**五、附报：**	
(3)固定资产净值	9036218	1.经营性固定资产原值	5338681
(4)固定资产清理	21874	2.负债合计	6382367
(5)在建工程	1078282	其中：(1)经营性负债	1013396
3.其他资产	852644	(2)兴办公益事业负债	182116
四、资产总计	**22739539**	3.当年新增负债	262673

14-7 组级集体经济组织收益分配情况

(2018年) 单位：万元

项目	金额	项目	金额
一、总收入	**3813716**	**六、可分配收益**	**3291246**
1.经营收入	1446994	**七、各项分配**	**2696865**
2.发包及上交收入	1685462	1.提取公积金、公益金	240803
3.投资收益	47885	2.提取应付福利费	218100
4.补助收入	257919	3.外来投资分利	11516
5.其他收入	375456	4.农户分配	2161099
二、总支出	**823941**	5.其他分配	65347
1.经营支出	514445	**八、年末未分配收益**	**594380**
2.管理费用	168160	**九、附报指标**	
其中：①干部报酬	66904	1.汇入本表村数	
②报刊费	2481	2.当年无收益的村	
3.其他支出	141336	3.有集体经营收益的村	
三、本年收益	**2989776**	(1)集体经营收益在5万元以下的村	
四、年初未分配收益	**480807**	(2)集体经营收益在5—10万元的村	
五、其他转入	**120664**	(3)集体经营收益在10万元以上的村	

14-8 各市农村经济基本情况

(2018年) 单位：个、万元

市别	汇总村级经济联合社数	汇总组级经济合作社数	汇总农户数(万户)	纯农户数(万户)	农业兼业户数(万户)	非农业兼业户数(万户)	非农户数(万户)	汇总人口数(万人)	汇总劳动力(万个)	从事家庭经营
合计	24476	221224	1503	910	261	128	204	6383	4395	1861
广州	2095	12369	111	53	12	8	39	348	236	126
珠海	150	138	6	4	1	1	1	25	15	8
汕头	1194	4	87	37	21	12	17	428	233	140
佛山	835	4221	66	26	8	4	28	225	140	42
韶关	1252	13668	56	44	7	2	2	232	139	78
河源	1280	21007	70	36	16	10	7	313	168	76
梅州	2057	31323	104	61	20	13	9	453	247	125
惠州	1128	10206	58	41	9	4	4	262	142	58
汕尾	799	3488	50	31	7	4	8	263	126	63
东莞	558	2359	41	14	2	4	21	139	82	27
中山	339	2433	29	9	4	4	13	110	72	31
江门	1210	13039	71	49	12	5	5	268	172	92
阳江	723	9285	60	43	8	4	5	225	135	66
湛江	1728	12301	143	106	23	7	7	651	360	218
茂名	1781	31444	153	92	34	15	11	667	351	182
肇庆	1407	20173	92	68	16	5	4	368	212	113
清远	1117	19695	85	61	11	7	7	365	213	117
潮州	923	164	49	23	15	5	5	220	110	62
揭阳	2992		110	74	24	6	5	565	1097	166
云浮	908	13907	61	39	12	6	5	256	143	71

14-8 续表

(2018年) 单位：万元

市别	从事第一产业(万人)	外出务工劳动力(万人)	常年外出务工劳动力	乡外县内(万人)	县外省内(万人)	省外(万人)	村组集体资产总额(万元)	村级集体资产(万元)	组级集体资产(万元)
合计	1141	1419	1116	438	591	87	64975038	42235499	22739539
广州	80	81	56	39	13	3	19578392	12396342	7182050
珠海	6	6	4	3	1	0	374855	311748	63107
汕头	70	80	64	32	24	8	1888998	1885613	3385
佛山	23	42	28	20	6	2	8257784	3723363	4534420
韶关	54	56	47	14	28	4	686268	371152	315116
河源	49	81	72	17	51	3	456200	411706	44494
梅州	79	113	92	27	60	5	566333	485844	80489
惠州	35	65	48	30	16	2	2082815	926101	1156714
汕尾	46	55	42	14	25	3	463922	238634	225288
东莞	7	19	12	10	1	0	16352769	11503193	4849576
中山	13	30	21	16	4	2	4126192	3574943	551250
江门	62	68	55	32	18	5	2671642	1699344	972298
阳江	51	59	43	14	27	2	363747	295283	68464
湛江	131	133	105	37	56	11	1655888	587367	1068521
茂名	121	153	125	31	80	14	538576	345961	192615
肇庆	74	88	73	21	48	5	1051272	394265	657007
清远	81	95	76	25	46	5	895867	355522	540345
潮州	27	38	30	14	13	3	875120	846060	29060
揭阳	83	90	65	24	36	6	1688369	1688266	104
云浮	49	66	59	17	37	5	400026	194791	205235

14-9 各市村级集体经济组织资产负债情况

(2018年) 单位：万元

市别	一、流动资产合计	1.货币资金	2.短期投资	3.应收款项	4.存货	二、农业资产合计
合计	17394602	10815317	1212496	5189183	177606	53165
广州	6209814	4581334	171145	1396798	60537	3322
珠海	163036	108742	43	53680	570	258
汕头	881578	524998	6385	349964	232	345
佛山	2107441	1020145	9108	1055443	22744	180
韶关	106362	72894	15116	18289	64	613
河源	92479	72237	174	20067	2	1115
梅州	135678	119930	3484	12134	130	9716
惠州	256767	182356	568	73696	147	15306
汕尾	85769	76351	150	9266	2	48
东莞	3502082	1687895	828634	969176	16377	2313
中山	1247833	639403	131639	475615	1176	594
江门	868083	397535	18930	379165	72453	590
阳江	157514	131049	72	26218	175	979
湛江	185390	156738	1420	26834	398	450
茂名	108705	90815	730	16429	731	999
肇庆	157877	134364	2268	21236	9	810
清远	103163	80185	1440	21261	277	13012
潮州	396806	309085	14978	72699	44	93
揭阳	555311	362176	3742	187971	1422	497
云浮	72915	67086	2470	3245	114	1925

14-9 续表 1

(2018年) 单位：万元

市别	1.牲畜(禽)资产	2.林木资产	三、长期资产合计	1.长期投资	2.固定资产合计	其中:当年新购建的
合计	828	52337	3154892	3154892	20067081	589313
广州	0	3322	769648	769648	5284199	46556
珠海	0	258	18470	18470	128204	36
汕头	0	345	81335	81335	914591	11728
佛山	0	180	193029	193029	1232226	26941
韶关	4	609	33295	33295	228955	911
河源	0	1115	46558	46558	271307	-170
梅州	39	9677	50968	50968	288821	2364
惠州	0	15305	32949	32949	612460	6724
汕尾	7	41	7931	7931	144876	3252
东莞	217	2096	1359914	1359914	5885892	427013
中山	0	594	353183	353183	1554274	38384
江门	199	391	110095	110095	696278	3884
阳江	78	901	6167	6167	118712	349
湛江	104	346	8334	8334	389888	841
茂名	0	999	1144	1144	232830	156
肇庆	131	678	12203	12203	219471	2000
清远	7	13005	35452	35452	202726	989
潮州	0	93	12418	12418	435423	2068
揭阳	42	455	16641	16641	1113528	14619
云浮	0	1925	5158	5158	112420	669

14-9　续表 2

(2018年)　　单位：万元

市　别	(1)固定资产原值	(2)减：累计折旧	(3)固定资产净值	(4)固定资产清理	(5)在建工程	3.其他资产	四、资产总计
合　计	22105283	5440675	16664498	55362	3347221	1565759	42235499
广　州	5274028	1162701	4111326	18899	1153974	129359	12396342
珠　海	120093	8235	111859	848	15498	1781	311748
汕　头	717806	21086	696720	-423	218294	7764	1885613
佛　山	1419773	398060	1021714	12951	197561	190488	3723363
韶　关	220911	7446	213466	123	15366	1928	371152
河　源	277321	27154	250168	155	20985	245	411706
梅　州	271831	2265	269566	324	18931	662	485844
惠　州	549731	52214	497517	435	114509	8619	926101
汕　尾	120635	124	120511	-2	24367	11	238634
东　莞	7983741	2937768	5045972	1024	838896	752991	11503193
中　山	1883599	641573	1242026	-149	312398	419059	3574943
江　门	725796	116927	608869	1231	86179	24298	1699344
阳　江	116046	3304	112742	184	5786	11910	295283
湛　江	392418	22633	369784	147	19956	3305	587367
茂　名	224438	1791	222779	231	9821	2283	345961
肇　庆	219910	13338	206572	187	12711	3904	394265
清　远	202674	9450	193224	205	9296	1169	355522
潮　州	361163	6438	354726	227	80470	1321	846060
揭　阳	911980	5521	906217	18765	188546	2289	1688266
云　浮	111390	2648	108743	0	3677	2373	194791

14-9　续表 3

(2018年)　　单位：万元

市　别	一、流动负债合计	1.短期借款	2.应付款项	3.应付工资	4.应付福利费
合　计	12072951	1053085	10860588	148707	10571
广　州	4646905	153627	4439525	42874	10879
珠　海	95093	4620	84845	2780	2847
汕　头	739091	61663	661872	18814	-3258
佛　山	1659466	154466	1499766	2050	3184
韶　关	56099	523	54631	1156	-210
河　源	46319	975	48119	48	-2823
梅　州	29150	3269	25993	108	-220
惠　州	179023	5362	182053	1154	-9548
汕　尾	23889	1522	23123	1789	-2544
东　莞	1682096	398854	1232790	50473	-21
中　山	1226876	142827	1069742	8633	5675
江　门	717387	36570	659285	5765	15768
阳　江	89214	487	87727	952	49
湛　江	114280	2827	107624	2111	1718
茂　名	38239	1012	36139	980	108
肇　庆	80374	1276	76150	791	2156
清　远	42495	1328	46029	246	-5108
潮　州	258891	3736	249596	4150	1408
揭　阳	311350	78016	239345	3771	-9782
云　浮	36715	126	36234	61	294

14-9 续表 4

(2018年) 单位：万元

市别	二、长期负债合计	1.长期借款及应付款	2.一事一议资金	三、所有者权益合计	1.实收资本金	2.公积公益金	3.未分配收益
合计	3614288	1515702	53768	26548260	6501872	19259094	787294
广州	1726163	458704	176	6023275	837286	5073200	112789
珠海	37154	12603		179501	55890	124848	-1237
汕头	148415	20091	9274	998108	322232	733355	-57479
佛山	250851	95434	3109	1813046	653631	1155143	4273
韶关	16932	4835	234	298121	151486	102834	43802
河源	41021	11843	5515	324365	98284	168336	57745
梅州	24905	1817	6759	431789	147931	157025	126833
惠州	31919	16242	2342	715160	165733	422240	127187
汕尾	19790	4959	525	194955	8699	152401	33855
东莞	546772	463353		9274325	2631872	6629717	12736
中山	328643	286039		2019423	499956	1585310	-65842
江门	154299	82719	9964	827658	144386	641012	42260
阳江	61290	2271	1106	144779	35274	79697	29808
湛江	40081	8319	525	433006	66319	240749	125938
茂名	35266	4131	2005	272456	165940	56160	50356
肇庆	31015	4537	4143	282876	67328	153789	61759
清远	29083	11270	543	283944	121423	117387	45134
潮州	45782	14511	4584	541388	133056	410169	-1837
揭阳	36483	9883	2351	1340432	111942	1224446	4044
云浮	8424	2140	613	149652	83207	31277	35168

14-9 续表 5

(2018年) 单位：万元

市别	四、负债及所有者权益合计	1. 经营性固定资产原值	2. 负债合计	其中：(1)经营性负债	(2)兴办公益事业负债	3. 当年新增负债
合计	42235499	8540637	15687239	3567280	1460186	1732571
广州	12396342	3197380	6373068	840176	10917	289611
珠海	311748	81095	132247	3664	0	0
汕头	1885613	157563	887505	230537	95892	88343
佛山	3723363	536110	1910317	241697	102	-357
韶关	371152	96431	73031	7090	389	296
河源	411706	19714	87341	5040	4547	3708
梅州	485844	37635	54055	430	3902	1968
惠州	926101	209444	210941	902	611122	458
汕尾	238634	19733	43679	0	2232	1326
东莞	11503193	2151930	2228868	1463718	611756	411741
中山	3574943	2151930	1555520	642291	36387	47365
江门	1699344	444637	871686	91626	7069	871193
阳江	295283	21208	150504	0	2536	1791
湛江	587367	197264	154361	6809	12252	343
茂名	345961	52349	73505	1735	2022	0
肇庆	394265	71912	111389	1927	2149	10686
清远	355522	90372	71578	809	3504	-138
潮州	846060	75950	304673	3018	17441	715
揭阳	1688266	150490	347834	25118	35857	3368
云浮	194791	42895	45139	692	114	156

14-10 各市组级集体经济组织资产负债情况

(2018年) 单位：万元

市别	一、流动资产合计	1.货币资金	2.短期投资	3.应收款项	4.存货	二、农业资产合计
合计	10831528	8515063	394054	1909739	12672	148104
广州	3934861	3303838	102298	528693	31	706
珠海	32523	30710	0	1813	0	0
汕头	1756	1612	0	144	0	0
佛山	2584096	1919164	18277	646565	90	1142
韶关	47068	45362	2	1497	207	10411
河源	5411	4650	0	759	2	3016
梅州	17863	17795	0	61	8	15922
惠州	482638	443874	3795	34949	20	30535
汕尾	30323	23567	3	6753	0	1340
东莞	2022956	1347356	251946	412614	11041	264
中山	267479	199017	3055	65187	220	7
江门	551737	394731	6519	150442	45	1008
阳江	23181	22988	0	182	11	5873
湛江	311314	298714	370	11953	277	21267
茂名	26531	25455	304	747	26	4685
肇庆	239276	196337	4007	38901	31	5312
清远	192771	186620	312	5519	321	44749
潮州	8327	3833	2556	1835	103	1
揭阳	56	56	0	0	0	0
云浮	51360	49386	610	1126	238	1866

14-10 续表 1

(2018年) 单位：万元

市别	1.牲畜(禽)资产	2.林木资产	三、长期资产合计	1.长期投资	2、固定资产合计	其中:当年新购建的
合计	208	147896	770889	770889	10136374	139497
广州	0	705	245323	245323	2950935	24353
珠海			2753	2753	26860	3040
汕头					1630	22
佛山		1142	69239	69239	1434502	13067
韶关		10411	531	531	257031	
河源		3016	34	34	36033	
梅州	22	15901	2	2	46700	14
惠州		30535	6563	6563	635347	812
汕尾		1340	939	939	192685	1422
东莞		264	398166	398166	2139592	88137
中山		7	17901	17901	222789	2537
江门	3	1005	14525	14525	399611	2845
阳江	31	5842	36	36	39374	
湛江	153	21115	276	276	733606	1154
茂名	0	4685	0	0	161398	22
肇庆		5312	11486	11486	385864	374
清远		44749	2683	2683	300127	1472
潮州		1	178	178	20487	
揭阳					48	23
云浮	0	1866	252	252	151755	205

14-10 续表 2

(2018年) 单位：万元

市别	(1)固定资产原值	(2)减：累计折旧	(3)固定资产净值	(4)固定资产清理	(5)在建工程	3.其他资产	四、资产总计
合计	12216308	3179547	9036218	21874	1078282	852644	22739539
广州	3232409	652193	2579747	10439	360748	50226	7182050
珠海	27466	1767	25699	871	291	971	63107
汕头	652		652		978		3385
佛山	1541322	420420	1120903	6981	306618	445442	4534420
韶关	258121	2786	255336	2	1694	75	315116
河源	38284	2251	36033				44494
梅州	45809	14	45795		906		80489
惠州	599601	24709	574892	2338	58117	1631	1156714
汕尾	190614	280	190335		2351	0	225288
东莞	3822903	1910553	1912350	229	227013	288597	4849576
中山	274833	77719	197114	35	25641	43073	551250
江门	390642	25092	365550	219	33842	5417	972298
阳江	37977	-616	38593		780		68464
湛江	729434	23205	706156	57	27393	2057	1068521
茂名	162227	2073	160154	34	1210	0	192615
肇庆	401800	32953	368847	64	16953	15069	657007
清远	293002	2860	290142	565	9420	15	540345
潮州	19907	563	19345		1142	67	29060
揭阳	48		48				104
云浮	149257	728	148529	40	3186	3	205235

14-10 续表 3

(2018年) 单位：万元

市别	一、流动负债合计	1.短期借款	2.应付款项	3.应付工资	4.应付福利费
合计	5205252	134445	4760719	47890	262198
广州	2039074	44741	1893388	30173	70772
珠海	11664	175	11321	94	73
汕头	1201	4	1197		
佛山	1673322	23183	1441312	1918	206908
韶关	5785	21	5580	53	131
河源	108		139	1	-32
梅州	371	15	173	2	181
惠州	261810	9703	258458	215	-6565
汕尾	8578	164	8345	69	
东莞	638849	51654	574823	12147	225
中山	141906	885	143104	1021	-3104
江门	215676	853	207676	659	6490
阳江	3368	7	3283	77	
湛江	53686	1906	51268	406	105
茂名	310	53	233	22	2
肇庆	108050	406	110129	788	-3272
清远	33064	515	41730	154	-9335
潮州	2673	142	2743	66	-278
揭阳					
云浮	5756	18	5817	23	-103

14-10 续表 4

(2018年) 单位：万元

市别	二、长期负债合计	1.长期借款及应付款	2.一事一议资金	三、所有者权益合计	1.实收资本金	2.公积公益金	3.未分配收益
合计	1177115	297767	17443	16357172	4495684	10252028	1609460
广州	771831	154362	-100	4371145	684367	3231115	455663
珠海	1085	254		50358	6093	24880	19386
汕头	279		279	1906	186	1802	-83
佛山	94669	36160	2676	2766430	859213	1867052	40164
韶关	2750	25	841	306581	222754	43824	40004
河源	36	2		44351	12302	28758	3290
梅州	5944	10		74174	15036	49277	9862
惠州	26081	5717	1117	868822	175538	473391	219893
汕尾	1825	1086	145	214885	112	194025	20747
东莞	90547	71623	99	4120180	1679445	2440774	-39
中山	20292	3735	0	389052	44745	367380	-23074
江门	56611	12050	5763	700011	83285	561674	55052
阳江	137		75	64959	30129	23562	11268
湛江	64258	4731	3540	950577	209838	319053	421687
茂名	3066	23	602	189239	98943	35289	55007
肇庆	19321	3331	575	529635	139446	284489	105700
清远	9458	4382	1413	497823	130643	240798	126382
潮州	445	247	-1	25941	6352	18059	1531
揭阳				104	48		56
云浮	8480	29	421	191000	97209	46826	46965

14-10 续表 5

(2018年) 单位：万元

市别	四、负债及所有者权益合计	1.经营性固定资产原值	2.负债合计	其中：(1)经营性负债	(2)兴办公益事业负债	3.当年新增负债
合计	22739539	5338681	6382367	1013396	182116	262673
广州	7182050	2095353	2810905	233652	3567	197339
珠海	63107	23247	12749	138		217
汕头	3385		1480		17679	
佛山	4534420	785814	1767990	121190	148	30022
韶关	315116	45509	8535	2007	1	
河源	44494	3932	144			
梅州	80489	1867	6315		9	
惠州	1156714	321134	287892	4039	1382	14
汕尾	225288	16657	10403		187	112
东莞	4849576	1268528	729396	587769	153199	27885
中山	551250	147255	162198	52756	243	4514
江门	972298	229360	272287	5181		2491
阳江	68464	1628	3505		20	7
湛江	1068521	78067	117944	161	570	20
茂名	192615	22304	3376			
肇庆	657007	206560	127372	5845	1699	60
清远	540345	51764	42522	52	3024	-9
潮州	29060	14018	3119		2	
揭阳	104			457	120	
云浮	205235	25684	14236	151	266	2

14−11 各市村级集体经济组织收益分配情况

(2018年)　　单位：万元

市别	总收入	1.经营收入	2.发包及上交收入	3.投资收益	4.补助收入	5.其他收入	总支出	1.经营支出
合计	5395175	2378596	1563270	192469	425333	835507	2743677	880807
广州	1558578	972399	355160	31161	14356	185502	742155	268079
珠海	43042	11349	22513	2117	2362	4701	17050	3386
汕头	112481	32066	43501	2090	12887	21937	78870	10283
佛山	637088	278617	230166	10988	17646	99671	251739	70490
韶关	41730	9202	5981	2147	10602	13798	45441	1516
河源	46382	2304	725	4805	19117	19431	52834	1291
梅州	71533	1890	3739	4420	37617	23866	95668	229
惠州	86727	15271	11299	1278	32336	26543	73662	3696
汕尾	50193	2810	3306	484	16750	26843	40571	2420
东莞	1442739	449088	623015	112381	62018	196237	521868	320170
中山	499594	380074	71372	3118	14301	30729	232817	88956
江门	231314	123678	56406	1524	21042	28665	147640	62957
阳江	38182	2203	5432	381	16139	14025	39407	138
湛江	77748	27824	8850	2187	23701	15186	57330	13076
茂名	59786	2875	16617	458	21144	18694	44499	985
肇庆	79627	10314	23734	3151	21329	21100	66856	4625
清远	50437	7657	6172	4257	16109	16242	55092	2732
潮州	95688	14422	34399	3811	23816	19241	59221	6873
揭阳	152130	30276	37814	1311	34494	48234	103831	18282
云浮	20177	4277	3070	401	7566	4862	17128	623

14−11 续表 1

(2018年)　　单位：万元

市别	2.管理费用	其中：①干部报酬	②报刊费	3.其他支出	三、本年收益	四、年初未分配收益	五、其他转入	六、可分配收益
合计	1157251	295355	13771	705619	2651498	402160	96093	3449751
广州	356891	49447	660	117185	816423	47253	10599	879275
珠海	9563	2398	28	4101	25992	2352	852	31195
汕头	49650	20089	484	18937	33611	661	48670	92943
佛山	107844	21157	1100	73405	385349	44941	12638	457928
韶关	26210	9530	221	17715	-3711	26215	1952	39455
河源	15634	4747	108	35909	-6452	19155	-568	27134
梅州	30929	8813	539	64510	-24136	79018	-389	94493
惠州	28601	6130	246	41364	13064	43431	916	77412
汕尾	16129	7278	139	22022	9623	21706	-98	36231
东莞	162829	59970	4275	38869	920871			980871
中山	79441	14818	1094	64420	266777	-15620	107	256264
江门	57520	17546	604	27162	83675	44632	2267	135574
阳江	19076	7662	202	20193	-1226	17018	19	20812
湛江	21382	4150	403	22872	20419	12089	-498	37010
茂名	25412	4127	424	18101	15287	15653	96	41036
肇庆	33434	12119	322	28798	12771	31019	1610	60400
清远	30036	10954	261	22323	-4655	22047	1840	34232
潮州	32333	16837	420	20015	36468	-4966	6155	57656
揭阳	43929	15453	2107	41621	48299	-16403	9338	74233
云浮	10408	2131	134	6097	3048	11961	588	15597

14-11 续表 2

(2018年) 单位：万元

市别	七、各项分配	1.提取公积金、公益金	2.提取应付福利费	3.外来投资分利	4.农户分配	5.其他分配	八、年末未分配收益
合计	2743305	460404	765673	18987	1251868	246374	706446
广州	705139	61562	162162	5219	427427	48768	174135
珠海	27996	3521	2584	331	20850	711	3199
汕头	91793	5925	47966	78	31397	6427	1150
佛山	377662	60226	139361	943	127257	49875	80266
韶关	4743	282	1881	0	2266	315	34713
河源	8876	2229	43		96	6507	18259
梅州	5765	1023	3147		1000	595	88728
惠州	12649	1393	5535	345	5365	11	64762
汕尾	14866	11209	1897		1739	21	21365
东莞	980871	251782	222126	104	384841	122018	
中山	285146	26711	69888	10715	175980	1852	-28882
江门	77036	2927	42576	4	29423	2105	58537
阳江	1385	860	35		319	170	19427
湛江	4532	-870	165	-13	4584	665	32478
茂名	1362	439	196	93	156	478	39675
肇庆	17139	1760	3365	1062	8752	2200	43261
清远	1913	414	340	33	477	649	32320
潮州	45105	7174	16714		19974	1243	12551
揭阳	74283	20072	44821	72	8266	1054	-50
云浮	5045	1765	872		1697	711	10552

14-11 续表 3

(2018年)

市别	九、附报指标					
	1.汇入本表村数	(1)当年无经营收益的村	(2)当年有经营收益的村	①5万元以下的村	②5-10万元的村	③10万元以上的村
合计	21310	5573	15737	4339	2686	8712
广州	1300	183	1117	53	70	994
珠海	122	9	113	1		112
汕头	874	341	533	70	61	402
佛山	573	44	529	6	5	518
韶关	1235	355	880	301	299	280
河源	1277	446	831	336	176	319
梅州	2053	709	1344	443	268	633
惠州	1149	306	843	223	139	481
汕尾	800	221	579	234	149	196
东莞	558		558			558
中山	238	3	235		1	234
江门	1086	125	961	45	46	870
阳江	707	181	526	205	164	157
湛江	1713	520	1193	507	206	480
茂名	1776	605	1171	489	288	394
肇庆	1446	304	1142	527	251	364
清远	1111	321	790	188	158	444
潮州	923	258	665	102	83	480
揭阳	1472	461	1011	194	176	641
云浮	897	181	716	415	146	155

14-12 各市组级集体经济组织收益分配情况

(2018年)　　单位：万元

市 别	总收入	1.经营收入	2.发包及上交收入	3.投资收益	4.补助收入	5.其他收入
合 计	3813716	1446994	1685462	47885	257919	375456
广 州	1215439	753987	301338	8940	26357	124818
珠 海	12765	1171	2285	236	7781	1293
汕 头	22619	65	849		21145	560
佛 山	1121278	359483	634170	10137	61547	55941
韶 关	31553	4	199	6	31164	180
河 源	7215	147	1	485	6142	439
梅 州	3869	5	3		3856	5
惠 州	142444	30775	48297	980	19308	43083
汕 尾	13563	87	357	10	9287	3822
东 莞	710033	181802	426078	18118		84036
中 山	132400	36891	73497	2215	7383	12415
江 门	155893	29327	106561	1711	6532	11761
阳 江	2650	61	171		2167	250
湛 江	25800	6148	5886	400	9041	4324
茂 名	10254	445	646		8705	458
肇 庆	130164	38354	64173	4171	7960	15506
清 远	52026	5926	14129	338	16166	15467
潮 州	7721	31	3119	9	4424	138
揭 阳						
云 浮	16030	2285	3704	129	8953	960

14-12 续表 1

(2018年)　　单位：万元

市 别	总支出	1.经营支出	2.管理费用	其中：①干部报酬	②报刊费	3.其他支出
合 计	823941	514445	168160	66904	2481	141336
广 州	275515	181508	70450	26455	142	23557
珠 海	4921	2036	744	132	80	2141
汕 头	2471	1158	693	444	190	620
佛 山	119845	61101	33694	13144	231	25049
韶 关	532		193	-2	-7	339
河 源	2938	13	862	71	91	2063
梅 州	35		10			25
惠 州	42046	8891	9859	2980	132	23296
汕 尾	3049	55	1317	202	76	1677
东 莞	208192	186173	8287	12724	531	13732
中 山	40581	24767	9556	1370	184	6258
江 门	36959	21631	7722	3542	145	7606
阳 江	781	15	183	57	80	583
湛 江	27615	13953	5868	657	168	7793
茂 名	1930	56	982	254	82	893
肇 庆	28223	10481	7516	3081	86	10225
清 远	22889	1416	9022	1035	91	12451
潮 州	599	76	509	261	83	14
揭 阳						
云 浮	4820	1114	693	497	96	3013

14-12 续表 2

(2018年)　　单位：万元

市别	三、本年收益	四、年初未分配收益	五、其他转入	六、可分配收益	七、各项分配	1.提取公积金、公益金
合计	2989776	480807	120664	3291246	2696865	240803
广州	939924	337986	47832	1345143	961958	68569
珠海	7844	-2561	15658	12541	17775	89
汕头	20149		217	365	360	1
佛山	1001433	-14518	54951	778289	916350	72743
韶关	31020	462		482	2	2
河源	4278	294	21	593	20	
梅州	3834	327		1161		
惠州	100398	71793	547	125739	79047	3417
汕尾	10514	1721		4235	2501	3
东莞	501841			584541	439541	84022
中山	91819	-24212	-1016	91590	85023	1974
江门	118934	53566	280	173780	94079	3271
阳江	1869	300		169	60	
湛江	-1815	17637	706	32529	3170	497
茂名	8324	640	19	1084	1107	9
肇庆	101942	18787	299	108028	79980	4760
清远	29137	15494	76	20708	10709	962
潮州	7122	1134	2	3835	2351	265
揭阳						
云浮	11210	1955	1071	6436	2829	220

14-12 续表 3

(2018年)　　单位：万元

市别	2.提取应付福利费	3.外来投资分利	4.农户分配	5.其他分配	八、年末未分配收益
合计	218100	11516	2161099	65347	594380
广州	60335	8501	786488	38066	371839
珠海	21		17665		111
汕头	188		172		5
佛山	82106	285	741645	19571	12939
韶关					480
河源				20	573
梅州					1161
惠州	4875		70822	-66	76692
汕尾	386		1430	682	1734
东莞	45471		310049		
中山	9626	2638	70147	638	-10433
江门	9158	3	79709	1937	76701
阳江			24	36	108
湛江	569	4	1326	775	29359
茂名	8		811	278	-23
肇庆	3768	40	69935	1477	18047
清远	825	45	7013	1864	9998
潮州	489		1594	3	1484
揭阳					
云浮	275		2269	65	3607

十五、农村居民收入与消费

简要说明

一、2013 年国家统计局实行城乡住户调查一体化改革，将过去城镇与农村分别开展的调查体系，按照统一指标、统一方法、统一标准、统一调查、统一程序的原则，整合为城乡一体化住户调查新体系。由于新旧调查体系在调查范围和对象、城乡划分标准、样本抽选方法、计算和汇总方式、指标名称和口径等都发生了变化，新旧口径指标数据存在不可比因素。

二、旧调查体系的农村居民纯收入指标在新的调查体系中统一为城乡可比的可支配收入，旧调查体系中的城乡经营性收入、财产性收入与转移性收入在新的调查体系中统一为经营净收入、财产净收入与转移净收入。

三、2013 年起为新口径数据；15-1 表、15-2 表、15-4 表 2013 年以前的收入数据为旧调查体系的人均纯收入。

农村居民收入与消费

一、农村居民收入保持平稳增长态势，增速略有加快

据国家统计局广东调查总队城乡一体化住户抽样调查，2018 年广东农村居民收入平稳增长，增速有所加快，居民生活水平继续提高。调查显示，2018 年广东农村常住居民人均可支配收入 17167.7 元，同比增长 8.8%，增速同比提高 0.1 个百分点，扣除价格因素影响实际增长 6.8%。（见表 1）

（一）工资性收入增长 8.4%。

2018 年广东农村居民人均工资性收入 8510.7 元，同比增长 8.4%，增速同比提高 0.1 个百分点。主要的增收因素有：一是 2018 年广东经济继续保持平稳运行态势，城乡从业人员就业状况总体稳定，政府通过鼓励创业拉动就业，帮扶困难企业职工稳岗转岗等系列措施，多方保障就业率，为工资性收入增长提供了有力保障。二是政府提高最低工资标准，不少地区机关、企事业单位补发住房改革补贴或绩效奖金等大笔工资收入，推动各地居民工资收入增长。三是部分地区在 2018 年初面临用工荒，企业通过提高薪酬水平来吸引劳动力，务工人员的工资水平普遍提升。

（二）经营净收入增长 7.6%。

2018 年广东农村居民人均经营净收入 4432.7 元，同比增长 7.6%，增速比上年提高 1.5 个百分点。其中来自二、三产业经营净收入增长较快，达 1967.6 元，同比增长 12.5%，增速比上年提高 0.5 个百分点。

（三）财产净收入增长 8.2%。

2018 年广东农村居民人均财产净收入 448.9 元，增长 8.2%，来自出租房屋的收入是主要推动因素。

（四）转移净收入增长 11.3%。

2018 年广东农村居民人均转移净收入 3775.5 元，同比增长 11.3%。广东部分市县提高农村新型养老保险金，提高农村最低生活保障标准和困难群众救助补助标准，加上外出务工人员工资收入水平的提升，农村居民寄带回收入有较大幅增长，对农村居民转移性收入拉动较为明显。

表 1 2018 年广东农村居民收入增长情况

指标名称	单位	本年	上年	比上年 ±	增幅（%）
可支配收入	元	17167.7	15779.7	1388.0	8.8
一、工资性收入	元	8510.7	7854.6	656.0	8.4
二、经营净收入	元	4432.7	4118.6	314.0	7.6
三、财产净收入	元	448.9	414.8	34.1	8.2
四、转移净收入	元	3775.5	3391.7	383.8	11.3

二、农村居民消费支出增长特点

调查显示，2018 年广东农村居民人均生活消费支出 15411.3 元，同比增长 16.8%，增速比上年提高 1.5 个百分点。

从分类结构来看，八大类消费支出呈全面增长态势，其中医疗保健和交通通信消费支出增长最快，分别为 48.3% 和 35.6%；教育文化娱乐、居住、衣着和生活用品及服务消费支出较快增长，分别增

长 24.2%、15.6%、13.9%、13%；其他用品和服务和食品烟酒消费支出小幅增长，分别增长 8.5%、6.4%（见表 2）。

消费结构不断优化，发展型消费占比增长较快。一是满足基本生活需求的生存性消费食品烟酒类占比下降，2018 年农村居民家庭恩格尔系数为 36.6%，较上年下降 3.6 个百分点。二是发展型消费医疗保健、交通通信和教育文化娱乐消费占比提升，2018 年为 31%，较上年提高 4.2 个百分点。从消费倾向看，2018 年广东农村居民平均消费倾向为 89.8%，较上年提高了 6.2 个百分点。

推动农村居民生活消费支出快速增长的主要因素：一是随着农村居民生活质量的提高，农村居民日常生活保健意识不断增强。农村新型合作医疗保障体系不断完善，农村医保覆盖面不断扩大，使得越来越多的农村居民得到城乡医疗统筹的实惠。2018 年医疗保健支出快速增长，成为农村居民消费的“推动者”。二是随着农村居民收入水平的不断提高和教育文化产业的快速发展，农村居民对教育的重视程度和文化娱乐消费需求不断增加。三是随着农村居民购买力提高，农村汽车消费逐步旺盛，购车人数在增加，所购车辆的价值更高，推动交通通信支出增长。

表 2 2018 年广东农村居民生活消费支出情况

指标名称	单位	本年	上年	比上年±	增幅（%）
生活消费支出	**元**	**15411.3**	**13199.6**	**2211.7**	**16.8**
（一）食品烟酒	元	5641.2	5303.9	337.2	6.4
（二）衣着	元	523.6	459.5	64.1	13.9
（三）居住	元	3355.8	2902.4	453.3	15.6
（四）生活用品及服务	元	817.0	722.8	94.2	13.0
（五）交通通信	元	1930.4	1423.6	506.8	35.6
（六）教育文化娱乐	元	1473.0	1186.0	287.1	24.2
（七）医疗保健	元	1366.7	921.7	445.0	48.3
（八）其他用品和服务	元	303.6	279.7	23.9	8.5

15-1 农村常住居民收入与支出(1978-2018年)

年份	人均可支配收入(元)	增长速度			人均消费支出(元)	增长速度(%)			恩格尔系数(%)
		名义增长(上年为100)	实际增长(上年为100)	实际增长(1978年为100)		名义增长(上年为100)	实际增长(上年为100)	实际增长(1978年为100)	
1978	193.25	7.9		100.0	184.89	-2.6		100.0	61.7
1979	222.72	15.2	13.6	113.6	205.18	11.0	10.1	110.1	59.9
1980	274.37	23.2	19.4	135.6	222.22	8.3	3.9	114.4	60.4
1981	325.37	18.6	11.4	151.1	266.05	19.7	12.1	128.2	59.3
1982	381.79	17.3	12.7	170.3	312.44	17.4	16.2	149.0	58.4
1983	395.92	3.7	7.0	182.2	328.76	5.2	6.3	158.4	60.3
1984	425.34	7.4	7.2	195.3	346.19	5.3	5.0	166.3	59.3
1985	495.31	16.5	9.8	214.5	388.00	12.1	5.7	175.8	60.4
1986	546.43	10.3	7.6	230.8	454.06	17.0	11.1	195.3	58.8
1987	662.24	21.2	11.1	256.4	545.25	20.1	9.5	213.9	57.3
1988	808.70	22.1	2.7	263.3	684.67	25.6	3.2	220.7	55.2
1989	955.02	18.1	2.0	268.6	870.59	27.2	7.3	236.8	53.7
1990	1043.03	9.2	1.6	272.9	932.63	7.1	-0.3	236.1	57.7
1991	1143.06	9.6	9.4	298.5	942.40	1.1	1.2	238.9	57.4
1992	1307.65	14.4	10.4	329.6	1060.29	12.5	8.8	259.9	54.0
1993	1674.78	28.1	6.1	349.7	1391.01	31.2	6.8	277.6	52.8
1994	2181.52	30.3	3.8	363.0	1882.00	35.3	3.6	287.6	55.6
1995	2699.24	23.7	6.5	386.6	2255.01	19.8	5.3	302.9	54.5
1996	3183.46	17.9	7.6	415.9	2584.16	14.6	6.9	323.8	51.6
1997	3467.69	8.9	4.2	433.4	2617.65	1.3	0.3	324.7	52.3
1998	3527.14	1.7	3.4	448.2	2683.18	2.5	3.8	337.1	51.1
1999	3628.93	2.9	6.2	475.9	2645.94	-1.4	1.7	342.8	50.7
2000	3654.48	0.7	0.9	480.2	2646.02	…	…	342.9	49.8
2001	3769.79	3.2	3.5	497.0	2703.36	2.2	2.5	351.4	49.9
2002	3911.91	3.8	5.1	522.4	2825.01	4.5	6.0	372.5	47.6
2003	4054.58	3.6	3.4	540.1	2927.35	3.6	3.4	385.2	47.9
2004	4365.87	7.7	4.0	561.8	3240.78	10.7	6.7	411.0	48.8
2005	4690.49	7.4	4.5	587.0	3707.73	14.4	11.4	457.9	48.3
2006	5079.78	8.3	6.4	624.6	3885.97	4.8	3.2	472.6	48.6
2007	5624.04	10.7	6.5	665.5	4202.32	8.1	4.5	493.8	49.7
2008	6399.77	13.8	7.6	715.8	4872.96	15.9	9.6	541.3	49.0
2009	6906.93	7.9	10.7	792.4	5019.81	3.0	5.3	570.0	48.3
2010	7890.25	14.2	10.3	874.0	5515.58	9.9	6.5	607.1	47.7
2011	9371.73	18.8	11.9	978.0	6725.55	21.9	15.5	701.2	49.1
2012	10542.84	12.5	9.3	1069.0	7458.56	10.9	7.8	755.9	49.1
2013	11067.79	10.7	7.8	1152.4	8937.76	11.9	9.0	823.9	42.1
2014	12245.56	10.6	8.3	1248.0	10043.21	12.4	10.1	907.1	39.5
2015	13360.44	9.1	7.7	1344.1	11103.03	10.6	9.2	990.4	40.6
2016	14512.15	8.6	6.5	1431.5	12414.84	11.8	9.6	1085.5	40.4
2017	15779.74	8.7	7.8	1543.2	13199.62	6.3	5.5	1145.2	40.2
2018	17167.74	8.8	6.8	1648.1	15411.31	16.8	14.6	1312.4	36.6

注：2012年前"人均可支配收入"称为"人均纯收入"。

15-2 历年农村常住居民家庭基本情况

(1949—2018年)

年份	平均每户常住人口(人)	人均可支配收入(元)	人均消费支出(元)	农村居民家庭恩格尔系数(%)	农村人均住房建筑面积(平方米)
1949	4.67	55.62	67.85	73.4	
1950					
1952	4.65	85.32	78.76	67.7	
1957	4.63	108.19	96.61	68.0	
1962		142.60	114.08		
1965		107.73	99.11		
1970					
1975	6.38	143.83	151.42	63.3	
1978	5.99	193.25	184.89	61.7	8.73
1979	6.01	222.72	205.18	59.9	9.10
1980	6.18	274.37	222.22	60.4	10.51
1981	6.22	325.37	266.05	59.3	11.67
1982	6.12	381.79	312.44	58.4	11.39
1983	6.02	395.92	328.76	60.3	12.85
1984	5.99	425.34	346.19	59.3	14.42
1985	5.95	495.31	388.00	60.4	14.87
1986	5.91	546.43	454.06	58.8	15.58
1987	5.87	662.24	545.25	57.3	15.78
1988	5.79	808.70	684.67	55.2	16.39
1989	5.69	955.02	870.59	53.7	17.11
1990	5.65	1043.03	932.63	57.7	17.39
1991	5.51	1143.06	942.40	57.4	18.03
1992	5.49	1307.65	1060.29	54.0	18.77
1993	5.39	1674.78	1391.01	52.8	20.56
1994	5.38	2181.52	1882.00	55.6	20.51
1995	5.36	2699.24	2255.01	54.5	20.83
1996	5.25	3183.43	2584.16	51.6	22.32
1997	5.17	3467.69	2617.65	52.3	23.78
1998	5.15	3527.14	2683.18	51.1	24.83
1999	5.08	3628.93	2645.94	50.7	25.94
2000	5.15	3654.48	2646.02	49.8	22.42
2001	5.10	3769.79	2703.36	49.9	23.39
2002	5.08	3911.91	2825.01	47.6	24.07
2003	5.04	4054.58	2927.35	47.9	24.79
2004	5.01	4365.87	3240.78	48.8	25.48
2005	5.00	4690.49	3707.73	48.3	25.71
2006	4.98	5079.78	3885.97	48.6	26.60
2007	5.00	5624.04	4202.32	49.7	27.24
2008	5.00	6399.77	4872.96	49.0	27.89
2009	4.99	6906.93	5019.81	48.3	28.70
2010	4.95	7890.25	5515.58	47.7	29.23
2011	4.84	9371.73	6725.55	49.1	30.73
2012	4.82	10542.84	7458.56	49.1	31.67
2013	3.71	11067.79	8937.76	42.1	34.92
2014	3.54	12245.56	10043.21	39.5	39.32
2015	3.60	13360.44	11103.03	40.6	42.14
2016	3.69	14512.15	12414.84	40.4	43.92
2017	3.65	15779.74	13199.62	40.2	45.27
2018	3.45	17167.74	15411.31	36.6	47.13

注：农村人均住房建筑面积在1985年前称“人均居住面积”，2012年前称“人均生活住房面积”。

15-3 主要年份农村常住居民家庭生活基本情况

项　　目	单　位	2000年	2005年	2010年	2015年	2018年
人均可支配收入	**元**	**3654.48**	**4690.49**	**7890.25**	**13360.44**	**17167.74**
工资性收入	元	1362.16	2562.39	4799.52	6724.01	8510.68
经营净收入	元	2002.93	1731.97	2203.74	3590.14	4432.67
财产净收入	元	73.68	167.25	401.15	337.01	448.93
转移净收入	元	215.71	228.88	485.85	2709.27	3775.47
人均消费支出	**元**	**2646.02**	**3707.73**	**5515.58**	**11103.03**	**15411.31**
食品烟酒	元	1317.48	1789.42	2630.05	4511.34	5641.17
衣　　着	元	104.21	143.50	215.51	367.13	523.56
居　　住	元	378.86	530.30	986.70	2494.84	3355.77
生活用品及服务	元	125.65	152.12	235.01	654.65	817.03
交通通信	元	205.52	411.64	637.08	1160.44	1930.41
教育文化娱乐	元	313.46	360.73	326.53	952.41	1473.04
医疗保健	元	100.31	203.85	307.43	723.15	1366.73
其他用品和服务	元	100.53	116.17	177.27	239.09	303.60
消费支出构成	**(%)**	**100.0**	**100.0**	**100.0**	**100.0**	**100.0**
食品烟酒	(%)	49.8	48.3	47.7	40.6	36.6
衣　　着	(%)	3.9	3.9	3.9	3.3	3.4
居　　住	(%)	14.3	14.3	17.9	22.5	21.8
生活用品及服务	(%)	4.7	4.1	4.3	5.9	5.3
交通通信	(%)	7.8	11.1	11.6	10.5	12.5
教育文化娱乐	(%)	11.9	9.7	5.9	8.6	9.6
医疗保健	(%)	3.8	5.5	5.6	6.5	8.9
其他用品和服务	(%)	3.8	3.1	3.2	2.2	2.0

注：2013年起为新口径数据。

15-4 农村常住居民家庭平均每百户主要耐用物品年末拥有量

年 份	家 用 小汽车 （辆）	摩托车 （辆）	洗衣机 （台）	电冰箱 （台）	彩 色 电视机 （台）	空调机 （台）	热水器 （台）	电话机 （台）	移动电话 （部）	计算机 （台）
1980										
1981										
1982										
1983			0.17	0.03						
1984			0.06	0.06						
1985		0.34	0.17	0.03	1.84					
1986		0.52	0.45	0.24	3.53					
1987		0.97	1.53	0.23	4.39					
1988		1.12	2.46	0.45	5.45			1.20		
1989		1.71	3.57	0.83	7.29					
1990		1.84	4.26	1.17	9.80			1.20		
1991		2.11	4.84	1.13	12.42					
1992		4.04	5.54	2.17	16.38					
1993		8.19	10.56	5.08	23.10	0.24		3.83		
1994		12.34	12.58	6.73	28.83	0.40		6.49		
1995		15.73	14.88	7.90	34.35	0.65	5.56	9.40		
1996		22.50	17.89	9.34	38.98	0.51	8.67	14.34		
1997		26.56	18.91	9.92	46.09	0.66	10.27	20.94		
1998		34.02	20.27	11.02	55.43	1.29	12.50	26.09		
1999		40.74	22.07	11.88	63.09	1.48	16.25	32.03		
2000	0.35	54.18	25.00	15.12	73.20	3.05	20.94	40.82	14.49	1.95
2001	0.94	59.02	26.56	16.17	79.45	3.28	23.59	49.30	24.88	4.96
2002	0.51	64.49	28.24	18.32	84.57	4.73	26.80	59.22	38.79	6.99
2003	0.70	71.41	28.28	18.95	92.27	7.07	30.39	70.20	55.82	5.04
2004	0.86	77.07	29.02	20.35	96.13	9.30	33.48	78.01	79.30	6.33
2005	0.94	86.88	29.49	24.73	103.91	18.13	38.67	82.38	116.41	9.26
2006	2.15	89.73	31.88	27.54	108.44	20.27	42.07	85.78	132.58	10.23
2007	1.91	94.34	34.77	31.68	111.72	24.49	45.70	83.67	149.53	12.46
2008	2.03	97.81	37.07	34.88	114.18	27.77	48.28	85.16	162.81	14.26
2009	2.70	101.56	40.55	41.33	116.60	30.98	51.64	82.15	184.38	16.21
2010	3.98	107.11	45.78	49.10	119.26	36.17	57.89	82.38	203.83	19.53
2011	5.86	107.90	50.84	60.94	116.94	50.58	62.58	68.58	241.97	29.52
2012	6.60	108.16	55.16	66.39	118.32	55.29	65.94	69.29	244.48	31.68
2013	8.97	101.20	52.45	66.10	113.24	45.04	64.98	54.12	236.45	27.23
2014	7.48	108.06	54.43	68.36	114.28	46.67	69.36	60.49	248.41	30.40
2015	10.67	116.95	64.82	78.29	117.22	62.15	77.71	55.31	267.18	33.93
2016	14.63	122.27	74.43	84.90	119.49	81.17	84.93	46.06	279.89	37.73
2017	17.57	123.63	78.46	87.93	120.47	91.33	88.49	42.75	287.12	41.61
2018	22.73	116.73	84.71	92.94	116.51	113.53	94.02	31.06	290.44	35.29

15-5 2018年各市农村常住居民人均可支配收入和消费支出

市别	人均可支配收入（元/人）	城乡居民收入比	人均消费支出（元/人）
广州	26020.1	2.3	20633.9
珠海	26198.4	1.9	20474.7
汕头	16246.1	1.8	14054.2
佛山	28764.7	1.8	19905.6
韶关	15433.7	2.0	12719.5
河源	14620.3	1.7	12438.4
梅州	15173.3	1.8	13221.5
惠州	21039.1	1.9	16900.2
汕尾	14851.5	1.8	12258.2
东莞	32276.9	1.6	25354.5
中山	32263.3	1.5	22603.3
江门	18153.6	2.0	13041.6
阳江	16799.1	1.7	13656.4
湛江	15888.9	1.8	11732.8
茂名	16950.8	1.6	13487.4
肇庆	17695.7	1.7	11358.5
清远	15162.9	1.9	13047.7
潮州	14944.5	1.6	12399.6
揭阳	14421.7	1.8	12138.1
云浮	15240.3	1.6	11761.9
按经济区域分			
珠三角	22805.6		16956.1
粤东西北	15570.2		12684.4
东翼	15013.2		12655.0
西翼	16434.7		12691.6
山区	15111.5		12700.5

注：1.城乡居民收入比=城镇居民人均可支配收入/农村居民人均可支配收入。

2.深圳因完全城市化，无相关数据。

3.珠三角地区9市：广州、深圳、珠海、佛山、惠州、东莞、中山、江门、肇庆市。

4.粤东西北地区12市：汕头、韶关、河源、梅州、汕尾、阳江、湛江、茂名、清远、潮州、揭阳和云浮市。

5.粤东地区4市：汕头、汕尾、潮州、揭阳市。

6.粤西地区3市：阳江、湛江、茂名市。

7.山区地区5市：韶关、河源、梅州、清远、云浮市。

15-6 各县（市、区）农村常住居民人均可支配收入

(2018年)　　　　单位：元/人

县(市、区)别	人均可支配收入	县(市、区)别	人均可支配收入
广州市	**26020.1**	**河源市**	**14620.3**
白云区	26242.5	源城区	20149.3
黄埔区	35419.0	紫金县	14623.1
番禺区	35845.8	龙川县	14777.1
花都区	25150.1	连平县	14223.3
南沙区	30933.7	和平县	14052.2
从化区	19746.0	东源县	14967.4
增城区	23726.4	**梅州市**	**15173.3**
珠海市	**26198.4**	梅江区	19886.4
斗门区	26198.4	梅县区	18735.2
金湾区		大埔县	13742.9
汕头市	**16246.1**	丰顺县	13275.0
龙湖区	19062.1	五华县	12921.4
金平区		平远县	16486.6
濠江区	16423.1	蕉岭县	15996.1
潮阳区	15761.5	兴宁市	17441.5
潮南区	15378.1	**惠州市**	**21039.1**
澄海区	17600.4	惠城区	21900.3
南澳县	12313.4	惠阳区	23269.1
佛山市	**28764.7**	博罗县	20650.2
南海区	33491.4	惠东县	20900.4
顺德区		龙门县	19151.2
三水区	27318.8	大亚湾区	22505.0
高明区	24161.1	仲恺区	22791.3
韶关市	**15433.7**	**汕尾市**	**14851.5**
武江区	18580.5	城　区	15352.1
浈江区	17767.4	海丰县	15816.4
曲江区	16767.5	陆河县	11529.9
始兴县	15617.9	陆丰市	14823.0
仁化县	16930.5	**江门市**	**18153.6**
翁源县	14416.1	蓬江区	
乳源县	14340.0	新会区	20851.2
新丰县	14064.6	台山市	17248.1
乐昌市	14811.2	开平市	19166.3
南雄市	14962.1	鹤山市	17610.5

15-6　续表 1

(2018年)　　单位：元/人

县(市、区)别	人均可支配收入	县(市、区)别	人均可支配收入
恩平市	14455.8	封开县	14473.4
阳江市	**16799.1**	德庆县	19156.8
江城区	18370.3	四会市	23350.8
阳东区	17577.5	**清远市**	**15162.9**
阳西县	16515.9	清城区	19479.4
阳春市	15905.1	清新区	15514.9
湛江市	**15888.9**	佛冈县	14889.2
赤坎区		阳山县	14174.0
霞山区	16396.8	连山县	12643.5
坡头区	15910.1	连南县	13024.4
麻章区	16716.8	英德市	15468.1
遂溪县	16389.2	连州市	13126.2
徐闻县	16429.7	**潮州市**	**14944.5**
廉江市	16807.4	湘桥区	16446.4
雷州市	13003.0	潮安区	16258.0
吴川市	19750.5	饶平县	14373.5
开发区	16575.7	**揭阳市**	**14421.7**
茂名市	**16950.8**	揭东区	17057.1
茂南区	17090.1	揭西县	11330.0
电白区	17089.4	惠来县	12846.7
高州市	16970.5	普宁市	15302.5
化州市	16950.5	**云浮市**	**15240.3**
信宜市	16626.9	云城区	15948.5
肇庆市	**17695.7**	云安区	14886.1
鼎湖区	23677.7	新兴县	16990.1
高要区	20215.4	郁南县	14693.9
广宁县	14804.8	罗定市	14733.8
怀集县	15415.6		

注：城乡住户调查一体化改革后，针对城乡范围的划分标准发生了变化，部分原属于农村范围的地区改革后划归到城镇。部分市辖区全部属城镇范围，没有农村常住居民的数据。

十六、农村科技与教育

16-1 农业科研和技术开发机构基本情况

项 目	单位	2000年	2005年	2010年	2011年	2012年
一、机构与人员						
机构数	个	94	73	74	74	71
职工人数	人	6179	4577	4737	4680	4654
从事科技活动人员	人	3149	2731	3040	3026	3101
科学家工程师	人	1532	1369			
其他科技人员	人	902				
辅助人员	人					
高级职称	人	492	564	706	679	750
中级职称	人	806	742	829	825	840
初级职称	人	918	689			
其他	人		736	1505	1522	1511
二、经费收入与支出						
经费收入总额	万元	80061	56023	113262	111675	122042
政府拨款	万元	27640	36105	87151	83770	91091
事业收入	万元	3693	5734			
贷款	万元	5638	155			
其他	万元	37091	14029	26111	27905	30951
经费支出总额	万元	75919	52078	106554	104660	127249
劳务费	万元	16301	15999	24313	10192	15621
科研业务费	万元	21007	22399	56449	71917	82288
管理费	万元	3794				
资产购建支出	万元	8523	6002			
生产性支出	万元	19865	7571	12406	11275	12186
其他支出	万元	6430	107	13386	11276	17154
三、课题活动与产出						
科技活动课题数	个	980	1046	1406	1302	1376
当年开题	个	290	407			
当年完成	个	492	403			
课题投入人员	人年	2002	2168	2526	2425	2541
#科学家工程师	人年	1202	1200			
课题投入经费	万元	13033	12890	27494	31371	35841
科学论文合计	篇	1043	973	1353	1183	1224
#国外发表	篇	16	21	70	104	88
科技著作合计	种	53	50	29	28	19
四、科学仪器设备合计	**万元**	**9500**	**11660**			
90年代	万元	7432	7000			
80年代	万元	1354	3899			
70年代	万元	375	584			

16-1 续表

项　　目	单位	2014	2015	2016	2017	2018
一、机构与人员						
机构数	个	74	76	76	76	73
职工人数	人	4969	4983	4781	4760	4289
从事科技活动人员	人	3438	3502	3611	3651	3432
科学家工程师	人					
其他科技人员	人					
辅助人员	人					
高级职称	人	957	1012			
中级职称	人	1050	1056			
初级职称	人					
其他	人	1431	1434			
二、经费收入与支出						
经费收入总额	万元	153145	205404.7	218144.3	246696.6	212921.7
政府拨款	万元	114807	157170.4	167166.2	186377.9	179283.3
事业收入	万元					
贷款	万元					
其他	万元	38338	48234.3	50978.1	60318.7	33638.4
经费支出总额	万元	149259	184867.5	204384.9	228659.7	198783.3
劳务费	万元	15649	17634.3	21002.4	23540.4	16281.2
科研业务费	万元	91489	117576.2	136151.5	150014.8	133518.3
管理费	万元					
资产购建支出	万元					
生产性支出	万元	14762	15114.8	13671.1	13758.1	14092.4
其他支出	万元	27359	34542.2	33559.9	41346.4	34891.4
三、课题活动与产出						
科技活动课题数	个	1392	1688	1813	1918	1631
当年开题	个					
当年完成	个					
课题投入人员	人年	2657	2631	2636	2780	2390
#科学家工程师	人年					
课题投入经费	万元	37564	50350.6	56237.8	56224.5	42623.5
科学论文合计	篇	1505	1519	1680	1681	1383
#国外发表	篇	317	339	365	393	308
科技著作合计	种	38	41	49	44	43
四、科学仪器设备合计	**万元**					
90年代	万元					
80年代	万元					
70年代	万元					

16–2 各市农村科普活动开展情况

地 区	农村专业技术协会		农村科普示范基地	科普示范街道（乡镇）	科普示范社区（村）	科普示范（户）
	个数	会员数				
	个	人	个	个	个	个
全 省	**963**	**108492**	**644**	**184**	**1449**	**3398**
省本级	1	368		7	378	
广州市	49	4712	84	66	68	24
深圳市					52	
珠海市						
汕头市	60	5360	71	13	146	336
佛山市	22	1692	15	4	73	15
韶关市	66	5817	3	4	24	2
河源市	59	14404	48	18	43	105
梅州市	45	2258	37		14	
惠州市	23	1628	68		78	322
汕尾市	31	788	9	12	31	219
东莞市				3	160	9
中山市	17	28	12		15	
江门市	169	10881	23	18	13	1439
阳江市	43	12044	37	11	35	543
湛江市	123	7498	44	15	52	239
茂名市	16	18180	71		26	
肇庆市	90	8930	77		77	145
清远市	80	7341	7	13	139	
潮州市	32	5745	18		16	
揭阳市	30	483	7		6	
云浮市	7	335	13		3	

十七、分区域主要经济指标

17-1 主要农作物播种面积

(2018年)　　单位：公顷

项　　目	珠江三角洲	东翼	西翼	山区
农作物总播种面积	**1232031**	**516490**	**1285115**	**1245724**
一、粮食作物总计	**527210**	**318367**	**635465**	**669999**
按品种分				
稻谷	448411	226732	528393	583857
早稻	217287	112534	234457	274915
晚稻	231124	114198	293936	308942
小麦		7	350	64
旱粮	73086	86466	99136	72752
薯类	41026	75908	54705	28174
大豆	5713	5162	7586	13325
二、经济作物	**167482**	**33819**	**326975**	**200626**
甘蔗	13104	1463	148759	9231
糖蔗	2677	68	141681	4355
油料作物	63049	26960	123475	127508
花生	62380	24549	121347	124207
麻类	13	24	20	11
烟叶	1239	4	1465	14766
木薯	17740	2446	17198	27590
药材	6816	1335	19822	14360
其他经济作物	65522	1587	16235	7219
三、其他作物	**537340**	**164304**	**322675**	**375040**
蔬菜	498175	155913	307218	310937

17-2 主要农作物总产量

(2018年) 单位：吨

项目	珠江三角洲	东翼	西翼	山区
一、粮食作物总计	**2814791**	**1886898**	**3422951**	**3810259**
按品种分				
稻谷	2471384	1380534	2969611	3499171
早稻	1221271	704459	1400228	1673941
晚稻	1250113	676075	1569383	1825230
小麦		20	1259	221
旱粮	154909	58968	193917	171106
薯类	173106	433497	236400	103696
大豆	15392	13879	21764	36065
二、经济作物				
甘蔗	1346264	108197	11859579	812813
糖蔗	262667	5120	11380418	431482
油料作物	179095	75458	402608	405354
花生	177398	70301	398722	397601
麻类	25	86	47	32
烟叶	3178	12	4430	35703
木薯	347903	73300	395811	527769
三、其他作物				
蔬菜	12736845	5088127	7745734	7731648

17-3　茶叶、桑叶、水果面积及产量

(2018年)　　单位：公顷、吨

项　　目	珠江三角洲	东翼	西翼	山区
一、茶叶年末实有面积	**5664**	**17380**	**3185**	**37160**
茶叶总产量	8956	39747	7859	43309
二、桑地年末实有面积	**662**		**13446**	**11118**
桑叶总产量	18994		655844	298012
三、水果年末实有面积	**252619**	**110353**	**374794**	**244561**
水果总产量	3852721	1291943	6766191	3567278
柑桔橙年末实有面积	84549	9124	17400	77729
柑桔橙总产量	1820016	163426	248700	1198521
香(大)蕉年末实有面积	28692	9395	61489	9169
香(大)蕉总产量	913570	229276	2915525	170041
菠萝年末实有面积	1334	5089	27713	268
菠萝总产量	15328	79851	925149	3073
荔枝年末实有面积	71197	29725	127513	16572
荔枝总产量	326810	198106	808475	69708
龙眼年末实有面积	25088	11186	67423	10313
龙眼总产量	174413	102583	566486	81641

17-4　畜牧头数及产肉类量

(2018年)

项　　目	单位	珠江三角洲	东翼	西翼	山区
一、黄、水牛年末存栏头数	**头**	**264021**	**107380**	**496854**	**277670**
二、奶牛年末存栏头数	**头**	**30499**	**4260**	**7666**	**17250**
奶类产量	吨	86096	6444	15524	30894
三、山羊年末存栏只数	**只**	**136604**	**39579**	**278038**	**475428**
四、生猪年末存栏头数	**头**	**4856647**	**1676087**	**7492943**	**6216945**
能繁殖母猪	头	529858	179352	805162	665425
肉猪出栏头数	头	10713968	3294800	13519149	10046050
五、肉类产量	**吨**	**1358345**	**403770**	**1449424**	**1287455**
猪肉	吨	811751	238208	1021390	743813
牛肉	吨	8018	8169	14891	9648
羊肉	吨	4167	1023	5556	8942
禽肉	吨	506026	140797	389950	495734
兔肉	吨	2839	364	1682	5508
其他肉	吨	25544	15209	15955	23810
六、禽蛋产量	**吨**	**128059**	**46853**	**107487**	**110008**

17-5 珠江三角洲林业主要经济指标

项　　目	计算单位	2018年	2017年	2018年比2017年增长（%）	2018年占全省比重（%）
一、森林资源					
林业用地面积	千公顷				
有林地面积	千公顷				
活立木总蓄积量	万立方米				
森林覆盖率	%				
二、林业产业总产值（当年价）	**万元**	**63659988**	**61703640**	**3.07**	**77.94**
第一产业产值	万元	4795154	4592781	4.22	48.27
第二产业产值	万元	46784360	44895589	4.04	87.76
第三产业产值	万元	12080474	12215270	-1.12	65.55
三、营林生产					
造林面积	公顷	5787	5287	8.64	6.79
人工更新面积	公顷	14424	15095	-4.65	66.2
低效林改造面积	公顷	9016	13251	-46.97	15.4
育苗面积	公顷	1582	2847	-79.96	38.77
中幼龄林抚育面积	公顷	104904	130111	-24.03	20.79
四、主要林产品产量					
油桐籽	吨	741	696	6.07	8.52
油茶籽	吨	13004	8846	31.97	8.72
松脂	吨	89757	87242	2.8	36.19
五、森工主要产品产量					
1、商品材	万立方米	340.23	337.65	0.76	39.57
原木	万立方米	313.86	316.77	-0.93	40.12
薪材	万立方米	26.36	20.88	20.79	33.95
2、大径竹	万根	7454.59	6112.73	18	33.48
毛竹	万根	1765.1	1953.71	-10.69	29.11
其它竹	万根	5689.5	4159.01	26.9	35.12
3、松香类产品	吨	118500	111395	6	78.7
六、林业系统职工人数	**人**	**9062**	**8352**	**7.83**	**34.18**
林业系统职工工资总额	万元	109058	89543	17.89	47.19
七、自年初累计完成投资	**万元**	**376969**	**360600**	**4.34**	**43.44**
其中：生态建设与保护	万元	172247	144606	16.05	36.08
林业支撑与保障	万元	160520	167800	-4.54	52.2
林业产业发展	万元	19404	13943	28.14	39.27

17-6　山区林业主要经济指标

项　　目	计算单位	2018年	2017年	2018年比2017年增长（%）	2018年占全省比重（%）
一、森林资源					
林业用地面积	千公顷				
有林地面积	千公顷				
活立木总蓄积量	万立方米				
森林覆盖率	%				
二、林业产业总产值（当年价）	**万元**	**8281122**	**8069673**	**2.55**	**10.14**
第一产业产值	万元	2842505	2624545	7.67	28.61
第二产业产值	万元	1675546	1716426	-2.44	3.14
第三产业产值	万元	3763071	3728702	0.91	20.42
三、营林生产					
造林面积	公顷	45718	46259	-1.18	53.67
迹地更新面积	公顷	3377	12304	-264.35	15.5
低产林改造面积	公顷	32202	27085	15.89	55
育苗面积（本年新育）	公顷	1029	994	3.4	25.22
中幼龄林抚育面积	公顷	279988	259484	7.32	55.49
四、主要林产品产量					
油桐籽	吨	7728	6550	15.24	88.82
油茶籽	吨	129107	109975	14.82	86.54
松脂	吨	116994	112053	4.22	47.17
五、森工主要产品产量					
1、木材	万立方米	354.93	318.26	10.33	41.28
原木	万立方米	325.84	287.59	11.74	41.65
薪材	万立方米	29.1	30.67	-5.4	37.48
2、竹材	万根	4677.65	4421.1	5.48	21.01
毛竹	万根	2274.94	2086.68	8.28	37.52
篙竹	万根	2402.71	2334.42	2.84	14.83
3、松香类产品	吨	27723	40408	-45.76	18.41
六、林业系统职工人数	**人**	**11045**	**10531**	**4.65**	**41.66**
林业系统职工工资总额	万元	85684	107383	-25.32	37.08
七、自年初累计完成投资	**万元**	**355289**	**327680**	**7.77**	**40.94**
其中：生态建设与保护	万元	217591	222777	-2.38	45.57
林业支撑与保障	万元	112486	80217	28.69	36.58
林业产业发展	万元	19229	19311	-0.43	38.91

17-7 东西两翼林业主要经济指标

2018年

项 目	计算单位	合计	东翼	西翼	东西两翼占全省比重（%）
一、森林资源					
林业用地面积	千公顷				
有林地面积	千公顷				
活立木总蓄积量	万立方米				
森林覆盖率	%				
二、林业产业总产值（当年价）	**万元**	**9734658**	**2774809**	**6959849**	**11.92**
第一产业产值	万元	2297126	511068	1786058	23.12
第二产业产值	万元	4851706	1292121	3559585	9.1
第三产业产值	万元	2585826	971620	1614206	14.03
三、营林生产					
造林面积	公顷	33673	23125	10548	39.53
迹地更新面积	公顷	3989	1032	2957	18.31
低产林改造面积	公顷	17326	10957	6369	29.59
育苗面积（本年新育）	公顷	1469	743	726	36
中幼龄林抚育面积	公顷	119714	58554	61160	23.72
四、主要林产品产量					
油桐籽	吨	232	7	225	2.67
油茶籽	吨	7083	1557	5526	4.75
松脂	吨	41264	552	40712	16.64
五、森工主要产品产量					
1、木材	万立方米	164.75	33.93	130.82	19.16
原木	万立方米	142.56	27.27	115.29	18.22
薪材	万立方米	22.19	6.66	15.52	28.58
2、竹材	万根	10132.12	610.12	9521.99	45.51
毛竹	万根	2023.4	368.59	1654.81	33.37
篙竹	万根	8108.72	241.54	7867.18	50.05
3、松香类产品	吨	4350	0	4350	2.89
六、林业系统职工人数	**人**	**6405**	**2167**	**4238**	**24.16**
林业系统职工工资总额	万元	36350	12342	24007	15.73
七、自年初累计完成投资	**万元**	**135532**	**55742**	**79790**	**15.62**
其中：生态建设与保护	万元	87625	43035	44590	18.35
林业支撑与保障	万元	34523	10826	23697	11.23
林业产业发展	万元	10782	696	10086	21.82

17-8 珠江三角洲渔业现状概况

项　　目	单位	2018年	2017年	2018年比2017年增长(%)	2018年全省	2018年占全省比重(%)
渔业乡	个	22	25	-12.0	88	25.0
渔业村	个	310	297	4.4	1004	30.9
渔业人口	个	597430	600469	-0.5	2258525	26.5
水产品产量	吨	3283132	3225296	1.8	8434971	38.9
其中：海洋捕捞	吨	271997	198665	36.9	1398319	19.5
海水养殖	吨	451501	442450	2.0	3167259	14.3
淡水捕捞	吨	65471	70850	-7.6	115295	56.8
淡水养殖	吨	2549278	2474213	3.0	3817456	66.8
水产品产值	亿元	540	503	7.4	1225	44.1
其中：海洋捕捞	亿元	45	44	2.9	212	21.3
海水养殖	亿元	59	61	-3.5	411	14.3
淡水捕捞	亿元	5	4	10.1	11	46.3
淡水养殖	亿元	418	394	6.1	560	74.7
水产养殖总面积	公顷	217723	218210	-0.2	478897	45.5
其中：海水养殖	公顷	44039	44057	0.0	165614	26.6
淡水养殖	公顷	173684	174153	-0.3	313283	55.4

17-9 山区渔业现状概况

项　　目	单位	2018年	2017年	2018年比2017年增长(%)	2018年全省	2018年占全省比重(%)
渔业人口	个	258052	258326	-0.1	2258525	11.4
水产品产量	吨	461755	355208	30.0	8434971	5.5
水产品产值	亿元	62	54	16.0	1225	5.1
淡水养殖面积	公顷	55952	55549	0.7	313283	17.9
产量	吨	441768	435567	1.4	3817456	11.6
单产	千克/公顷	7895	7841	0.7	12185	64.8
其中：池塘面积	公顷	37461	34806	7.6	244478	15.3
产量	吨	362322	356480	1.6	3491612	10.4
单产	千克/公顷	9672	10242	-5.6	14282	67.7
水库面积	公顷	16535	15154	9.1	58424	28.3
产量	吨	68204	68307	-0.2	230794	29.6
单产	千克/公顷	4125	4507	-8.5	3950	104.4

17-10 东翼地区渔业现状概况

项 目	单位	2018年	2017年	2018年比2017年增长(%)	2018年全省	2018年占全省比重(%)
渔业乡	个	38	46	-17.4	88	43.2
渔业村	个	264	280	-5.7	1004	26.3
渔业人口	个	561756	589876	-4.8	2258525	24.9
水产品产量	吨	1373326	1352423	1.5	8434971	16.3
其中：海洋捕捞	吨	411569	460246	-10.6	1398319	29.4
海水养殖	吨	693036	639790	8.3	3167259	21.9
淡水捕捞	吨	12211	13878	-12.0	115295	10.6
淡水养殖	吨	256510	238509	7.5	3817456	6.7
水产品产值	亿元	178	162	10.2	1225	14.6
其中：海洋捕捞	亿元	56	51	9.8	212	26.4
海水养殖	亿元	85	79	8.2	411	20.7
淡水捕捞	亿元	2	2	-17.4	11	14.2
淡水养殖	亿元	32	30	4.7	560	5.6
水产养殖总面积	公顷	54987	52134	5.5	478897	11.5
其中：海水养殖	公顷	33616	31433	6.9	165614	20.3
淡水养殖	公顷	21370	20701	3.2	313283	6.8

17-11 西翼地区渔业现状概况

项 目	单位	2018年	2017年	2018年比2017年增长(%)	2018年全省	2018年占全省比重(%)
渔业乡	个	28	28		88	31.8
渔业村	个	386	386		1004	38.4
渔业人口	个	841287	836253	0.6	2258525	37.2
水产品产量	吨	3316758	3304545	0.4	8434971	39.3
其中：海洋捕捞	吨	714753	782452	-8.7	1398319	51.1
海水养殖	吨	2022722	1946830	3.9	3167259	63.9
淡水捕捞	吨	17626	18086	-2.5	115295	15.3
淡水养殖	吨	569900	548595	3.9	3817456	14.9
水产品产值	亿元	444	423	5.0	1225	36.2
其中：海洋捕捞	亿元	111	111	-0.1	212	52.3
海水养殖	亿元	267	259	3.3	411	65.0
淡水捕捞	亿元	2	2	-0.1	11	16.4
淡水养殖	亿元	55	52	6.1	560	9.8
水产养殖总面积	公顷	150236	147878	1.6	478897	31.4
其中：海水养殖	公顷	87960	86200	2.0	165614	53.1
淡水养殖	公顷	62277	61678	1.0	313283	19.9